# 儒家典籍與思想研究

第十六輯

北京大學《儒藏》編纂與研究中心 編

北京大學出版社
PEKING UNIVERSITY PRESS

**圖書在版編目 (CIP) 數據**

儒家典籍與思想研究. 第十六輯 / 北京大學《儒藏》編纂與研究中心編. —北京：北京大學出版社，2024.4
ISBN 978-7-301-35080-5

Ⅰ. ①儒… Ⅱ. ①北… Ⅲ. ①儒家 – 文集 Ⅳ. ① B222.05-53

中國國家版本館 CIP 數據核字 (2024) 第 106536 號

| 書　　　名 | 儒家典籍與思想研究（第十六輯）<br>RUJIA DIANJI YU SIXIANG YANJIU (DI-SHILIU JI) |
|---|---|
| 著作責任者 | 北京大學《儒藏》編纂與研究中心　編 |
| 責任編輯 | 陳軍燕 |
| 標準書號 | ISBN 978-7-301-35080-5 |
| 出版發行 | 北京大學出版社 |
| 地　　　址 | 北京市海淀區成府路 205 號　100871 |
| 網　　　址 | http://www.pup.cn　　新浪微博：@ 北京大學出版社 |
| 電子郵箱 | 編輯部 dj@pup.cn　　總編室 zpup@pup.cn |
| 電　　　話 | 郵購部 010-62752015　發行部 010-62750672　編輯部 010-62745466 |
| 印刷者 | 北京虎彩文化傳播有限公司 |
| 經銷者 | 新華書店 |
|  | 787 毫米 ×1092 毫米　16 開本　25 印張　435 千字<br>2024 年 4 月第 1 版　2024 年 4 月第 1 次印刷 |
| 定　　　價 | 108.00 圓 |

未經許可，不得以任何方式複製或抄襲本書之部分或全部內容。
**版權所有，侵權必究**
舉報電話：010-62752024　電子郵箱：fd@pup.cn
圖書如有印裝質量問題，請與出版部聯繫，電話：010-62756370

# 《儒家典籍與思想研究》編委會

編　　委：（按姓氏筆畫排列）
　　　　　安平秋　李中華　吴同瑞　馬辛民　陳　來
　　　　　陳蘇鎮　孫通海　孫欽善　張玉範　張忱石
　　　　　張衍田　程郁綴　湯一介　駢宇騫　魏常海
　　　　　龐　樸

主　　編：李中華
副 主 編：張麗娟

編　　輯：王豐先　甘祥滿　李峻岫　李暢然　谷　建
　　　　　沙志利　馬月華　楊　浩　楊韶蓉
執行編輯：秦　玥
校　　對：曹　建

# 目　錄

• 經學研究 •

佚詩《貍首》考 ………………………………………………… 余　思（1）

陳奐《詩毛氏傳疏》生成新探
　　——以《毛詩九穀考》爲中心 ………………………… 黃林灝（14）

喪屨形制考 ……………………………………………………… 劉　斌（33）

《五經正義》所引"定本"研究平議 …………………………… 余　越（46）

關於《三經義》的幾個基本問題的再認識 …………………… 楊韶蓉（67）

《四書評》《四書眼》《四書評眼》《四書參》相互關係論略 ……… 倪晋波（86）

俞樾《俞樓襍纂》《茶香室經説》的《孟子》研究 ………… 李暢然（100）

• 版本校勘 •

《禮記正義》校讀散札 ………………………………………… 郜同麟（122）

丁晏《佚禮扶微》版本考 ……………………………………… 樓宇威（141）

單疏抄本《春秋穀梁疏》流傳考 ……………………………… 張麗娟（158）

《論語集解》整理説明 ………………………………………… 沙志利（170）

《經義雜記》版本考述 ………………………………………… 商賽博（179）

《大唐新語》版刻系列與内容差異 …………………… 盧恩雅　王傳龍（193）

• 專人專書 •

《記纂淵海》所引《抱朴子》文本來源考
　　——兼論私纂、坊本類書中的輾轉鈔撮現象 ………… 李佳媛（211）

方中通年譜稿 …………………………………………………… 胡春麗（232）

• 儒學新論 •

荀子對孔子正名論的邏輯化發展 ……………………………… 甘祥滿（291）

**儒家典籍與思想研究（第十六輯）**

**・域外漢學・**

張居正與講學 ……………………………〔日〕中純夫撰，廖明飛、王玉譯（312）

《越刊八行本注疏考》校注
　　　　　　……………〔日〕長澤規矩也著，王瑞、董岑仕、張良譯注（342）

**・《儒藏》編纂與研究・**

略談古籍整理的底本選擇
　　　　——以《儒藏》"精華編"宋人文集爲例 ………………… 李峻岫（382）

# 佚詩《貍首》考

## 余 思

【内容提要】 《禮記·射義》記載，射禮須配樂詩而行，自天子至士用樂不同。四個級别的樂詩中，其三見於《詩經》，唯有諸侯之樂詩《貍首》亡佚。鄭玄定《禮記·射義》中"曾孫侯氏"數句爲《貍首》殘篇，提出"貍首"之意爲"射諸侯不來首"。但此詮釋與《詩》體、射禮之使用需求不合。其後又有學者提出《鵲巢》爲《貍首》、《檀弓》原壤歌爲《貍首》的説法，仍未厭人意。總覈諸説，《貍首》亡佚當爲事實。《射義》殘存的"曾孫"詩句和《大戴禮記·投壺》篇的同類詩句應是同一首詩，是《詩經》之外描繪射禮的詩體文獻，值得發掘。《射義》構建的射禮體系試圖限制諸侯權力，應是諸侯射禮用詩《貍首》的亡佚原因。

【關鍵詞】 《貍首》 逸詩 《射義》 射禮

先秦射禮，射箭的同時皆伴隨有音樂演奏，用以節度射手的動作，天子至於士的四級射禮，所用的音樂各有差等。《周禮·春官·樂師》言："凡射，王以《騶虞》爲節，諸侯以《貍首》爲節，大夫以《采蘋》爲節，士以《采蘩》爲節。"鄭玄注《禮記·射義》云："《騶虞》《采蘋》《采蘩》，今《詩》篇名。《貍首》逸，下云'曾孫侯氏'是也。"是説《騶虞》等三詩，也即是《詩·召南》中的《騶虞》《采蘋》《采蘩》。《詩經》無《貍首》，由鄭説可知，《貍首》遭受了亡佚的命運，只殘存"曾孫侯氏"數句。圍繞"曾孫侯氏"數句"逸詩"，古之學者爭議頗多，其不同意鄭説者，多另舉他句，指爲《貍首》。然衆説皆有疑難之處，今人新説，亦未盡剖肯綮，故試析舊解，俾啓睿哲之思。

---

\* 本文承蒙傳統射藝研究專家謝肅方（Stephen Selby）先生給予啓發，此致謝忱。

## 一、《貍首》"曾孫"説

《禮記·射義》稱天子至士的射禮用樂詩，寓意不同。其中諸侯之樂《貍首》，取"會時"爲樂旨，即"以時會天子"之意：

> 其節，天子以《騶虞》爲節，諸侯以《貍首》爲節，卿、大夫以《采蘋》爲節，士以《采蘩》爲節。《騶虞》者，樂官備也；《貍首》者，樂會時也；《采蘋》者，樂循法也；《采蘩》者，樂不失職也。是故天子以備官爲節，諸侯以時會天子爲節，卿、大夫以循法爲節，士以不失職爲節。①

鄭玄注："《貍首》逸，下云'曾孫侯氏'是也"，即謂《射義》所引"《詩》曰"後面的數句四言韻文爲《貍首》。② 經文所引詩句的段落如下：

> 故曰：射者，射爲諸侯也。是以諸侯君臣盡志於射，以習禮樂。夫君臣習禮樂而以流亡者，未之有也。故《詩》曰："曾孫侯氏，四正具舉，大夫君子，凡以庶士，小大莫處，御於君所，以燕以射，則燕則譽。"言君臣相與盡志於射，以習禮樂，則安則譽也。是以天子制之，而諸侯務焉。此天子之所以養諸侯而兵不用，諸侯自爲正之具也。③

鄭玄何以知道此數句即爲《貍首》？此句並無"貍首"二字，也不知其意旨和《貍首》之題目有何關聯。鄭玄注《儀禮·大射儀》時談到了這兩個問題，認爲"貍首"意猶"不來首"，指的是率先不朝天子的諸侯：

> 《貍首》，逸詩《曾孫》也。貍之言不來也，其詩有"射諸侯首不朝者"之言，因以名篇，後世失之，謂之"曾孫"。"曾孫"者，其章頭也，《射義》所載《詩》曰"曾孫侯氏"是也。以爲諸侯射節者，采其既有弧矢之威，又言"小大莫處，御於君所，以燕以射，則燕則譽"，有樂以時會君事之志也。④

---

① （漢）鄭玄注，（唐）孔穎達疏《禮記正義》，《十三經注疏》整理委員會整理，北京：北京大學出版社，2000，第1914頁。
② 同上書，第1915頁。
③ 同上書，第1918頁。
④ （漢）鄭玄注，（唐）賈公彥疏《儀禮注疏》，《十三經注疏》整理委員會整理，北京：北京大學出版社，2000，第401頁。

但《射義》所引八句詩，並不見其所謂"射諸侯首不朝者"云云，故鄭玄說"後世失之"。但如此一來，構成"不來首"理解的關鍵詩句是在亡佚的部分中，則鄭玄自己也未曾見到過其說的證據。可見，"射諸侯首不朝者"有康成望文生義之嫌，失之無據。

此外，鄭玄如此理解的另一重理由是，"曾孫"既描述射箭，又寫群臣燕會譽游，其樂融融，故符合射禮的主題，並符合《射義》所說"樂會時"的詩旨。

然而，射禮用作樂節的詩，並不一定要和射禮有關。這一點從《射義》所舉的另外三首射禮用詩可以看出，《采蘋》《采蘩》便完全不關"弧矢之威"。再則，倘若《貍首》亡佚的部分有"射諸侯首不朝者"的語句，則呈現威脅、詛咒的意味，不合"樂會時"，如魏源認為"諸侯以《貍首》為節，畏失時矣，安得云樂會時乎？""賓禮朝會之及時，若奏《貍首》而射之，諸侯何樂之有乎？"①從邏輯上論證了"射諸侯"之說不確。而且，《禮記·樂記》記載武王克商後"散軍而郊射，右射《騶虞》，左射《貍首》，而貫革之射息也"②。這一敘事指明射禮與軍隊攻伐，以殺人為目的之射判然有別。所以魏源說："若射貍以威諸侯，其不仁甚於貫革，安得與《騶虞》歎仁人之詩為左右節乎？"③

何況，若《貍首》"射諸侯"，則此詩內容是以天子為主人公視角射諸侯，禮制却讓諸侯用以射禮，其理難通。故郝敬認為倘若非要承認《貍首》是"不來首"之意，那也應當是天子所用的樂節："豈諸侯亦以不甯侯自射乎？必若所云，惟天子射《貍首》耳。"④ 可見僅從經義的角度，含有威脅意義的所謂《貍首》便不能成立。

倘若拋開"不來首"的問題，從射禮應用來說，"曾孫"也難說合適。江永揭出，同樣一場射禮，《射義》中的其他三首射節用詩都只有三四句，而"曾孫"單看在《禮記》中就保存下來八句之多：

> 射至三射，歌詩擊鼓，以為舍矢之節。每歌一詩，上射下射各發一矢，奏樂者欲其間若一，發矢者遲疾亦必與之相比，此為尤難。詩句不可

---

① （清）魏源《詩古微》，長沙：嶽麓書社，2004，第150頁。
② （漢）鄭玄等《禮記正義》，第1325頁。
③ （清）魏源《詩古微》，第150頁。
④ 郝敬此處提及的"不甯侯"即鄭玄所謂不來朝的諸侯，鄭說詳下。（明）郝敬《儀禮節解》卷七，《四庫全書存目叢書》經部第87冊影印湖北省圖書館藏明萬曆四十三年至四十七年郝千秋郝千石刻郝氏九經解本，濟南：齊魯書社，1997，第398頁。

過多，故於詩之章句短少者取之，《采蘋》《采蘩》四句，《騶虞》三句，《草蟲》不用者，詩句多故也。……若《射義》"曾孫侯氏"八句，乃詠射事之詩，其詩仍不止八句，今見《大戴》《投壺》篇，此豈可爲射節，且篇名《貍首》，又何所取義乎？鄭注《貍首》"曾孫"，失之矣。①

正如江氏所言，在《大戴禮記·投壺》（以下簡稱《大戴記》）中還留存有更多的"曾孫"詩句，茲録如下：

> 曾孫侯氏，今日泰射，干一張，侯參之。曰："四正具舉，大夫君子，凡以庶士，小大莫處，御於君所，以燕以射，則燕則譽，質參既設，執旌既載，大侯既亢，中獲既置。弓既平張，四侯且良，決拾有常，既順乃讓，乃揖乃讓，乃隮其堂，乃節其行，既志乃張，射夫命射，射者之聲，獲者之旌，既獲卒莫。"②

不論射禮是否必如江氏所云，必須唱完全詩才能發一矢，"曾孫"句數遠多於《騶虞》等三詩都是事實。無論何等規格的射禮，第三番射時，射手的動作皆需遵循樂節，即"循聲而發"和"不鼓不釋"（不合鼓節地射出去，即便命中也不能算合格）。因此，用於射禮的詩句，應當儘量保持格式的一致，長短不可能相差如此懸殊，此"曾孫"非《貍首》之明證。

除此外，有學者提出了文體角度的證據。認爲"《禮記·射義》所載《曾孫》之詩並沒有重章疊唱的節奏感，顯然不適合作爲射禮的樂節"③。

## 二、《貍首》爲《鵲巢》說

宋儒劉敞謂"貍首"誤自篆文之"鵲巢"二字，認爲《鵲巢》即《貍首》："鄭玄以《射義》所引'曾孫侯氏'爲《貍首》之詩，非也。《騶虞》《采蘋》

---

① （清）江永《群經補義》，《清經解》第2冊，上海：上海書店出版社，1988，第259—275頁。

② 《大戴記》中此數句有錯簡，後世諸家各據理解逐正，版本不同，爲閲讀順暢，本文所引文本是在王聘珍《解詁》基礎上調整而成，兼以重新標點。如"曰"之後《解詁》本有"今日泰射"四字，據孔廣森意見爲衍文，故删；"中獲既置。弓既平張"之間，諸本皆有描述投壺大小尺寸的文字，洵爲錯簡，亦删。（清）王聘珍《大戴禮記解詁》，北京：中華書局，1983，第243頁。亦可參（清）孔廣森《大戴禮記補注》（北京：中華書局，2013，第235頁），斷句和句子順序略有差異。

③ 蔡雨彤《先秦儀式文學纂輯與研究》，浙江大學博士學位論文，2019，第112頁。

《采蘩》皆在二《南》，則《貍首》者，亦必其儔矣。……或曰《貍首》，《鵲巢》也，篆文'貍'似'鵲'，'首'似'巢'，《鵲巢》之詩，'御之''將之''成之'，此亦時會之道。"① 準此，則今日之經文有"貍首"二字處，皆可能出自漢人誤寫、改寫。此説涉及衆多經文的可信性，牽涉重大，故少有學者附和，直到魏源才極力推崇此説。

魏源先承認《禮記》的"曾孫"就是《貍首》，並且含有鄭玄所説的"射諸侯首不來"之意。只不過，魏源據此直接否定了《貍首》作爲聖人禮樂的合法性，認爲其是周衰時萇弘的創造，萇弘事見《史記·封禪書》：

> 是時萇弘以方事周靈王，諸侯莫朝周，周力少，萇弘乃明鬼神事，設射貍首。貍首者，諸侯之不來者。依物怪欲以致諸侯。諸侯不從，而晉人執殺萇弘。周人之言方怪者自萇弘。②

萇弘事蹟明顯不符合儒家理想，屬於方怪之流，魏源乾脆認爲"貍首"詩就是這位"設射貍首"的萇弘所創，並非聖王禮樂。若如此説，魏源豈非質疑《禮記》的經典地位？所以，魏源迂迴地利用了劉敞的觀點，認爲漢儒傳經，誤將"鵲巢"二字認作"貍首"，聖王禮樂並無問題，是漢儒傳承出了差錯。

魏源清楚地認識到，劉敞記録下的《鵲巢》即《貍首》的觀點，最大的漏洞即在於《大戴記·投壺》記載"凡'雅'二十六篇，其八篇可歌，歌《鹿鳴》《貍首》《鵲巢》……《騶虞》八篇"一句。③ 在同一篇文獻中將《貍首》《鵲巢》並舉，可見漢儒並不會"認錯"，故王應麟指出二者不可能是同一詩，劉説非是。④ 但魏源另闢蹊徑，認爲漢儒在隸定古文經時，已經普遍將周衰後萇弘創制出的《貍首》詩（根據《史記》文意，應稱爲巫術祝詞更妥當）當做諸侯射禮之正樂，所以一律將古文"鵲巢"認作貍首。在這種假定條件下，由於《貍首》《鵲巢》確爲二篇，故《大戴記》同時出現《貍首》與《鵲巢》，亦不衝突。⑤

---

① （宋）劉敞《七經小傳》卷中，楊韶蓉校點，《儒藏》"精華編"第96册，北京：北京大學出版社，2018，第685頁。
② （漢）司馬遷撰，（南朝宋）裴駰集解，（唐）司馬貞索隱，（唐）張守節正義《史記·封禪書》，北京：中華書局，1982，第1364頁。
③ 此處的"雅"，據孫詒讓推論，是指"雅聲"，而非《詩》的歸屬。（清）孫詒讓《大戴禮記斠補》，北京：中華書局，2010，第100頁。
④ （清）翁元圻輯注《困學紀聞注》，北京：中華書局，2016，第373頁。
⑤ （清）魏源《詩古微》，第149頁。

此外，有學者提出，《鵲巢》的編次、節奏、詩義都與同屬《召南》的《采蘋》《采蘩》相類，《鵲巢》即是《貍首》。①

筆者認爲《鵲巢》確實比"曾孫"更接近射節用詩，但認定其爲《貍首》，論據仍有不足。劉、魏舊説皆需要建立在《貍首》即"曾孫"的基礎上，才能避免王應麟指出的《大戴記》既有《貍首》又有《鵲巢》的矛盾。换言之，要化解《大戴記》的矛盾，首先要使《貍首》確有其詩。但前文已辨，"曾孫"不可能是《貍首》，那麽《大戴記》矛盾無法化解；其次，《鵲巢》即《貍首》的論斷還假定了漢儒隸定古經時的錯誤，但西漢時傳《詩》傳《禮》者並不止一家，一人或可誤，諸家統一犯錯，可能性很低。鑒於《詩》的形成與流傳是學界仍存爭議的問題，要論證《鵲巢》即《貍首》，恐怕是一個相當複雜的論題。

## 三、原壤歌《貍首》説

《禮記·檀弓下》云："孔子之故人曰原壤，其母死，夫子助之沐椁。原壤登木曰：'久矣予之不托於音也！'歌曰：'貍首之班然，執女手之卷然。'"② 其歌正有"貍首"二字，故劉敞云："疑原壤所歌即是其章首。"③但鄭玄注此句僅云"説人辭也"，孔疏云："斲椁材文采似貍之首，……孔子手執斤斧，如女子之手，卷卷然而柔弱。以此歡説仲尼，故注云説人辭也。"④

按鄭玄所以置如此明顯的"貍首"二字於不顧，正因爲其認爲"貍首"二字概括自"諸侯首不來"之句，則"貍首"並非取自詩中用於起興的物象，所以與原壤所歌者相異。

胡寧撰文認爲原壤所歌即《貍首》，一則因歌中有"貍首"，符合先秦詩名常規；二則認爲原壤之歌與其他三詩節奏相似；三則文中認爲"執女手"指男女相會，所以符合《射義》"樂會時"之説。⑤

但原壤所歌即《貍首》的觀點，細節處仍可商榷：據《檀弓》，原壤爲孔子故舊，倘若此歌即《貍首》，則説明孔子活動的時代，《貍首》尚在流傳，即使流傳不廣，至少孔子及孔門弟子亦必熟知此詩。既然《射義》記載《貍首》

---

① 蔡雨彤《先秦儀式文學纂輯與研究》，第111—112頁。
② （漢）鄭玄等《禮記正義》，第376頁。
③ （宋）劉敞《七經小傳》卷中，第685頁。
④ （漢）鄭玄等《禮記正義》，第376—377頁。
⑤ 胡寧《原壤所歌：逸詩〈貍首〉考》，《歷史研究》2014年第4期。

爲諸侯射禮所用，《投壺》亦用此詩，可見孔門認同《貍首》的價值，絕無故意不傳習的必要，更不會删之。然則《貍首》之不傳，只能歸於秦火。但典籍除竹帛之外，尚有口傳，孔門若知此歌爲《貍首》，即令習《詩》者失其傳，習《禮》者訖於漢世猶知數句，不當忘其原題。禮家授受"諸侯以《貍首》爲節"，面對如此明顯的"貍首班然"之句，竟然不知其就是《貍首》，以至於鄭玄要去附會"曾孫"，這也很難讓人信服。

另外，原壤之歌也顯然不是詩體，倘若其確有採自古詩《貍首》的地方，也不能説此"歌辭"即《貍首》之"詩"，原壤所歌即《貍首》的説法，有失武斷。

## 四、論"曾孫"爲射禮祝嘏之辭

認識到"曾孫"並非《貍首》，這使得我們可以擺脱鄭注先入爲主的印象，探究"曾孫"的使用情況。"曾孫"文中的"曾孫侯氏"屬祭祀套語。《郊特牲》云："祭稱'孝孫孝子'，以其義稱也；稱'曾孫某'，謂國家也。"① 故此文用於祭應無疑義。既言"曾孫侯氏"，所告的對象當是先祖。賓射歡宴，而以樂事告祖，正是《小雅·賓之初筵》所敍的流程。《賓之初筵》先敍射事，後言"籥舞笙鼓，樂既和奏。烝衎烈祖，以洽百禮。百禮既至，有壬有林。錫爾純嘏，子孫其湛。其湛曰樂，各奏爾能。賓載手仇，室人入又。酌彼康爵，以奏爾時"②。正是主賓射畢，堂上堂下興樂起舞、歆神告祖的場景。所謂"曾孫"，應當是此時向先祖報告的祝嘏之辭。"曾孫"遺存的"弓既平張，四侯且良"之語，對應賓之初筵描寫射禮部分的內容，後部應是繼而宴飲等內容，憾佚失不可見。

孔廣森指出"曾孫"詩用韻。③ 並且，詩中凡"其"字，皆作第三人稱所有格代詞使用。這類詩歌的創作年代，可據夏含夷的研究進行推測。夏氏提出，從內容上説，較晚的詩歌往往是關於禮儀活動的描述，而不是禮儀的組成部分，有詩歌的作者與儀式分離的特點。④ "曾孫"全詩對射禮活動的參與者稱

---

① （漢）鄭玄等《禮記正義》，第 955 頁。
② （漢）毛亨傳，（漢）鄭玄箋，（唐）孔穎達疏《毛詩正義》，《十三經注疏》整理委員會整理，北京：北京大學出版社，2000，第 1028—1035 頁。
③ （清）孔廣森《大戴禮記補注》卷一二，北京：中華書局，2013，第 236 頁。
④ 〔美〕夏含夷《孔子之前——中國經典誕生的研究》，黃聖松、楊濟襄、周博群等譯，上海：中西書局，2019，第 147—161 頁。

"侯氏""君""大夫""庶士",正是一種"觀看"而非參與的視角,確乎符合夏氏認爲的晚期詩歌之特點。那麽"曾孫"當非西周之作。

今見《大戴》以"既獲卒莫"一句結束,然而獲者唱獲,僅僅是射禮正在進行時的一個環節,待數算計分之後,競射雙方還要根據勝負關係罰爵飲酒,隨後才撤俎燕坐,正式的射禮由此告終,此後還可以進行隨意的射箭,賓主享受酒食,盡歡而散。結合"曾孫"見於《大戴記》,本就因錯簡而幾不可讀,故筆者認爲"曾孫"雖長,仍遠未結束,至少缺失了描述射禮尾聲的句子。以祝告祖先的功能而言,末尾也缺少類似"以終永譽"或"福禄來反"之類的句子作結。

## 五、從《射義》看《貍首》之亡

"曾孫"既非《貍首》,則《貍首》亡佚的情況,應另作探討。天子至士四詩,唯獨用於諸侯射禮的《貍首》不存,提示我們將"諸侯"這一身份的特殊性作爲抓手。"古者諸侯之射也,必先行燕禮。卿、大夫、士之射也,必先行鄉飲酒之禮。故燕禮者,所以明君臣之義也;鄉飲酒之禮者,所以明長幼之序也。"① 《射義》篇首開宗明義的這兩句話,或許是理解這個問題的關鍵。

通觀《射義》全篇,除了少數"内志正,外體直"一類的文字談到了射箭對於個人道德的修養,其餘的篇幅都在強調射禮"明君臣之義"的思想,《射義》的作者所舉的禮制,無不爲此主題而服務,如:

> 是故古者天子之制:諸侯歲獻,貢士于天子,天子試之于射宫,其容體比於禮,其節比于樂,而中多者,得與於祭。其容體不比於禮,其節不比于樂,而中少者,不得與於祭。數與於祭而君有慶,數不與於祭而君有讓。數有慶而益地,數有讓而削地。故曰:射者,射爲諸侯也。
> 
> ……
> 
> 故曰:爲人父者,以爲父鵠;爲人子者,以爲子鵠;爲人君者,以爲君鵠;爲人臣者,以爲臣鵠。故射者各射己之鵠。
> 
> 故天子之大射,謂之"射侯"。射侯者,射爲諸侯也。射中則得爲諸侯,射不中則不得爲諸侯。
> 
> 天子將祭,必先習射於澤。澤者,所以擇士也。已射於澤,而後射于

---

① (漢)鄭玄等《禮記正義》,第1913頁。

射宫。射中者得與於祭，不中者不得與於祭。不得與於祭者有讓，削以地。得與于祭者有慶，益以地，進爵紬地是也。①

想要從這些表述當中，分明地劃出"史實"和"想象的建構"，有相當的難度。不過，應當認識到，《射義》是政治論文而非禮制歷史的記錄。故探究其歸納的射禮制度，可知《射義》作者的政治觀念。天子考核各地諸侯所選送（貢）的士，但其意並不在選拔這些士，而在於通過士的表現，來決定是責讓還是獎勵他們的選送者——諸侯。而爲了應對這一套獎懲機制，《射義》説：

> 故《詩》曰："曾孫侯氏，四正具舉。大夫君子，凡以庶士，小大莫處，御於君所。以燕以射，則燕則譽。"言君臣相與盡志於射，以習禮樂，則安則譽也。是以天子制之，而諸侯務焉。此天子之所以養諸侯而兵不用，諸侯自爲正之具也。②

諸侯君臣必須在平時"盡志於射，以習禮樂"，這樣，《射義》的作者説，諸侯們才能够"則安則譽"，這分明是化用所引"曾孫"詩的末句了，可見《射義》此引"曾孫"，完全是"斷章取義"的用詩法，用意非原意，只是用詩句來加强自身的説服力。

不難看出，這段話並不是在建言天子，更非勸勉士要學習禮樂，而是在與諸侯對話。《射義》要求諸侯們帶領臣下學習禮樂，"自爲正"。這是回應了上文"射者，射爲諸侯也"，意謂學習射禮的意義在於鞏固諸侯之位。

所謂"射侯者，射爲諸侯也"，是在"爲人君者，以爲君鵠"的意義上説的。鄭玄注云："以爲某鵠者，將射，還視侯中之時，意曰：此鵠乃爲某之鵠，吾中之，則成人；不中之，則不成人也。"③ 换言之，爲人君需要有人君的能力，證明和成就這一點的儀式就在於射禮。若能射中與自己地位所匹配的靶子，則可稱成人，否則不成人，此處的"成人"當視作父子君臣系統中的社會關係，而非生理上的成年。而是否射中所考驗的，不是雙臂膂力，而是射者打通身、心的能力，《射義》説："射之爲言者，繹也。或曰，舍也。繹者，各繹己之志也。故心平體正，持弓矢審固。持弓矢審固，則射中矣。"④ 帶給射手操控弓矢能力的決定性因素在於"繹己之志"，也就是父子之志、君臣之志，是倫

---

① （漢）鄭玄等《禮記正義》，第 1917—1923 頁。
② 同上書，第 1918 頁。
③ 同上書，第 1923 頁。
④ 同上。

理關係中的道德力量。通過射箭的成效，來觀察一個人的道德力量是否真實。

　　通過這樣的論述，可以明白《射義》作者理想中的諸侯，應當是以其道德力量保有其權位。通過射禮檢查這一能力，杜絶道德淪爲形上空談。《射義》通過孔子之口説："射者何以射？何以聽？循聲而發，發而不失正鵠者，其唯賢者乎！若夫不肖之人，則彼將安能以中？"① 但《射義》没有直接將諸侯本人置爲天子大射禮審查"賢不肖"的對象，而是間接的。通過諸侯貢士於天子，天子考驗其所貢之士來達成這一目標。蓋以常情度之，射技雖高亦難保有不中，這種間接的辦法，可以使諸侯不至於直面"不肖"之譏，但通過設置"削地"之責，又敦促諸侯必須遵行禮樂，培養其國的賢士。在此邏輯下，天子是毋庸説明的賢者，而大夫士是有待於諸侯盡志禮樂的可爲賢者之人，那麽在天子—諸侯—士（大夫）的政治結構下，無疑是説天下治亂的責任都在於諸侯是否習禮樂而有德行，尤其是行射禮了，"德行立，則無暴亂之禍矣"。②

　　在此文理下，諸侯所用的射節之詩就極爲重要，因爲諸侯行射，所因繹述之志，《射義》已經借由所用詩的旨意揭露出來了，"《貍首》者，樂會時也""諸侯以時會天子爲節"，如此"故明乎其節之志，以不失其事，則功成而德行立"，在諸侯的射禮上，還要通過詩來強調服從天子的重要性，這就是《貍首》的作用。③ 這也就是説，《貍首》這首詩在《射義》中的用意，是強調諸侯時會天子的道德義務——行人君之志。將行禮樂設定爲諸侯這一身份的"志"，《射義》將禮樂秩序的保障維度，設定爲君之所以爲君的法理考驗。據《射義》，如果諸侯無法行禮樂，述其國君之志，其貢士自然就射不中，射不中則諸侯不成其爲賢者，也就失去了國君之品格。要之，《射義》最核心的觀點，是諸侯要行禮樂、朝天子，不然便是損害自身地位的合法性。

　　由此邏輯，我們明白《射義》設想中的讀者其實是當時的諸侯（或能够影響諸侯的得位者），《射義》作者和孟荀等儒家諸子一樣，藉助"周禮"的歷史敘述來表達自己的政治要求。《射義》的成文年代，應在戰國中晚期。④ 圖像等實物資料可以佐證，"戰國時期……隨着經濟文化的繁榮，曾經一度中衰的射禮，在各諸侯國之間又重新得以恢復和發展"⑤。因此，《射義》選擇了當時流

---

① （漢）鄭玄等《禮記正義》，第1930頁。
② 同上書，第1914頁。
③ 同上。
④ 王鍔《〈禮記〉成書考》，北京：中華書局，2007，第223頁。
⑤ 袁俊傑《兩周射禮研究》，北京：科學出版社，2013，第475頁。

行的"射禮"來作爲自己闡發政治觀點的材料。

然而,遵行"周禮",俯首"天子禮樂"封建制度的論調,不會爲諸侯所喜。《貍首》作爲《射義》提出遵守周禮、奉行王政的符號,也定不會爲諸侯所喜,所謂"端冕而聽古樂,則唯恐臥"。《貍首》作爲要求諸侯俯首天子"周禮"制度的符號,站在了諸侯放大自身地位之要求的對立面。

詩歌能日用者,易存於諷誦,《詩》三百之存,不獨存於竹帛。戰國以來,諸侯打破舊制度已是常態,而以大夫、陪臣執國命者,自然也站在《貍首》的反面。管仲輔佐桓公,雖被孔子批評爲不知禮,尚且只是僭用邦君之反坫;而季氏已經是執國命者,遂以天子之八佾舞於庭,遑論三桓之後的統治者。可以説,《射義》中對《貍首》的闡釋,甚至助推了《貍首》被廢棄的命運,也因之可以幫助今人理解《貍首》之消亡。

## 六、結論

其一,從傳世文獻看,《貍首》當確有其詩,《大戴記》:"命弦者曰:'請奏《貍首》,間若一。'"① 古人弦歌相配,是常見的情況。下文又云:"凡《雅》二十六篇,其八篇可歌,歌《鹿鳴》《貍首》……八篇,廢不可歌。"② 無論是否已"廢",《貍首》都曾在"可歌"之列,《周禮·大師》亦云:"大射,帥瞽而歌射節。"③ 可歌則必有辭。

其二,本文認爲,"曾孫"、《鵲巢》、原壤歌爲《貍首》諸説,皆理據不足。從《貍首》被廢、亡佚的結果牽出的,是回答其亡佚原因的問題。《貍首》廢去而三詩尚存,可以視作分封制度崩壞而帝國制度興起的一種表現,《騶虞》等詩在儒家學説中的闡釋,與封建制度運作的關聯不如《貍首》之强,在帝制時代也容有《射義》所説"官備""循法""不失職"的品質,故能不廢。

除此外,《禮記》載投壺亦奏《貍首》,然而考《左傳》投壺事,可以發現春秋時諸侯投壺就可不用樂,在投矢前念祝詞,中之即可,沒有"不鼓不釋"

---

① (清)王聘珍《大戴禮記解詁》,第242頁。
② 同上。
③ (漢)鄭玄注,(唐)賈公彥疏《周禮注疏》,《十三經注疏》整理委員會整理,北京:北京大學出版社,2000,第721頁。

的要求。① 可見諸侯之間連投壺都已不使用《貍首》，則使用《貍首》的場合愈少。

《貍首》既然從日用中退出，文獻不足徵也在常理之中，只不過詩篇出自歌詠，故詩篇雖亡，餘音尚有迴響："貍之首"作爲文學意象一直被使用，即如原壤歌、《樂府詩集》引蔡邕《琴操》所云《殘形操》之類。② 正因《貍首》詩的内容久逸，貍音又近於"不來"，時人很容易將巫術中的射獸首、射不來諸侯等聯想爲"貍首"，由此產生了"萇弘設射貍首"故事的流傳。

其三，即便《貍首》確有殘句留存，其原貌也難以恢復，若有禮儀場合需要使用，可以另外三詩代替。推測《貍首》詩的本意，《樂記》云武王"右射《騶虞》，左射《貍首》，而貫革之射息也"，則二者的内容結構當相去不遠，《毛詩》認爲"騶虞"爲義獸，則《貍首》詩當也以義獸爲比，其餘則闕不可知。所以後世恢復射禮的實踐，也往往繞過《貍首》。如清代名儒汪紱的觀點就頗具代表性，其提倡直接用士、大夫級別的《采蘋》《采蘩》代替需要用到《貍首》的場合：

> 足下又欲取士相見、鄉飲酒及投壺禮以教童子，使化其驕逸之習，而長其敬謹之心。數者誠能舉行，至爲今日盛事，弟將拭目以俟。但《貍首》一詩，其篇已逸，説者以原壤所歌當之……紱則謂《貍首》已逸於孔子之前。不然則孔子序詩正樂，豈反于先王所用以節射者而故刪之？……昔有明聶雙江編集《禮教儀節》，高一所舉行鄉射禮，皆只以《采蘋》易《騶虞》，以《采蘩》代《陔夏》③。今欲習投壺禮，亦何妨即以《采蘋》《采蘩》代《貍首》？而必以取于原壤狎弄之歌，此則又慎修泥古之過也。④

劉敞之所以提出《鵲巢》爲《貍首》之説，恐怕也是因爲《鵲巢》近於

---

① 《左傳·昭公十二年》傳文云："晉侯以齊侯晏，中行穆子相投壺，晉侯先，穆子曰：'有酒如淮，有肉如坻，寡君中此，爲諸侯師。'中之。齊侯舉矢曰：'有酒如澠，有肉如陵，寡人中此，與君代興。'亦中之。"（晉）杜預注，（唐）孔穎達疏《春秋左傳正義》，《十三經注疏》整理委員會整理，北京：北京大學出版社，2000，第1492頁。

② "《殘形操》，曾子所作。曾子夢一貍，不見其首，而作此曲也。"（宋）郭茂倩《樂府詩集》，北京：中華書局，1979，第842頁。

③ 按：此外（明）林烈撰《鄉射禮儀節》一卷，亦云其先君行射禮於地方，所用射節之樂亦爲《采蘩》，見《四庫全書存目叢書》經部第一一五冊。

④ 徐世昌等編纂《清儒學案》卷六三，沈芝盈、梁運華點校，北京：中華書局，2008，第2469—2470頁。

《采蘋》《采蘩》，若其説得通，則諸侯射禮也變得完備可行。而即使承認"曾孫"、原壤歌爲《貍首》，也依然無法實用。倘若今日需要舉辦投壺禮，或次頂級規格的射禮，使用《鵲巢》作爲樂節，也是理想的選擇。

（作者單位：武漢大學歷史學院）

# 陳奐《詩毛氏傳疏》生成新探
## ——以《毛詩九穀考》爲中心

黃林灝

【内容提要】　《毛詩九穀考》是將程瑶田《九穀考》删繁就簡、節引嫁接、補充材料、改寫修正後分繫於對應《毛詩》經傳而成的資料長編，也是陳奐撰寫《詩毛氏傳疏》時所依據的藍本。從《毛詩九穀考》入手，可以釐清《詩毛氏傳疏》的生成過程，也可窺見嘉道後清人新疏的撰寫模式，與乾嘉學者以批校群書、疏證字書辭書、編寫大型工具書的形式彙集材料，並以此爲基礎進行經書考據的方式不同，嘉道以後的新疏作者往往以集成性前人成果爲藍本，撰成資料長編，熔鑄爲新疏初稿，在初稿基礎上繼續修訂補充，最終形成新疏定稿。這一模式的産生是考據學自身學術邏輯運作的必然結果，體現了嘉慶以來學術風氣的新變化。

【關鍵詞】　《毛詩九穀考》　《九穀考》　《詩毛氏傳疏》　新疏撰作

陳奐爲清代治《詩》大家，其大著《詩毛氏傳疏》自問世以來即爲學者所重，推爲清代《詩經》新疏典範。陳奐在撰作《傳疏》前後，陸續又成《釋毛詩音》《毛詩説》《毛詩傳義類》《鄭氏箋考徵》諸書。光緒年間，由吳門陳氏校經山房彙爲"《毛詩》五種"刊行，後被多次翻刻，傳布尤廣。[1] 此外，陳奐治《毛詩》之作尚有《毛詩九穀考》一種，專門疏解《毛詩》中所見黍、稷、稻、粱等穀物。其體例先引《毛詩》關涉穀物之經文，及傳箋，後以"述曰"疏通證明，間標"奐案"下以己意。該書與程瑶田《九穀考》關係密切，亦與《詩毛氏傳疏》有直接淵源，從《毛詩九穀考》入手，可以管窺陳奐《詩毛氏傳疏》的成書過程。但是，《毛詩九穀考》由於生前未刊而鮮爲人知，罕見學

---

[1] 關於"《毛詩》五種"的現存版本，參見柳向春《陳奐交遊研究》附録二《陳奐著述概述》，上海：華東師範大學出版社，2005，第230頁。

者稱引,未有深入研究。① 本文首先從分析《毛詩九穀考》的材料來源入手,分別考察《毛詩九穀考》與程瑤田《九穀考》及《詩毛氏傳疏》之關係,進而推測《毛詩九穀考》的撰作時間和目的進行,以求對《詩毛氏傳疏》乃至嘉道以後新疏整體的生産模式有更具體的認識。

## 一、從程瑤田《九穀考》到陳奂《毛詩九穀考》

清儒疏解名物之書至多,論"九穀"最爲著名者,莫過程瑤田《九穀考》。陳奂於《毛詩九穀考》中時有稱引,或言"程氏瑤田曰",或言"《九穀考》曰",往往可見。然而,《毛詩九穀考》明引《九穀考》多爲節引、意引,間有漏字、省文,並非嚴格遵照原書。如解《齊風·南山》"蓺麻如之何?衡從其畝"一句,將陳奂引《九穀考》與程瑤田《九穀考》對比(見表一),可知陳奂在徵引時有刪改、節引:

表一

| 程瑤田《九穀考》② | 《毛詩九穀考》③ |
|---|---|
| 余居北方,習聞其蓺麻事。三月下種,夏至前後,牡麻開細碎花,色白而微青。《屈原賦》"折疏麻兮瑶華",洪興祖云"麻華色白,故比於瑤",是也,<u>《爾雅》所謂"榮而不實謂之英"者也</u>。苴麻不作花,而放勃勃,與花初胎時相似,名之曰賁,即麻實之稃者,<u>《爾雅》所謂"不榮而實謂之秀"者也</u>。牡麻,其俗呼花麻,花落後即先拔而漚之,剥取其皮,是爲夏麻。夏麻之色 | 《九穀考》曰:"以今日北方種麻事目驗之,牡麻俗呼花麻,夏至開花,<u>所謂'榮而不實謂之英'者</u>。花落即拔而漚之,剥取其皮,是爲夏麻。夏麻之色白,《詩》之'八月載績',夏刈之,則八月可績也。苴麻俗呼子麻,夏至不作花而放勃勃,即麻實,<u>所謂'不榮而實謂之秀'者</u>。八九月間,子熟則落,摇而拾取之,《詩》言'九月叔 |

---

① 僅見《論〈毛詩九穀考〉的學術價值》一文。該文列舉典型案例,指出此書一方面駁正了前人有關九穀闡釋的不當之處,另一方面對九穀進行詳細考證,翔實而富有新意。參見楊斐《論〈毛詩九穀考〉的學術價值》,《三門峽職業技術學院學報》2022年第3期,第77—83頁。
② 表中所引程瑤田《九穀考》文本,均見於(清)程瑤田《九穀考》卷三《麻》,第二十四葉,清道光九年廣東學海堂刻咸豐十一年補刻《皇清經解》本。
③ 表中所引陳奂《毛詩九穀考》之文,均見於(清)陳奂《毛詩九穀考》不分卷,第二葉至第三葉,民國元年上海國粹學報社排印《古學彙刊》本。按:本文所引《毛詩九穀考》文本均爲《古學彙刊》本。然《古學彙刊》本刊刻質量不高,多有脱訛衍倒,引用時逕改,不一一説明。

續表

| 程瑶田《九穀考》 | 《毛詩九穀考》 |
|---|---|
| 白。《詩》言"八月載績",夏刈之,則八月可績也。苴麻,其俗呼子麻。八九月間,子熟則落。一莖中熟有先後,農人以數次搖其莖而拾取之。《詩》言"九月叔苴",叔,拾也。拾取子盡,乃刈漚其皮而剝之,是爲秋麻,色青而黯,不潔白也。 | 苴',叔,拾也。拾取子盡,乃刈漚其皮而剝之,是爲秋麻,色青而黯,不潔白。" |

因《九穀考》此段論證重點爲牡麻、苴麻之別,所引《爾雅》"榮而不實謂之英,不榮而實謂之秀"、《豳風·七月》"八月載績""九月叔苴"兩語又恰爲並列對舉,故陳奂在引用時以《爾雅》《詩經》爲綱,先分疏牡麻、苴麻之性狀,後以《爾雅》作結,復言牡麻、苴麻收成時節、採穫方式之別,以《七月》經文證明,形成了嚴格的對舉形式,綱目較原文更爲清晰,此外刪去了一些冗餘的書證和繁複的原文,替換了原文的某些表述。

《毛詩九穀考》引《九穀考》間有曲解原意、迴避問題者。如解《大雅·生民》"蓺之荏菽,荏菽旆旆"一句,陳奂引《九穀考》論證種菽時間:

> 《九穀考》曰:"《夏小正》:'五月初昏,大火中,種黍菽。'《尚書大傳》:"主夏者火,昏中,可以種黍菽。"《尚書·帝命期》:"夏,火星昏中,以種黍菽。"《淮南子》:'大火中則種黍菽。'《說苑》:'主夏者大火,昏而中,可以種黍菽。'凡此皆言五月種菽也。"①

陳奂所引《九穀考》言五月種菽,證據有《大戴禮·夏小正》《尚書大傳》《尚書·帝命期》《淮南子》《說苑》等,與程瑶田所舉書證完全一致:

> 《夏小正》:"五月初昏,大火中,種黍菽。"《尚書大傳》:"主夏者火,昏中,可以種黍菽。"《尚書·帝命期》:"夏,火星昏中,以種黍菽。"《淮南子》:"大火中則種黍菽。"《說苑》:"主夏者大火,昏而中,可以種黍菽。"凡此皆言五月種菽也。②

兩相比較,陳奂承襲之跡甚明。陳奂隨即得出結論:"凡此皆言五月種菽也。"但程瑶田的叙述邏輯與最終結論,卻與陳奂不同。

---

① (清)陳奂《毛詩九穀考》,第八葉。
② (清)程瑶田《九穀考》卷二《大豆小豆》,第二十四葉。

程瑶田於下文隨即提出，在農書中，大豆、小豆的種植時間不一定在五月：

> 而《農桑輯要》載《齊民要術》曰："春大豆，次植穀之後。歲宜晚者，五六月亦得。然稍晚，稍加種子。小豆大率用麥底，然恐小晚，有地者常須兼留去歲穀下以擬之。崔寔曰：'二月可種大豆。'又曰：'杏花盛，桑椹赤，可種大豆。四月時雨降，可種大小豆。'《氾勝之書》曰：'三月榆莢，時有雨，高田可種大豆。夏至後二十日，尚可種。'"據此，則種菽有早晚，然亦皆以五月爲可種也。①

《九穀考》所引《齊民要術》指出，所謂"五月種菽"只是大豆、小豆種植的時間下限，在實際農事活動中，大豆的種植時間一般在春季，其時間上限爲二月，三月"杏花盛""榆莢"、四月雨水後也可種大豆小豆，最晚不宜超過"夏至後二十日"，則《夏小正》《淮南子》所言"大火中"云云，並非大豆種植的最適宜時間。陳奐未引此段，實際上是對程瑶田論證完整性的破壞，導致了原意變化。

《毛詩九穀考》亦多有暗襲程瑶田《九穀考》書證者（見表二）：

表二

| 程瑶田《九穀考》② | 陳奐《毛詩九穀考》③ |
| --- | --- |
| 《王禎農書》載《雜陰陽書》曰："大麥生於杏，二百日秀，秀後五十成。""小麥生於桃，二百一十日秀，秀後六十成。""案：'生於杏''生於桃'，並指秀時也。" | 《載馳》："芃芃其麥。"《傳》曰："芃芃然方盛長。"述曰：《王禎農書》載《雜陰陽書》曰："大麥生於杏，二百日秀，秀後五十成。""小麥生於桃，二百一十日秀，秀後六十成。"程氏瑶田云："'生於杏''生於桃'，並指秀時也。""芃芃然"，毛謂秀之前，鄭謂秀之後。 |

陳奐所引《農書》之起訖與《九穀考》合而與《農書》原文小有出入，④ 其後

---

① （清）程瑶田《九穀考》卷二《大豆小豆》，第二十四至二十五葉。
② 表中所引程瑶田《九穀考》文本，均見於（清）程瑶田《九穀考》卷二《麥》，第十四葉。
③ 表中所引陳奐《毛詩九穀考》文本，均見於（清）陳奐《毛詩九穀考》，第一葉。
④ 《王禎農書》卷七《百穀譜一·大小麥》："《雜陰陽書》曰：'大麥生於杏，二百日秀，秀後五十成，生於亥，壯於卯，長於辰，老於巳，死於午，惡於戌，忌於子巳。小麥生於桃，二百一十日秀，秀後六十成，忌與大麥同。'"則程瑶田引《農書》即有節略，陳奐本程瑶田《九穀考》可無疑義。參見（元）王禎《王禎農書》卷七《百穀譜一·大小麥》，第六葉，清乾隆武英殿木活字刊《武英殿聚珍版書》本。

所謂"程氏瑶田曰"實爲《九穀考》小字自注案語。

陳奐對程瑶田的借鑒不僅限於局部，其整部《毛詩九穀考》正是以程瑶田《九穀考》爲骨架，將《九穀考》之疏解分繫於對應經文下，或刪節其文，或敷衍擴充，或加以同義改寫。以陳奐、程瑶田疏解粟、禾關係爲例（見表三）：

表三

| 程瑶田《九穀考》① | 陳奐《毛詩九穀考》② |
| --- | --- |
| 張衡《思玄賦》："滋令德於正中兮，合嘉禾以爲敷。既垂穎而顧本兮，爾要思乎故居。"今諸穀惟粟穗向根，"顧本"可驗也。《管子書》：桓公觀於野曰："何物可比於君子之德乎？"隰朋曰："夫粟，內甲以處，中有卷城，外有兵刃，未敢自恃。自命曰粟，此其可比於君子之德乎？"管仲曰："苗始其少也，眴眴乎，何其孺子也；至其壯也，莊莊乎，何其士也；至其成也，由由乎茲免，何其君子也。天下得之則安，不得則危，故命之曰禾。此其可比於君子之德矣！"……隰朋"內甲"之云，謂米處穀內；"卷城"謂稃周於甲，藏於芒中；"兵刃"者，芒在其外也。是故管仲言"命之曰禾"，隰朋言"自命曰粟"。一指謂嘉穀之連稾者，一指謂嘉穀實也。 | "實穎實粟。"《傳》："穎，垂穎也。粟，其實粟粟然。"述曰：禾秀曰穗，禾末曰穎，穗、穎互通……奐案：他穀不下巫，故穎之名惟禾有之。張衡《思玄賦》曰："嘉禾垂穎而顧本。"《説文》："粟，其實下巫，故從'巫'。"引申之爲嘉穀實貌。"實發實秀。"《傳》："發，盡發也。不榮而實曰秀。"述曰：發之爲言舒也。秀者，禾作采也。程氏瑶田曰："九穀惟菽類作華，餘皆不華而秀，故曰'不榮而實'。"案：《管子書》隰朋曰，"夫粟，內甲以處，謂米也；"中有卷城"，謂稃也；"外有兵刃"，謂芒也。"發"正當成稃作芒之時，米處穀中，欲充滿也。 |

《九穀考》以爲"粟""禾"可通稱，證據有二：一是張衡《思玄賦》言嘉禾"垂穎而顧本"，程瑶田經過目驗指出，穀中僅有粟之穗下垂向根，則粟爲嘉禾；二是《管子》中管仲、隰朋分別以"禾"與"粟"比君子德行，則禾與粟爲一物二名，只是命名重點有別。程瑶田還疏解了隰朋的比喻："內甲"比喻米在穀殼內，"卷城"比喻稃藏於芒中，"兵刃"則比喻禾芒。

《毛詩九穀考》將此段完整的《九穀考》拆分，分繫於兩條經文之下。陳奐爲疏解毛傳"穎，垂穎也"之訓詁，將程瑶田所列張衡《思玄賦》一證繫於其

---

① 表中所引程瑶田《九穀考》文本，均見於（清）程瑶田《九穀考》卷一《粱》，第三至四葉。
② 表中所引陳奐《毛詩九穀考》文本，均見於（清）陳奐《毛詩九穀考》，第十葉。

下。案語云"他穀不下巫，故穎之名惟禾有之"，恰可與程瑤田"今諸穀惟粟穗向根"一句互相證明。"述曰"中先言"禾秀曰穗，禾末曰穎"，本於《説文》，爲程瑤田已述及，① 後云"穗、穎互通"，程瑤田亦有明言。②《毛詩九穀考》雖標"奐案"，實則材料及結論本於程瑤田《九穀考》，不過增補《説文》一證而已。

至於《九穀考》引《管子》一段，則被繫於"實發實秀"經文之下。由於毛傳詁經云"不榮而實曰秀"，又以"發"爲"盡發"，陳奐在疏解時先明引"程氏瑤田曰"，指出九穀中除菽之外皆不華而實，故言"不榮而實"。又引《管子》"隰朋曰"，以證"發"爲"成秬作芒之時"，是穀殼剛剛長成，穀實包裹在穀殼中的狀態。程瑤田以"內甲"爲米處殼內，"卷城"爲秬周於甲，"兵刃"爲芒在其外；陳奐亦以"內甲"爲米，"卷城"爲秬，"兵刃"爲芒，全本程瑤田《九穀考》，當可無疑。

綜上，《毛詩九穀考》基本承襲了《九穀考》的書證、論證過程以及結論，將其分繫於對應經傳文下，或刪繁就簡，或節引嫁接，或補充材料，或出於疏解經文、傳文的需要而加以改寫，故而間與原文出入，甚至會造成對原意的曲解。《毛詩九穀考》標舉經文、毛傳後，例云"述曰"而非"某某案"，恰可證明陳奐對此書本於《九穀考》而加以重組的"紹述"性質有清晰的認知。在《毛詩九穀考》中，《毛詩》經傳文往往與其下所繫《九穀考》原書內容密切相應。經文云"蓺之荏菽"，則當論證大豆、小豆的種植時間，故將《九穀考》有關"五月種菽"之書證繫於其下；經文云"芃芃其麥"，則關涉大麥、小麥的生長時節，故將《九穀考》有關大麥、小麥"秀時"的材料附於其後。毛傳言禾之穎爲"垂穎"，則當引《思玄賦》以論證其正確性。因此，《毛詩九穀考》分繫《九穀考》的首要標準是其疏解內容與經傳文的相關度，不僅是爲了疏解九穀名物，更帶有強烈的解經目的。

## 二、從《毛詩九穀考》到《詩毛氏傳疏》

明確《毛詩九穀考》的取材來源爲程瑤田《九穀考》之後，則其與陳奐治《詩》之結晶——《詩毛氏傳疏》之關係，便自然而然地成爲接下來需要解決

---

① 《九穀考》："《説文》：'……采，禾成秀也。人所以收。從爪禾。穗。'……穎，禾末也。《詩》曰：'禾穎穟穟。'"參見（清）程瑤田《九穀考》卷一《粱》，第二至三葉。

② 《九穀考》曰："故毛氏傳云：'穎，垂穎也。'陸氏《釋文》云：'穎，穗也。'穎成於穗，故穗、穎互通。"參見（清）程瑤田《九穀考》卷一《粱》，第十六葉。

的問題。本節將初步比勘《毛詩九穀考》與《詩毛氏傳疏》的對應條目，考察其解説異同。

《毛詩九穀考》已有相當一部分條目與《詩毛氏傳疏》幾乎完全一致，或僅小有出入。如解《碩鼠》"無食我苗"一句（見表四）：

表四

| 《毛詩九穀考》① | 《詩毛氏傳疏》② |
| --- | --- |
| 述曰：古者謂苗爲禾，謂嘉穀爲禾。案：莊公七年秋，"大水，無麥苗"，何休説《公羊》曰："苗者禾也。"《倉頡篇》曰："苗者，禾之未秀者也。"禾未秀，被水不爲災。故《春秋傳》以"不害嘉穀"説《春秋經》之"苗"，謂苗爲嘉穀也，毛所本也。二十八年冬，"大無麥禾"，《傳》直謂之"饑"矣。《傳》嫌"苗"爲他穀所假稱，故明之。 | 《春秋》莊七年秋，"大水，無麥苗"，《左傳》云："不害嘉穀也。"苗爲嘉穀，毛傳正本《左傳》爲訓。何注《公羊傳》云："苗者禾也。生曰苗，秀曰禾。"《倉頡篇》云："苗者，禾之未秀者也。"禾未秀，被水不爲災，故《左傳》以爲"不害"。二十八年冬"大無麥禾"，則謂之"饑"矣。《詩》首章言黍，二章言麥，三章言禾。 |

兩相比照顯然可知，《毛詩九穀考》與《詩毛氏傳疏》所持有的觀點，所使用的材料及論證過程均基本一致。二者皆以魯莊公七年《春秋》經文及對應的《左傳》確定苗和嘉穀均爲禾之别名，可以通用，《毛傳》訓苗爲"嘉穀"正本《左傳》。又以《倉頡篇》《公羊傳》何休注等書證落實觀點。《傳疏》僅在表述和引書出文格式上，較《毛詩九穀考》更爲準確規範。

《毛詩九穀考》中承襲自程瑤田《九穀考》的内容，同樣可以在《詩毛氏傳疏》中找到幾乎一致的段落（見表五）：

表五

| 《毛詩九穀考》③ | 《詩毛氏傳疏》④ |
| --- | --- |
| 《召旻》："彼疏斯粺。"《傳》："彼宜食疏，今反食精粺。" | 程瑤田《九穀考》云："凡經言'疏食'者，稷食也。《論語》'疏食菜羹'，即《玉藻》 |

---

① 表中所引陳奂《毛詩九穀考》文本，均見於（清）陳奂《毛詩九穀考》，第三葉。
② 表中所引陳奂《詩毛氏傳疏》文本，均見於（清）陳奂《詩毛氏傳疏》卷九《碩鼠》，第十葉，清光緒十四年江蘇南菁書院刻《皇清經解續編》本。
③ 表中所引陳奂《毛詩九穀考》文本，均見於（清）陳奂《毛詩九穀考》，第十一葉。
④ 表中所引陳奂《詩毛氏傳疏》文本，均見於（清）陳奂《詩毛氏傳疏》卷二五《召旻》，第五十一葉。

續表

| 《毛詩九穀考》 | 《詩毛氏傳疏》 |
|---|---|
| 述曰：案：《九穀考》曰："凡經言'疏食'者，稷食也。《論語》'疏食菜羹'，即《玉藻》'稷食菜羹'。《左傳》梁無黁有，黁對梁而言。《魯語》'食粟''食黁'，黁對粟而言，稷之謂也。"奐謂《詩》之"疏"正言稷。大戴禮："無禄者稷饋，稷饋者無尸。"是古賤者食稷也。彼之者，賤之之詞也。"粺"，依箋，則指"糲米一斛，舂爲九斗"之粺。然一斛舂九斗之粺與糲米校，糲米爲疏，而粺則不爲精米也。稻，繫米八斗，而舂爲六斗大半斗，曰粲。禾黍，繫米八斗，而舂爲七斗，曰侍御，精之至矣。《傳》曰"精粺"，與"疏"對文。"疏"爲稷，"粺"其禾黍與？禾别曰秭，黍别爲𥟖。曹子建《七啓》云"芳菰精粺"，李善注云："秕與粺通。" | '稷食菜羹'。《左傳》梁無黁有，黁對梁而言；《魯語》'食粟''食黁'，黁對粟而言，稷之謂也。"奐案：《詩》之"疏"正言稷。《曾子天圓篇》云："無禄者稷饋，稷饋者無尸。"是古賤者食稷也。彼之者，賤之之詞也。粺，鄭箋指"糲米一斛，舂爲九斗"之粺。然一斛舂九斗之粺與糲米校，糲米爲疏，而粺則未爲精也。稻，繫米八斗而舂爲六斗大半斗，曰粲。禾黍，繫米八斗而舂爲七斗，曰侍御，精之至矣。粺與疏對文，疏爲稷，粺其禾黍歟？禾别曰秭，黍别爲𥟖。《文選·七啓》："芳菰精粺。"李善注云："秕與粺通。" |

《毛詩九穀考》疏解經傳，先引程瑶田《九穀考》成説，以爲經文凡言"疏食"者皆爲食稷，證據有二：首先，《禮記》以"稷食"替换《論語》"疏食"，其次，《左傳》《國語》"食黁"與粟、梁對舉，則其爲稷可知。《召旻》經文之"疏"字同樣符合此通例。毛傳解此句將"疏"與"精粺"對舉，陳奐引《大戴禮記》指出"無禄者稷饋"，故當稷爲賤者之食，而經文之"粺"當爲禾黍，由《七啓》李善注可知，其字又作"秕"。

在《詩毛氏傳疏》中，除"曾子天圓篇"與"大戴禮記"及"文選七啓"與"曹子建七啓"等有關出文格式的細微區别外，《詩毛氏傳疏》與《毛詩九穀考》幾乎完全相同，則《詩毛氏傳疏》與《毛詩九穀考》關係至密，自不待言。

然《毛詩九穀考》也有與《詩毛氏傳疏》觀點絶異之條目。如《周頌·思文》"貽我來牟"一句，毛傳訓牟爲麥，《毛詩九穀考》採段玉裁説：

"牟，麥"，段先生云："傳當是本作'來牟，麥'也，後人删'來'耳。"案：《説文解字》曰："來，周所受瑞麥來麰也。二麥一夆，（原注：依段本正。）象其芒束之形，天所來也，故爲行來之來。"又曰："齊人謂麥爲䅘。"又曰："麰，來麰，麥也。"《漢書·劉向傳》作"釐麰"，《典引注》

引《韓詩》作"嘉麰",《廣韻》引《埤蒼》"來麰"字作"秾"。"秾"即"來"字,"來""麰""嘉"一聲之轉。此皆以"來麰"爲麥,可爲毛傳本作"來牟"之證。①

段玉裁以爲今本毛傳爲後人刪一"來"字,"來牟"應當連讀。陳奐引此說,並於後文敷衍之:《説文》正解"來"爲麥,又以"麰"爲"來麰",則許慎當以"來牟"二字連讀,義爲麥,《漢書》之"釐麰",《韓詩》之"嘉麰",《埤蒼》之"秾麰"均爲"來牟"連讀之證,則可證毛傳本作"來牟"。

但是,在《詩毛氏傳疏》中,陳奐反以爲"來牟"不當連讀:

> 傳釋"牟"爲麥,則經中"來"字爲語詞。《谷風》:"伊余來墍。"墍,息也。《四牡》:"將母來諗。"諗,念也。《車舝》:"德音來括。"括,會也。《桑柔》:"反予來赫。"赫,嚇也。《江漢》:"淮夷來鋪。"鋪,病也。傳皆以來爲語詞,無實義。則"來牟"不連讀矣。②

陳奐於《傳疏》中推求毛傳之例,凡經文句中"來"字,毛傳多以"來"爲語詞,則"來牟"不當獨異,故而"來牟"亦不當如段玉裁説連讀。這一規律與漢儒舊説顯然衝突,《傳疏》於後文彌合矛盾:

> 《説文》云:"來,周所受瑞麥來麰。一麥二縫,象芒刺之形,天所來也,故爲行來之來。《詩》曰:'詒我來麰。'""麰,來麰,麥也。""秾,齊謂麥,秾也。"案:秾即來,許作《説文》始以"來麰"爲麥名。"來麰",《漢書·楚元王傳》引《詩》作"釐麰",劉向説:"釐麰,麥也。始自天降。""來麰""釐麰"二字成義,許、劉相同。許治毛而不廢三家也。毛不言"瑞麥",與《三家詩》異。③

陳奐始終没有否認許慎確實連讀"來牟"二字,並以之爲麥名,甚至增補了劉向以"來牟"爲麥的明確解説。但陳奐於下文即指出,是否連讀"來牟"正是《三家詩》與《毛詩》的分别,許慎雖以毛爲主,然"不廢三家"。

除了持論不同外,《詩毛氏傳疏》與《毛詩九穀考》所引《説文》文本亦有差異。《毛詩九穀考》引《説文》"來"字條云:

> 《説文解字》曰:"來,周所受瑞麥來麰也。二麥一夆,(原注:依段

---

① (清)陳奐《毛詩九穀考》,第十二葉。
② (清)陳奐《詩毛氏傳疏》卷二六《思文》,第十八葉。
③ 同上。

本正。）象其芒束之形，天所來也，故爲行來之來。"①

陳奐在小字自注中明確指出，"二麥一夆"是依據段玉裁《説文解字注》改正後的文本。但是，在《詩毛氏傳疏》中，陳奐所引《説文》文本反作"一麥二縫"。段玉裁於注文中言其改字理由：

> "二麥一夆"，各本作"一來二縫"，不可通。惟《思文正義》作"一麥二夆"，今定爲"二麥一夆"。夆即縫字之省。……夆者，束也。二麥一夆爲瑞麥，如二米一稃爲瑞黍，蓋同夆則亦同稃矣。《廣韵·十六哈》引《埤蒼》曰："秾䵺之麥，一麥二稃，周受此瑞麥。"此"一""二"兩字亦是互譌。②

段注純從情理立論而未列舉書證，許慎既以"來"爲"瑞麥"，則一穀殼中有二米粒較一米粒有二穀殼而言顯然更爲祥瑞。陳奐於《傳疏》中所採《説文》文本則爲《思文》孔疏所引者，與《廣韻》所引《埤蒼》"一麥二稃"一致，則唐宋時《説文》文本已有作"一麥二夆"者，不能輕易視作譌誤，故陳奐於《傳疏》不取段説。

通過本節的考察，我們初步認識到，《毛詩九穀考》與《詩毛氏傳疏》關係極爲密切，《毛詩九穀考》中的部分條目已然與《詩毛氏傳疏》完全一致。然而，《毛詩九穀考》亦有與《詩毛氏傳疏》使用材料基本一致，但持論完全相反者。因此，確定《毛詩九穀考》與《詩毛氏傳疏》成書時間孰先孰後實乃必要，下節將對這一問題展開探討。

## 三、《毛詩九穀考》《詩毛氏傳疏》撰作先後蠡測

《毛詩九穀考》成於何時，迄無明説。民國《崇明縣志》卷一六言及此書云："此書專述九穀，疏通證明之。舊無刊本，宣統初，順德鄧實印入《古學彙刊》。"③ 此説本於《古學彙刊書目提要》："《毛詩九穀釋義》，未刊稿，陳奐述。奐字碩甫，長州人，著有《毛詩傳疏》。此書專述九穀，疏通證明之。"④ 則是書初刻時間爲清末民初，距陳奐下世已五十年。鄧實僅言所據底本爲陳奐

---

① （清）陳奐《毛詩九穀考》，第十二葉。
② （清）段玉裁《説文解字注》卷五下，第三十二葉，清乾隆嘉慶間段氏經韻樓刻本。
③ 《（民國）崇明縣志》卷一六《藝文志》，民國十三年修十九年刊本，第七葉。
④ 柳向春《陳奐交遊研究》附錄二《陳奐著述概述》，第418頁。

未刊稿本，原題爲"毛詩九穀釋義"，《古學彙刊》刊刻時改題"毛詩九穀考"。檢陳奐《三百堂文集》《師友淵源記》《流翰仰瞻集》諸書，均不云己有"毛詩九穀考"或"毛詩九穀釋義"一書。其弟子戴望所撰《行狀》、管慶祺所撰《年譜》，亦未言其師著有《毛詩九穀考》或《毛詩九穀釋義》。因此，只能從文本出發尋找綫索，確定《毛詩九穀考》與《詩毛氏傳疏》的成書先後。我們認爲，《毛詩九穀考》當成於《詩毛氏傳疏》之前。

首節已經證明，《毛詩九穀考》實質上是以程瑤田《九穀考》爲骨架，將程氏所集材料和具體論證拆分打散，繫於《毛詩》對應經傳文下，加以增補、刪削、改寫而成。如果我們將陳奐拆分《九穀考》的環節納入考察範圍，就會對兩書撰作順序有更清晰的認識。

如表六，我們以三書對《生民》"禾役穟穟"一句的疏解和考辨爲例，比較其異同：

表六

| 程瑤田《九穀考》① | 《毛詩九穀考》② | 《詩毛氏傳疏》③ |
|---|---|---|
| 《説文》曰："穎，禾末也。"引《詩》曰："禾穎穟穟。"案：《詩》作"禾役穟穟"，毛傳云："役，列也。穟穟，苗好美也。"據傳所訓，是"列"爲穧，"梨"省去"禾"也。梨蓋黍穧，言其莖末多岐如芳荊，故謂之梨。今以訓禾苗，所謂散文通也。而孔穎達以"行列"疏之，失其義矣。若以爲行列，則"穟穟"當是形容行列之整齊。今曰"苗好美"，承用《爾雅》"穟穟苗也"之釋，則"役"爲苗之名明矣。《禹貢》："三百里納秸服。"孔氏傳："秸，藁也。服，藁役。"言服爲 | 何休曰："生曰苗，秀曰禾。"別言也。渾言之，苗亦得稱禾。"禾役"，《正義》以"行列"疏之，失其恉矣。奐案：《禹貢》："三百里納秸服。"《禮器注》"納秸服"，《地理志》"内戛服"，兩引《書》皆有"服"字，可證"秸服"二字連文得義。斷去其藁，又去其穎，謂之秸。帶秭言，是謂之秸服。"服""秭"雙聲。粟則脱於糠矣，米則成爲粱矣。偽孔傳云："秸，藁也。服，藁役。"凡附於外者謂之服，亦謂役。言服爲藁之役者，此可以證《詩》 | 生者曰苗，秀者曰禾，別言也。渾言苗亦得稱禾。"禾役"者，苗之榦也。《禹貢》："三百里納秸服。""秸服"二字連文得義。斷去其藁，又去其穎，謂之秸。帶秭言，謂之秸服。粟則脱於糠矣，米則成爲粱矣。孔傳云："秸，藁也。服，藁役。"案：偽孔誤解。"服"與"役"同義，服爲藁役，此不可解《書》之"秸服"，而可以證《詩》之"禾役"。蓋《禹貢》言穎，《生民》言莖。秸者，實也。秸服者，粟之 |

---

① 表中所引程瑤田《九穀考》文本，均見於（清）程瑤田《九穀考》卷一《梁》，第十五葉。
② 表中所引陳奐《毛詩九穀考》文本，均見於（清）陳奐《毛詩九穀考》，第九葉。
③ 表中所引陳奐《詩毛氏傳疏》文本，均見於（清）陳奐《詩毛氏傳疏》卷二四《生民》，第四葉。

續表

| 程瑶田《九穀考》 | 《毛詩九穀考》 | 《詩毛氏傳疏》 |
|---|---|---|
| 稾之役，是《詩》"禾役"爲苗之一證矣。《吕氏春秋》："得時之麥，服薄穅而赤色。"穅爲禾皮，而謂之"服"，是又孔傳"服，稾役"之一確證矣。……苗長生稾則衛，稾外而附於稾者，遂謂之服，亦謂之役，蓋稾之衣也。穰從"襄"，亦有相輔相包之義，……《説文》引《詩》，不曰"禾役"而曰"禾穎"，穎是采之成而下垂者，故"穟穟"亦不指苗，而以爲禾采之貌，此與毛氏異者也。然余以爲毛傳得之。 | 之"禾役"，而不可以注《書》之"秸服"。蓋《禹貢》言穎，《生民》言莖。秸者，實也。秸服者，粟之皮也。禾者，苗也。禾役者，稾之皮也……傳以"列"解"役"，謂"梨"之假借。《廣雅》："黍穰謂之梨。"《廣韻》云："穰，禾莖也。"則禾莖亦爲穰。《集韻》："秧，穰禾下葉多也。"與傳意正合。《爾雅·釋訓》："穟穟，苗也。"是毛所本。《説文》引《詩》作"禾穎穟穟"，用《三家詩》，指采説，不指苗説，與毛公異義。 | 皮也。禾者，苗也。禾役者，稾之皮也。傳以"列"訓"役"，列謂"梨"之假借字。《廣雅》："黍穰謂之梨。"《廣韻》："穰，禾莖。"則禾莖亦爲穰。《正義》列爲行列，失之矣。《爾雅》："穟穟，苗也。"此傳所本也。《説文》："穟，禾采之皃。"引《詩》作"禾穎穟穟"。采或作穗，許本《三家詩》，指采説，不指苗説，與《爾雅》《毛詩》皆異。 |

《九穀考》討論了兩個互相關聯的問題。首先，程瑶田認爲毛傳訓"役"之"列"非"行列"之義，而當爲"梨"字之假借，"梨"本用於指稱禾稈（黍穰），因禾莖末端分歧較多而得名，孔疏解"列"爲"行列"有誤。毛傳本《爾雅》訓"穟穟"爲"苗好美"而非"行列整齊"，恰可反證毛傳不以"列"爲"行列"。那麽，本用於形容禾稈的"梨"爲什麽可以指稱禾苗？程瑶田的證據是《尚書·禹貢篇》。《禹貢》云"三百里納秸服"，僞孔傳訓"秸服"之"服"爲"稾役"，而"稾役"即《詩》所言"禾役"。《吕氏春秋》言"服薄穅"，可解僞孔傳"稾役"之義，"服"是包裹禾稈的一層外皮，正與前文所言"黍穰"同義。《説文》引《詩》作"禾穎"，並明言"穎"爲禾末，程瑶田進而推論，按《説文》釋義，則"穟穟"也應當形容禾穗而非禾苗，可見《説文》與毛傳訓詁有別。

《毛詩九穀考》正有"禾役穟穟"一條，即以《九穀考》爲藍本。程瑶田言"孔穎達以行列疏之，失其義矣"，陳奂亦言"《正義》以行列疏之，失其恉矣"；程瑶田言"苗長生稾則衛，稾外而附於稾者，遂謂之服，亦謂之役"，陳奂亦言"凡附於外者謂之服，亦謂役"；程瑶田言"今曰'苗好美'，承用《爾雅》'穟穟苗也'之釋"，陳奂亦言《爾雅·釋訓》"'穟穟，苗也'，是毛所本";程瑤田言"列爲穊,'梨'省去'禾'也",陳奐亦言"傳以'列'解'役',謂'梨'之假借";程瑤田以《說文》引《詩》"禾穎穟穟"爲"禾采之貌",陳奐亦以"禾穎穟穟"爲"指采說,不指苗說"。凡此之例,不一而足,則《毛詩九穀考》暗襲程瑤田《九穀考》之跡甚明。

陳奐在承襲《九穀考》整體框架的同時,也深化、修正了程瑤田的具體論證。首先,《毛詩九穀考》除承襲程瑤田所引《禹貢》及僞孔傳外,又增補《漢書·地理志》《禮記·禮器》鄭玄注兩條書證,以明"秸服"二字連文得義。其次,程瑤田直接將僞孔傳訓"服"爲"稾役"等同於《詩》之"禾役"。但陳奐認爲,《禹貢》之"秸"是禾"斷去其稾,又去其穎"後剩餘的部分,"服"則假借爲"稃",是禾實外包裹的穀殼。《禹貢》之"秸服"指禾實,《毛詩》之"禾役"指禾稈,不能一概而論。僞孔傳訓"服"爲"稾役",固然與"禾役"含義一致,用於解釋"秸服"則並不準確。復次,程瑤田已經指出,《說文》引《詩》作"禾穎",是就禾穗而非禾苗立言,但僅言"與毛氏異"。陳奐則更進一步,直接將許慎所引經文判定爲《三家詩》。最後,陳奐還增補了《廣韻》《集韻》《廣雅》等字書韻書,以疏釋名物。

《詩毛氏傳疏》在疏解此句時,除刪削《禮記》《漢書·地理志》《集韻》三證、調整行文順序、改換個別表述外,基本與《毛詩九穀考》完全一致。可見,《詩毛氏傳疏》和《毛詩九穀考》的源頭都是程瑤田《九穀考》。

次節亦已論及,《毛詩九穀考》有部分條目與《詩毛氏傳疏》觀點相異。比勘此類條目,同樣可以推斷兩者成書先後。

有《毛詩九穀考》疏釋迂曲,而《詩毛氏傳疏》觀點平實、論證合理者。如《小雅·楚茨》"既齊既稷"一句,毛傳訓稷爲疾。《毛詩九穀考》論云:"傳謂'稷'爲'即'之假借字。畟聲、卩聲不同部,此異部假借之例。"① 則陳奐於《毛詩九穀考》以"稷"爲"即"之異部假借,雖可通,然較迂曲。至《傳疏》,則云:

> 稷讀爲速,《爾雅》:"速,疾也。"謖,音速。稷、謖皆從"畟"聲,其讀當同,故"稷"與"敕"合韻也。敕,讀爲飭。《說文》:"飭,致堅也。從人、力,食聲。讀若敕。"②

《傳疏》認爲"稷"當讀爲"速",以稷、謖均從"畟"得聲,而謖音速,則稷

---

① (清)陳奐《毛詩九穀考》,第七葉。
② (清)陳奐《詩毛氏傳疏》卷二〇《楚茨》,第二十四葉。

亦可假借爲"速"。

有《毛詩九穀考》從師説，而《傳疏》已推求毛傳義例者。返觀上節所舉疏釋《皇矣》"貽我來牟"之例，陳奐於《毛詩九穀考》引《説文》《漢書》《文選注》等，以"來牟"二字連文得義，從而得出毛傳脱文的結論。但《傳疏》從總結《詩經》句法及毛傳訓詁規律入手，確認毛傳均以句中之"來"爲語助，"貽我來牟"不當獨異，故而放棄了《毛詩九穀考》原説，並將"來牟"連讀之例均歸爲《三家詩》，使之與《毛詩》判然二分，正爲陳奐"篤守毛傳"之學風成熟的表現。

又有《毛詩九穀考》論及，而《詩毛氏傳疏》反無者。如《小宛》"中原有菽，庶民采之"一句，《毛詩九穀考》明引程瑶田説：

> 述曰：菽葉謂之藿，采之，采其葉也。程氏瑶田曰："《箋》云：'藿生園中，非有主也。'余案：非無主者，聞之山西人，秋間采豆葉，以爲禦冬之菜，任人采之，其主不與聞也。以小豆葉爲佳，小者先采，大豆葉社後乃許采。官有早采之禁，恐傷豆也。"①

檢《詩毛氏傳疏》並無對應內容。究其原因，應當是《九穀考》此段論大豆、小豆之葉採摘時間之先後是爲了解釋鄭箋"非有主也"一語，與毛傳之義無關。陳奐作《傳疏》，"今置箋而疏傳者，宗《毛詩》義也……墨守之譏，亦所不免"②，只求毛傳本義，鄭箋不過是輔助理解的工具而已，故《傳疏》限於體例而不録此説。

結合上文正反兩方面的證據，兩書關係無非有兩種可能：一、《毛詩九穀考》以《詩毛氏傳疏》爲材料來源，二書重合條目爲《毛詩九穀考》摘編自《詩毛氏傳疏》，《毛詩九穀考》與《詩毛氏傳疏》有異之處，均爲陳奐晚年據程瑶田《九穀考》修訂增補。二、《毛詩九穀考》是《詩毛氏傳疏》的初稿，其條目或略加改寫被直接採入《傳疏》，或因陳奐持論變化而在《傳疏》中加以局部修正，或限於體例被直接棄用。第二種推測應當符合歷史事實。今舉五證以明之。

首先，上文已經證明，《毛詩九穀考》是對程瑶田《九穀考》的拆分、重組、改寫，是全面彙集資料、消化前人成果的基礎性工作，與撰作新疏相比，其難度顯然較低。以集成性專題著作《九穀考》爲藍本，撰成具有資料長編及

---

① （清）陳奐《毛詩九穀考》，第六葉。
② （清）陳奐《詩毛氏傳疏》卷首《敘》，第二葉。

初稿性質的《毛詩九穀考》，復將《毛詩九穀考》加以潤色，揉爲《傳疏》，符合撰作新疏的一般規律。若在撰成《傳疏》之後，又將《傳疏》中有關"九穀"之條目一一進行摘編，或原樣照錄，或略加增删，無疑是一種重複勞動，其學術價值將大打折扣。

其次，若《毛詩九穀考》撰作前《傳疏》已經成書，《毛詩九穀考》不應無一語言及《詩毛氏傳疏》。既然二書大部分内容完全一致，陳奂爲何不直接明言"《傳疏》曰""參見《傳疏》"，反而要將《傳疏》内容重新抄録？這不僅不合常理，也不符合陳奂的習慣。在成於《傳疏》後的《公羊逸禮考徵》一書中，陳奂屢言"奂《疏》云""説詳余《疏》""説詳《詩疏》"①，用互見之法。至於諸書均未言及《毛詩九穀考》亦能得到合理解釋：陳奂清楚地知道，《毛詩九穀考》的主體框架實未出程瑶田《九穀考》之範圍，並非獨立撰作，因而不會也不可能將此書付梓。故陳奂絶口不言曾撰《毛詩九穀考》，即弟子亦不知情，實屬情理之中。

再其次，凡《毛詩九穀考》與《詩毛氏傳疏》觀點、論證有異者，《傳疏》均較《毛詩九穀考》之説爲平實妥帖。凡《毛詩九穀考》所有，而《詩毛氏傳疏》中所無之條目，或與疏釋毛傳無關而不合《傳疏》體例，或不合毛傳訓詁、經解而與《傳疏》"篤守毛傳"的立場相悖，因而並未出現在《傳疏》中。《詩毛詩傳疏》中貫徹了考據學推求經文句法、總結訓詁規律的典範學術方法，標識着陳奂學術思想的定型。可見，從拆分《九穀考》、撰作《毛詩九穀考》到《詩毛氏傳疏》成書，恰恰是陳奂學術的不斷成熟的過程。

從次，陳奂於《王石臞先生遺文編次序》一文中言：

> 甫入坐，（先生）切問以用功之造詣與立志之趨向。奂因言大毛公生六國末，作《詩傳》皆古文，與東漢群儒殊。丁叔度雖宋人，而《集韻》爲音詁大總匯。此二書者，終身誦之可乎？先生曰："凡學者著書，必於所託者尊，或逕後人不能諟正，則董理之，日定以課程，底有成而止。《集韻》具載《類篇》，始以《類篇》校《集韻》，更以《説文解字》《經典釋文》《玉篇》《廣韻》一一校訖，具《韻》内誤收之字，表而出之，辨學者之惑。"②

---

① 參見（清）陳奂《公羊逸禮考徵》不分卷，清同治光緒間吴縣潘氏刊《滂喜齋叢書》本。
② （清）陳奂《三百堂文集》卷上《王石臞先生遺文編次序》，第十葉，民國二十四年王大隆、趙詒琛輯《己亥叢編》本。

陳奐入都拜會王念孫在嘉慶二十三年（1818），彼時陳奐雖無作新疏之志，但已將董理《毛詩》和《集韻》作爲相輔相成的、"終身行之"的工作。直至晚年，陳奐仍然對《集韻》的校勘和整理念念不忘。①《毛詩九穀考》中多引《集韻》《廣韻》，反而展現了陳奐自早年以來一貫的學術風貌。

最後，該書題名可提供旁證。上文所引《古學彙刊書目提要》言，《古學彙刊》所據底本爲陳奐未刊稿本，稿本原題"毛詩九穀釋義"，刊刻時改題"毛詩九穀考"，恰與《毛詩傳義類》的改題過程頗爲一致。北京大學圖書館藏清繆荃孫抄本《毛詩釋義》，經柳向春比對正爲《毛詩傳義類》，② 則《義類》初名"毛詩釋義"，恰與《毛詩九穀考》原題"毛詩九穀釋義"相同。《師友淵源記》追述《詩毛氏傳疏》撰作緣由時云：

> 竊謂墨莊治《詩》有年，於毛氏經傳必有完書，故己所治《詩》，特編爲《義類》。及其病革之日，遺言屬校《後箋》，《魯頌・泮水》下無稾本，並爲補篇。乃知所治《毛詩》僅列章句，不爲完書。<u>奐遂奮焉以《義類》揉《疏》，乙未有此志，至是乃得堅。</u>丙、丁、戊、己四年而《疏》成。③

陳奐有作《傳疏》之志在道光乙未（1835），《毛詩傳義類》成書尚在此前。《毛詩傳義類》爲陳奐作《傳疏》之基礎而題"釋義"，則《毛詩九穀考》亦當爲陳奐"揉《疏》"的基礎性資料。

《毛詩九穀考》已經展現了"義類相從"的理念，有助於進一步推定此書撰作時間。《毛詩九穀考》疏解《鄘風・桑中》"爰采麥矣"時，不以"麥"爲禾麥：

> 奐案：<u>凡《詩》中興物，必以類舉。</u>如《碩鼠》"食黍""食麥""食苗"，《黃鳥》"啄粟""啄粱""啄黍"，以穀類。《召南》"采蕨""采薇"一類也，《王風》"采葛""采蕭"一類也，《唐風》"采苓""采苦""采葑"一類也，《小雅》"采菽""采菖"一類，"采綠""采藍"一類也。《丘中》詩"麻""麥""李"並舉，李居麻、麥後，穀實、草木實亦一類也。若麥

---

① 陳奐弟子張星鑑云："其未刻者有《師友淵源記》《禘郊或問》《宋本集韻校勘記》各若干卷，藏於家。"又云："先生平生論學，必以王氏爲宗。……凡弟子從遊者，必授以《管子》、《周禮》先鄭注、丁度《集韻》等書，是皆王氏家法也。"（參見繆荃孫編《續碑傳集》卷七四《陳碩甫先生傳》，第九至十葉，清宣統二年江蘇編譯局刻本）則陳奐始終堅持校勘、整理《集韻》，又以《集韻》爲引導學生入門的必由之途。
② 參見柳向春《陳奐交遊研究》第五章《陳奐與高郵王氏》，第158—159頁。
③ （清）陳奐《師友淵源記》不分卷"胡承珙"條，第十四至十五葉，民國二十三年邃雅齋刊《邃雅齋叢書》本。

廁於唐、蓨之間，豈其類乎？……若然，《桑中》之麥非禾麥之麥必矣，而傳、箋、疏俱無解釋，難以臆定。①

陳奐以自覺的態度歸納《毛詩》經文之例，提出"《詩》中興物，必以類舉"。《詩經》"興"體必有起興之物，如果詩中前後多次起興，各興句句法相同或相近，且興句所導向的比喻義、所蘊含的情感傾向基本一致，則起興之物當爲同類。《碩鼠》首章言"無食我黍"，次章言"無食我麥"，三章言"無食我苗"，句法完全一致，所表達的比喻義及所含情感一致，則黍、麥、苗三者爲一類。陳奐大量列舉此類證據，從而判定《桑中》三章分別言"爰采唐矣""爰采麥矣""爰采蓨矣"，則唐、麥、蓨三者爲一類。因此，《桑中》之"麥"一定不是穀物，而是一種草本植物。這正與陳奐推求毛傳義例，彙集散落於各篇之訓詁，區分異同，以類相從，編爲《義類》的方法若合符契。可見，在撰寫《毛詩九穀考》時，陳奐編撰新疏的指導方法已經基本確立。

由此可以得出結論：《毛詩九穀考》應當撰作於道光十五年（1835）年前後，與《毛詩傳義類》大抵同時，正處於陳奐撰作新疏前的準備階段。

## 四、餘論：嘉慶後清人新疏的生產模式

以上三節，我們以陳奐《毛詩九穀考》爲中心，通過詳細比勘程瑤田《九穀考》及陳奐《毛詩九穀考》《詩毛氏傳疏》，基本釐清了三書關係。

程瑤田《九穀考》作爲較爲完備的疏證"九穀"的集成性著作，是《毛詩九穀考》的主要材料來源。《毛詩九穀考》承襲《九穀考》的論證框架、書證乃至具體表述，同時根據疏釋經文、毛傳的具體需要，或將《九穀考》刪繁就簡、節引嫁接，或對原文加以改寫、修正，或進一步補充材料。《毛詩九穀考》中的大部分條目在稍加潤色、修正後，即被採入《詩毛氏傳疏》。未見於《傳疏》的條目，或與此書"獨釋毛傳，不及鄭箋"的宗旨矛盾，或因陳奐所持觀點已經變化而被棄用。《毛詩九穀考》是陳奐爲撰寫《詩毛氏傳疏》所作的資料長編。

可見，《詩毛氏傳疏》的成書歷經三個環節：集成性前人成果—資料長編—新疏。陳奐先以前人集成性成果爲藍本，加以刪削、增補、修正、改寫，分繫於對應經傳之下，形成衆多類似於《毛詩九穀考》的資料長編供其採擇。在正式撰作新疏時，根據需要將資料長編中的考證條目進一步修正、潤色，按

---

① （清）陳奐《毛詩九穀考》，第一葉。

照經傳文順序加以彙總、排列，統一引文體例，揉成《傳疏》。

值得注意的是，《毛詩九穀考》並非另起爐竈，重新彙集古書中有關"九穀"的原始資料，而是直接挪用了程瑶田《九穀考》的框架。事實上，嘉道以後群經新疏承襲前人集成性成果的現象屢見不鮮，學界已有揭露。馬楠在《周秦兩漢書經考》中，即言嘉慶以來學者多襲用《經籍籑詁》撰作新疏：

> 嘉慶四年十二月刊成的《經籍籑詁》建立在漢晉訓詁基礎之上，極大方便了單字訓詁查詢。嘉道以來經疏破讀能力明顯不足，但文獻呈現更加全面、訓詁舉證更加豐富。完全根據《籑詁》材料寫成的作品最著者有郝懿行《爾雅義疏》、朱駿聲《説文通訓定聲》。……孫星衍《尚書今古文注疏》可以説是全面運用《經籍籑詁》的又一著述。①

事實上，如果將考察範圍加以擴大，類似於《經籍籑詁》這樣的集成性成果還有很多，一般誕生於嘉慶及以前，如秦蕙田《五禮通考》、程瑶田《通藝録》（《九穀考》即收録於此）、戴震《方言疏證》、王念孫《廣雅疏證》、段玉裁《説文解字注》等。這類成果並不直接解釋經文，但往往與考據學理念下的經典解釋密切相關，其共同特點是對訓詁、異文、書證資料大量而全面的彙集。對需要"上窮碧落下黄泉"的考據學家來説，這些集成性著作無疑提供了巨大的便利，也就自然而然地成爲了撰作新疏的基礎，對其後考據學家的經典解釋工作產生了極爲深遠的影響。

如馬楠所論，集成性成果極大降低了學者搜集材料的難度，但也導致了嚴重的弊端。由於這些專題性著作或工具書往往不直接爲解經服務，或自有其解釋框架（如《説文解字注》），或只是單純的材料彙集（如《經籍籑詁》）。一旦落實到具體的經文解釋中，如果學者不加分辨，全盤吸納，就會出現種種問題。馬楠論孫星衍《尚書今古文注疏》已云：

> 與《爾雅》《説文》等訓詁字書不同，由於《尚書》篇句的性質，孫《疏》將《籑詁》使用中的弊病暴露無遺。不僅輾轉相訓、蕪蔓冗雜的情況與《爾雅義疏》相似，逐字爲訓、飽飣相綴，句讀失誤不斷，文義每失連貫，成爲孫《疏》的最大缺陷。②

---

① 馬楠《周秦兩漢書經考》第一章《文獻綜述》，清華大學歷史系博士學位論文，2012，第1—2頁。
② 同上書，第2頁。

而《詩毛氏傳疏》在承襲《九穀考》過程中，同樣也存在陳奐誤讀乃至刻意曲解程瑤田原意的現象，恰爲馬楠所論添一注腳。

然而，這種直接以前人集成性成果爲藍本撰作新疏的模式是考據學發展的必然。戴震在《與是仲明論學書》中闡述了考據學的基本理念：

> 經之至者道也，所以明道者其詞也，所以成詞者字也。由字以通其詞，由詞以通其道，必有漸。則知一字之義，當貫群經，本六書，然後爲定。①

在考據學家看來，經典解釋只能從字詞考證入手。但是，一旦進入考證某一具體字詞含義的環節，就需要排比這一字詞大量的用例，用例越多，得出的結論也就越可靠。這就導致在解釋經文時需要引入大量古訓、異文、書證，以支撐其論斷。如何儘可能全面地彙集材料，成爲考據學家必須面對的問題。嘉慶以前的考據學家普遍以批校群書或疏解字書、辭書、韻書的形式，獨立完成資料彙集工作，並以此爲基礎疏解、考辨經典，由此形成的著作往往具有典範意義。仕途得意、身居高位的學者如阮元、秦蕙田等人，更會延請名家、組織人手，主持編寫大型資料工具書和考據著作，亦爲後人取材之淵藪。

嘉慶之後的考據學家和新疏作者所面臨的學術環境已與其前輩大爲不同。資料的原始積累在乾隆、嘉慶時已基本完成，《五禮通考》《經籍籑詁》《廣雅疏證》《説文解字注》等大批具有資料書性質的集成性成果已陸續推出。此後的新疏作者們既樂於使用這些集成性成果減輕負擔，客觀上也無法繞過程瑤田、王念孫、段玉裁等前輩學者直接開展工作。可供發掘的材料既已十分有限，前輩學者的考證成果又大多精壒，像陳奐這樣以前人成果爲基礎增補材料、删削改寫，形成資料長編，最後揉成新疏的"流水綫"模式必然會成爲嘉道後的學術主流。換而言之，這一新疏撰作模式的產生是考據學内在邏輯所導致的必然結果。可以説，新疏固然是清代考據學在經典解釋領域的集大成之作，但同時也意味着考據學範式的日趨僵化，這不能不説是歷史的玩笑。清代經學或許也正是在這樣的流水綫作業中喪失活力，最終在清末走向瓦解。

（作者單位：北京大學中國古文獻研究中心、北京大學中國語言文學系）

---

① （清）戴震《戴震文集》卷九《與是仲明論學書》，北京：中華書局，1980，第140頁。

# 喪屨形制考

## 劉　斌

**【内容提要】**　喪屨是喪服的一項基本部件。喪服各服敘的喪屨不同，《喪服》經傳云斬衰用菅屨，齊衰三年和杖期用疏屨（藨蒯之菲），齊衰不杖期用麻屨，《喪服小記》云齊衰三月和大功用繩屨，《喪服》鄭玄注云小功以下用吉屨無絇。通過考察三《禮》、鄭玄注及歷代著述，可知疏屨又名苞屨，緦衰用緦屨，小功以下之吉屨無絇即鞮屨。菅屨外納，疏屨内納。小功以下之吉屨不僅無絇，而且無繶、純、綦。婦人之喪屨與丈夫相同。喪屨的材質和製作工藝，隨所服輕重而呈現出精麤之差。由於喪屨在喪服的組成部件中相對較爲次要，因而這種精麤之差又呈現出相對簡略的特點。

**【關鍵詞】**　喪屨　形制　材質　工藝

喪屨是喪服的一項基本組成部件。經傳及鄭玄注中較爲系統地記載了各服敘的喪屨，不過其中有的内容較爲隱晦，歷代著述之説有所遺漏或錯誤。本文全面考察相關經注，考證出各服敘的喪屨形制及其材質和製作工藝，並試圖分析其中藴含的喪服的精麤等差之義。喪屨之形制明，則有助於考察喪服其他組成部件的形制。

## 一、吉屨

欲知喪屨則須先明吉屨。丈夫、婦人吉時著舄、屨，各有數種。鄭玄云"凡屨、舄，各象其裳之色"[1]，"屨者順裳色"[2]，吉時裳是彩色，可知吉時舄、

---

[1] （漢）鄭玄注，（唐）賈公彦疏《周禮注疏》卷八，北京：中華書局，2009年影印清嘉慶間阮元校刻本，第1493頁。

[2] 同上書，卷三，第2067頁。

屨有彩色。鄭玄云"舄、屨有絇、有繶、有純者，飾也"①，是吉時舄、屨有絇、繶、純以爲飾。其形制，鄭司農云："赤繶黃繶，以赤黃之絲爲下緣。……禮家説繶亦謂以采絲礫其下。"② 鄭玄云：

> 絇，屨頭飾也。③
> 絇，屨飾，如刀衣鼻，在屨頭上。④
> 絇謂之拘，著舄、屨之頭以爲行戒。繶，縫中紃。純，緣也。⑤
> 絇之言拘也，以爲行戒，狀如刀衣鼻，在屨頭。繶，縫中紃也。純，緣也。⑥

賈公彦云：

> 案《周禮·屨人職》屨、舄皆有絇、繶、純。純者，於屨口緣；繶者，牙底接處縫中有條；絇者，屨鼻頭有飾，爲行戒。⑦
> 繶是牙底相接之縫，綴條於其中。言絇謂屨頭以條爲鼻。純謂以條爲口緣。⑧
> 云"絇謂之拘，著於舄、屨之頭以爲行戒"者，……言拘取自拘持爲行戒者，謂使抵目，不妄顧視也。⑨
> 云"繶，縫中紃也"者，謂牙底相接之縫中有條紃也。云"純，緣也"者，謂繞口緣邊也。⑩

屨的基本構成是面和底，面、底相接處是牙，面之上邊是口。可知絇是屨頭之飾物，繶是屨之牙、底相接之縫中所綴之條，純是屨口之緣。賈公彦又曰："以漢時刀衣鼻況絇，在屨頭上，以其皆有孔，得穿繫於中而過者也。"⑪ 可知

---

① （漢）鄭玄等《周禮注疏》卷八，第1493頁。
② 同上。
③ （漢）鄭玄注，（唐）孔穎達疏《禮記正義》卷三〇，北京：中華書局，2009年影印清嘉慶間阮元校刻本，第3213頁。
④ （漢）鄭玄注，（唐）賈公彦疏《儀禮注疏》卷三六，北京：中華書局，2009年影印清嘉慶間阮元校刻本，第2456頁。
⑤ （漢）鄭玄等《周禮注疏》卷八，1493頁。
⑥ （漢）鄭玄等《儀禮注疏》卷三，第2067頁。
⑦ 同上書，卷三三，第2421頁。
⑧ （漢）鄭玄等《周禮注疏》卷八，第1494頁。
⑨ 同上。
⑩ （漢）鄭玄等《儀禮注疏》卷三，第2067頁。
⑪ 同上書，卷三六，第2457頁。

絇有孔，可由他物從其中穿過。此所穿之物，案《内則》云"子事父母，屨，著綦"，"婦事舅姑，綦屨"，"（妾）將御者，……綦屨"，可知丈夫、婦人吉時之屨有綦。鄭玄云"綦，屨繫也"①，又云："綦，屨繫也，所以拘止屨也。綦，讀如'馬絆綦'之綦。"② 其繫結之法，孔穎達云："皇氏云'屨頭施繫以爲行戒'，未知然否。或可著屨之時，屨上自有繫，以結於足也。故鄭注《士冠禮》'黑屨青絇'云：'絇之言拘也，以爲行戒。'"③ 又云："故解者云：古屨以物繫之爲行戒，故用繒一寸，屈之爲絇，絇爲絇著屨頭，以容受繫穿貫也。其屈之形似漢時刀衣鼻也。"④《士喪禮》云"組綦繫于踵"，賈公彦疏云："綦當屬於跟後，以兩端向前，與絇相連，於腳跗踵足之上合結之，名爲'繫於踵'也。"⑤ 可知綦用寬一寸之繒爲之，繫屬於踵後，兩端向前，交叉貫穿於絇之孔中，於跗上繫結之，用以固定屨。總之，吉時舄、屨有絇、繶、純、綦。

## 二、諸服敍之喪屨

吉時著舄、屨，喪時著喪屨而不著舄。喪服諸服敍之屨，孔穎達云：

> 凡喪屨，案《喪服》斬衰用菅屨，杖齊衰用苞，不杖齊衰用麻，大功用繩。故《小記》云："齊衰三月與大功同者繩屨。"其小功以下，鄭引舊說云："小功以下，吉屨無絇。"⑥

可知斬衰用菅屨，齊衰杖期用苞屨，齊衰不杖期用麻屨，齊衰三月、大功用繩屨，小功、緦麻用吉屨無絇。然此中未言及齊衰三年、緦衰之屨，又未言苞屨、吉屨無絇何指，需更申明之。以下分述斬衰、齊衰、大功、緦衰、小功、緦麻之屨。

斬衰服之屨，斬衰章《喪服傳》曰"菅屨者，菅菲也"，胡培翬曰：

> 周公時謂之屨，後世或謂喪屨爲菲，故作傳者據當時之名釋之。"菲"與"扉"同。《說文》"扉，履屬"，段氏注云："屨之麤者曰扉。《方言》：

---

① （漢）鄭玄等《禮記正義》卷二七，第3165頁。
② （漢）鄭玄等《儀禮注疏》卷三五，第2449頁。
③ （漢）鄭玄等《禮記正義》卷二七，第3166頁。
④ 同上書，卷四，第2724頁。
⑤ （漢）鄭玄等《儀禮注疏》卷三五，第2449頁。
⑥ （漢）鄭玄等《禮記正義》卷四，第2723頁。

'扉，蒯履也。'《釋名》：'齊人謂草履曰扉。'杜注《左傳》曰：'扉，草履也。'菲者，扉之假借字。"①

可知傳文"菲"即"扉"，其意是履之麤者。杜預云："扉，草履。"② 賈公彥曰："云'菅履'者，謂以菅草爲履。《詩》云：'白華菅兮，白茅束兮。'鄭云：'白華已漚，名之爲菅，濡刃中用。'則此菅亦是已漚者也。"③ 可知菅履是用白華這種草漚製之後所成的菅編結而成。斬衰服皆用菅履，唯有一例外，《喪服》斬衰章"公、士、大夫之衆臣爲其君，布帶、繩履"，注云："士，卿士也。公、卿、大夫厭於天子、諸侯，故降其衆臣布帶、繩履。貴臣得伸，不奪其正。"傳曰"公、卿、大夫室老、士，貴臣，其餘皆衆臣也。君，謂有地者也。……近臣，君服斯服矣"，注云："室老，家相也。士，邑宰也。近臣，閽寺之屬。君，嗣君也。斯，此也。近臣從君喪，服無所降也。"④ 可知公卿大夫的衆臣（除家相、邑宰、近臣之外的臣）爲其君雖服斬衰，卻著繩履而非菅履。

齊衰服有齊衰三年、杖期、不杖期、三月四等，其履有所不同。齊衰三年之履，《喪服》齊衰三年章"疏衰裳齊、牡麻絰、冠布纓、削杖、布帶、疏履三年者"，注云："疏，猶麤也。"⑤ 疏云：

> "疏履"者，疏取用草之義，即《爾雅》云"疏不熟"之"疏"。若然，注云"疏猶麤"者，直釋經"疏衰"而已，不釋"疏履"之"疏"。若然，斬衰章言"菅履"見草體者，以其重，故見草體，舉其惡貌。此言"疏"，以其稍輕，故舉草之總稱。自此以下，各舉差降之宜，故不杖章言"麻履"，齊衰三月與大功同繩履，小功、緦麻輕，又没其履號。⑥

胡培翬曰："注云'疏猶麤'者，賈疏以爲直釋經'疏衰'之'疏'，是也。若

---

① （清）胡培翬撰，（清）胡肇昕、楊大堉補《儀禮正義》卷二一，《儒藏》"精華編"第48册，張文、徐到穩、殷嬰寧校點，北京：北京大學出版社，2016，第999頁下。此段注是節引，詳見（漢）許慎撰，（清）段玉裁注《説文解字注》卷八上，上海：上海古籍出版社，2012年影印經韻樓刻本，第400頁下欄。
② （晋）杜預注，（唐）孔穎達疏《春秋左傳正義》卷一二，北京：中華書局，2009年影印清嘉慶間阮元校刻本，第3892頁。
③ （漢）鄭玄等《儀禮注疏》卷二八，第2373頁。
④ 同上書，卷二九，第2384頁。
⑤ 同上書，卷二八，第2374頁。
⑥ 同上書，卷三〇，第2387頁。

'疏屨'之'疏',則傳釋爲'藨蒯'矣。"① 張錫恭曰:"傳既釋之,故注不重出。"② 可知《喪服》經文"疏衰""疏屨",兩"疏"字義不同,"疏衰"之"疏"訓爲"麤","疏屨"之"疏"是草之總稱。齊衰三年《喪服傳》曰"疏屨者,藨蒯之菲也",疏云:"云'疏屨者,藨蒯之菲也'者,藨是草名,案《玉藻》云'屨蒯席',則蒯亦草類。"③ 可知"疏屨"指用藨草、蒯草編結而成的喪屨。案《周禮·大宰》"臣妾,聚斂疏材",鄭玄注云:"疏材,百草根實可食者。疏不熟曰饉。"④ 李如圭曰:"疏屨,草屨也,讀如《周禮》'聚斂疏材'之'疏'。""藨、蒯皆草名。《玉藻》曰:'屨蒯席。'"⑤《喪服傳》以"藨蒯"釋"疏",《大宰》注以"百草"釋"疏",兩"疏"字皆是草之意,故聶崇義曰:"(疏屨)讀如'疏不熟'之'疏'。疏,草也。疏取用草之義。"⑥ 齊衰杖期之屨,《喪服》齊衰杖期章"疏屨",與齊衰三年章"疏屨"同。《曲禮》"苞屨不入公門",注云:"此皆凶服也。苞,藨也,齊衰藨蒯之菲也。……苞或爲菲。"⑦ 可知藨蒯之菲又名苞屨,即《喪服》齊衰三年章、齊衰杖期章所云"疏屨"。苞古音屬幽部,藨古音屬宵部,菲古音屬微部,三字皆是唇音聲母,故苞、藨、菲三字古音可相通。然則"苞屨"蓋本作"菲屨","菲屨"即《喪服傳》所謂"藨蒯之菲",後因涉"藨"而音轉作"苞屨"。齊衰不杖期之屨,《喪服》齊衰不杖期章"不杖,麻屨者",注云:"此亦齊衰,言其異於上。"⑧ 可知齊衰不杖期用麻屨。經傳注疏未言此麻之種類、精麤,應與齊衰之衰、裳、絰同用牡麻。雖同用牡麻,卻非如衰裳般用布,蓋如首絰要絰般用散麻,摻麻而編結爲屨。齊衰三月之屨,《喪服》經傳未言,注引《喪服小記》"齊衰三月與大功同者繩屨"⑨,以補經傳所未備。案《喪服小記》"齊衰三月與大功同者繩屨",注云"雖尊卑異,於恩有可同也",疏云:"謂以麻繩爲屨。"⑩ 李如圭

---

① (清)胡培翬等《儀禮正義》卷二一,第1023頁下欄。
② (清)張錫恭《喪服鄭氏學》卷四,吳飛點校,上海:上海書店出版社,2017,第253頁。
③ (漢)鄭玄等《儀禮注疏》卷三〇,第2387頁。
④ (漢)鄭玄等《周禮注疏》卷二,第1393頁。
⑤ (清)李如圭《儀禮集釋》卷一七,《儒藏》"精華編"第44册上,楊華、李志剛校點,北京:北京大學出版社,2018,第339頁。
⑥ (宋)聶崇義《新定三禮圖》卷一六,丁鼎、孫蘊校釋,北京:中華書局,2022,第485頁。聶氏又云:"疏屨者,麤屨也。"是訓"疏"爲麤,則非也。
⑦ (漢)鄭玄等《禮記正義》卷四,第2723頁。
⑧ (漢)鄭玄等《儀禮注疏》卷三〇,第2390頁。
⑨ 同上書,卷三一,第2402頁。
⑩ (漢)鄭玄等《禮記正義》卷三三,第3253頁。

曰："繩屨者，以麻糾繩爲之。凡用麻者以繩爲輕。"① 可知齊衰三月、大功，皆用繩屨，即先將散麻糾爲繩，然後將繩編結爲屨。李如圭所云"凡用麻者以繩爲輕"是比較齊衰三月的繩屨與齊衰不杖期的麻屨，齊衰不杖期用麻屨，齊衰三月用繩屨，齊衰不杖期重於齊衰三月，故李如圭知麻屨重於繩屨。斬衰章《喪服傳》曰"繩屨者，繩菲也"，注云"繩菲，今時不借也"，疏云："周時人謂之屨，子夏時人謂之菲，漢時謂之不借者，此凶荼屨，不得從人借，亦不得借人，皆是異時而別名也。"② 可知繩屨相當於東漢時的不借，鄭玄用漢制比況周制。

大功服之屨，《禮記·雜記》注云："練與大功俱用繩耳。"③《喪服小記》云"齊衰三月與大功同者繩屨"，見上文所述。陳喬樅曰："《喪服小記》'齊衰三月與大功同者繩屨'，是衰異而屨不嫌從同也。"④ 可知大功之屨亦是繩屨。經傳注疏未言殤大功、成人大功之屨有異，則應皆是繩屨。

緦衰服之屨，《喪服》緦衰章"緦衰裳，牡麻絰，既葬除之者"，傳曰"緦衰者何？以小功之緦也"，注云："治其縷如小功，而成布四升半。細其縷者，以恩輕也；升數少者，以服至尊也。凡布細而疏者謂之緦，今南陽有鄧緦。"⑤ 經傳注皆未言其屨。疏云："此不言帶、屨者，以其傳云'小功之緦也'，則帶、屨亦同小功可知。"⑥ 是認爲緦衰之屨同小功的吉屨無絇。按，注云"治其縷如小功，而成布四升半"，小功布是十、十一、十二升，緦衰布與小功布所同者是其縷之精麤，而非布之升數。傳所云"緦衰者何？以小功之緦也"亦是此意，並非云緦衰布與小功布完全相同。而疏據傳認爲緦衰之屨與小功之屨完全相同，誤也。敖繼公曰："此承大功之下，疑其亦用繩屨，與齊衰三月同，蓋服至尊之屨或當然也。"⑦ 是認爲緦衰之屨與齊衰三月、大功同用繩屨。張錫恭評曰：

> 此破疏"帶、屨同小功"之説也。……至論屨制，則經傳記注皆未見明文可徵。戴氏德、射氏慈言"吉屨無絇"，皆在成服已前，不可爲賈氏

---

① （清）李如圭《儀禮集釋》卷一八，第357頁下欄。"輕"原作"經"，據張錫恭按語改。張錫恭曰："'經'蓋'輕'之誤。"（清）張錫恭《喪服鄭氏學》卷八，第546頁。
② （漢）鄭玄等《儀禮注疏》卷二九，第2385頁。
③ （漢）鄭玄等《禮記正義》卷四一，第3368頁。
④ （清）張錫恭《喪服鄭氏學》卷五，第301—302頁。
⑤ 同上書，卷一一，第740頁。"尊"原在"成布"下，據張忠甫、黄丕烈之説而改。
⑥ （漢）鄭玄等《儀禮注疏》卷三二，第2415頁。
⑦ （元）敖繼公《儀禮集説》卷一一，孫寶點校，上海：上海古籍出版社，2017，第666頁。

屨同小功之證也。姑兩存其説以俟考。①

戴德、射慈謂總衰用吉屨無絇，然其説是就未成服時而言，而未言總衰成服之屨，不可據以證賈公彥之説。張錫恭不知總衰用何屨，存疑以俟考。案《士冠禮》"不屨總屨"，注云："總屨，喪屨也。縷不灰治曰總。"②"總屨"有"總"之名，"總衰"亦有"總"之名，鄭玄云總屨是喪屨，此"喪屨"應是指總衰之屨，則總衰服當用總屨。上揭《喪服傳》注云"治其縷如小功，而成布四升半"，是總之縷如小功之縷，而成布四升半。《士冠禮》注云"縷不灰治曰總"，參考喪服的湅治工藝，③則總之縷鍛濯而不用灰治理，總之成布鍛濯並且用灰治理。總屨是總衰服之屨，據鄭注"縷不灰治曰總"，既云"縷"，則總屨應是用牡麻織成的總布製作而成。然則諸服敘之屨，自總衰以下用布製作，大功以上則不用布。

　　小功服之屨，《喪服》殤小功章未言其屨，疏云："不言屨者，當與下章同吉屨無絇也。"④《喪服》成人小功章亦未言其屨，注云："舊説小功以下，吉屨無絇也。"疏云："小功輕，非直喪服不見屨，諸經亦不見其屨，以輕略之，是以引舊説爲證。……吉時有行戒，故有絇。喪中無行戒，故無絇。以其小功輕，故從吉屨；爲其大飾，故無絇也。"⑤可知鄭玄認爲喪中不須行戒，小功以下皆是吉屨無絇，以補經傳所未備。按，吉屨無絇，則是鞮屨。《周禮》"鞮鞻氏"，鄭玄注云："鞻，讀如屨也。鞮屨，四夷舞者所扉也。今時倡蹋鼓沓行者，自有扉。"⑥賈公彥曰："若無絇，則謂之鞮屨，是以鄭注《周禮・鞮鞻氏》云鞮屨者，無絇之扉。"⑦又《曲禮》"大夫士去國逾竟，……鞮屨"，鄭注："言以喪禮自處也。……鞮屨，無絇之菲也。"孔穎達疏："鞮屨者，謂無絇總屨也。屨以絇爲飾，凶故無絇也。……知鞮是無絇之屨者，案《周禮・屨人》屨舄皆有

---

① （清）張錫恭《喪服鄭氏學》卷一一，第742頁。
② （漢）鄭玄等《儀禮注疏》卷三，第2068頁。
③ 筆者另有專文論述。
④ （漢）鄭玄等《儀禮注疏》卷三二，第2416頁。
⑤ 同上書，卷三三，第2421頁。
⑥ （漢）鄭玄等《周禮注疏》卷一七，第1627頁。注文"鞮屨"之"屨"原作"履"，據整理本《周禮注疏》及孫詒讓《十三經注疏校記》改正，見（漢）鄭玄注，（唐）賈公彥疏《周禮注疏》卷一八，彭林整理，上海：上海古籍出版社，2010，第635頁；（清）孫詒讓《周禮注疏校記》卷一七，雪克輯校，北京：中華書局，2009，第154頁。
⑦ （漢）鄭玄等《儀禮注疏》卷三六，第2457頁。

絇、繶、純，案《鞮屨氏》無絇、繶之文，故知是無絇之菲也。"① 鞮、屨皆從婁，鄭玄將《周禮》"鞮鞻"讀爲《曲禮》"鞮屨"，其説有據。大夫士去國，有喪象，著鞮屨，則鞮屨是凶時所著，故小功以下可著鞮屨以爲喪屨。鄭玄云小功以下吉屨無絇，孔穎達據《鞮屨氏》無絇、繶之文而云鞮屨無絇、繶，則所謂"吉屨無絇"亦應無繶、純，無絇則無綦，詳後文。經傳注疏未言殤小功、成人小功之屨有異，則應皆是吉屨而無絇、繶、純、綦。既是吉屨，則當用十五升吉布，其縷、布皆如吉布。因是喪時所著，故雖是吉屨卻無絇、繶、純、綦。

緦麻服之屨，《喪服》經傳未言，鄭玄云"舊説小功以下，吉屨無絇也"，則緦麻服用吉屨而無絇、繶、純、綦，見上文所述。經傳注疏未言殤緦麻、成人緦麻之屨有異，則應皆是吉屨而無絇、繶、純、綦。既是吉屨，則當用十五升吉布，其縷、布皆如吉布。

吉屨有絇、繶、純，喪屨中小功、緦麻用吉屨而無絇，是否如吉屨般有繶、純？斬、齊、大功、緦衰之屨是否有絇、繶、純？案《周禮·屨人》：

> 屨人掌王及后之服屨。爲赤舄、黑舄，赤繶、黃繶、青句、素屨、葛屨。（鄭玄注：素屨者，非純吉，有凶去飾者。）辨外内命夫命婦之命屨、功屨、散屨。（鄭玄注：散屨，亦謂去飾。）凡四時之祭祀，以宜服之。（鄭玄注：祭祀而有素屨、散屨者，唯大祥時。）②

疏云：

> 云"素屨者，非純吉，有凶去飾者"，下經注散屨與此素屨同是大祥時，則大祥除衰杖後，身服素縞麻衣而著此素屨，故云"非純吉"。言"去飾"者，經"素屨"不云繶、純，故知"去飾"無絇、繶、純也。……云"散屨，亦謂去飾"者，據臣言散，即上之素，皆是無飾，互換而言，故云"謂去飾"者也。……云"唯大祥時"者，此據外内命夫爲王斬衰而言。初死著菅屨，卒哭與齊衰初死同疏屨，既練與大功初死同繩屨，大祥與小功初死同吉屨無絇，吉屨無繶、純，是以上經注云"非純吉"，故云"唯大祥時"也。但上經據卑云散，散與素一也。③

賈公彥據《屨人》"赤舄""黑舄"言繶、絇，而"素屨"未言繶、絇、純，而

---

① （漢）鄭玄等《禮記正義》卷四，第2725頁。
② （漢）鄭玄等《周禮注疏》卷八，第1493—1495頁。
③ 同上書，第1494—1495頁。

知素屨無絇、繶、純；據王、后之素屨與外內命夫命婦之散屨皆是大祥受服（賈疏"云'唯大祥時'者，此據外內命夫爲王斬衰而言"，有誤，詳後文），且喪服變除的斬衰大祥受服與小功成服相當，而知小功之屨如素屨般無絇、繶、純。由此可知，小功、緦麻之吉屨不僅無絇，亦無繶、純。吉屨而無絇、繶、純，故《屨人》注云"非純吉"，可知《屨人》注"非純吉，有凶去飾""唯大祥時"，與《喪服》注"舊説小功以下吉屨無絇"相應，可知鄭注之深密。大功以上之屨是否有絇、繶、純，案《禮記·檀弓》"練，……繩屨無絇"，疏云："'繩屨'者，謂父喪菅屨，卒哭受齊衰蒯藨屨，至小祥受大功繩麻屨也。'無絇'，屨頭飾也，吉有，喪無。"① 斬衰既練受服相當於大功成服，可知齊衰三月、大功之繩屨無絇。《檀弓》云"練，……繩屨無絇"而未云是否有繶、純，鄭玄云"舊説小功以下，吉屨無絇也"，是"繩屨無絇"與"吉屨無絇"對舉，既然小功、緦麻之吉屨無繶、純，而"繩屨無絇"重於"吉屨無絇"，則齊衰三月、大功之繩屨不僅無絇，也應無繶、純。斬衰、齊衰之屨重於齊衰三月、大功之屨，更應無絇、繶、純。緦衰之屨重於小功、緦麻之屨，也應無絇、繶、純。然則諸服敘之屨皆應無絇、繶、純，這與喪禮無飾之義相符。綦貫穿於絇之孔中，諸服敘之屨既然無絇，則亦應無綦。須注意，《士喪禮》云"組綦繫于踵"，"乃屨，綦結于跗，連絇"，此屨有絇、綦，是死者所著之屨，與吉時之屨相似，而非服喪者所著之屨。

喪屨尚有納法之別。斬衰章《喪服傳》云："菅屨者，菅菲也，外納。"《既夕禮·記》云"屨外納"，注云"納，收餘也"②，未云此是何服之屨。案此記上文云"既殯，主人説髦……冠六升……衰三升，屨外納"，既云"主人"，又冠六升、衰三升皆是斬衰之服，可知"屨外納"是斬衰之服，故《既夕》疏云："案《喪服》斬衰而言，此則菅屨也。"③ 可知斬衰服之菅屨外納。其外納之法，賈公彥引王肅之説："王謂正向外編之。"④《通典》引《大唐開元禮》曰："外納，納其餘於外也。"⑤ 張爾岐曰："外納者，鄭氏以納爲'收餘'，謂

---

① （漢）鄭玄等《禮記正義》卷八，第2800頁。
② （漢）鄭玄等《儀禮注疏》卷四一，第2516頁。
③ 同上。
④ 同上書，卷二八，第2376頁。
⑤ （唐）張説等《大唐開元禮》卷一三二，北京：民族出版社，2000年影印清光緒十二年公善堂校刻本，第620頁下欄；（唐）杜佑《通典》卷一三四，王文錦等點校，北京：中華書局，1988，第3437頁。

編屨畢，以其餘頭向外結之。"① 可知外納是用菅編菅屨完畢之後，將菅餘下的頭緒向外結之，故曰外納。外納與内納相對，《通典》云斬衰卒哭受服"薦屨内納"②，引《唐開元禮》云齊衰三年"屨内納"③，齊衰三年、杖期"麤屨内納"④。薦屨即薦蒯之屨，亦即疏屨、苞屨。《喪服》齊衰三年、杖期章之"疏衰裳齊、……疏屨"，注所云"疏猶麤也"是就"疏衰裳齊"之"疏"而言，而非就"疏屨"之"疏"而言，詳上文。然則《通典》以疏屨爲麤屨，非也。查《唐開元禮》原文作"薦屨内納"⑤，不誤。雖有此誤，然《開元禮》《通典》所云齊衰三年、杖期之屨"内納"，則是也。張錫恭曰：

  《通典·五服成服篇》引經此章，不釋屨而説斬衰卒哭受服云"薦屨内納"。考斬衰卒哭受服與齊衰始成服同，彼既薦屨内納，則此經薦蒯之菲亦當内納也。⑥

斬衰卒哭受服相當於齊衰成服，故《唐開元禮》《通典》皆以爲齊衰三年之屨是内納。齊衰杖期之屨與齊衰三年之屨皆用薦蒯之屨，則齊衰杖期之屨也應内納。斬衰、齊衰三年、齊衰杖期之屨皆用草編結而成，故有外納内納之别，斬衰之屨外納，齊衰三年、杖期之屨内納。而齊衰不杖期以下之屨非用草編結而成，故無所謂外納内納，經傳注疏及《開元禮》《通典》等著述也未曾云其有外納内納。聶崇義云："外納者，外其飾也，謂向外編之也。"⑦ 聶氏以在菅屨外側之菅的餘頭爲"飾"，非也。因菅屨最麤惡，不得有飾。且若以外納爲外其飾，則内納勢必爲内其飾，那麽菅屨將較疏屨更具文飾，不符合喪服輕重精麤之義。

## 三、婦人之喪屨

  以上是就丈夫而言。若是婦人，曹元弼曰：

---

① （清）張爾岐《儀禮鄭注句讀》卷一一，《儒藏》"精華編"第 46 册，張濤校點，北京：北京大學出版社，2014 年，第 216 頁下欄。
② （唐）杜佑《通典》卷八七，第 2390 頁。
③ （唐）張説等《大唐開元禮》卷一三二，第 621 頁下欄；（唐）杜佑《通典》卷一三四，第 3439 頁。
④ （唐）杜佑《通典》卷一三四，第 3442 頁。
⑤ （唐）張説等《大唐開元禮》卷一三二，第 623 頁上欄。
⑥ （清）張錫恭《喪服鄭氏學》卷四，第 252 頁。
⑦ （宋）聶崇義《新定三禮圖》卷一五，第 470 頁。

喪履形制考

　　經云"斬衰裳，苴絰、杖、絞帶，冠繩纓，菅屨者"，"者"字兼目子、臣、妻、妾、女子子之等。此統言男女之服也。下云"布總，箭笄，髽，衰三年"，此別言女服之異於男子者也。笄、總異於冠、纓，衰不殊裳，異於衰裳。所異祇此，則其餘絰、杖、帶、屨皆同，可知。①

案經"布總，箭笄，髽，衰三年"，注云："此妻、妾、女子子喪服之異於男子者。"② 未云斬衰婦人之屨異於斬衰丈夫之屨，則斬衰婦人之屨與斬衰丈夫之屨同。《通典》引《唐開元禮》云斬衰"婦人屨亦如男子"③，亦認爲斬衰婦人之屨與斬衰丈夫之屨同。張錫恭曰：

　　婦人之屨，經注未有明文。下經舉婦人服之異者，惟總、笄、髽、衰，其餘皆與男子同，則婦人之屨同於男子之徵也。《周禮》"屨人掌王及后之素屨，辨外內命夫命婦之散屨。凡四時之祭祀，以宜服之"，注："素屨者，非純吉，有凶去飾者。""散屨，亦謂去飾。""祭祀而有散屨者，惟大祥時。"是大祥時屨，婦人與男子同矣。大祥時同，可知初成服時亦同。《開元禮》與經意合也。④

張氏據《屨人》云"王"又云"后"，云"外內命夫"又云"外內命婦"，是丈夫、婦人並舉，而知丈夫、婦人之屨同；張氏又據鄭注"祭祀而有散屨者，惟大祥時"，既然大祥時丈夫、婦人之屨相同，則成服時也應相同。按，《屨人》疏云"云'唯大祥時'者，此據外內命夫爲王斬衰而言"⑤，是認爲注所云"大祥"專就外內命夫爲王而言，而不包括外內命婦之服。這是由於《屨人》所言王、后、外內命夫、外內命婦四者，外內命夫爲王服斬，而外內命夫爲后，外內命婦爲王、后，所服皆非斬，故《屨人》疏將注所云"大祥"釋爲外內命夫爲王。然王爲其父、長子服斬，后爲王服斬，外內命夫命婦服斬的情況也有多種，則注所云"大祥"不應僅限於外內命夫爲王服這一種情況，疏説未善。張錫恭未言疏説之漏。雖然如此，就斬衰丈夫、斬衰婦人而言，張錫恭所云"大祥時屨，婦人與男子同矣"卻無誤。又按，據張錫恭之説還可推知，成服前

---

① （清）張錫恭《喪服鄭氏學》卷一，第53頁。
② （漢）鄭玄等《儀禮注疏》卷二九，第2382頁。
③ （唐）張説等《大唐開元禮》卷一三二，第620頁下欄；（唐）杜佑《通典》卷一三四，第3437頁。
④ （清）張錫恭《喪服鄭氏學》卷一，第72頁。
⑤ （漢）鄭玄等《周禮注疏》卷八，第1495頁。

後、變除前後，丈夫、婦人之屨皆同。又據斬衰大祥受服相當於小功成服，而可推知丈夫婦人小功之屨相同，然則可知丈夫婦人諸服敘之屨皆應相同。

## 四、總結

綜上所述，可知斬衰用菅屨，齊衰三年、杖期用疏屨（苞屨、薠蒯之屨），齊衰不杖期用麻屨，齊衰三月、大功用繩屨，緦衰用緦屨，小功、緦麻用吉屨無絇（鞻屨）。由此可將丈夫、婦人之喪屨列表如下。

**喪服諸服敘之屨及其材質**

| 服敘 | | 屨 | 材質 |
|---|---|---|---|
| 斬衰 | | 菅屨① | 菅 |
| 齊衰 | 三年 | 疏屨（苞屨） | 薠、蒯 |
| | 杖期 | 疏屨（苞屨） | 薠、蒯 |
| | 不杖期 | 麻屨 | 牡麻（枲） |
| | 三月 | 繩屨 | 牡麻繩 |
| 大功 | | 繩屨 | 牡麻繩 |
| 緦衰 | | 緦屨 | 牡麻布（緦布） |
| 小功 | | 吉屨無絇繶純綦（鞻屨） | 牡麻布（吉布） |
| 緦麻 | | 吉屨無絇繶純綦（鞻屨） | 牡麻布（吉布） |

由此可知，斬衰和齊衰三年、齊衰杖期之屨用草製作，齊衰不杖期之屨用麻製作，齊衰三月和大功之屨用繩製作，緦衰、小功和緦麻之屨用布製作。草、麻、繩、布，由麤惡逐漸精細，這與諸服敘的精麤之差相符。草中的菅麤於薠、蒯，故斬衰之屨用菅，齊衰三年、杖期之屨用薠、蒯；布中的緦布麤於吉布，故緦衰之屨用緦布，小功、緦麻之屨用吉布，這皆與諸服敘的精麤之差相符。外納更顯麤惡，故斬衰之屨是外納，齊衰三年和杖期之屨是內納，這與諸服敘的精麤之差相符。由於喪屨在喪服中相對較爲次要，故它非如衰、裳、絰、帶、冠般在每個服敘之間皆有明晰的差別，而是容許不同服敘可以用相同的喪屨，如齊衰三年和杖期皆用疏屨且內納，齊衰三月和大功皆用繩屨，小功

---

① 公卿大夫之衆臣爲其君著繩屨，是例外。

和緦麻皆用吉屨無絇。由此可知，喪服雖重視精麤之差，但是其中也有主次詳略之别，若是喪服的主要部件則其精麤之差就詳細，若是喪服的次要部件則其精麤之差就相對簡略。

（作者單位：河北大學哲學與社會學學院）

# 《五經正義》所引"定本"研究平議

余 越

**【内容提要】** 關於《五經正義》所引"定本"的含義，清代以來即有顏師古定本，唐前定本，"定本"指唐前定本、"今定本"指顏師古定本三種觀點，近年又出現了一些新說，但各種觀點的論證均有未備。詳細分析《正義》中引定本的校語及其上下文，可知此類校語當出唐人，而"定本"則較可能指顏師古定本，但由於證據指向多歧，只能疑以傳疑。這恰恰體現了《五經正義》多層次文本構成的複雜性。

**【關鍵詞】** 《五經正義》 定本 顏師古 劉文淇 舊疏

《五經正義》中包含大量校勘經注文本異同的文字，所涉諸本名目包括"定本""俗本""古本""正本""南本""北本"等。其中，"定本"的含義是一直以來爲學者所關注的問題。嘉慶中，阮元主持校勘《十三經注疏》，釐析《正義》所據本、《釋文》本和定本的異同，備載於《校勘記》，校勘工作的參與者之一——段玉裁也由此率先對"定本"的含義做出了考證。《毛詩注疏校勘記》"所以風天下"條云："考顏師古爲太宗定五經，謂之定本，非孔穎達等作《正義》之本也。……定本出於顏師古，見舊新二《唐書·太宗紀》《顏籀傳》《封氏聞見記》《貞觀政要》等書，段玉裁所考得也。"[1] 太宗詔顏師古考定五經，事在貞觀四年（630），功畢頒行在貞觀七年（633），而孔穎達等修撰《五

---

\* [基金項目] 本文爲教育部人文社會科學重點研究基地重大項目"鄭玄與漢唐經學傳統研究"（批准號22JJD770007）階段性成果。

[1] （清）阮元《毛詩注疏校勘記》，劉玉才主持整理《十三經注疏校勘記》第2册，北京：北京大學出版社，2015，第595頁。

經正義》始於貞觀十二年（638），① 二事前後相接，孔穎達等將顔氏定本載入《正義》，顯得合情合理。因此，段氏據史傳等外部材料得出的結論成爲《十三經注疏》校勘團隊的共識，列入凡例，② 在學界廣爲流傳。其後，揚州學者劉文淇作《左傳舊疏考正》，區別《春秋左傳正義》中的劉炫舊疏和唐人之筆，指出《正義》之文大多襲自劉炫，又以"或又謂疏中每引定本，定本出於顔師古，則疏爲唐人之筆可知，近世諸儒咸同斯論"，故於自序中列舉"十驗"，力證含有定本信息的校語亦出舊疏，所云"定本"爲唐前舊本，且不專指一本。③ 劉説出後，影響似較爲有限，就筆者所見，清儒中對其有所回應者，僅茆泮林一家。茆氏之説調和段、劉，謂《正義》所引"定本"及"今定本"有所不同，"其《正義》稱定本者，當是齊隋以來之本，其稱今定本者，當是師古本，加一今字，疏義顯有區別"④。茆説在當時同樣知者甚寡。檢晚清民國著作，依通説稱"唐定本""師古定本"者，似仍爲主流。⑤

20 世紀 80 年代，日本學者野間文史先生首先詳細檢討了劉文淇的"十驗"，並補充新證，指出劉氏的證據雖有可商，而結論大體可從，唯謂《正義》以"定本"這一相同名稱兼指多本，似有違常理。⑥ 隨後，臺灣學者張寶三先生從《正義》自身內容中舉證，指出其中引定本的校語當出唐人，而非襲自舊疏，但"定本"的含義因文獻不足，難以遽斷。⑦ 近年來，隨着文獻學研究的

---

① 參見（唐）吴兢《貞觀政要集校》卷七《崇儒學》，謝保成集校，北京：中華書局，2009，第 384 頁；（後晋）劉昫《舊唐書》卷三《太宗紀下》，北京：中華書局，1975，第 43 頁；（宋）王溥《唐會要》卷七七《貢舉下·論經義》，北京：中華書局，1960，第 1405 頁。

② 《宋本十三經注疏併經典釋文校勘記凡例》："經注之傳于唐者，自孔穎達、賈公彦義疏本外，一曰陸德明本，《經典釋文》所載之大字是也，一曰顔師古本，義疏中所載之定本是也。"（劉玉才主持整理《十三經注疏校勘記》第 1 册，第 30 頁）

③ （清）劉文淇《左傳舊疏考正自序》，《左傳舊疏考正》卷首，第三至五葉，《皇清經解續編》本。

④ （清）茆泮林《毛詩注疏校勘記校字補》，第一葉，《鶴壽堂叢書》本。

⑤ 民國以後，有潘重規、蘇瑩輝等先生關注到劉説，在論著中提及，然亦未加深考。參見潘重規《巴黎倫敦所藏敦煌詩經卷子題記》，《新亞書院學術年刊》1969 年第 11 期，第 289 頁；蘇瑩輝《從敦煌本毛詩詁訓傳論毛詩定本及詁訓傳分卷問題》，《敦煌論集續編》，臺北：臺灣學生書局，1983，第 27—28 頁。

⑥ 〔日〕野間文史《五經正義所引定本考》，《五經正義の研究》，東京：研文出版，1998，第 89—122 頁。野間氏還提出了"定本"指隋初何妥、劉焯考定本的假説，但同時表示因證據不足，難有確論。

⑦ 張寶三《五經正義研究》，上海：華東師範大學出版社，2010，第 457 頁。

不斷開展，關於《正義》所引"定本"的討論也大量湧現。除顏師古定本[1]，唐前定本[2]，"定本"指唐前定本、"今定本"指顏師古定本[3]三種傳統說法外，又出現了"定本"部分指顏師古定本，部分指唐前定本[4]及"定本"是一個"類指性概念"，包括北魏至初唐的多種官方考定本[5]等新說。然而，近年發表的論著往往破多立少，在條駁劉文淇所舉"十驗"外，鮮少能給出支撐己說的有效證據，且所論時有重複，舉證大體不出野間氏的範圍。因此，相關討論雖多，而"定本"問題終未徹底解決。在筆者看來，出現上述諸弊的原因或在於片面追求結論，而有意無意地迴避了文本本身的複雜性。有鑒於此，本文並不打算以給出明確結論爲旨歸，而希望秉持多聞闕疑的態度，在前人的基礎上分層次詳細檢討諸證，信以傳信，疑以傳疑，以期全面把握《五經正義》所引"定本"問題的來龍去脈。

# 一、劉文淇"十驗"討覈

關於劉文淇的"十驗"，前舉野間文史、申屠爐明、程蘇東、李慧玲、張良諸文都有逐條分析，所論互有得失。因劉文淇是最先詳細舉證討論"定本"含義並引發爭論的學者，在該問題的研究史上地位重要，故筆者在此不避重複，仍對"十驗"的主旨加以概括，並附簡要討論。如前人所論已備，則引述其說，在括號中注明（諸家說同，則注最早者）。其中，（一）、（二）兩驗係文本內證，所涉問題複雜，將在後文詳論，故此從省。

（一）據《禮記正義》，熊安生、皇侃曾見定本。

（二）據《春秋左傳正義》，劉炫曾見定本。

---

[1] 如程蘇東《〈毛詩正義〉所引〈定本〉考索》，《中國典籍與文化論叢》2010年第12輯；張良《劉孟瞻六朝定本說抉疑》，《隋唐遼宋金元史論叢》2020年第10輯。

[2] 如潘銘基《〈毛詩正義〉所引"定本"研究》，《經學文獻研究集刊》2015年第13輯。

[3] 如李慧玲《孔穎達〈五經正義〉中的"定本"辨析——以〈毛詩正義〉爲例》，《歷史文獻研究》2015年第2期。

[4] 申屠爐明《孔穎達 顏師古評傳》，南京：南京大學出版社，2006，第136頁；趙曉東《隋唐〈尚書〉學研究》，揚州大學博士學位論文，2016，第79—82頁；馬琳《孔穎達〈禮記正義〉徵引定本現象考略》，《文學與文化》2020年第2期；高藝鵬《再論〈毛詩正義〉所引"定本"性質》，《國學學刊》2023年第1期。其中申屠爐明和馬琳認爲"定本"大部分指顏師古定本，少部分爲襲自舊疏的唐前定本。

[5] 高亮《〈左傳正義〉所引"定本"涵義新考》，《國學新視野》2016年秋季號。

此二驗下所舉四條材料在文本解讀上均有討論空間。

（三）《毛詩正義》並列定本和梁崔靈恩《集注》，而定本在前。

劉氏此驗的前提是《正義》引書嚴格遵照時間順序排列。而《毛詩正義》中定本、《集注》並列者凡八十八例，其中定本在前者七十八例，《集注》在前者十例，二者在數量上雖有差距，卻已足證劉氏前提之誤。定本多在前或因其相比《集注》更具權威性。（野間文史）

（四）顏師古但定五經，而《公》《穀》皆有定本。

顏師古並未校定《公羊傳》和《穀梁傳》，故《左傳正義》及《公》《穀》疏所引二書定本當非師古定本，但這與《五經正義》所引五經定本是否爲師古定本並無直接關聯。（程蘇東）顏師古校定五經時可能遍校《春秋》三傳。

（五）顏師古參與修撰《五經正義》，而疏中有以定本爲非者。

（六）定本與《顏氏家訓》不合。

（七）定本與《匡謬正俗》不合。

（八）顏師古定本已奉敕頒行，而疏中有以定本爲非者。

"或以師古同撰《五經正義》，不應自駁其説爲疑。竊思今定本，師古一家之言，《正義》，諸儒受詔共修之書，且更經採正，而後頒行，時顏本雖已流布，然或自己追改，抑趙乾叶等及永徽諸臣駁正增損，均所宜有。"（茆泮林）[①] 顏師古參與修撰《五經正義》不見《舊唐書》本傳及孔穎達《五經正義序》、長孫無忌《上五經正義表》，事有可疑。顏師古的觀點不必與其祖父顏之推相同。（野間文史）《匡謬正俗》在顏師古生前並未完成，高宗朝始由其子奏進，多未定之論，一人的觀點前後有異，亦屬常事。（申屠爐明）

（九）史書未云孔穎達等將顏師古定本載入《正義》。

史書對修撰《五經正義》一事記載簡略，並未詳錄修撰過程中的具體細節，雖其中未言及孔穎達等將顏師古定本用於校勘，載入《正義》，但這並不能説明孔穎達等沒有做過這項工作。

（十）《經典釋文》引定本。

《釋文》以羅列異文爲主要內容之一，而引定本僅三處，且皆與《正義》所引"定本"相同，疑爲後人竄入。（野間文史）《釋文》與《正義》的撰作互不相謀，《釋文》所引定本爲六朝定本，不害《正義》所引"定本"之爲唐定本。（程蘇東）

---

① （清）茆泮林《毛詩注疏校勘記校字補》，第一葉。

綜上所述，劉文淇所舉"十驗"多有疑義。其中，《正義》有以定本爲非者及定本與顔師古其他著作不合等項，在有支撐唐前定本説的其他有力證據的前提下，固不妨成爲佐證，卻並不能單獨成立。當然，劉文淇的唐前定本説存有疑義，並不意味着顔師古定本説就自然成立，關於《正義》所引"定本"的含義，還需要另行舉證探討。

## 二、《五經正義》中校語的來源

討論《五經正義》所引"定本"的含義，首先應討論的是《正義》中引定本的校語出自誰手。若如劉文淇所言，此類校語皆襲自舊疏，則所引"定本"爲唐前定本，自無疑義。若出自唐人之手，則"定本"的含義尚需進一步討論。前人在討論"定本"問題時，對此雖時有涉及，卻往往未做專門分析，以致討論層次不清。爲此，本節將專門檢討前人成果中關涉校語來源的證據，並補充新證，以期明確此事。

**（一）校語和熊安生、皇侃、劉炫的關係**

如前所述，劉文淇所舉（一）、（二）兩驗列四條材料，分別證明定本在熊安生、皇侃及劉炫前，今連同上下文引録如下，並加以分析：

(1)《禮記·禮器》：是故君子大牢而祭謂之禮，匹士大牢而祭謂之攘。

注：君子謂大夫以上。

疏："匹士大牢而祭謂之攘"者，匹士，士也。……檢於《禮》本，時有"匹"字作"正"字者。有通者云："天子大夫常祭亦大牢，故此文云大夫大牢謂之禮正也。若諸侯大夫，自常祭少牢，加一等乃大牢耳。《少牢饋食》是諸侯大夫禮也。"崔氏亦用此義。然盧、王《禮》本並作"匹"字矣。**今定本及諸本**並作"正"字。熊氏依此本而爲"正"字，恐誤也。①

劉文淇謂熊氏依"今定本及諸本"作"正"字，據此推知定本在熊氏前。野間氏以爲熊氏所依或僅爲"諸本"，故劉文淇的論證並不成立。② 程蘇東則據"檢於《禮》本"上文依作"匹"之本疏解，認爲整段疏文以之爲界分爲兩個

---

① （漢）鄭玄注，（唐）孔穎達疏《影印南宋越刊八行本禮記正義》卷三二，北京：北京大學出版社，2014，第764頁。

② 〔日〕野間文史《五經正義所引定本考》，《五經正義の研究》，第95頁。

層次，以上爲皇氏舊疏，以下爲唐人之筆，其中"有通者"云云係唐人據舊疏引錄。若熊氏所依爲"定本及諸本"，則"此"字指代不明，結合文脈，其所依當爲"有通者云"所據的本子。① 就筆者所見，這段疏文層次繁複，恐未必即以"檢於《禮》本"爲界分爲兩截。"一通云""通者云"一類表述多見於皇侃《論語義疏》，爲六朝義疏家所習用，在《五經正義》中則僅見於《禮記正義》，可知劉炫及唐人引用前人之説時並不使用此語。而舊疏在依作"匹"之本疏解完畢後，亦未必不能引錄他本他説，以廣異聞。故"檢於《禮》本"至"崔氏亦用此義"更可能仍爲皇氏舊文。② 至"熊氏依此本"云云，則宜出唐人。疏文於崔氏作"正"處不言其非，偏於熊氏處言之，可知"崔氏亦用此義"和"熊氏依此本"以下不出一手。又熊爲北人，其説非南朝義疏家所宜見，而唐人删定時以熊疏爲重要參考，故於有異文處翻檢熊本，言其是非，亦屬情理之中。"盧、王《禮》本並作'匹'字"難斷所出，然與熊氏恐誤文氣連貫，當係唐人以熊爲非的依據。而"今定本及諸本並作'正'字"與上文"時有'匹'字作'正'字者"所言情況略有不合，亦當出自唐人，又夾在"盧、王《禮》本"及"熊氏"云云之間，隔斷文氣，或出唐人後來修訂。要之，上述分析雖多難坐實，然熊氏所據爲前文作"正"字之《禮》本，而非定本，當無疑義。

（2）《禮記・檀弓下》：弁絰葛而葬，與神交之道也。

注：接神之道，不可以純凶。天子、諸侯變服而葬，冠素弁，以葛爲環絰。既虞卒哭，乃服受服也。

疏：云"卒哭乃服受服也"者，以受服者無文，故鄭解不定。《喪服》注"天子、諸侯既虞，大夫、士卒哭乃受服"，此云卒哭乃受服，是不定。《喪服》以大夫以上卒哭與虞，其月不同，士虞與卒哭同在一月，故解爲大夫以上既虞，士卒哭受服。皇氏云："《檀弓》**定**本當言既虞，與《喪服》注會，云卒哭者誤也。"③

此疏"定"字有異文，八行本及閩、監、毛本作"定"，阮元所見十行本

---

① 程蘇東《〈毛詩正義〉所引〈定本〉考索》，第42頁。
② 案《曲禮上》疏云"皇侃用崔靈恩義，以大夫用己孫爲尸，恐非也"〔（漢）鄭玄注，（唐）孔穎達疏《影印南宋越刊八行本禮記正義》卷四，第72頁〕，可知皇侃及見崔説。
③ （漢）鄭玄注，（唐）孔穎達疏《影印南宋越刊八行本禮記正義》卷二，第270、276頁。

作"足",野間氏撰文時未見八行本,故疑"定"字、"足"字皆非,又疑當作"是",① 恐誤。今仍依"定"字作解。此條疏文討論"受服"(改服較輕的喪服)的時間。禮,既葬之後行虞祭,既虞之後,卒哭而祭,據《喪服》正大功章鄭注,"凡天子、諸侯、卿大夫既虞,士卒哭而受服"②,可知數者受服時間不同。卒哭在既虞後,故云卒哭受服可包既虞。《正義》所據鄭注作"卒哭乃服受服也",未言"既虞",與今本不同,其言"以受服者無文,故鄭解不定",是認爲"天子、諸侯"僅爲"環絰"以上之主語,不牽涉受服問題,此處受服者是天子、諸侯、卿大夫還是士,未有明文,情況不確定,故鄭玄採用了不明確的説法。皇氏則認爲"天子、諸侯"也是"服受服"的主語,此處明確説既虞即可,不當言卒哭,如此方與《喪服》注相合。③ 其云"定本當言",當者,理應、應當之意,乃未然之辭,可知所謂"定本"並不是某個具體的本子,而是指正確的文本,整句之意應理解爲《檀弓》正確的文本應當是既虞。不然,一種本子的文本業已確定,遽云"定本言既虞"即可,不應加一"當"字。故此處"定本"應視爲特例,不宜與他處混爲一談。④

(3)《禮記·文王世子》:諸父守貴宮貴室。
疏:皇氏云:或**俗本**無"貴宮"者。**定本**有"貴宮"。⑤

此條皇侃語下限不易判斷。野間氏疑"定本有'貴宮'"非皇侃所言。⑥ 張良則認爲"皇氏云"並非引皇侃語的標誌,而與"或俗本"並列,標點當作"皇氏云、或俗本",並援《郊特牲》疏"南本云及定本皆然"爲證,⑦ 然終嫌牽强。姑存疑。

(4)《左傳·襄公二十七年》:皆取其邑而歸諸侯,諸侯是以睦於晉。

---

① 〔日〕野間文史《五經正義所引定本考》,《五經正義の研究》,第95頁。
② (漢)鄭玄注,(唐)賈公彦疏《儀禮注疏》卷三一,(清)阮元校刻《十三經注疏》,北京:中華書局,2009,第2406頁。此條疏文引《喪服》注作"天子、諸侯既虞,大夫、士卒哭乃受服",與下文及《喪服》注原文均不合,恐誤。
③ 皇氏所云"會"意爲合,《論語義疏》中習見。
④ 野間氏還指出《檀弓》並不像《儀禮·喪服》《禮記·月令》《中庸》等篇那樣有單篇別行之例,似不應出現單行的《檀弓》定本,可以爲佐證。
⑤ (漢)鄭玄注,(唐)孔穎達疏《影印南宋越刊八行本禮記正義》卷二八,第663、667頁。
⑥ 〔日〕野間文史《五經正義所引定本考》,《五經正義の研究》,第95—96頁。
⑦ 張良《劉孟瞻六朝定本説抉疑》,第160頁。

疏：**古本**亦有不重言諸侯者。**今定本**重有諸侯。若重言諸侯，則天下諸侯以此事故皆睦於晋也。劉炫云："**晋宋古本**皆不重言諸侯，則唯謂齊、魯、宋三國睦耳。不重是也。"①

劉文淇對這條疏文的分析見《左傳舊疏考正》卷五："此光伯《述議》語，前則舊疏原文，劉説與舊疏一氣相承。"② 其意謂"古本"至"晋也"爲劉炫所引舊疏，"劉炫云"以下爲劉炫按語，整條疏文皆襲自《春秋述議》。這種觀點與劉文淇對"述議"之體的認識緊密相關。《左傳舊疏考正自序》云："《隋·經籍志》及《孝經疏》云：'述議者，述其義疏，議之。'……然則光伯本載舊疏，議其得失。其引舊疏，必當録其姓名，……永徽中將舊疏姓氏削去，襲爲己語，便似光伯申駁唐人。"③ 然觀《孝經述議》殘帙，劉炫之書恐非一一引録前人舊疏，後加議論之體，劉文淇的推測並不成立，且謂永徽諸臣削去舊疏姓氏，亦屬臆測，故整條疏文的層次仍需重新分析。"若重言諸侯"云云與"劉炫云"以下分別討論重言諸侯和不重言諸侯兩種情況，且"齊、魯、宋三國睦"承"天下諸侯以此事故皆睦於晋也"，省略"以此事""於晋"數語，前後氣脈相承，宜出一手。頗疑劉炫疏原作"本或重言諸侯，則天下諸侯以此事故皆睦於晋也。晋宋古本皆不重言諸侯，則唯謂齊、魯、宋三國睦耳。不重是也"之類，而唐人所見古本或重言或不重言，與劉炫所云"皆不重言"不同，故另起爐竈，先述作疏時所見古本、定本情況，復割裂劉疏，從中插入"劉炫云"一語，以成今本面貌。故此條亦非確證。

如上所述，劉文淇所舉四條材料皆有疑義，無法證實定本在熊、皇、劉前，同時也不能證明引定本的校語出自舊疏。與此相應，張寶三先生也舉出四條與熊、皇、劉相關的材料，力圖證明引定本的校語出自唐人。④ 因筆者分析的角度與張氏或有不同，故仍引録如下，並略贅數語：

(5)《禮記·王制》：有圭璧金璋，不粥於市。

疏：圭、璧、金璋各是一物，即《考工記》金飾璋也。皇氏以爲用金爲印璋。案**定本**璋字從玉，圭璧之類也，且周時稱印曰璽，未有稱璋，皇

---

① （晋）杜預注，（唐）孔穎達疏《春秋左傳正義》卷二四，第二十八、二十九葉，宋慶元六年（1200）紹興府刻本。
② （清）劉文淇《左傳舊疏考正》卷五，第十七葉。
③ （清）劉文淇《左傳舊疏考正自序》，《左傳舊疏考正》卷首，第二葉。"述其義疏議之"一般斷爲"述其義，疏議之"，今依劉文淇的理解點斷。
④ 張寶三《五經正義研究》，第 453—456 頁。

氏之義非也。①

(6)《禮記·曾子問》：祝聲三，曰："某之子某從執事敢見。"

疏：皇氏云："於時未立子名，不得云某氏之子某從執事，下有某字者，誤也。"今案**定本及諸本**皆有某字。子升堂之時，大宰即位立名，告殯云某之子某。②

此二條皆先列皇説，後案據定本以駁之，其案語確應出自唐人。

(7)《禮記·郊特牲》：束帛加璧，往德也。

疏："束帛加璧，往德也"者，……**南本及定本**皆作"往德"，**北本**爲"任德"，熊氏云"任用德"，恐非也。③

《正義》在依"往德"疏解完畢後，又列舉異文，論其是非。其駁北本及熊氏，情況與上二條相似，亦當出自唐人。又《禮記正義》引南本凡五處，北本僅此一處，其中《郊特牲》疏云"……何得卒爵樂闋之中數之爲三闋？皇氏非也。案《鍾師》九《夏》皆'夏'文在下，而南本《納夏》獨'夏'文在上，其義疑也。皇氏云：'天子燕饗己之臣子與燕饗諸侯，同歌《文王》，合《鹿鳴》。'今案……"④，含有南本的案語夾在兩處對皇氏所云不同問題的駁正之間，顯然不出自皇疏，而應出自唐人。由此推知，"南本及定本皆作'往德'"以下亦爲唐人所校。

(8)《左傳·莊公九年經》：①夏，公伐齊，納子糾。

疏：《公羊傳》曰："糾者何？公子糾也。何以不稱公子？君前臣名也。"何休曰："嫌當爲齊君，在魯君前不爲臣禮，故去公⑤子，見臣於魯也。"賈逵云："不言公子，次正也。"《公羊》之説不可通於《左氏》，次正不稱公子，其事又無所出。案**今定本**經文"糾"之上且有"子"字。自外入内不稱公子者多，惟有楚公子比稱公子，蓋告辭有詳略，故爲文不同。

②九月，齊人取子糾，殺之。

疏：此名糾耳，稱子者，《公羊傳》曰："其稱子糾何？貴也。其貴奈

---

① （漢）鄭玄注，（唐）孔穎達疏《影印南宋越刊八行本禮記正義》卷一九，第428、434頁。
② 同上書，卷二六，第482、584頁。
③ 同上書，卷三四，第791頁。
④ 同上書，卷三四，第790—791頁。
⑤ 原作"父"，據諸本改。

何？宜爲君者也。"何休云："以君薨稱子某言之者，著其宜爲君，從未踰年君例。"賈逵云："稱子者，愍之。"案定本上"納子糾"已稱子，則此言子非愍之也。沈云："齊人稱子糾，故魯史從其所稱，而經書子糾。知者，傳云'子糾，親也，請君討之'，豈復是愍之乎？"劉與賈同。①

《春秋左傳正義》單稱"劉"字多指劉歆，偶指劉炫，此處列於沈文阿後，爲劉炫無疑。據①處疏文，《公羊》、賈逵及《正義》所據本皆作"納糾"，無"子"字。據②處疏文，沈文阿駁賈逵不據"納子糾"已稱子，而另舉他證，可知其本①處經文亦無"子"字，劉炫與賈逵同，則無"子"亦然。有"子"之本僅畫線案語所稱定本。細味疏文，①處畫線句以上先列《公羊》、賈逵二說，後駁之，以下提出己說。②處畫線句以上引賈說，以下引沈文阿駁賈，前後所據經本一致，文氣連貫，畫線句則另舉別本，隔斷文氣，似後來增入。其所舉定本與劉炫本不同，可知非出劉手，而亦當出自唐人。

除張寶三先生所舉四條材料外，此類例證尚存若干。兹舉其二：

（9）《禮記·禮器》：大夫、士棜禁。

注：棜，斯禁也。謂之棜者，無足，有似於棜，或因名云耳。

疏：周公時已名斯禁爲棜也。**今定本**無"世人"二字。熊氏以爲後世人因名云耳，謂後世作記之人始名爲棜，其義非也。②

熊本有無"世人"難以遽斷，然其說謂後世之人始名斯禁爲棜，而《正義》援定本駁之，可知出自唐人。

（10）《禮記·祭義》：容也遠也。……反饋樂成。

注：天子諸侯之祭，或從血腥始，至反饋，是進孰也。

疏：其"容也遠也"，王肅以容爲客，皇氏用王肅以客有其容之義，其義亦通，但於文勢不便，至注更具詳。"反饋樂成"者，此天子諸侯之祭，血腥而始，及至進是設饌進孰，合樂成畢。**定本**"反饋"作"及"字，至注更釋。……云"至反饋，是進孰也"者，既以血腥爲始，至於反饋之時，是進孰也。但"至"與"反"字，於文爲煩。**定本**又爲"及"字。故皇氏云："初祭，尸入於室，後出在堂門，尸更反入而設饋，故云

---

① （晋）杜預注，（唐）孔穎達疏《春秋左傳正義》卷八，第二十二至二十四葉。
② （漢）鄭玄注，（唐）孔穎達疏《影印南宋越刊八行本禮記正義》卷三二，第759—760頁。

反饋。"義當然也。①

此條記文及相關鄭注之"容"字、"反"字皆有異文，其中與"反饋"相關的部分難以讀通。孫詒讓謂疏中劃線之"反"字、"及"字皆當互易，云："細繹疏義，似孔本作'及'，定本作'反'。孔作'及'，而注云'至及饋'，'至'與'及'義復，故云'於文爲煩'。若作'反'，則與'至'字何煩之有？定本作'反'，皇本亦作'反'，故云'尸更反入而設饋'，正釋'反'字也。"② 可從。此疏於"容"字云"皇氏用王肅以客有其容之義，其義亦通，但於文勢不便，至注更具詳"（"具詳"部分今略去未引），語在皇氏後，當出唐人，於"反（及）"字亦云"定本'反（及）饋'作'及（反）'字，至注更釋"，與前文相類，出自唐人的可能性較大。而從"更釋"部分看，皇氏所據本作"反"，此疏依"及"字作解，又對皇氏有所評價，確應出自唐人。

以上例（5）至例（10）中，引定本的校語皆可推知出自唐人。或以爲對個別材料的分析只能說明個別材料的問題，不應貿然推及全體，故以下再從其他方面舉證，以期完善討論。

**（二）校語和《正義》其他內容的關係**

《五經正義》在說明定本異文後，或是之，或非之，或謂義亦通，或不加案斷。其所是之本，往往有與前文所據本不合之處。這種情況在《毛詩正義》中尤爲常見。對此，程蘇東已有指出，③ 兹引錄一例，以見其意：

(1)《毛詩·大雅·板》：喪亂蔑資。

箋：其遭喪禍，又素以賦斂空虛，無財貨以共其事。

疏：政亂則稅民無藝，故又責以賦斂也。內供喪費，外充稅斂，故空虛無資財以供其事用也。**定本**、《集注》"責以賦斂"責字皆作素，**俗本**爲責，誤矣。素者，先也，謂先重賦斂，故困窮也。④

除程氏所舉與緊鄰疏文不合的諸例，《毛詩正義》中還有對異文是非的判斷與相距甚遠的疏文不合的情況。例如：

---

① （漢）鄭玄注，（唐）孔穎達疏《影印南宋越刊八行本禮記正義》卷五五，第1279—1281頁。
② （清）孫詒讓《十三經注疏校記》，北京：中華書局，2009，第517頁。
③ 程蘇東《〈毛詩正義〉所引〈定本〉考索》，第32—34頁。
④ （漢）毛亨傳，鄭玄箋《毛詩傳箋》卷一七，北京：中華書局，2018，第405頁。（唐）孔穎達《南宋刊單疏本毛詩正義》卷三二，北京：人民文學出版社，2012，第366頁。

(2) ①《周南召南譜》疏：《召南》上二篇言夫人，《羔羊》《摽有梅》《江有汜》《騶虞》四篇言文王。①

②《毛詩·召南·野有死麕》序：《野有死麕》，惡無禮也。天下大亂，彊暴相陵，遂成淫風。被文王之化，雖當亂世，猶惡無禮也。

疏：作《野有死麕》詩者，言惡無礼。謂當紂之世，天下大亂，彊暴相陵，遂成淫風之俗。被文王之化，雖當亂世，其貞女猶惡其無礼。……或有**俗本**以"天下大亂"以下同爲鄭注者，誤，**定本**、《集注》皆不然。②

《周召譜》論《周南》《召南》排比詩篇之意，謂二《南》皆由近及遠，前數篇言后妃、夫人身事，中數篇言其化之所及，末數篇言文王之化。其中諸篇歸類僅關涉詩序字詞，而與經文內容無關。《召南》自《羔羊》至《騶虞》四篇詩序皆含"文王"字樣，故歸入"文王之化"一類。然據今本，《羔羊》前一篇《野有死麕》序中亦含"文王"，而俗本"天下大亂"以下爲鄭箋，序中不含"文王"。《周召譜》疏不以《野有死麕》爲言文王，所據同於俗本。而《野有死麕》序疏所據則同今本，且明言俗本之誤，並援定本、《集注》爲證。二處顯有不合。

(3) ①《小大雅譜》疏：《既醉》告大平，《鳧鷖》守成。③

②《毛詩·大雅·既醉》序：《既醉》，大平也。

疏：作《既醉》詩者，言太平也。謂四方寧靜而無事，此則平之大者，故謂太平也。……本或云"告太平"者，此與《維天之命》敘文相涉，故遂誤耳。**今定本**無告字。④

《小大雅譜》疏論各篇創作時間，先引詩序，後加推測，其所據本作"告大平"。《既醉》序疏則依據作"大平"之本，明言有"告"之非，並説明了致誤之由。(2)、(3)兩例中《詩譜》疏討論的都是關涉《毛詩》結構的複雜問題，所論超出解釋《詩譜》本身的需要，很可能襲自舊疏，而相應詩篇中引定本的校語與《譜》疏非出一手，更可能出自唐人。

---

① （漢）毛亨傳，（漢）鄭玄箋，（唐）孔穎達疏《毛詩注疏》卷首，（清）阮元校刻《十三經注疏》，第559頁。

② 同上書，卷一之五，（清）阮元校刻《十三經注疏》，第615頁。

③ （唐）孔穎達《南宋刊單疏本毛詩正義》卷一五，第140頁。

④ （漢）毛亨傳，鄭玄箋《毛詩傳箋》卷一七，第389頁。（唐）孔穎達《南宋刊單疏本毛詩正義》卷三〇，第343頁。

《毛詩正義》中引定本的校語共三百餘處，風格、體例大體相同，其中有是非判斷者一百四十六處，而《正義》所據本與所是本不合者共三十七處，佔據一定比例。若認爲此類情況皆由舊疏與唐人的差別所致，則《毛詩正義》中引定本的校語，大概率盡出唐人。

《春秋左傳正義》中也存在引定本的校語與上下文不相連貫之處。例如：

(4) 春秋左氏傳序

疏：此序題目，文多不同，或云"春秋序"，或云"左氏傳序"，或云"春秋經傳集解序"，或云"春秋左氏傳序"。案**晉宋古本及今定本**並云"春秋左氏傳序"，今依用之。/南人多云此本《釋例》序，後人移之於此，且①有題曰"春秋釋例序"，置之《釋例》之端，今所不用。晉大尉劉寔，與杜同時人也，宋大學博士賀道養去杜亦近，俱爲此序作注，題並不言"釋例序"，明非《釋例》序也。又**晉宋古本**序在《集解》之端，徐邈以晉世定五經音訓，爲此序作音。且此序稱"分年相附，隨而解之，名曰《經傳集解》"，是言爲《集解》作序也，"又別集諸例，從而釋之，名曰《釋例》，異同之説，《釋例》詳之"，是其據《集解》而指《釋例》，安得爲《釋例》序也？②

此條疏文從開頭到"今依用之"爲一部分，先羅列諸本，再說明所依，從"南人"到結尾爲另一部分，論證此序爲《集解》序，而非《釋例》序。其中第二部分討論詳密，舉證豐富，卻並未舉出第一部分中本或作"春秋經傳集解序"這一顯而易見的證據，且依其結論，第一部分似當依用"春秋經傳集解序"，而非"春秋左氏傳序"，兩部分之間相互割裂。《左傳舊疏考正》引包世臣云："撰《正義》時南北混同，不必別之爲南人，自可如《釋文》載其名姓。今不載其名姓而直云南人，此亦爲舊疏之一證也。"③ 可參。檢《隋志》，與《春秋左氏傳》序相關的著作有如下幾種："劉寔等《集解春秋序》一卷。《春秋序論》二卷，干寶撰。《春秋序》一卷，賀道養注。《春秋序》一卷，崔靈恩撰。《春秋序》一卷，田元休注。《春秋左傳杜預序集解》一卷，劉炫注。……

---

① 原作"具"，據諸本改。
② （晉）杜預注，（唐）孔穎達疏《春秋左傳正義》卷一，第一葉。
③ （清）劉文淇《左傳舊疏考正》卷一，第一葉。《釋文》云："沈文何以爲《釋例》序。"[（唐）陸德明《經典釋文》卷一五，上海：上海古籍出版社，1985，第867頁]

《春秋序義疏》一卷。"① 其中劉炫的著作題爲"集解",而責任方式爲"注",不爲"撰",略顯可疑,② 且若認爲《春秋左傳正義》中杜序之疏大部分襲自劉炫,③ 則劉書的性質顯然也不是集解。頗疑劉炫所注之書題名有誤,本當作"春秋左傳集解杜預序"或"春秋左傳杜預集解序",如此則與疏文第二部分所論相合。再結合包世臣所言,疏文第二部分雖或有唐人添改,而主體當出劉炫,其第一部分,則很可能爲唐人所增。

(5) ① 《左傳·昭公二十年》:齊侯疥,遂痁。

注:痁,瘧疾。

疏:後魏之世,嘗使李繪聘梁,梁人袁狎與繪言及《春秋》,説此事云,疥當爲痎,痎是小瘧,痁是大瘧,痎患積久,以小致大,非疥也。狎之所言,梁主之説也。案《説文》,疥,搔也,瘧,熱寒休作,痁,有熱瘧,痎,二日一發瘧。今人瘧有二日一發,亦有頻日發者,俗人仍呼二日一發久不差者爲痎瘧,則梁主之言信而有徵也。是齊侯之瘧初二日一發,後遂頻日熱發,故曰疥④遂痁。以此久不差,故諸侯之賓問疾者多在齊也。若其不然,疥搔小患,與瘧不類,何云疥遂痁乎?/徐仙民音作疥,是先儒舊説皆爲疥遂痁,初疥後瘧耳。**今定本**亦作"疥"。⑤

② 《顔氏家訓·書證》:《左傳》曰:"齊侯痎,遂痁。"《説文》云:"痎,二日一發之瘧。痁,有熱瘧也。"案齊侯之病,本是間日一發,漸加重乎故,爲諸侯憂也。今北方猶呼痎瘧,音皆。而世間傳本多以痎爲疥,杜征南亦無解釋,徐仙民音介,俗儒就爲通云:"病疥令人惡寒,變而成瘧。"此臆説也。疥癬小疾,何足可論,寧有患疥轉作瘧乎?⑥

---

① (唐)魏徵、令狐德棻《隋書》卷三二《經籍志一》,北京:中華書局,1973,第930頁。
② 但《隋志》中"撰""注"時有混亂,如《春秋左氏解詁》署"賈逵撰",《春秋左氏傳解誼》則署"服虔注",故此並非確據。
③ 《春秋左傳正義》據以刪定的義疏爲劉炫《春秋述議》,而劉炫注《春秋左傳杜預序集解》很可能係自《述議》中抽出單行。《隋志》有"《毛詩譜》二卷,太叔求及劉炫注""《毛詩集小序》一卷,劉炫注""《毛詩述義》四十卷,國子助教劉炫撰",而《毛詩正義》四十卷包含《詩譜》及《序》疏,情況與此相似。或因杜預序、《毛詩譜》《毛詩序》本有單行之例,故劉炫注本亦隨之單行。
④ 諸本皆作"疥",依文意當作"痎"。
⑤ (晋)杜預注,(唐)孔穎達疏《春秋左傳正義》卷三〇,第二十八、三十至三十一葉。
⑥ (北齊)顔之推《顔氏家訓集解》卷六,王利器集解,北京:中華書局,1993,第427頁。

此即劉文淇第六驗所據材料。①中疏文從開頭到"何云疥遂痁乎"持作"瘧"之說，引據詳明，語氣強烈，其中兩言"梁主"，顯係北人之語，當出舊疏，"徐仙民音作疥"以下則態度一變，轉似傾向於作"疥"。又①、②所用材料頗有重合，其間或有某種關聯。疑①所襲舊疏本亦有徐仙民云云，並有所批評，而唐人對作"瘧"之說不能贊同，故調整文辭，改爲客觀描述先儒舊說，並補充定本信息以爲佐證，由此形成今本《正義》的面貌。①

以上從引定本的校語和《正義》其他部分矛盾或不連貫的角度討論了校語的來源。《五經正義》中此類校語共有四百條左右，其中像上舉諸例那樣有可資分析之跡者僅佔少數，一條條論證其來源絶無可能。而根據行文脈絡做出的分析，也往往會有見仁見智之處。然而，綜合以上論述，筆者仍傾向於認爲此類校語皆出唐人。以下再從《正義》行文脈絡之外的角度加以討論，以爲佐證。

(三) 其他旁證

1. 今存皇侃《論語義疏》並無讎校諸本異同的內容。②

2. 《五經正義》中各《正義》引定本的校語數量懸殊。據野間氏統計，《周易正義》僅二處，《尚書》七處，《毛詩》多達三百二十九處，《禮記》三十二處，《左傳》三十七處。③ 即使考慮到各經篇幅的差異，校語的數量仍然是很不平衡的。其中，《毛詩正義》校語數量最多，而不影響意義的異文較多，案斷較少，反映出與他經《正義》不同的校勘原則。《尚書》《毛詩》《左傳》三《正義》皆據劉炫《述議》删定，若校語襲自劉疏，則校勘原則不應有別。而《正義》書成衆手，更可能因統籌工作不到位而出現差異。

3. 或以爲引定本的校語有的襲自舊疏，有的出自唐人，但這種説法並沒有堅實的依據。若《正義》中存在襲自舊疏和唐人新校的不同定本信息，則唐人更可能用不同名稱加以區分，而不是統一稱爲"定本"。

綜上所述，《五經正義》中引定本的校語除個別存疑條目外，大概率盡出唐人。在此基礎上，本文將對"定本"的含義做進一步討論。

---

① 餘如昭公二十年傳"清濁、小大，短長、疾徐，哀樂、剛柔，遲速、高下，出入、周疏以相濟也"、定公十年傳"城其西北而守之"之疏等皆屬同類情況，此不贅引。

② 《禮記正義》中與《禮記子本疏義》殘卷重合的部分恰好也不包含校語，《古文孝經孔傳》得自民間，"更無兼本"（《孝經序》疏），無可讎校，故《禮記子本疏義》和《孝經述議》殘卷不可援以爲證。

③ 〔日〕野間文史《五經正義所引定本考》，《五經正義の研究》，第117頁。因一處"定本"可能關涉多處文本，不同學者計數時處理方式有別，故統計結果不盡相同。

## 三、"定本"的含義

　　《五經正義》中引定本的校語既出唐人，以情理而論，"定本"爲顏師古定本的可能性確實較大，但也不能完全排除唐前定本的可能。如劉文淇所言，"漢魏以來校定書籍者，正復不少，即如北齊郎茂於祕書省刊定載籍，隋蕭該開皇初奉詔與何妥正定經史，又《劉焯傳》云焯'與諸儒於祕書省考定群言'，是齊隋以前皆有定本"①，唐代秘府應藏有多種前朝校本。雖然唐人不用本朝定本而遠取前朝於事理不合，但仍有一些證據使我們不能忽視唐前定本的可能性。以下分條加以討論。

　　(一) "今定本"中"今"字的用法

　　如上節諸例所見，《五經正義》提及定本時有"定本"和"今定本"兩種不同表述。清人茆泮林懷疑這是唐人有意的區分，"定本"指唐前定本，"今定本"指顏師古定本。然上節第一小節例（8）中的兩條材料分別稱"案今定本經文'糾'之上且有'子'字""案定本上'納子糾'已稱子，則此言子非憨之也"，所指爲同一處文本，討論的也是相關問題，可知"今定本"和"定本"並無區別。② 此外，《五經正義》中無一處言及"定本"和"今定本"的異同，且《毛詩正義》中"今定本"集中於《齊風》《魏風》，《禮記正義》中僅見於《禮器》，也使人懷疑這只是不同修撰者表達習慣的差異所致。③ 因此，"定本"和"今定本"有別的猜測並不成立。

　　釐清"定本"和"今定本"的關係後，尚有必要考察的是"今定本"中"今"字的用法。大多數學者都將"今"與"定本"合爲一詞，程蘇東則認爲

---

　　① （清）劉文淇《左傳舊疏考正自序》，《左傳舊疏考正》卷首，第三葉。斯波六郎以爲郎茂、劉焯並非專門校定經書，蕭該奉詔正定經史，又與何妥"遞相是非，久不能就"（《隋書》本傳），不能據此認爲齊隋皆有定本（〔日〕斯波六郎《〈文選〉李善注所引〈尚書〉考證》，東京：汲古書院，1982，第609頁）；張良《劉孟瞻六朝定本説抉疑》亦以爲劉文淇所舉三事及《周書·明帝紀》"集公卿已下有文學者八十餘人於麟趾殿刊校經史"等事是否有定本纂成皆於史無徵。但同時也没有證據表明這些校定工作一定没有形成定本，以此輕易排除唐前定本的可能性，恐嫌武斷。

　　② 此證最早由野間文史提出，見〔日〕野間文史《五經正義所引定本考 資料篇》，《五經正義の研究》，第139頁。

　　③ 此二證最早由斯波六郎提出，見〔日〕斯波六郎《〈文選〉李善注所引〈尚書〉考證》，第609—610頁。

"今"是"整個句子的發語詞"。① 然而，如上節第二小節例（4）所見，《春秋左傳正義》中有"案晉宋古本及今定本"的表述，其中"今"字並未出現在句首。因此，將"今"與"定本"合爲一詞的傳統看法或更近唐人原意。由於唐人不太可能將前朝定本稱爲"今定本"，故在承認校語出自唐人的前提下，"今定本"之稱將是支持顏師古定本説的有力證據。

### （二）定本是一本還是多本

劉文淇《左傳舊疏考正自序》"是齊隋以前皆有定本"句下自注云："《詩·關雎》序'故正得失'，疏云：'今定本皆作"正"字。'襄二十三年傳'申鮮虞之傅摯爲右'，杜注'傅摯，申鮮虞之子'，疏云：'俗本多云"申鮮虞之子"。今案注云"傅摯，申鮮虞之子"，若傳先有子字，無煩此注，故今定本皆無。''皆'之云者，非一本之詞也。"② 劉氏雖未將此列入"十驗"，但這無疑也是支持唐前定本説的證據之一。前舉高亮所謂"類指性概念"的結論，就自劉氏所舉第二條材料而來。而張良則謂"皆"就顏師古定本的不同副本而言，以維護師古定本説。③

劉文淇所舉第一條材料有斷章取義之嫌。疏文此句上文云："此'正得失'與'雅者，正也''正始之道'，本或作'政'，皆誤耳。"④ 可知"今定本皆作'正'字"亦謂定本中幾處文本皆作"正"，而非幾個定本皆然。⑤ 第二條材料則確如其所言。然而，《五經正義》中其他幾處"定本皆"都是就定本與他本（如"《集注》及定本皆""南本及定本皆"）或定本中的幾處文本〔如下一小節材料（2）①〕而言，意指多個定本者僅此孤例，而對於確有多本的俗本，"俗本皆""俗本多""俗本或"一類的表述則屢見不鮮。因此，"故今定本皆無"一句很可能存在脱誤，⑥ 僅憑此句認爲定本有多本，由此推出其並非顏師古定

---

① 程蘇東《〈毛詩正義〉所引〈定本〉考索》，第28頁。
② （清）劉文淇《左傳舊疏考正自序》，《左傳舊疏考正》卷首，第三葉。
③ 張良《劉孟瞻六朝定本説抉疑》，第158頁。
④ （漢）毛亨傳，鄭玄箋，（唐）孔穎達疏《毛詩注疏》卷一之一，（清）阮元校刻《十三經注疏》，第565頁。
⑤ 此事野間氏已指出，見〔日〕野間文史《五經正義所引定本考》，《五經正義の研究》，第121頁。
⑥ 成公十六年傳云"潘尪之黨"，杜注："黨，潘尪之子。"疏："潘尪之子，其名爲黨。襄二十三年'申鮮虞之傅摯'，辭與此同，古人爲文略言耳。"〔（晉）杜預注，（唐）孔穎達疏《春秋左傳正義》卷一九，第四十一葉〕《釋文》："之黨，一本作'潘尪之子黨'。案注云'黨，潘尪之子也'，則傳文不得有子字。古本此及襄二十三年'申鮮虞之傅摯'皆無子字。"〔（唐）陸德明《經典釋文》卷一七，第997頁〕此疏之"皆"或本就成公十六年、襄公二十三年兩處傳文而言，後經刪略，遂不知所指。

本，恐嫌武斷。

**（三）定本與《漢書注》**

顏師古於貞觀十一年（637）始撰《漢書注》，此時其定本已頒行，故將《五經正義》中的定本信息與《漢書注》所引經注比較，觀其異同，也是探討定本是否爲顏師古定本的途徑之一。前舉潘銘基《〈毛詩正義〉所引"定本"研究》採用的正是這一方法。潘文共舉《漢書注》引《毛詩》經、傳、箋十五例（其中二例野間氏已有討論①），指出其中與定本同者七例，異者八例，由此推出定本爲顏師古定本之說不可盡信。② 然如顏師古所自言，"其《漢書》所引經文，與近代儒家往往乖別，既自成義指，即就而通之，庶免守株，以申賢達之意"③，《漢書注》對異文異說採取的是一種相當通達的態度。細繹潘文所舉十五例，其中絕大多數都是顏師古順《漢書》原文爲說或自爲文，而非直接引用，與定本相異的八例中，真正可資討論的事實上只有野間氏所舉的二例。此外，野間氏還舉出了與《左傳》杜注有關的一例，今併檢討如下：

（1）①《毛詩·邶風·燕燕》：仲氏任只，其心塞淵。

傳：任，大。塞，瘞。淵，深也。

疏：**定本**"任，大"之下云"塞，瘞也"，**俗本**"塞，實也"。④

②《漢書·敘傳》：安世溫良，塞淵其德。

注：師古曰："《詩·邶風·燕燕》之篇曰'仲氏任只，其心塞淵'。淵，深也。塞，實也。謂其德既實且深也。"⑤

定本爲"塞，瘞也"，《漢書注》爲"塞，實也"，與定本異而與俗本同。然而，此例未必是對毛傳的直接引用。如下例所示，箋云"慮、圖皆謀也"，師古注云"慮，思也。圖，謀也"，二者並不相同。且瘞、實在此處含義本近。段玉裁云："瘞者，幽薶也，與充實義正同，非有二訓也。"⑥瘞字難解而實字易解，即便顏師古定毛傳此字作"瘞"，在注解《漢書》時，爲方便讀者，也

---

① 〔日〕野間文史《五經正義所引定本考》，《五經正義の研究》，第115、116頁。
② 潘銘基《〈毛詩正義〉所引"定本"研究》，第202、203頁。
③ （漢）班固《漢書》卷二二《禮樂志》，北京：中華書局，1962，第1041、1042頁。
④ （漢）毛亨傳，鄭玄箋，（唐）孔穎達疏《毛詩注疏》卷二之一，（清）阮元校刻《十三經注疏》，第628頁。
⑤ （漢）班固《漢書》卷一〇〇下《敘傳》，第4256頁。
⑥ （清）阮元《毛詩注疏校勘記》，劉玉才主持整理《十三經注疏校勘記》第2冊，第635頁。

有可能會選擇平實易懂的實字。因此，此例嚴格來說並不能反映定本和顏師古注《漢書》所據本的不同。

  （2）①《毛詩·小雅·雨無正》：旻天疾威，弗慮弗圖。

  箋：慮、圖皆謀也。

  疏：上有"昊天"，明此亦"昊天"。**定本**皆作"昊天"。**俗本**作"旻天"，誤也。①

  ②《漢書·敘傳》：不圖不慮，見躓石、許。

  注：師古曰："《詩·小雅·雨無正》之篇云'旻天疾威，不慮不圖'也。慮，思也。圖，謀也。言幽王見天之威，不思謀也。"②

《漢書注》"弗"作"不"，係順《漢書》原文，"旻天"則確與定本不同。

  （3）①《左傳·成公十年經》：五月，公會晉侯、齊侯、宋公、衛侯、曹伯伐鄭。

  注：晉侯，太子州蒲也。

  疏：漢末有汝南應劭作《舊君諱議》云："昔者周穆王名滿，晉厲公名州滿，又有王孫滿，是同名不諱。"則此爲州滿。或爲州蒲，誤耳。**今定本**作滿。③

  ②《漢書·五行志》注：師古曰："……晉厲公，景公之子也，名州蒲。"④

  《漢書·楚元王傳》注：師古曰："……成十八年，晉弒其君州蒲。"⑤

此處《漢書注》與定本亦不同。當然，旻、昊與蒲、滿形近易混，不能排除顏師古一時疏忽或後世傳抄舛訛的可能，但（2）、（3）兩組材料確實對顏師古定本說構成了挑戰。

### （四）附：定本與《經典釋文》

《經典釋文》中的三處"定本"也被一些學者納入討論。程蘇東認爲，《釋

---

① （漢）毛亨傳，鄭玄箋，（唐）孔穎達疏《毛詩注疏》卷一二之二，（清）阮元校刻《十三經注疏》，第960頁。單疏本誤作"俗本作昊天"。
② （漢）班固《漢書》卷一〇〇下《敘傳》，第4262、4263頁。
③ （晉）杜預注，（唐）孔穎達疏《春秋左傳正義》卷一八，第六十五葉。末一字景鈔正宗寺本、元刻十行本、閩本亦作滿，南宋建安劉叔剛刻本、監本、毛本、阮本作蒲。
④ （漢）班固《漢書》卷二七中之上《五行志中之上》，第1355頁。
⑤ （漢）班固《漢書》卷三六《楚元王傳》，第1940頁。

文》中的"定本"是六朝定本,因此,將其"和《毛詩正義》中所引的'定本'進行比勘,如果發現兩者之間有不同,就可以確定《毛詩正義》所引'定本'一定不是六朝定本,而只能是唐顔師古定本",並指出《釋文》所引三處"定本"和《毛詩正義》所引一同兩異。① 然而,因唐前定本並非只有一種,該邏輯本就不能成立,且其分析也有因使用阮本所附《釋文》致誤之處,事實上兩者未必不同②。筆者認爲,因例數過少,對《釋文》所引定本的討論對解決《五經正義》所引"定本"問題並無實質性幫助。

以上從不同方面對《五經正義》所引"定本"的含義做了探討。可以看到,顔師古定本説雖較有依據,卻也面臨一定挑戰,使人難以輕斷唐前定本説之非。而一部分爲唐前定本,一部分爲顔師古定本的調和之論,在校語出自唐人及"定本""今定本"無别的情況下,又顯得太不近情理。在現階段,通過分析《正義》中與"定本"相關的表述及比對"定本"、《正義》所據本、《正義》認同之本、唐石經、《漢書注》的方法似已無法取得進一步突破,③"定本"問題的最終解決,尚有待新材料或新方法的出現。目前較審慎的結論應爲,《五經正義》所引"定本"應當是一種經過校定,具有一定權威性的本子,從現有材料看,指顔師古定本的可能性較大。

## 結　語

《五經正義》的形成經歷了複雜的過程。熊安生、皇侃、劉炫舊疏,貞觀十二年(638)初次删定,十六年(642)審定及永徽二年(651)刊定等多個文本層次,共同構成了其基本面貌。此外,舊疏中很可能本就包含前人之語,北宋諸臣校勘時,也多多少少對文本做過改動,這就使《五經正義》的層次更形複雜。本文對其中引定本的校語及其上下文的層次做了分析,指出此類校語

---

① 程蘇東《〈毛詩正義〉所引〈定本〉考索》,第29、30頁。
② 野間氏分析的結果即爲三處皆相同,見〔日〕野間文史《五經正義所引定本考》,《五經正義の研究》,第109、110頁。
③ 唐石經與"定本"、《正義》所據本、《正義》認同之本皆有不同,觀阮元《校勘記》已可知其大概。此外,還有學者將《正義》標起止之文也納入討論,但該部分的文本實係北宋勘官據宋初校定之經注本校改,不應引以爲據。參見李霖《宋本群經義疏的編校與刊印》,北京:中華書局,2019,第216頁。

除個別存疑條目外大概率盡出唐人，而"定本"的含義則以顏師古定本的可能性爲大，但由於各方面證據無法導向一致結論，最終只能疑以傳疑。這正是《正義》文本層次複雜性的一個體現。近年來，《正義》多數內容來自舊疏的結論已漸漸爲學界所熟知，通過行文中的一些跡象分辨舊疏與唐人之筆，也成爲探究六朝經學史和唐初學術的重要路徑。然而，將《正義》中的矛盾一概歸爲舊疏與唐人之別，不免有簡單化之嫌，在此基礎上欲做進一步探討，無疑也是危險的。在文獻缺佚的情況下，如何把握好此類文本分析的度，是一個值得注意的問題。

（作者單位：北京大學歷史學系）

儒家典籍與思想研究（第十六輯）
北京大學出版社，2024年4月

·經學研究·

# 關於《三經義》的幾個基本問題的再認識

楊韶蓉

【内容提要】　本文主要就王安石於熙寧八年主持修撰的《三經義》初撰成時的書名、所依據的經書文本、成書卷數、解經體式、訓解内容等早期文本體制諸問題，以及刊刻流布、沉浮散佚等情况，在充分吸收前人研究成果的基礎上作進一步的考論和辨析，以期根本上釐清這些最基本的問題，爲準確認識《三經義》、切實推動相關研究走向深入提供更爲充分的依據。

【關鍵詞】　王安石　《三經義》　文本體例　刊布散佚

在《〈周禮義〉的早期文本輯佚及相關問題》一文中筆者曾指出，[1]《三經義》這部曾經取代《五經正義》《七經義疏》，衡文取士達60年之久的經宋學著作，在北宋經學史與宋學研究不斷走向深入的今天，無疑具有重要的研究價值。而與此同時，由於其亡佚較早，加之長期以來受歷史上對王安石學術評價"名爲聚訟、互生疑異"現象的影響，[2] 學界普遍存在對《三經義》文本本身缺乏審慎客觀認識與評價的局面，嚴重制約着相關研究的廣度與深度。可以說，超越輯佚文本的局限和歷史評價的干擾，對《三經義》初撰成時的文本體制和各方面情况進行準確認識和把握，[3] 是我們今天推動《三經義》相關研究走向

---

[1] 楊韶蓉《〈周禮義〉的早期文本輯佚及相關問題》，《儒家典籍與思想研究》第十四輯，北京：北京大學出版社，2022。

[2]《後漢書》卷三五《曹襃傳》，北京：中華書局，2003，第1203頁。

[3] 程元敏先生《〈三經新義〉板本與流傳》《尚書新義體製探原》《詩經新義體製探原》和《周禮新義體製探原》諸文曾對《三經義》的書名、訓解内容等體制問題進行了探討，見《三經新義輯考彙評（上、下）》，上海：華東師範大學出版社，2011。程先生三文中皆使用"體製"一詞，本論文統一使用"體制"。

深入的必要條件和切實基礎。

# 一、《三經義》之名與《三經新義》之"新"①

《三經義》初撰成時的書名是《詩義》《書義》《周禮義》，合稱"《三經義》"，後來所謂的"新義"之名乃是元祐時人所增，非三書原有之義。長期以來，世人對此不察不辨，望文生義，徒增臆解，乃至認爲"名爲《新義》，則明教人棄古說，以從其新說"②。這不僅嚴重歪曲了《三經義》書名原意，也直接影響着人們對《三經義》的準確認識和評價。本文重點考論《三經義》書名之演變與元祐後增益"新"之原委，就是爲了揭示前人因"望文生義"而產生的臆斷。

自熙寧八年（1075）六月三經修成奏訖，國子監鏤板頒行，即徑題《詩義》《書義》《周禮義》，未曾見"新義"之稱。《續資治通鑑長編》卷二六五"熙寧八年六月己酉條"載：

> 中書言，《詩》《書》《周禮義》欲以副本送國子監鏤板頒行。從之。③

"六月辛亥條"載：

> 吏部尚書、平章事、昭文館大學士王安石加左僕射、兼門下侍郎，右諫議大夫、參知政事呂惠卿加給事中，右正言、天章閣待制王雱加龍圖閣直學士，太子中允、館閣校勘呂升卿直集賢院，並以修《詩》《書》《周禮義》解畢推恩也。④

可見三經初成之名確爲《詩義》《書義》《周禮義》無疑。

其後，在王安石幾次上呈神宗的乞改劄子中，亦皆徑題爲《詩義》《書義》《周禮義》，從未見"新義"之說。熙寧八年六月二十四日《改撰詩義序劄子》云：

> 臣伏奉手詔，以臣所進《三經義序》有過情之言，宜速刪去。……所

---

① 程元敏先生《〈三經新義〉板本與流傳》一文之第一部分"考正書名"對《三經義》之名已有考述，見《三經新義輯考彙評（下）》，第759—767頁。本文在此基礎上更側重考論《三經義》書名之演變與元祐後增益"新"之原委。
② （清）皮錫瑞《經學歷史》，周予同注釋，北京：中華書局，1963，第277頁。
③ （宋）李燾《續資治通鑑長編》，北京：中華書局，2004，第6493頁。以下簡稱《長編》。
④ 同上書，卷二六五，第6495頁。

改撰到《詩義》并《書》《周禮義》序，謹隨劄子投進。①

九月十二日《論改詩義劄子》云：

> 如合聖旨，即乞封降檢討呂升卿所解，《詩義》依舊本頒行。②

元豐三年（1080）八月二十八日《乞改三經義誤字劄子》云：

> 臣頃奉敕提舉修撰《經義》……《尚書義》（某某）……《周禮義》（某某）……《詩義》（某某）……。③

上述徵引進一步證明，《三經義》初撰成時的稱名確是《詩義》《書義》《周禮義》。《長編》中，自熙寧八年《三經義》撰成後至哲宗元祐以前，均爲《詩義》《書義》《周禮義》並稱。或凡稱"三經義"者，皆爲承上文《詩義》《書義》《周禮義》之簡稱，意即爲三經之《義》，不曾見"新義"之説。④ 如《長編》卷二六五"熙寧八年六月甲寅條"載：

> 王安石上《詩》《書》《周禮義序》，詔付國子監置之《三經義解》之首。
> 先是，安石撰《詩序》，稱頌上德，以文王爲比，而上批："得卿所上《三經義序》，其發明聖人作經大旨，豈復有加？"……已而安石奏："臣伏奉手詔，以臣所進《三經義序》有過情之言，宜速刪去。"⑤

從文義上判斷，"《三經義解》""《三經義序》"皆爲承上文之稱，皆不曾見"新義"之説。

即便是元祐之後，亦屢見稱"《三經義》"者。如《長編》卷五〇三"哲宗元符元年冬十月癸卯條"：

> （右正言鄒）浩又言："伏聞臣寮上言，乞於《詩》《書》《周禮》《三經義》中出題試舉人。"⑥

---

① （北宋）王安石《臨川先生文集》卷四三，王水照主編《王安石全集》，上海：復旦大學出版社，2017，第824頁。

② 同上書，卷四三，第823頁。

③ 同上書，第819—823頁。

④ 《宋史·選舉志三》："八年，頒王安石《書》《詩》《周禮義》于學官，是名《三經新義》。"（北京：中華書局，2004，第3660頁）按《宋史》乃元人撰修，其稱已難以反映當時情況。

⑤ （宋）李燾《長編》，第6514—6515頁。

⑥ 同上書，第11991頁。

這進一步説明,《三經義》的稱名確實是《詩義》《書義》《周禮義》。

宋室南渡後,學者亦有徑稱"《三經義》"者,如林之奇《上陳樞密論行三經事》劄子即云:

> 某有少區區管見,輒欲致塵露之益於左右,雖非所宜言者,仰恃愛予之素,不自覺其爲黷也。某伏見近有請於朝者,欲以王氏《三經義》復使學者參用其説。……某竊謂此一事所係於治體者甚大。王氏《三經義》,雖其言以孔孟爲宗,然尋其文索其旨,大抵爲新法之地者十六七。此王氏之私書也,詎可以垂世立教乎?①

在此劄中,林氏兩提"《三經義》",皆未見及"新義"之名,説明《三經義》的初名在社會上一直是沿用的。

但自元祐更張以後,伴隨着"新法""新黨""新學"等概念的出現,《三經義》的書名中遂亦出現了"新"字。這一現象在《長編》元祐之後有關《三經義》的記載中亦得到了比較直觀的反映,始屢見"新義""新經""新經義""新傳""新説"等稱。如卷三六八"元祐元年閏二月庚寅"條:

> 侍御史劉摯言:"……今之治經,以應科舉,則與古異矣。以陰陽性命爲之説,以泛濫荒誕爲之辭,專誦熙寧所頒《新經》《字説》,而佐以莊、列、佛氏之書,不可究詰之論,爭相夸尚。場屋之間,群輩百千,渾用一律,主司臨之,珉玉朱紫,困於眩惑。其中雖有深知聖人本旨、該通先儒舊説,苟不合於所謂《新經》《字説》之學者,一切在所棄而已。"②

卷三九〇"元祐元年十月癸丑"條:

> 殿中侍御史吕陶言:"臣竊以士之大患,在於隨時俯仰而好惡不公……方安石之用事,其書立於學官,布於天下……隱亦能誦記安石《新義》。"……(監察御史上官均)又言:"朝廷昨來指揮,止禁學者不得援引《字説》,其於三經《新義》,實許與注疏並行。"③

卷四〇八"元祐三年二月己卯"條:

> 監察御史趙挺之言:"貢舉用《三經新義》取人近二十年。今聞外議,

---

① (宋)林之奇《拙齋集》卷六《上陳樞密論行三經事》,文淵閣四庫全書本。
② (宋)李燾《長編》,第8858—8859頁。
③ 同上書,第9498—9500頁。

## 關於《三經義》的幾個基本問題的再認識

以爲蘇軾主文,意在矯革,若見引用《新義》,決欲黜落。請禮部貢院將舉人引用新經與注疏文理通行考校。"①

卷五〇三"哲宗元符元年冬十月癸巳條"載:

詔《三經新義》與舊音不同者,令本經講官編纂音義。②

從上引數條中足以看出,自元祐以後,《三經義》被稱爲"新經""新義"已經是一種更爲普遍的現象了。《東都事略》卷七九《王安石傳》云:

初安石提舉修撰《經義》,訓釋《詩》《書》《周官》既成,頒之學官,天下號曰《新義》。③

王稱筆下所謂的"天下號曰《新義》",即是這一普遍現象的反映。

日本學者土田健次郎曾在其《伊川易傳的思想》中討論到北宋"新義學"的問題,④ 其"新義學"是指相對於《五經正義》《七經義疏》的新學術形態。《三經義》確實是"新義學"中的代表,但"《三經新義》"之"新"卻非"新義學"之"新",而是"新法""新黨""新學"之"新"。"新義"與"新法""新黨""新學"等,在元祐之世共同構成了人們對王安石及其學術、相業的多重批判維度。⑤

如上所論,《三經新義》之"新",乃元祐時人所加,應時順勢而已。元祐之後,"《新義》"或稱爲"《新經》"實際上成爲了《詩義》《書義》《周禮義》三書最具指代意義的稱名,公私目錄中,或題爲《新經尚書義》《新經毛詩義》《新經周禮義》,或題爲《尚書新義》《毛詩新義》《周禮新義》等,至清人輯出《周禮義》,遂逕題爲《周官新義》了。程元敏先生曾數次講到,自己的書名亦題做"《新義》",乃是爲了"從衆",⑥ 是爲了"免駭世驚俗,故屈從衆説"⑦。

皮錫瑞曾在其《經學歷史》第九《經學積衰時代》中云:

---

① (宋) 李燾《長編》,第 9925 頁。
② 同上書,第 11981 頁。
③ (宋) 王稱《東都事略》卷七九列傳六十二《王安石傳》,日本宮內廳書陵部藏宋刊本配補本。
④ 〔日〕土田健次郎《伊川易傳的思想》,《宋代史研究會研究報告》第一集《宋代的社會與文化》,東京:汲古書院,1983。
⑤ 關於這個問題,楊天保先生《金陵王學研究——王安石早期學術思想的歷史考察(1021—1067)》(上海:上海人民出版社,2008)一書進行了極富價值的探討,可參看。
⑥ 程元敏《三經新義輯考彙評(上)》,第 331 頁。
⑦ 同上書,第 767 頁。

元、明之經義，本於宋熙寧中王安石所立墨義之法，命吕惠卿、王雱等爲之，而安石自撰《周禮義》，使雱撰《詩》《書義》，名爲《三經新義》，頒行天下。夫既名爲《新義》，則明教人棄古説，以從其新説。①

通過以上考述可以見出，皮鹿門這一"名爲《新義》，則明教人棄古説，以從其新説"的論斷毫無疑問屬於望文生義的臆説，但其影響卻很大。本文的討論正是爲了辨明"新經""新義"之稱乃後人所加，非三書原有之義，以糾正人們因"望文生義"而產生對三書不必要的誤解誤讀。

## 二、《三經義》初撰時所依據的經書文本

自六朝至南宋以前，儒家經書文本始終以《周易》（王弼注）、《尚書》（孔安國傳）、《毛詩》（鄭玄箋）、《周禮》（鄭玄注）、《儀禮》（鄭玄注）、《禮記》（鄭玄注）、《左傳》（杜預集解）、《公羊傳》（何休解詁）、《穀梁傳》（范甯集解）、《孝經》（玄宗御注）、《論語》（何晏集解）、《爾雅》（郭璞注）這十二經的"經注本"爲主。② 五代國子監於後唐長興三年（932）至後周廣順三年（953）歷時二十餘年所校刻《十二經》均爲上述經注本。北宋國子監承五代遺制，自真宗景德至天禧年間（1004—1021）陸續據五代監版重新校刻的"《九經》"亦皆出自上述經注本，③ 並作爲國家教科書標準文本，廣泛頒賜王公大臣、皇親國戚、各級校學以及藩國使臣等。宋代文獻中多有以國子監所印《九經》頒賜各級校學的記載，國子監所印《九經》也因而成爲各級校學和天下士子必讀的標準教科書。

唐太宗於貞觀七年（633）命秘書監顏師古考定《五經》文字"頒於天下"後，④ 即令國子祭酒孔穎達據《五經》定本修撰《五經義疏》作爲"令依此考試"的官方教科書。⑤《三經義》作爲應貢舉新制而作的教科書，其所依據的經書文本，正是真宗朝國子監據五代監本新校刻的經注本。程元敏先生在《詩經

---

① （清）皮錫瑞《經學歷史》，第277頁。
② 王國維《五代兩宋監本考》，《海甯王忠慤公遺書》第二集，民國十六年觀堂遺書刊行會編。
③ 據張麗娟研究員考證，北宋國子監校刻"《九經》"，其經數當與五代監本同，當爲十二經。《宋代經書注疏刊刻研究》，北京：北京大學出版社，2013，第46頁。
④《舊唐書》卷一八九《儒學傳上》，北京：中華書局，2002，第4941頁。
⑤《舊唐書》卷四《高宗本紀上》，第71頁。

新義體製探原》中認爲王安石《三經義》所依據經文爲"唐正義本"，乃籠統之説，需予辨正。①

## 三、《三經義》的成書卷數

《隋書·經籍志》著録六朝以來孔安國傳《古文尚書》十三卷，鄭玄箋《毛詩》二十卷，鄭玄注《周官禮》十二卷。② 唐《開成石經》即依六朝以來通行經注本勒石以刊《十二經》，從其隸額書題可知《尚書》冠孔安國《序》，題"孔氏傳"，《毛詩》題"鄭氏箋"，《周禮》題"鄭氏注"，卷數皆與《隋志》合。③ 如前所述，五代監本皆是從《唐石經》而來，北宋監本又承五代遺制，故《書》《詩》《周官禮》卷數亦皆同《隋志》。

《三經義》的卷數，宋元官私書目中，《宋史·藝文志》（簡稱《宋志》）與晁公武《郡齋讀書志》（簡稱《晁志》）全同。《宋志》著録《書義》十三卷，《詩義》二十卷，《周禮義》二十二卷。④《晁志》同此。陳振孫《直齋書録解題》和馬端臨《文獻通考》所著《書義》和《周禮義》卷數與《宋志》《晁志》同，分别爲十三卷和二十二卷，而《詩義》則著録爲三十卷，⑤ 當爲"二十卷"之誤。

三經成書卷數，《書義》《詩義》顯然全依監本，這也符合當時人解二經時的一般做法，如蘇軾《書傳》、孔武仲《書説》皆爲十三卷，蘇轍《詩集傳》、孔武仲《詩説》、彭汝礪《詩義》皆爲二十卷。關於這個問題，王安石自己曾在《周禮義序》中對《周禮義》卷數作過交代，云："謹列其書爲二十有二卷，凡十餘萬言。"⑥ 而在《書義序》《詩義序》中卻均無有關交代卷數的文字，説

---

① 程元敏《三經新義輯考彙評（上）》，第332頁。按《三經義》所依據經書文本問題在拙文《〈三經義〉對漢唐經學傳統的"承"與"變"——兼論"經漢學"與"經宋學"的學理分野問題》中亦予討論，載《傳統文化研究》2023年第三期。

② 《隋書》卷三二《經籍一》，北京：中華書局，2002，第913—919頁。

③ 按唐石經《周禮》之卷數，（清）王朝璩《唐石經考正》（《叢書集成初編》本，北京：中華書局，1985）著爲十卷，吳騫《唐開成石經考》（《續修四庫全書》本，上海：上海古籍出版社，1996）則著爲十二卷。以吳説爲是。

④ 《宋史》卷二○二《藝文一》，第5042—5049頁。

⑤ （南宋）陳振孫《直齋書録解題》卷二，徐小蠻、顧美華點校，上海：上海古籍出版社，1987，第37頁；（元）馬端臨《文獻通考》卷一七九《經籍考六》，北京：中華書局，2011，第5320頁。

⑥ （北宋）王安石《臨川先生文集》卷八四，第1479頁。

明《書義》《詩義》二書分卷皆依舊制，不需再有説明。

而《周禮義》的卷數，則頗令人費解。程元敏先生曾"依《周禮》經傳字數，準常理推度"其二十二卷的分卷，認爲王安石或將《天》《地》二《官》各釐爲四卷，《春官》釐爲六卷，《夏》《秋》二《官》各釐爲三卷，《冬官考工記》仍爲二卷。① 案晁公武《郡齋讀書志》、陳振孫《直齋書録解題》均載"王安石不解《考工記》"。② 最早從《永樂大典》中輯鈔《周禮義》的全祖望在《荆公周禮新義題詞》中曾講到："荆公之書，五《官》而已，有鄭宗顔者采其説，别注《考工記》二卷。今《新義》已缺其二，而《考工》尚有存者，并附之。"③ 説明全祖望當時查檢到的《大典》中所存《周禮義》也僅有《天》《地》《春》《夏》《秋》五《官》，確實無《冬官考工記》。程元敏先生對"王安石不解《考工記》"的説法持否定態度，所以在"二十二卷"的"推度"中包括了《考工記》二卷，實難成定論。

監本鄭注《周官禮》乃爲漢唐以來舊制，《天》《地》《春》《夏》《秋》《冬》六篇，每篇二卷，共計十二卷。王安石僅解《天》《地》《春》《夏》《秋》五《官》，而釐爲二十二卷，因原書久佚，已不可確知其具體分卷情況。

## 四、《三經義》的解經體式

"解經體式"是《三經義》文本體制中最重要也最具研究價值的問題，是認識和把握《三經義》解經特點及其經學史定位的一個至關重要的方面。作爲國家衡文取士的教科書，《三經義》徹底拋棄了初唐以來《五經正義》和《七經義疏》的"注疏體"教科書傳統典範，代之以闡述《五經》"要義"爲目的的"講義體"作爲新教科書的基本體式，將解經的重點調整到了"大義"的構建上。

---

① 程元敏《三經新義輯考彙評（下）·周禮新義體製探原》，第717頁。按關於《周禮義》的卷數，程元敏先生實持兩説，在《〈三經新義〉板本與流傳》一文中，程先生又提出"疑安石周禮新義序'二十二卷'，初作'一十二卷'，'二'爲'一'字之抄誤"之説。其《重輯周禮考工記新義論錢儀吉本》（《書目季刊》十八卷四期）一文亦持此説。

② 《郡齋讀書志》卷二《禮類·新經周禮義》解題云："右皇朝王安石介甫撰。熙寧中，設經義局，介甫自爲《周官義》十餘萬言，不解《考工記》。"（第681頁）《直齋書録解題》卷二《禮類·周禮新義》解題亦云："其解止於《秋官》，不及《考工記》。"（第45頁）

③ （清）全祖望《全祖望集彙校集注·鮚埼亭集外編》卷二三，朱鑄禹彙校集注，上海：上海古籍出版社，2000，第1176頁。

關於《三經義》的幾個基本問題的再認識

自東晉南北朝以來，以闡述《五經》"要義"爲目的的"講義體"著作漸趨爲學者所重。這種體式的解經著作依傍前人舊注，以疏解經文大義爲主，無需關照經、注間的邏輯關係。其解經的重點是闡發思想要義，構建義理。其形式則是依傍舊注逐段逐句疏解經文。其突出特點是在闡發思想要義的過程中，從經文內在思想邏輯的推繹中建構起"大義"。

元豐三年（1080），王安石上《乞改三經義誤字劄子》，其中詳列了《書義》《周禮義》《詩義》三書中需修改之篇名和字句。其中《書義》的《周官》、《詩義》的《小旻》《桑扈》《生民》三篇，所列修改內容皆爲經文，現引述如下：

> 《周官》"唐虞稽古"字上漏"曰"字。
> 《小旻》"發言盈廷"，"廷"當作"庭"。
> 《桑扈》"受福不邢"，"邢"當作"那"。
> 《生民》"麻麥懞懞"①，"麥"當作"麥"。

"唐虞稽古"爲《周書·周官》"王曰"第二段首句，"發言盈廷"爲《小雅·小旻》第三章第五句，"受福不那"爲《小雅·桑扈》第三章第四句，"麻麥懞懞"爲《大雅·生民》第四章第九句。這正說明，《三經義》解經時，是逐篇逐段逐句疏解的，將解義附於經文之後，也就是說，是先錄經文，解義於後，體現出典型的"講義體"體式特點。②

## 五、《三經義》的訓解內容

就《三經義》具體的訓解內容來看，主要可概況爲以下三個方面：

首先，全解《三經》，既訓其辭，又訓其義。王安石《詩義序》云："《詩》三百十一篇，其義俱存，其辭亡者，六篇而已。"③ 由此可以判斷，《詩義》所解，應爲三百零五篇經文和三百一十一篇詩《序》（包括《南陔》《白華》《華黍》《由庚》《崇丘》《由儀》六篇有目有《序》而無辭的笙詩）。就三百零五篇

---

① （北宋）王安石《臨川先生文集》卷四三，第820頁。按"懞懞"，現存宋本《毛詩詁訓傳》（中國國家圖書館藏經注附釋文宋巾箱本，國家圖書館出版社2017年影印出版）和阮校《十三經注疏·毛詩正義》皆作"幪幪"。

② 《三經義》解義也體現出了"講義體"著作注重從經文內在思想邏輯的闡發與推繹中建構起"大義"的鮮明特點。關於這個問題的詳細討論，可參看拙文《〈三經義〉對漢唐經學傳統的"承"與"變"——兼論"經漢學"與"經宋學"的學理分野問題》。

③ （北宋）王安石《臨川先生文集》卷八四，第1479頁。

來看，目前輯得佚文的有二百七十二篇，未輯得佚文的有《召南·鵲巢》《騶虞》、《邶風·谷風》、《鄘風·鶉之奔奔》、《衛風·河廣》《伯兮》、《王風·君子于役》《采葛》、《鄭風·叔于田》《女曰雞鳴》《山有扶蘇》《籜兮》《風雨》《揚之水》《出其東門》、《齊風·東方之日》《甫田》《盧令》《載驅》、《魏風·伐檀》《碩鼠》、《唐風·蟋蟀》、《秦風·終南》、《陳風·東門之枌》《東門之池》《東門之楊》、《檜風·羔裘》、《小雅·湛露》《裳裳者華》、《大雅·假樂》、《周頌·我將》《思文》《武》等三十三篇。從所輯得的佚文可以看出，各篇依鄭箋《毛詩詁訓》例，《關雎》前冠《大》《小序》，其他各篇《小序》均分繫於各篇之首。各《序》均爲之"訓義"①。現輯得的佚文中，《大序》佚文達十七條，各《小序》佚文亦有多條，如《周南·桃夭》《兔罝》《漢廣》、《召南·甘棠》《羔羊》、《邶風·雄雉》《靜女》、《鄘風·牆有茨》《干旄》、《鄭風·清人》《有女同車》《子衿》《溱洧》、《齊風·東方未明》、《魏風·十畝之間》、《陳風·月出》《澤陂》、《小雅·出車》《六月》《鴻雁》《鶴鳴》《我行其野》《何人斯》《北山》《魚藻》、《大雅·思齊》《公劉》《泂酌》《崧高》、《周頌·豐年》《雝》、《商頌·玄鳥》《長發》等三十三篇的《小序》都輯有佚文。

《書義》亦全解《虞》《夏》《商》《周》四《書》，②除《周書》的《費誓》《秦誓》兩篇外，其他各篇皆有所輯得的佚文。解經承僞孔《傳》五十八篇本，首爲《大序》，《小序》則"各冠其篇首"，亦皆爲之"訓義"。從輯得的佚文看，《虞書》的《堯典》、《夏書》的《禹貢》、《商書》的《湯誓》《盤庚上》、《周書》的《洪範》《召誥》《多士》《無逸》《君奭》等九篇的《小序》都輯有佚文。並依僞孔《傳》例，在《小序》之後書篇題，並爲之作"題解"。從所輯得的佚文看，《虞書》的《大禹謨》、《周書》的《泰誓上》《洛誥》《呂刑》等四篇皆有輯得的"題解"性質的佚文，如"皋陶指其名，而禹稱'大禹'者，宅揆任大，冠諸臣之上，表而出之也""武王大會諸侯誓師（往）伐，以傾（受之）否，故命之曰'泰誓'""此書穆王之言，而名'呂刑'者，呂侯爲主司寇，王使之參定贖刑，新制刑書已具，王乃推作刑本意，以訓群后，故以'呂刑'名之"等佚文。各篇並分章訓義，概括"章旨"，如《周書》的《君陳》篇就輯有"此章教君陳法周公修德""此章教君陳以爲政""此章告以政之節目"等佚文。如同《詩義》並解

---

① 在王安石的經學思想中，他十分推尊《詩序》，反對《詩序》爲子夏所作，認爲《詩序》乃"詩人所自製"。

② 雖謂"全解"，其中亦有一些基於"闕疑"思想的"不可强通處不解""不可知者當闕"的篇和章，如不解《洛誥》篇、不解《康誥》第一章。

六笙詩《序》，《書義》亦解有序無辭的《咸乂四篇》《小序》。

《周禮義》全解《天》《地》《春》《夏》《秋》五《官》，① 除《地官·司祿》、《夏官·軍司馬》《輿司馬》《行司馬》《掌疆》《司甲》、《秋官·掌察》《掌貨賄》《都則》《都士》《家士》等十一官本經已亡者外，其他三百三十官皆有訓釋。在這三百三十官中，未輯得佚文者有《天官·腊人》《寺人》《內豎》、《地官·州長》《舞師》《牛人》《充人》《閭師》《司救》《調人》《胥師》《賈師》《司虣》《司稽》《胥》《肆長》《鄙師》《酇長》《里宰》《鄰長》《土訓》《卝人》《掌茶》《場人》《司稼》《槁人》、《春官·小師》《眡瞭》《磬師》《鍾師》《笙師》《鞮鞻師》《旄人》《韎韐氏》《司干》《卜師》《龜人》《菙氏》、《夏官·小司馬》《小子》《司險》《挈壺氏》《虎賁氏》《方相氏》《小臣》《司兵》《司戈盾》《繕人》《齊僕》《道僕》《巫馬》《圉人》《土方氏》《合方氏》《訓方氏》《匡人》《撣人》《都司馬》《家司馬》、《秋官·司隸》《罪隸》《蠻隸》《夷隸》《銜枚氏》等六十四官（按《冬官考工記》自全祖望初輯《周禮義》時即以輯鄭宗顔《考工記解》補。《考工記》共三十官，其中《段氏》《韋氏》《裘氏》《筐人》《㮚人》《雕人》六《官》本經早亡，現未輯得佚文的有《鮑人》《磬氏》《矢人》三《官》）。《周禮義》解經並尊鄭《注》例，不輕改經字，但注"故書""今書"之異，如《春官·天府》《典瑞》《小師》等官所輯得的佚文中就有"故書珍爲鎮，當從故書以鎮爲正""世奠繫，當從故書，（爲）世帝繫"等語。②

其次，遵舊注例，不僅以直音法或切音法注音，而且對語助、連詞等亦加釋說，如《詩義·小雅·白駒》"皎皎白駒，賁然來思"一句所輯得的佚文中就有"（賁，）讀爲'奔'字"的直音之例，③《書義·虞書·堯典》"乃命羲和"一句所輯得的佚文中亦有"乃者，繼事之辭"的連詞之釋。④

---

① 按王安石《周禮義》不解《冬官考工記》的問題可詳參拙文《〈周禮義〉的早期文本輯佚及相關問題》。

② 程元敏《三經新義輯考彙評（下）·周禮》，第310、344頁。按今傳宋本《周禮》（中國國家圖書館藏宋婺州市門巷唐宅刻本、經注合刻附釋文本）和阮校《十三經注疏·周禮正義》於《天府》"凡國之玉鎮"、《典瑞》"執鎮圭"等句，"鎮"未見作"珍"者，鄭玄注皆云"故書'鎮'作'瑱'"。《小師》"世奠繫"，鄭《注》云："故書'奠'或爲'帝'。"

③ 程元敏《三經新義輯考彙評（上）·詩經》，第156頁。

④ 程元敏《三經新義輯考彙評（上）·尚書》，第7頁。關於《三經義》有注音，《續資治通鑑長編》和《長編紀事本末》中均存留有相關史料。《長編》卷五〇三"哲宗元符元年冬十月癸巳"條載："太學録鄧珏言，乞選官刊正《五經》《論語》《孟子音義》。詔《三經新義》與舊音不同者，令本經講官編纂音義。"《長編紀事本末》卷一三〇"尊王安石"條載："其音釋意義，並以王安石等所進《經義》爲準。"

最後，於章末篇末撰"通義"敷陳經義。爲達到闡發充分、義理暢明的目的，《詩義》《書義》於篇末或章末綴有"通義"之辭，① 如《詩義·豳風·七月》所輯得的佚文中，就有"仰觀日星霜露之變，俯察蟲魚草木之化，以知天時，以授民事。……夫然，故天不能災，人不能難，上下內外和睦，而以逸樂終焉"一段長達423字的"七月之義"。②

## 六、《三經義》的刊刻流布

程元敏先生《〈三經新義〉修撰通考》《〈三經新義〉板本與流傳》兩文對《三經義》的刊刻流布等情況作了頗爲翔實的考論。本論文將着重就《三經義》鏤板刊印用時情況、《三經義》的初版、改版頒行等問題進行考察。

**1. 《三經義》鏤板刊印用時之短在北宋國子監刻書史上實屬罕見**

熙寧八年（1075）六月十七日（丁未），《詩義》《書義》《周禮義》三經奏訖。六月十九日（己酉），"中書言，《詩》《書》《周禮義》欲以副本送國子監鏤板頒行。從之"③。六月二十四日（甲寅），"王安石上《詩》《書》《周禮義》序"，詔付國子監置之《三經義解》之首"④。至九月，據前引呂惠卿所言，《三經義》"得旨刊布，幾及千本"⑤，王安石亦於九月十二日（辛未）上書奏請"《詩序》用呂升卿所解，《詩義》依舊本頒行"⑥。呂惠卿言"得旨刊布，幾及千本"，未明言是《詩義》，結合王安石上書，可斷定當是《詩義》首先印成。《宋史·藝文志》著錄《詩義》二十卷，二十卷規模的《詩義》鏤板刷印用時

---

① 程元敏先生於佚文前特標明"通義"之目，本文即取其説。
② 程元敏《三經新義輯考彙評（上）·詩經·豳·七月》，第115頁。
③ 《長編》卷二六五"熙寧八年六月己酉"條，第6493頁。《宋史》《神宗本紀》《選舉志》亦記此事，《神宗本紀》云："（六月）己酉，頒王安石《詩》《書》《周禮義》于學官。"而《選舉志》僅言在熙寧八年，未記月日。
④ 《長編》卷二六五"熙寧八年六月甲寅"條，第6514頁。據此條，王安石第一次寫成的《詩義序》因以神宗比文王，神宗要求其刪去"過情之言"，重爲修定，王安石"遂改撰以進，上乃頒行之"。此詔付國子監的《詩義序》當是修改過的。《臨川先生文集》卷四三《改撰詩義序劄子》亦記此事。且詔文明言"付國子監置之《三經義解》之首"，意即補刻在三經之前，非改板，而程元敏先生據此條認爲"《詩義序》經安石刪改再上，神宗仍謂稱頌過實，於是安石復改撰劄呈"，意爲《詩義序》改兩次。又據此推出《詩義》改本兩次、鏤板三次的結論，似有失準確。
⑤ （宋）李燾《長編》卷二六八"熙寧八年九月辛未"條，第6566頁。
⑥ 同上書，第6563頁。

不足三個月，這在北宋國子監刻書史上實屬罕見。

北宋都城汴梁國子監，是北宋一代最重要也是最專業的官方刻書印書機構，太宗淳化五年（994），國子監還專設"書庫官"，"以京朝官充，掌印經史群書，以備朝廷宣索賜予之用"。① 據宿白先生考證，在神宗朝以前，國子監刻印諸經《正義》共有兩次，一次是太宗端拱元年（988）至淳化五年，一次是真宗咸平四年（1001）至景德二年（1005）。②

據《玉海·藝文·端拱校五經正義》條：

> 端拱元年（988）三月，司業孔維等奉敕校勘孔穎達《五經正義》百八十卷，詔國子監鏤板行之。《易》……十月板成以獻。《書》……二年（989）十月以獻。《春秋》……淳化元年（990）十月板成。《詩》……淳化三年壬辰（992）四月以獻。《禮記》……淳化五年（994）五月以獻。③

這次刻印，《周易正義》用時七個月，《尚書正義》一年零七個月，《春秋正義》兩年零七個月，《毛詩正義》四年零一個月，《禮記正義》六年零兩個月。

另據《玉海·藝文·咸平孝經論語正義》《咸平校定七經義疏》兩條：

> 咸平三年（1000）三月癸巳，命祭酒邢昺代領其事（詳校諸經正義），……四年（1001）九月（丁亥）以獻，……十月九日，命杭州刻板。④
> 
> 景德二年（1005）……六月庚寅，國子監上新刻《公》《穀傳》《周禮》《儀禮正義》印版。⑤

這次刻印，從咸平四年（1001）十月至景德二年（1005）六月，歷時三年零八個月，刻成《公羊》《穀梁》《周禮》《儀禮》四經《正義》。

從這兩次刻印來看，用時最短的是端拱元年刻成的《周易正義》，歷時七個月，而據《新唐書·藝文志》，在《五經正義》中，《周易正義》規模最小，僅十六卷。二十卷的《詩義》，如果不是貢舉急需，嚴格督責，參照此前的刻印速度，在不足三個月的時間內完成是不可想象的。據此亦可見《三經義》自始至終神宗督責之切。

---

① 《宋史》卷一六五《職官五·國子監》，第3916頁。
② 宿白先生《唐宋時期的雕版印刷·北宋汴梁雕版印刷考略》，北京：文物出版社，1999，第13—38頁。
③ 武秀成、趙庶洋校證《玉海藝文校證》卷九，南京：鳳凰出版社，2013，第411頁。
④ 同上書，卷七，第328—329頁。
⑤ 同上書，卷八，第388頁。

### 2. 《三經義》初版與改版並行於世

熙寧八年（1075）六月十九日（己酉）《三經義》送國子監鏤板，二十四日（甲寅）王安石所撰《詩》《書》《周禮義序》詔付國子監刻置《三經義》之首，九月《詩義》刊布近千本，這是《詩義》行世最早的一個版本。

《詩義》刊布之後，九月十二日（辛未），王安石上書，奏請《詩序》用呂升卿所解，《詩義》仍依舊本，神宗"詔安石并删定升卿所解《詩序》以聞"①，十二月二十四日（辛亥），"王安石上再撰《詩關雎義解》。詔并前改定諸《詩序解》付國子監鏤板施行"②，這是《詩義》的第二個版本。

熙寧九年（1076）十月，王安石二次罷相，退居金陵，"休息田里"，"免於事累"，始有閑暇時間"考正誤失"，修定《三經義》。元豐三年（1080）八月二十六日（甲寅），王安石劄乞刊革《三經義》誤字，③八月二十八日（丙辰），"王安石上改定《詩》《書》《周禮義》誤字，詔録送國子監修正"④，這是《詩義》的第三個版本，《書義》《周禮義》的第二個版本。

從六月十九日神宗詔許國子監鏤板頒行《三經義》，至九月，《詩義》刊印已近千册。在此期間，神宗曾於七月十三日降詔"以新修《經義》賜宗室、太學及諸州府學"⑤，七月二十一日又"詔以新修《經義》付杭州、成都府路轉運司鏤板"，並"禁私印及鬻之者"⑥，可見《書義》《周禮義》初版在熙寧八年十二月二十四日《詩義》改板前已頒至諸州府學。《永樂大典》收録南宋理宗紹定二年（1229）及進士第的陳大猷《書集傳》，其中引録的《尚書義》仍有王安石元豐三年《乞改三經義誤字劄子》中所改《尚書義》的内容，⑦說明直至南宋，元豐三年改版前的《三經義》仍在與改版後的《三經義》並行。

---

① （宋）李燾《長編》卷二六八"熙寧八年九月辛未"條，第6563頁。
② 同上書，卷二七一"熙寧八年十二月辛亥"條，第6650頁。
③ （北宋）王安石《臨川先生文集》卷四三《乞改三經義誤字劄子二道》，第819—823頁。
④ （宋）李燾《長編》卷三〇七"元豐三年八月丙辰"條，第7471頁。《乞改三經義誤字劄子二道》自注："元豐三年八月二十八日奉聖旨，宜令國子監依所奏照會改正。"
⑤ 同上書，卷二六六"熙寧八年七月癸酉"條，第6525頁。
⑥ 同上書，卷二六六"熙寧八年七月辛巳"條，第6529頁。
⑦ 據程元敏先生《書義諸家評論及載引佚文按書分條考計》，《三經新義輯考彙評（上）》，第283頁。

## 七、《三經義》的沉浮散佚

程元敏先生於《〈三經新義〉與〈字説〉科場顯微録》一文中曾對《三經義》的榮毁禁黜等問題進行了較爲翔實的考論，① 本論文將在此基礎上對其沉浮和散佚情況進行更爲細緻的文獻梳理。

**1. 元祐、靖康之世《三經義》始終與先儒之説並行**

元祐元年（1086）閏二月二日（庚寅）司馬光拜相後，以王安石"一家私學欲掩蓋先儒"之罪名起更定貢舉之議。《長編》卷三七一"元祐元年三月壬戌"條記載此議云：

> 司馬光言：伏覩朝廷改科場制度。……臣竊有所見，不敢不以聞。……凡取士之道，當以德行爲先，文學爲後。……神宗皇帝深鑒其失，於是悉罷詩賦及經學諸科，專以經義、論策試進士。此乃革歷代之積弊，復先王之令典，百世不易之法也。但王安石不當以一家私學，欲掩蓋先儒，令天下學官講解及科場程試，同己者取，異己者黜。使聖人坦明之言，轉而陷於奇僻；先王中正之道，流而入於異端。②

《三經義》遂遭致抑揚存廢的輿論衝擊。此時距《三經義》初版頒行僅十二年，距元豐三年（1080）八月改版後行世僅六年。

其時朝議爭言科舉之弊，如侍御史劉摯，於司馬光拜相之日即上書言革貢舉之弊，云：

> 熙寧初，神宗皇帝崇尚儒術，訓發義理，以興人才，謂章句破碎大道，乃罷詩、賦，試以經義，儒士一變，皆至於道。……今之治經……專誦熙寧所頒《新經》《字説》，而佐以莊、列、佛氏之書，不可究詰之論，爭相夸尚。場屋之間，群輩百千，渾用一律，主司臨之，珉玉朱紫，困於眩惑。……其解經義，仍許通用先儒傳注或己之説，而禁不得引用字解及釋典，庶可以救文章之弊，而適乎用；革貢舉之弊，而得其人。亦使學者兼通他書，稍至博洽。③

---

① 程元敏《三經新義輯考彙評（上）》，第 324、328 頁。
② （宋）李燾《長編》卷三七一"元祐元年三月壬戌"條，第 8976 頁。
③ （宋）李燾《長編》卷三六八"元祐元年閏二月庚寅"條，第 8858—8859 頁。

儒家典籍與思想研究（第十六輯）

> 夏四月庚寅，右司諫蘇轍又上書言：
>
>> 臣伏見禮部會議科場欲復詩賦，……至今多日，二議並未施行。臣竊惟來年秋試，自今以往，歲月無幾，而議不時決，傳聞四方，學者知朝廷有此異議，無所適從，不免惶惑憒亂。……臣欲乞先降指揮，明言來年科場一切如舊，但所對經義兼取注疏及諸家議論，或出己見，不專用王氏之學。①

但細觀此一時期的批評意見，並非否定《三經義》，而是集中在對課試之法守一家之言的不滿上，大多主張許通用先儒傳注，於是哲宗從蘇轍之請：

> 其進士經義，並兼用注疏及諸家之説或己見，仍罷律義。②

次年復諭天下：

> 自今舉人程試，並許用古今諸儒之説，或出己見，勿引申、韓、釋氏之書。③

故終元祐之世（1086—1093），實際情況是《三經義》與諸先儒之説並行，《三經義》並未曾遭禁罷。④

紹聖至靖康前的三十餘年間（1094—1126），《三經義》專行於場屋、校學，伴隨着"三舍法"的推行，"内外校官非《三經義》《字説》不登几案"⑤，《三經義》的影響達到極盛。靖康之禍起，雖有楊時等相機倡"王安石學術之謬"，指"其著爲邪説"⑥，但遭太學諸生抗議，言臣陳過庭、馮澥等人斥爲"偏

---

① （宋）李燾《長編》卷三七四"哲宗元祐元年夏四月庚寅"條，第9060頁。
② 同上書，卷三七四"哲宗元祐元年夏四月辛亥"條，第9117頁。《宋會要輯稿·選舉三》同。
③ 同上書，卷三九四"哲宗元祐二年春正月戊辰"條，第9593頁。《宋會要輯稿·選舉三》同。
④ 前人多將元祐時更定貢舉之議中禁《字説》之議兼及《三經義》，程元敏先生於《〈三經新義〉與〈字説〉科場顯微録》《〈三經新義〉板本與流傳》兩文中均予以考辨（《三經新義輯考彙評（上）》，第324、328頁）。
⑤ （南宋）吕祖謙《東萊吕太史集》卷九《故左朝散郎徽猷閣待制提舉江州太平興國宫江都縣開國子食邑五百户致仕贈左通議大夫王公行狀》，黃靈庚、吴戰壘主編《吕祖謙全集》第一册，黃靈庚校點，杭州：浙江古籍出版社，2008，第138頁。
⑥ （宋）汪藻《靖康要録》卷六"靖康元年五月三日"條載："（欽宗）聖旨：'所招敢勇……一遵祖宗舊制。'右諫議大夫楊時言：'伏見蔡京用事二十餘年，蠹國害民，幾危社稷……然則致今日之禍者，實安石有以啓之也。臣謹按，安石挾管、商之術，飾六藝以文姦言，變亂祖宗法度，當時司馬光已言其爲害之甚，當見於數十年之後。今日之事，若合符契。（轉下頁）

· 82 ·

見曲説",欽宗中立不倚,依言臣之奏訓敕中外,"不得專主元祐之學,亦不得專主王氏之學","惟其説之當理而已"①,使天下學者曉然無惑,得以安其心。故欽宗一朝,《三經義》亦準與諸先儒之説並行,不曾禁罷。

**2. 終南宋之世國無明詔禁黜《三經義》**

南渡後,高宗君臣將國禍嫁禍安石,"天下之禍兆於安石"之論甚囂塵上。據《建炎以來繫年要録》卷二四"建炎三年六月己酉"條載:

> 上以久雨不止,慮下有陰謀,或人怨所致,以諭輔臣。……司勳員外郎趙鼎言:"自熙寧間,王安石用事,肆爲紛更,祖宗之法掃地,而生民始病。至崇寧初,蔡京託名紹述,盡祖安石之政,以致大患。今安石猶配饗廟庭,而京之黨未族,臣謂時政之闕,無大於此,何以收人心而召和氣哉?"上納其言,遂罷安石配饗神宗廟庭。②

另據卷四六"紹興元年八月庚午"條載:

> 直龍圖閣沈與求試御史,上嘗從容言王安石之罪,在行新法。與求對曰:"誠如聖訓。……而安石於漢則取(揚)雄,於五代則取(馮)道,是

---

(接上頁)其著爲邪説以塗學者耳目,敗壞其心術者,不可屢數,姑即其爲今日之害猶甚者一二以明之,則其爲邪説可見矣。……臣伏望睿旨斷王安石學術之謬,追奪王爵,詔中外毀去配享之像,使邪説淫辭不爲學者之惑,實天下萬世之幸。'奉聖旨:'王安石合依鄭康成等例從祀孔子廟廷,令禮部改正施行。'"王智勇箋注,成都:四川大學出版社,2008,第716—718頁。

① 《靖康要録》卷六"靖康元年五月三日"條載:"御史中丞陳過庭奏:'臣聞太學,賢士之關,禮義之所自出。……五經之訓,義理淵微,後人所見不同,或是或否,諸家所不能免也。是者必指爲正論,否者必指爲邪説,此乃近世一偏之辭,非萬世之通論。……祭酒楊時矯枉太過,復論王氏爲邪説,此又非也。致使諸生集衆,直造祭酒位次,欲見而詆之。時若不自引避,必致生事。……臣伏望聖慈裁酌,如祭酒楊時偏見曲説,德不足以服衆。'"(第731頁)。"靖康元年五月十日"條載:"左諫議大夫馮澥言:'臣聞太學者,道義之所由出,風化之源,賢士之關也。……比者朝廷罷元祐學術之禁,不專王氏之學,陛下固欲中立不倚,六經之旨,惟其説通者取之,其謬者舍之,不主於一,此固甚盛之舉也。……若言者以安石之説爲邪説,則過矣。……今科舉在邇,爲士者若引用王氏之説,有司懷私,便爲邪説而黜落之,則其利害所係甚重,臣固不得不論也。臣願陛下明詔有司,訓敕中外,凡學校科舉考校去取,不得專主元祐之學,亦不得專主王氏之學,或傳注,或己説,惟其説之當理而已。儻有司輒敢以私好惡去取者,乞重賜斥責,庶使天下學者曉然無惑,而庠序多士得以安其心矣。'奉聖旨依奏。"(第754—755頁)《宋史·選舉志三》亦載此事。按《長編》徽、欽兩朝史事闕載無徵,汪藻是欽宗朝要臣,其《要録》所述皆其親閲親歷,堪稱第一手材料,信實度極高,誠如王智勇先生所言:"現存記載欽宗一朝之編年體史籍,從記載史事的詳贍、涉及内容的全面、所録史料的完整及原始性而論,當以《靖康要録》爲最。"(《靖康要録箋注前言》,第8頁)故兩事詳加引録。

② (南宋)李心傳《建炎以來繫年要録》卷二四,北京:中華書局,1988,第494頁。

其心術已不正矣，施之學術，悉爲曲説，以惑亂天下。士俗委靡，節義淪喪，馴致靖康之禍，皆由此也。"①

又據卷七九"紹興四年八月戊寅"條載：

宗正少卿兼直史館范沖入見，沖立未定，上云："以史事召卿。兩朝大典，皆爲姦臣所壞，若此時更不修定，異時何以得本末？"沖因論熙寧創制："……王安石自任己見，非毀前人，盡變祖宗法度，上誤神宗皇帝。天下之亂，實兆於安石，此皆非神祖之意。"上曰："極是。"②

與此同時，楊時、王居正等人繼續以辨學爲名攻擊王安石學術相業，楊時於紹興三年（1133）撰成《三經義辨》十卷、《字説辨》以進，因"所論王氏之失，多任意氣，非所以言學術"③，故"既進御久之，却付秘府收藏"④，"未有旨頒行"⑤。紹興五年（1135）王居正撰進《辨學》四十二篇，⑥因"挾其少年失意科場之餘憤，任情使氣，論多激切"⑦。高宗右文，能辨楊時、王居正等以辨學爲名黨同伐異的用意，令置之秘府而不宣，故於經術仍主諸説並行之措。高宗在位三十六年（1127—1162），《三經義》始終許與衆説並行，國無明詔禁用。此時《三經義》行世已近百年。

孝宗乾、淳間（1165—1189），雖濂洛門人大倡以周、程取代王氏父子入孔廟從祀，但孝宗在位二十七年（1163—1189），《三經義》仍許與衆説並行，國無明詔禁黜，故魏了翁於寧宗慶元間（1195—1200）與友人遊鍾山時尚吟出了"《三經》猶在校，從祀猶在庭"的詩句。⑧

理宗淳祐元年（1241）正月十五日罷王安石孔廟從祀，《三經義》仍未見黜。終南宋之世，國無明詔禁黜《三經義》。

---

① （南宋）李心傳《建炎以來繫年要録》卷四六，第831頁。
② 同上書，卷七九，第1289頁。
③ 程元敏《〈三經新義〉與〈字説〉科場顯微録》，《〈三經新義〉輯考彙評（上）》，第349頁。
④ （北宋）陳淵《默堂集》卷一九《與黃用和宗博》，《四部叢刊三編》景宋鈔本。
⑤ 同上書，卷一七《與胡康侯侍讀》。
⑥ 《宋史》卷三八一《王居正傳》，第11736頁。胡應麟《玉海》卷四二引作《三經辨學》七卷"。
⑦ 程元敏《〈三經新義〉與〈字説〉科場顯微録》，《〈三經新義〉輯考彙評（上）》，第354頁。
⑧ （南宋）魏了翁《重校鶴山先生大全文集》卷六《江東漕使兄約遊鍾山分韻得泠字》，《四部叢刊初編》景宋本。

**3. 元、明兩代《三經義》先後亡佚**

《三經義》究竟於何時散佚，已不可確考。據程元敏先生《書義》《詩義諸家評論及載引佚文按書分條考計》兩文的考索，由宋入元且活躍於元武宗至寧宗時期（1308—1332）的董鼎、梁益等人在其著作中引錄《書義》《詩義》時尚據原卷引錄，[1] 説明《書義》《詩義》在元代中期仍行於世間，爲學者所見。

《周禮義》之散佚，當在明初以後了。明成祖永樂五年（1407）纂成的《永樂大典》收載有《周禮義》，明英宗正統六年（1441）楊士奇等人就文淵閣所藏以元內閣所儲宋、金、元三朝珍秘本爲主的國家藏書七千二百九十七部圖書"逐一打點清切，編置字號"，編成官目《文淵閣書目》，《四庫》館臣贊其"尚得略見一代秘書之名數"[2]，其卷一"地字號第四櫥書目"尚著錄有"《周禮王荆公解義》一部三冊"，全祖望據以判斷"當猶屬政和底本"[3]，這説明在明代前期，國家藏書中仍存有《周禮義》。明初，廬陵人晏璧攘竊吳澄《三禮考注》，竄亂增注，所引《周禮義》據程元敏先生考索，尚據安石原書，[4] 説明此時《周禮義》亦流傳民間，見存於世。明世宗嘉靖（1522—1566）以後，文淵閣藏書散失嚴重，相傳至清初徐乾學編《通志堂經解》，以千金購《周禮義》不得，説明此時《周禮義》確已散佚不存了。《四庫》館臣云："明萬曆中重編《內閣書目》尚載其名，故朱彝尊《經義考》不敢著其已佚，但注曰'未見'，然外間實無傳本，即明以來內閣舊籍亦實無此書，惟《永樂大典》內所載最夥。蓋《內閣書目》據《文淵閣書目》，《文淵閣書目》即修《永樂大典》所徵之書，其時得其完帙，故採之最詳也。"[5]

（作者單位：北京大學《儒藏》編纂與研究中心）

---

[1] 《三經新義輯考彙評（上）》，第279、363頁。董鼎（1255—1325）《書蔡氏傳輯錄纂注》（《四庫本》作《書傳輯錄纂注》）在《康誥》"惟三月，哉生魄，周公初基作新大邑于東國洛……乃洪大誥治"四十八字下注有"王氏於此章無解"七字，程元敏先生據此斷定"董氏直據《新義》原卷"。梁益（元仁宗延祐後與陸文圭齊名，爲東南學者所宗）《詩傳旁通》於《詩義》引文中以洛（雒）水在東都、《周禮》皆稱爲《周官》，程元敏先生據此斷定"與安石他論稱名是書習尚略合，確爲《詩經新義》原文"。

[2] （清）永瑢等《四庫全書總目·文淵閣書目提要》，北京：中華書局影印本，1981，第731頁。

[3] （清）全祖望《全祖望集彙校集注·鮚埼亭集外編》卷二三，第1176頁。

[4] 程元敏《三經新義輯考彙評（下）》，第744頁。

[5] （清）永瑢等《四庫全書總目·周官新義提要》，第150頁。

# 《四書評》《四書眼》《四書評眼》《四書參》相互關係論略

## 倪晉波

**【内容提要】**　《四書評》《四書眼》《四書評眼》《四書參》諸書出現於明代萬曆年間或稍後,均是《四書》評點著作。其中,《四書眼》是葉晝取其師楊起元的《四書》評論並增之以己意而成的一部《四書》評本,與《四書評》並無實質關係。《四書評眼》是坊賈藉《四書評》和《四書眼》改頭換面而成的一部《四書》評本,並非楊起元、李贄合纂之書。《四書參》與《四書評眼》並非一書,前者博採諸家評語,依違於程朱義理與李贄不經之論之間,試圖在《四書評》驚世駭俗的批判性和《四書》温厚弘深的神聖性之間尋找一種平衡,是對《四書評》的修正之書。古代評點的邊界至明代早、中期擴展至《四書》而有《四書》評點,《四書評》諸書是明末《四書》評點興盛的顯證。

**【關鍵詞】**　《四書評》　《四書眼》　《四書評眼》　《四書參》　《四書》評點

　　署名李贄的《四書評》是一部《四書》評點著作,初刻於明末萬曆年間[1],在經書評點史和《四書》詮釋史上具有重要地位。該書面世以後,又出現了性質相同的《四書眼》《四書評眼》《四書參》三部著述。三書之間、三書與《四書評》之間或真或虛、或多或少地存在着關聯,但究竟如何,尚待深入檢視;

---

[1] 《四書評》目前所見的最早刻本是明萬曆刊本,藏華東師範大學圖書館,又有上海人民出版社1975年標點排印本。另外,《四書評》的作者問題,前人多有疑慮。盛于斯、周亮工認爲是葉晝僞託之作,《四庫全書總目》亦未敢遽斷;今人多傾向爲李贄之作。相關討論可參任冠文《〈四書評〉辨析》(《文獻》1999年第1期,第107頁、第191—201頁)、張昭煒《〈四書評〉平議》(上海社會科學院《傳統中國研究集刊》編輯委員會編《傳統中國研究集刊》第19輯,上海:上海社會科學院出版社,2018,第59—69頁)。

## 《四書評》《四書眼》《四書評眼》《四書參》相互關係論略

另一方面，這四部書均屬評點著作，其詮釋體例與傳統經注不同，也值得考量。故本文擬對這兩個問題進行初步的討論，以就教於方家大雅。

## 一、《四書眼》的成書及其與《四書評》的關係

《四書眼》目前可見的最早刻本是萬曆年間大來山房刊本，題梁知撰、楊起元批評、蕭孔謩參訂，版心有"大來山房"字樣，故稱。該本卷端依次列楊起元《四書眼序》、蕭孔謩《眼序》、無知子《四書眼凡例三則》、梁知無知《四書眼紀事》《四書眼姓氏》《四書眼標目》。其中，楊起元《四書眼序》作於"丙申秋七月"①，即萬曆二十四年（1596），但這並非大來山房刊本《四書眼》的刊刻之年。《四書眼標目》末尾有撰者自注，云：

> 題首批評多係復所先師丙申、戊戌之筆。後來之所增入，則文通子爲政耳。知，無知也。無知氏梁知記。②

楊起元（1547—1599），字貞復，號復所，廣東歸善人，萬曆五年（1577）進士，師從羅汝芳，以理學名世。從上引注文可知，楊氏乃《四書眼》撰者梁知的老師。戊戌乃萬曆二十六年（1598），可見《四書眼》在楊起元作序之後尚有增補，並未梓刻。又，蕭孔謩《眼序》云："國朝道學先生上之具眼婆心說書，弟子梁無知亦隨爲述錄之，帙成題曰《四書眼》，謩見喜讀而謹刊之。"末署："辛亥秋日廣陵蕭孔謩伯良甫撰。"③ 楊起元是理學名家，故蕭氏以"道學先生"稱之。又，《四書眼紀事》末署："萬曆辛亥七夕南陽梁知無知父紀。"④ 此處的"辛亥七夕"與《眼序》中的"辛亥秋日"相合。可見，大來山房本《四書眼》刊刻於萬曆三十九年（1611），刻印者是蕭孔謩。

上述文字提到的梁知、梁無知、無知子、文通子，都是指明末評點家葉

---

① （明）楊起元《四書眼序》，（明）梁知撰，楊起元批評，蕭孔謩參訂《四書眼》卷首，哈佛大學圖書館藏明萬曆年間大來山房刊本，第一葉 a—第五葉 a。按：哈佛大學圖書館藏大來山房刊本《四書眼》共八冊十九卷：第一至三冊爲《論語》，共十卷；第四冊爲《大學》《中庸》，各一卷；第五至八冊爲《孟子》，共七卷。該本見補配葉，如《大學》第二葉"修身爲本，其本亂而末治者否矣"至"《詩》云：'穆穆文王，于緝熙敬止。'爲人君"，全爲毛筆補抄。

② （明）梁知《四書眼標目》，（明）梁知撰，楊起元批評，蕭孔謩參訂《四書眼》卷首，第二十九葉 a—b。

③ 同上書，卷首，第一葉 a—b。

④ 同上書，卷首，第一葉 b。

書。其人好詭行，故多異名。周亮工《因樹屋書影》卷一謂："葉文通，名晝，無錫人，多讀書，有才情。留心二氏學，故爲詭異之行，跡其生平，多似何心隱。或自稱錦翁，或自稱葉五葉，或稱葉不夜，最後名梁無知，謂梁溪無人知之也。"① 又，《四書眼凡例三則》第二則云："正文半有批評，存復所先師之舊也。"② 此言與《四書眼標目》末尾自注以及蕭《序》所言相合。可見，《四書眼》是葉晝在其師楊起元相關評論的基礎上編撰的一部《四書》評點著作。

就内容看，所謂"復所先師之舊"是指《四書眼》中的眉批、旁批和章末批以及篇末附論。三種批語的共同特點是量少文約。如，《論語·學而》篇共見眉批5條，其中"學而時習之"章，眉批"文品最閒最淡"；旁批4條，其中"賢賢易色"章"雖曰未學，吾謂之學矣"句，旁批曰"波瀾"，僅2字；章末批2條，其中"巧言令色"章，章末批"熱面孔，冷心腸"③。較之批語，《四書眼》的篇末附論要詳贍得多，這些附論都是楊起元撰寫的《四書》評語，以兩種方式呈現。第一，在正卷前列《四書眼標目》，臚列楊氏每則評論的題目，且題目之上多見簡短的眉批。據筆者統計，標目共有449條，《論》《學》《庸》《孟》各佔177、39、55、178條。第二，這些標目及其具體内容在正卷中均按篇分散，贅於各篇之末，並見圈點；且每篇題下均標明本篇所附評論的數量，如《論語·學而》篇題下記"七論附後"④。這些評語一般選取《四書》中的關鍵語句，一句一論，偶爾也會先分句述論，再合而申論，且以句爲論題；散入正文時，每論先書題目，再詳述之，其内容少則20餘字，多則100餘字。如，《論語·先進》篇中，"論門人不敬子路"條，共有148字。⑤ 由上可見，《四書眼》實際上是一部評點與評論兼備之書，且評點少而評論多；評點出於葉晝，評語則來自楊起元。《四書眼·中庸》卷末有一段葉晝附記，云："昔年從貞復先生遊，一日語次及禮，謂天地賴以維持，人倫賴以繫屬，其功用同鬼神，其化育同天地，而後學竟無知者。言已嗚咽，余因心動，進而學禮。先生以《學》《庸》兩篇見授，且曰禮在是矣。余因退而入萬松山

---

① （清）周亮工《因樹屋書影》卷一，張朝富點校，南京：鳳凰出版社，2018，第22頁。
② （明）無知子《四書眼凡例三則》，（明）梁知撰，楊起元批評，蕭孔譽參訂《四書眼》卷首，第一葉a—b。
③ （明）梁知撰，楊起元批評，蕭孔譽參訂《四書眼·論語》卷一，第一葉a—第三葉a。
④ 同上書，卷一，第一葉a。
⑤ 同上書，卷六，第七葉b—第八葉a。

《四書評》《四書眼》《四書評眼》《四書參》相互關係論略

中,仰思俯讀,迄經歲年,瞥有所窺,隨有所録,約二十餘張,頗得《學》《庸》原委。今未暇行世,偶因論次《學》《庸》,先以一斑請正海内,幸知禮君子垂教焉。"① 結合該書評論語和評點語的多寡來看,葉晝編纂《四書眼》,其鵠的乃在闡揚師説。

《四書眼凡例三則》第三則謂:"先師與李卓吾不同道,而亦亟稱卓吾。兩人相對,每危坐終日,各不出一言,真有相視莫逆之意,故其論次、批評間多暗合。此書凡與《四書評》同意者,已盡情刪削,尚存百千之一二,則宣城之最賞者云。"② 楊起元是陽明後學羅汝芳弟子,確與李贄相善,③ 但若云"兩人相對,每危坐終日,各不出一言",則似小說家之言。不惟如此,其他説辭也令人疑惑。批語暗合即"盡情刪削",是懼人非議耶?既已"盡情刪削",又何必留存"百千之一二"?既因"宣城"激賞而存"百千之一二",又何不明指"宣城"其人?事實上,翻檢《四書評》《四書眼》二書可知,後者並未保存前者的批語。所以,《四書眼凡例三則》所言,或有牽攀《四書評》之意。總之,《四書眼》是葉晝取其師楊起元的《四書》評論並增之以己意而編撰的一部《四書》評本,意在闡發楊起元的《四書》説,與《四書評》並無實質關係。

## 二、《四書評眼》與《四書眼》的關係

《四書評眼》,或稱《四書眼評》,其署名情况比較複雜。日本國立公文書館藏有兩種《四書評眼》。第一種四册十九卷,爲萬曆年間讀書坊梓大來山房刻本(以下簡稱"讀書本"),其書名葉有"讀書坊梓"字樣,又題"四書評眼",署"楊李二先生合纂",指爲楊起元、李贄二人合作之書;卷首爲無知子所作的《四書眼評引》(不稱"四書評眼")。第二種五册十九卷,殘泐較多,爲萬曆年間與五□梓行的大來山房刻本(以下簡稱"與五本"),其書名葉有

---

① (明)梁知撰,楊起元批評,蕭孔譽參訂《四書眼·中庸》卷末,第三十三葉b。
② (明)無知子《四書眼凡例三則》,(明)梁知撰,楊起元批評,蕭孔譽參訂《四書眼》卷首,第一葉b—第二葉a。按:第二則中的"師之""忘言",該本紙殘闕佚,據日本國立公文書館藏萬曆年間讀書坊梓大來山房刻本《四書評眼》卷首無知子所作《四書眼評引》補。
③ 關於楊起元的思想及其與李贄的交往,葉守恒《論楊起元之三教觀》(《東海中文學報》2017年總第33期)、龔篤清《中國八股文史·明代卷》(長沙:嶽麓書社,2017,第556頁)等論著有較詳細的論述,可參考。

"與五□"字樣，殘缺處應爲"坊"之類的字眼；又分兩行署："楊起元先生四書□"，可見該本被視爲楊起元之作；卷首亦列《四書眼評引》，內容與讀書本基本相同，惟末段文字稍異，因紙殘字滅，未見署名，應該也是"無知子"。從正卷內容來看，"讀書本"和"與五本"兩書完全一致。可見，明末多家書坊均印行過大來山房刻本《四書評眼》，且書名不一、署名多變。① 明末刻書業發達，託名、變造之風盛行。從版本和內容看，上述兩部《四書評眼》均出自大來山房刻本《四書眼》，因印行書坊不同，致使署名不一、序言稍別、內容小異。以下對此稍作考論。

目前所見的《四書評眼》與《四書眼》均爲大來山房刻本，且都有無知子序言，均分爲三段，但序名不同，末段文字有別。就序名而言，後者稱《四書眼凡例三則》，"讀書本""與五本"《四書評眼》皆稱《四書眼評引》。就末段文字而言，情況稍顯複雜。一方面，"與五本""讀書本"的《四書評眼引》三段文字幾乎完全相同，只有末段首句稍異。"與五本"作"先師與李卓吾不同道，而亦亟稱卓吾"，和《四書眼凡例三則》相同；"讀書本"作"與李衷一不同道，而亦亟稱卓吾"。李光縉（1549—1623），字宗謙，號衷一，與李贄（1527—1602）同代而稍後，均是泉州人。"讀書本"在此句的前半段將"卓吾"寫作"衷一"，後半段卻又稱"卓吾"，透露了變造之跡。另一方面，"與五本""讀書本"《四書評眼》的末段末句相同，均作："復取其評意，合載是編，使世之知楊、李二先生者，得此書如獲聯璧云。"② 但是，它們又與《四書眼》的末段末句不同："此書凡與《四書評》同意者，已盡情刪削，尚存百千之一二，則宜城之最賞者云。"③ 細玩其異，前者似是自重其書，有廣告之意；後者則是説明內容取捨，在行文邏輯上更見順暢。

從文本性質看，《四書評眼》和《四書眼》均是評點著作，兩者批評內容

---

① 孟子文獻集成編委會編《孟子文獻集成》第 25 卷收有《四書評眼·孟子》七卷（濟南：山東人民出版社，2017，第 1—396 頁），書名頁署楊起元撰，梁知編，底本爲日本國立公文書館藏明萬曆三十九年大來山房刻本。筆者檢索日本國立公文書館公開書目，未見該本《四書評眼》，似是與《四書眼》混淆而致誤。

② （明）無知子《四書眼評引》，（明）楊李二先生合纂《四書評眼》卷首，日本國立公文書館藏萬曆年間讀書坊梓大來山房刊本，第一葉 a—第二葉 a。

③ （明）無知子《四書眼凡例三則》，（明）梁知撰，楊起元批評，蕭孔譽參訂《四書眼》卷首，哈佛大學圖書館藏明萬曆年間大來山房刊本，第一葉 a—第二葉 a。按："師之""忘言"四字，該本紙殘闕佚，據日本國立公文書館藏萬曆年間讀書坊梓大來山房刻本《四書評眼》卷首無知子所作《四書眼評引》補。

## 《四書評》《四書眼》《四書評眼》《四書參》相互關係論略

基本無別，但圈點方式有異。《四書評眼》是以章爲基本單位編列《四書》正文，正文旁批多用李贄《四書評》，眉批則以楊起元《四書》評論爲主；章末先列李贄《四書評》尾批，次列楊氏《四書》評論；在表述形式上，以上批語均以"李云"或"楊云"領起。《四書眼》是以篇爲基本單位編列《四書》正文，正文旁批不取李贄語，多是楊氏語或葉晝自評；正文眉批也以楊起元《四書》評論爲主；篇末不取李贄尾批，而綴以楊起元《四書》評論；在表述形式上，以上批語均不以"楊云"等領起。就圈點符號而言，《四書眼》正文的圈點符號有空心小圈（○）和黑頓點（、）兩種，一般用以表示關鍵語句，與《四書評》相類。與衆不同的是，《四書眼標目》所示題目中，大部分題目的上方加標有 1 到 3 個不等的空心大圈（○），並有 1 到 2 個字的眉批。但是，散入正文時，只存論題和内容，大圈及其上的眉批盡被删去，或是爲了避免重複。引人注目的是，《四書眼》的《標目》及其内容和相關符號均見於《四書評眼》，但形態有所改變。首先，《四書評眼》的正卷前没有單列出《標目》，所有論題及其内容全部散在正卷。其次，這些論題和内容不是按篇分散，而是按章分佈，贅在章末。再次，每個論題上方的大圈數量、眉批與《四書眼標目》幾乎完全相同，但也有改變：凡無大圈的論題，均以小字在其右上標"楊云"二字；凡有大圈的論題，其眉批文字旁邊均加標空心小圈。這些增標的小圈是《四書評眼》繁複的圈點符號系統中的一環。相較於《四書眼》《四書參》《四書評》三書，《四書評眼》在正文右側增加了大量黑頓點，這些黑頓點和空心小圈標示的正文文字合起來，佔據了《四書》原文的絶大部分。此舉構成了一個悖論：圈點符號通常標示菁華或關鍵文句，但在《四書評眼》中，除了"子曰""孟子曰"之類引稱性文字未見圈點外，其餘文字均有圈點，這豈不意味着《四書》正文幾乎全是菁華？可如果絶大部分文句都是菁華，那圈點符號的指示意義又何在呢？由此看來，《四書評眼》的成書可能並非深思熟慮的結果。

《四書評眼》的原文次序，按照《學》《庸》《論》《孟》排列，與《四書評》《四書參》相同，但異於《四書眼》的《論》《學》《庸》《孟》。朱熹對《四書》的内部次序非常看重。《朱子語類》卷一四：

> 某要人先讀《大學》，以定其規模；次讀《論語》，以立其根本；次讀《孟子》，以觀其發越；次讀《中庸》，以求古人之微妙處。《大學》一篇有等級次第，總作一處，易曉，宜先看；《論語》却實，但言語散見，初看亦難；

《孟子》有感激興發人心處;《中庸》亦難讀,看三書後,方宜讀之。①

朱子認爲,《四書》文字難易有别,意指不同,須按照學問精進的次第循序漸進,不可逆反。但是,到了明代,朱熹對《四書》結構意義的詮解被實用主義打破。《四庫全書總目》卷三五《〈四書章句集注〉提要》曰:

> 定著"四書"之名,則自朱子始耳。原本首《大學》,次《論語》,次《孟子》,次《中庸》。書肆刊本以《大學》《中庸》篇頁無多,併爲一册,遂移《中庸》於《論語》前。明代科舉命題,又以作者先後,移《中庸》於《孟子》前。然非宏旨所關,不必定復其舊也。②

明代書商爲了裝幀之便對《四書》內部次第的改換,甚至影響了四庫館臣,認爲其意義没有朱熹説的那麽重要。作爲一種自我建構,朱熹對《四書》結構意義的強調暗含了對其合法性和神聖性的辯護。但是,一個不可否認的事實是,與"五經"不同,"四書"並不是一個傳承自古典時代的歷史概念,它缺乏先在的文獻詮釋基礎和內部義理邏輯。朱熹從文字的難易程度和讀者的接受心理來推衍其結構價值,雖然是一個機智的選擇,但却無法撼動另一個事實:讀者的文字理解力和接受度或有差異,對很多讀書人而言,文字從來都不是最大的障礙。所以,四庫館臣對明代書坊的行爲表示認可,並且直白地指出《四書》次第"非宏旨所關",不必盡依朱子之説。《四書眼》依《論》《學》《庸》《孟》的次序編撰成册,是葉書根據其師楊起元《四書》評論的次第,雖與朱熹所言不同,却彰顯了其結集的嚴肅性和意義的傳承性。《四書評眼》的次序與其時的書坊通例無異,這也暗示了其來源。

總之,在體制和內容、次第上,《四書評眼》更符契明代坊間通行的《四書》評本的一般情况;結合其刊本間出、題名多變、序言與正文題名不一、與五本序言人名淆亂、序末自重其書以及其圈點過甚等情况看,《四書評眼》應該是明末坊賈藉《四書評》《四書眼》改造而成的一部坊本《四書》評點,並非楊起元、李贄之作,更非二人合纂之書。

---

① (宋)朱熹《朱子語類(一)》卷一四《大學一·綱領》,鄭明等校點,朱傑人、嚴佐之、劉永翔主編《朱子全書(修訂本)》第 14 册,上海:上海古籍出版社、合肥:安徽教育出版社,2010,第 419 頁。

② (清)永瑢等撰《四庫全書總目》卷三五《四書類一序》,北京:中華書局,1965,第 293 頁。

《四書評》《四書眼》《四書評眼》《四書參》相互關係論略

## 三、《四書參》與《四書評眼》《四書評》的關係

　　《四書參》也出現在明末,最常見的版本是凌啓康刻朱墨套印本,見藏於哈佛大學圖書館等。該本題李贄批評、楊起元批點、張明憲參訂、柳元維等同訂、嚴升之等校閱。《四書評眼》各本雖然署名不一,但均與楊起元有關,而《四書參》的題名評點者也是楊氏,那麼,二書有沒有關係呢?《四書參》的眉批多引楊起元、李卓吾、張侗初、周季侯之說,且皆以字、號領起,如"復所云""卓吾云""侗初云""季侯云"等;章末批直接取用李贄《四書評》批語,但不標姓氏、字號等。不過,細察《四書參》所收楊起元批語和《四書評眼》所載楊起元之論,可以發現它們多不相同;即有同者,前書一般也進行了删節。如,《孟子・梁惠王上》"王立於沼上"章,眉批引楊氏批語云:

　　　　此臺沼也,民自爲之,民自忘之,故以爲靈。①

《四書評眼》本章共附楊氏評論語16條,其中《論靈臺靈沼》云:

　　　　此臺沼也,民自爲之,民自忘之,故以爲靈。這便是聖世祥瑞,又何別言祥瑞哉?②

前書取後書評論的前半段,而略去後半段。可見,《四書參》輯録諸家短評,置爲眉批,對於李書的正文、原批,則一任其舊,且體例清晰,圈點符號簡單明白,批點、參訂名録昭昭俱在,顯然是以李贄《四書評》等爲基礎而撰集的一部《四書》評本。相較而言,《四書評眼》雖然也以楊起元評論、李贄批語爲基礎,但圈點符號繁複,指示意義不明,乃書坊託名之作。二者差別較大,不當爲一書。

　　凌本《四書參》卷首有三序,依次是張明憲《四書參序》、李贄《四書評序》、楊起元《四書眼序》。其中,楊序之名,殊爲可怪:書名稱"參",序則稱"眼",顯非一體,且楊序末僅稱"東粵楊起元撰",似不合古書序末題署通例。事實上,該序是由《四書眼》"借來"的。《四書眼》卷首的《四書眼序》與《四書參》前的《四書眼序》在内容上完全相同,惟前者末署:"時丙申秋

---

① (明)李贄批評,楊起元批點,張明憲參訂,柳元維等同訂,嚴升之等校閱《四書參・孟子》卷一,哈佛大學圖書館藏明末凌氏朱墨套印本,第二葉a。
② (明)楊李二先生合纂《四書評眼・上孟》卷七,第三葉a。

七月，賜進士第南京禮部右侍郎、前國子監祭酒、司經局洗馬兼翰林院修撰、玉牒纂修、經筵講官東粵楊起元撰。"《四書參》删削關鍵性的作序時間、序者職銜，即使不能證明是僞託者因懼事泄而刻意删除，至少也能説明該序不是爲後出的《四書參》而作，因此不能憑藉楊序判斷《四書參》的面世時間。不過，《四書參》所引諸家之論可以提供一些綫索。《論語·泰伯》"子曰禹吾無間然"章，《四書參》眉批：

> 侗初云："聖人稱禹不只此三件，就三件恰好處有無限精微在。首尾説個'無間然'，有讚歎不盡意。"①

張鼐（1572—1630），字世調，一字侗初（或曰號），松江華亭（今上海松江）人，萬曆三十二年（1604）進士。張氏著有《山中讀書印》，上引文字出自其中的《論語》部分。就目前所見，《山中讀書印》有兩種版本：萬曆四十五年（1617）俞廷諤刻本和崇禎二年（1629）刻本，上引文字，兩本俱見，但語辭稍異。② 可見，凌本《四書參》的面世時間不早於萬曆四十五年（1617），此時楊起元、李贄二人均已過世。

關於凌本《四書參》的思想傾向，其《凡例》有説明："是《參》章仍本文，評依卓老，語符名理，意合正宗。"③ 所謂"評依卓老"，是指其書抄録了李贄《四書評》的大部分批語，特別是章末批，基本未删，只是在形式上没有像眉批一樣用"卓吾云"領起。所謂"語符名理，意合正宗"，是指其書以踵武程朱，發揚孔真爲目標。《凡例》對此反復申述，云"是《參》義在尊經，理非點注"；"是《參》首明正學，摹仿考亭，悉稟《遺書》，步趨明道"；"是《參》次循程《傳》，爰討孔真"；"是《參》源窮洙泗，見徹淵微，直從行與語言，探取本來面目"④。以上鵠的在該書的撰述體制方面也有呼應。《四書參》在内容次第方面遵循《四書評》之例，依《學》《庸》《論》《孟》的順序依次

---

① （明）李贄批評，楊起元批點，張明憲參訂，柳元維等同訂，嚴升之等校閲《四書參·論語》卷四，第十一葉 b—第十二葉 a。
② 前本參見《山中讀書印·論語二》，日本國立公文書館藏林羅山手校本，該本是萬曆四十五年本的抄本，未標頁碼；後本參見《寶日堂初集》卷二六《山中讀書印·論語下》，《四庫禁燬書叢刊》編纂委員會編《四庫禁燬書叢刊》集部第 76 册，北京：北京出版社，1997，第 703 頁。
③ （明）李贄批評，楊起元批點，張明憲參訂，柳元維等同訂，嚴升之等校閲《四書參·凡例》，第四葉 b。
④ 同上書，第一葉 a、第二葉 a、第二葉 b、第三葉 a。

## 《四書評》《四書眼》《四書評眼》《四書參》相互關係論略

評點，但它在每個部分的正文之前都增列了朱熹《四書章句集注》的原序，分別稱《大學序》《中庸序》《論語序》《孟子序》，凸顯了以朱書爲"正宗"的意識。

《四書參》所載李贄之外的批語有一個特點，即以闡發《四書》義理爲主。如，《中庸》第二章："仲尼曰：'君子中庸，小人反中庸。君子之中庸也，君子而時中；小人之中庸也，小人而無忌憚也。'"眉批曰：

> 復所云："堯舜只一中授受。中不離日用曰庸；中無可執著曰時。此仲尼於'中'字下一注脚也，是謂'祖述堯舜'。"①

朱熹謂："君子之所以爲中庸者，以其有君子之德，而又能隨時以處中也。小人之所以反中庸者，以其有小人之心，而又無所忌憚也。蓋中無定體，隨時而在，是乃平常之理也。君子知其在我，故能戒謹不睹、恐懼不聞，而無時不中。小人不知有此，則肆欲妄行，而無所忌憚矣。"② 朱注因文釋意，就孔子之言的本義進行解說，說明君子中庸、小人反中庸的具體原因。楊起元則是從主觀立場出發，認爲孔子之言爲堯舜而發，是孔子"祖述堯舜"的證明。

總之，《四書參》一方面尊奉程朱義理，輯錄古今諸家義理之評，申述《四書》的微言大義，另一方面又大量抄錄李贄的不經之論、"荒唐"之言，依違於兩者之間。這種做法的真正目的或許是爲了修正李書，在《四書評》驚世駭俗的批判性和《四書》溫厚弘深的神聖性之間尋找一種平衡。萬曆三十年（1602）閏二月下旬，李贄以"敢倡亂道，惑世誣民"的罪名被逮捕，其已刊書籍盡搜燒燬；三月十六日，李贄死於鎮撫司監獄。然而，署名李贄的著述並未隨之匿跡，反而愈禁愈流行，真僞錯雜，不一而足，其間亦不乏評點之書。李贄的學生汪本鈳在《續刻李氏書序》說：

> 海以內無不讀先生之書者，無不欲盡先生之書而讀之者，讀之不已或並其僞者而亦讀矣。夫僞爲先生者，套先生之口氣，冒先生之批評，欲以欺人而不能欺不可欺之人，世不乏識者，固自能辨之。第寖至今日，坊間一切戲劇淫謔，刻本批點，動曰卓吾先生。③

---

① （明）李贄批評，楊起元批點，張明憲參訂，柳元維等同訂，嚴升之等校閱《四書參·中庸》，第二葉 b—第三葉 a。
② （宋）朱熹《中庸章句》，《四書章句集注》，北京：中華書局，1983，第 19 頁。
③ （明）汪本鈳《續刻李氏書序》，（明）李贄著《楚書 續焚書》，《續焚書》卷首，北京：中華書局，2009，第 4 頁。

如此看來，凌本《四書參》題署"李贄批評"，有託名自重之意。另一方面，該本博采群言，眉批集合了自"二程"以來的多位學者的《四書》評論文字。據筆者統計，其中出現頻率最高的是"復所""卓吾""侗初"三人，分別有151、134、63條。也就是說，該書存錄楊起元和李贄的《四書》評論遠超他人，二人的批語相差無幾而以楊氏爲多。楊、李二人雖然互相傾慕，但就當時的世俗觀感而言，楊起元以理學名家著稱，李贄則以離經叛道聞名，《四書參》在批語數量上楊多於李，或許是有意借楊的名聲平抑李的狂悖。所以，《四書參》的依違，似是與楊起元、李贄等關係密切的人在其身後借諸人之名號應對朝廷禁令的平衡之舉。換言之，《四書參》是《四書評》的修正之書。

## 四、《四書評》諸書與《四書》評點

《四書評》《四書眼》《四書評眼》《四書參》諸書最大的共同點是在《四書》的原文之上加以圈點和評語，同屬《四書》評點著作。這些書在明末的流行不僅意味着評點業已成爲《四書》詮釋的一種新體式，而且表明評點的邊界已擴展至《四書》領域。

一般認爲，評點興起於南宋，最初施諸詩歌和古文，吕祖謙的《古文關鍵》是開其先河之作。[1] 南宋末年，劉辰翁專事評點，"於唐人諸詩集及李杜蘇黄大家，皆有批點"[2]。此外，他還評點了《老子》《莊子》《荀子》《越絕書》等子、史典籍，以及《世說新語》《蘇黄詞鈔》《水雲詞集》等小說和詞作。[3] 可見，評點的邊界在宋末已然擴展，不再囿於古文和詩歌領域。降及明代，評點大盛，詩歌、散文評本紛出如林，小說、戲曲、詞作評本亦蔚爲大觀。[4] 同時，評點的邊界再次擴展，包括《四書》評點在內的經書評本也屢見不鮮。《四庫全書總目》卷一七《〈言詩翼〉提要》謂："此編仍列《詩傳》《詩序》於每篇之前。又以《詩傳》《詩序》次序不同，復纂書《詩傳》冠於篇端，而雜

---

[1] 吴承學《評點之興——文學評點的形成和南宋的詩文評點》，《文學評論》1995年第1期，第24—33頁。
[2] （明）楊慎《升庵詩話新箋證》卷七，王大厚箋證，北京：中華書局，2008，第384頁。
[3] 關於劉辰翁的評點著述，目前所見以焦印亭《劉辰翁文學評點尋繹》第二章《劉辰翁評點著作考述》最詳。（北京：中國社會科學出版社，2015，第17—73頁）
[4] 相關論述可參孫琴安《中國評點文學史》，上海：上海社會科學院出版社，1999，第107—115頁。

## 《四書評》《四書眼》《四書評眼》《四書參》相互關係論略

採徐光啓、陸化熙、魏浣初、沈守正、鍾惺、唐汝諤六家之評，直以選詞遣調、造語煉字諸法論《三百篇》。每篇又從鍾惺之本，加以圈點。明人經解，真可謂無所不有矣。"① 四庫館臣對凌濛初《言詩翼》既據習焉已久的《詩傳》《詩序》，又摹仿鍾惺施諸評點的解《詩》方式感到困惑，進而以"明人經解，真可謂無所不有矣"的嘲弄口氣批判了明人的經書評點，但這恰恰從反面證明了經書評點在明代的流行。

元末學者景星著有《四書集説啓蒙》。一般認爲該書有兩種版本：康熙年間《通志堂經解》本和乾隆年間《四庫全書》本，因該書早殘，故前者稱《學庸集説啓蒙》，後者稱《大學中庸集説啓蒙》。事實上，據筆者所知，國家圖書館還藏有該書的一個殘本，由明代早期學者夏時刊刻，存兩冊八卷，除《大學集説啓蒙》《中庸集説啓蒙》各一卷外，還存有《孟子集説啓蒙》之《滕文公章句下》以上六卷。該本《中庸集説啓蒙》卷末、《大學集説啓蒙·大學章句序》後各附夏時的刊印跋語一則，分別謂：

> 余姚景先生深於經學，所著《四書集説啓蒙》折衷群言，發明經傳，殆無餘蘊，誠有功於朱子而嘉惠後學也。《大學》既板行矣，時官南京，得禮部侍郎蔣公《中庸》寫本於國子典籍金公家，謄校刊梓，與學者共，及增魯齋批點、勿軒標題，以便幼習云。宣德九年春正月望日錢唐後學夏時謹識。②

> 時舊刊《中庸啓蒙》於京師，僉憲諸暨王公一見，又翻刻於江右，已得博傳士林。而此書雖板行於杭，惜在一隅，學者願見不啻飢渴之於飲食也。故爲録其舊本，仍加先儒標題、批點，三復校對，重刊諸梓，與《中庸》並行。同志之士，尚鑒兹哉！正統三年朔月錢唐夏時識。③

由兩跋可見，國圖殘本《四書集説啓蒙》中的《中庸》《大學》兩部分分別刊刻於明宣宗宣德九年（1434）、英宗正統三年（1438）。值得注意的是，在兩則跋語中，夏時都提到了批點之事："增魯齋批點、勿軒標題，以便幼習"；"仍加先儒標題、批點"。魯齋、勿軒分別指元代學者許衡、熊禾。今所見通

---

① 《四庫全書總目》卷一七《〈言詩翼〉提要》，第 142 頁。
② （明）夏時《中庸集説啓蒙跋》，《四書集説啓蒙》第一冊末附，國家圖書館藏明正統三年（1438）刊本，第九十七葉 b。
③ （明）夏時《大學集説啓蒙跋》，《四書集説啓蒙》第一冊《大學章句序》附，第八葉 b。按：《四庫全書總目》卷三六《〈大學中庸集説啓蒙〉提要》將"夏時"誤作"錢時"。參《四庫全書總目》卷三六，第 301 頁。

志堂本《學庸集説啟蒙》尚見眉批，但在四庫本《大學中庸集説啟蒙》中，眉批或被移至正文節末以雙行小字呈現，或被削去不存。另外，與兩本不同的是，國圖殘本《四書集説啟蒙》還可見虛、實兩種形式的綫抹。如，《大學》"《康誥》曰'如保赤子'，心誠求之，雖不中不遠矣"云云，朱熹注曰："此引《書》而釋之，又明立教之本不假强爲，在識其端而推廣之耳。"該本在"此引《書》而釋之"6字旁加實綫，"明立教之本不假强爲"9字旁標虛綫。①從上引夏時兩跋的描述看，這些綫抹很可能是在增補批點的同時加上去的。這表明，宣德、正統年間刊刻的《四書集説啟蒙》在《四書》原文之外，同時具備文字性批點和符號性勾抹兩種附加批評方式，雖然還不是真正意義上的圈點，但已初具經書評點形態。換言之，《四書》評點在明代早期即已萌發。至正德年間，出現了真正意義上的《四書》評本《蘇老泉批點孟子》，簡稱《蘇批孟子》或《蘇評孟子》。該書題爲宋人蘇洵所作，四庫館臣考定爲明人僞託之書，②學者多從之。正德士人孫緒（1474—1547）《無用閑談》謂："縉紳家相傳《批點孟子》爲蘇老泉親筆，然其批點内却引洪景盧語。景盧去老泉六七十年，傳者未之信也。"③"縉紳家相傳"云云，表明《蘇評孟子》在明代正德年間已經流行於士大夫階層，《四書》評點亦由此真正成爲中國古代評點史的新景觀。④

大約半個世紀之後，萬曆學者陳深（？—1598）增補《蘇評孟子》而成《蘇老泉批點孟子解詁》，萬曆二十九年（1601）由純白堂梓刻發行，時值李贄去世前一年。嗣後，《四書眼》《四書評眼》《四書參》等書梓行。在諸書出現前後，湯賓尹（主要活動於萬曆年間）《新鐫湯太史評點丘毛伯四書剖十三卷》、陳際泰（1567—1641）《四書讀》、馮夢龍（1574—1646）《四書指月》、戴君恩（1570—1636）《繪孟》、沈守正（1572—1623）《重訂四書説叢》、丘兆麟（1572—1629）《新鐫音釋圈點提章提節大魁四書正文》、孫肇興（1583—1661）《四書約説》、顧夢麟（1585—1653）《四書説約》等書紛紛面世，《四書》評

---

① （元）景星《大學集説啟蒙》，《四書集説啟蒙》第一册，第二十四葉 a。
② 《四庫全書總目》卷三七《〈蘇評孟子〉提要》，第 307 頁。
③ （明）孫緒《沙溪集》卷一三《無用閑談》，景印文淵閣《四庫全書》第 1264 册，臺北：臺灣商務印書館，1986，第 615 頁。
④ 關於《四書》評點的概念及其發展歷程，佘志敏、柳宏的《〈四書〉評點的早期發生史及其學理界定》一文所論頗詳。在該文寫作過程中，筆者曾參與討論並出示了本文初稿，且提供了國圖殘本《四書集説啟蒙》的相關信息。詳參《揚州大學學報》2022 年第 3 期，第 91—102 頁。

## 《四書評》《四書眼》《四書評眼》《四書參》相互關係論略

點在明末遂成盛事。所以,《四書評》《四書眼》《四書評眼》《四書參》的出現並非偶然,後三者對前者的牽攀、取捨和修正也是此期《四書》評點興盛的顯證。

(作者單位:揚州大學文學院)

# 俞樾《俞樓襍纂》《茶香室經説》的《孟子》研究

## 李暢然

【内容提要】 晚清的《孟子》研究，俞樾一枝獨秀。除了他最具代表性的《群經平議》，他後來尚有兩批五種《孟子》學著作，篇幅上與其第一批成果相當，也值得注意。除了俞樾擅長的訓詁名物、古文通假，尤其是於無疑處生疑，以理校爲核心校正經文、注文流傳中出現的訛誤，以及一鱗半甲的今文學特徵（詳《茶香室經説》）以外，尚有專言義理的《孟子纘義内外篇》。《孟子纘義》除了重申俞樾氣爲"副"手、心志爲"正"職的觀念，尤其體現了晚清士人的國際視野，特別是自立圖强的願望。

【關鍵詞】 清代孟子學 語言文字學 《孟子纘義》 養氣爲副、持志爲正

晚清的《孟子》學研究當中，俞樾的成果一枝獨秀。俞樾關於《孟子》的研究集中於其三批六種著作當中。第一批是同治六年（1867，或著録爲五年）所刊成名作《群經平議》中有關《孟子》的兩卷，第二批是約光緒五年（1879）成書的《俞樓襍纂》中的《孟子古注擇從》《孟子高氏學》《孟子纘義内外篇》和《四書辨疑辨》四種各一卷，第三批是序於光緒十四年（1888）的《茶香室經説》關於《孟子》的不到一卷。後兩批的篇幅大致與首批相當。拙文《俞樾〈群經平議〉的〈孟子〉研究》介紹了三批的概況，重點介紹了俞樾首批《孟子》學成果，① 本文則專注於第二、三兩批，計五種《孟子》學著作的詳情；《群經平議》的相關内容，也有援引。

---

① 李暢然《俞樾〈群經平議〉的〈孟子〉研究》，載《儒家典籍與思想研究》第十五輯，北京：北京大學出版社，2023，第146—168頁。

俞樾《俞樓襍纂》《茶香室經説》的《孟子》研究

# 一、俞樾《俞樓襍纂》的四種《孟子》研究

《俞樓襍纂》俞樾自序敘事止光緒五年夏，則蓋成於五十八歲時。自謂"恐此後亦將輟筆矣"①，可見結集之際本是抱着總結平生著述的心態。其中四種《孟子》學著作中的第三種有關義理，尤其值得注意。

(一) 俞樾《俞樓襍纂》之《孟子古注擇從》

《俞樓襍纂》卷一六《孟子古注擇從》的宗旨，在同書卷一五《論語古注擇從》題辭即已揭示：

> 自《論語集注》行而古注束高閣矣，然古注自有不可廢者。孔子云："擇其善者而從之。"本此意以讀古注，是在信而好古者。②

《孟子古注擇從》的題辭則重點對趙岐注的歷史地位做了辯證的說明：

> 《孟子》趙邠卿注，在漢世傳注中稍爲疏略。然《孟子》注無有更古者，欲治《孟子》，豈能束趙注而不觀也？③

所以該書專擇趙岐《孟子章句》一家之善，不是在趙岐、劉熙等多家古注中選優。全書九葉十六條。有的與清代較早的《孟子》研究專著意見相仿，獨創性不算高，如《梁惠王上》引《詩》"刑于寡妻"，認爲"寡"非寡德，而是對衆妾而言；④《梁惠王下》引《書》"天降下民，作之君，作之師：惟曰其助上帝寵之四方，有罪無罪惟我在，天下曷敢有越厥志"，以及《萬章上》引《書》"祇載見瞽瞍，夔夔齊栗，瞽瞍亦允"，趙注與僞孔傳讀法不同，朱熹《孟子集注》總體上受僞孔傳誤導，但也有不同。⑤ 關於《公孫丑下》"夫環而攻之，必有得天時者矣"，《古注擇從》認爲指戰國時代兵陰陽家的"陰陽向背"，指責

---

① （清）俞樾《俞樓襍纂序》，《春在堂全書》第 3 册，南京：鳳凰出版社，2010 年影印，第 353 頁上欄。
② （清）俞樾《俞樓襍纂》卷一五，《春在堂全書》第 3 册，第 478 頁上欄。
③ （清）俞樾《俞樓襍纂》卷一六，《春在堂全書》第 3 册，第 489 頁上欄。
④ （清）俞樾《俞樓襍纂》卷一六 "刑于寡妻" 條，《春在堂全書》第 3 册，第 489 頁下欄。
⑤ （清）俞樾《俞樓襍纂》卷一六 "天降下民作之君作之師惟曰其助上帝寵之四方有罪無罪惟我在天下曷敢有越厥志" 條，《春在堂全書》第 3 册，第 489 頁下欄—第 490 頁上欄；（清）俞樾《俞樓襍纂》卷一六 "瞽瞍亦允若是爲父不得而子也" 條，《春在堂全書》第 3 册，第 492 頁上欄。

朱注"增出'曠日持久'四字"爲未達之言。①《古注擇從》也有條目與作者同時期的《四書辨疑辨》存在重疊，即關於《盡心上》"居移氣，養移體"②。甚至存在極個別與俞樾更早的著作無大別者，如關於《滕文公上》"夏后氏五十而貢，殷人七十而助，周人百畝而徹：其實皆什一也"③，基本觀點早在《群經平議》已言之。④

其餘條目，精者如《盡心上》："柳下惠不以三公易其介。"趙注："介，大也。柳下惠執弘大之志，不恥汙君，不以三公榮位易其大量也。"朱注："'介'有分辨之意。柳下惠進不隱賢，必以其道，遺佚不怨，阨窮不憫，直道事人，至於三黜，是其介也。"《古注擇從》曰：

> 按，趙訓"介"爲"大"是也。此見柳下惠之量之大，視天下之物無足當其一咉者。彼三公固貴矣，而自有大於三公者存，豈以三公之貴易我之大乎？是謂"不以三公易其介"。
>
> 朱子訓"介"爲"有分辨之意"，則"硜硜然小人"矣。
>
> 且柳下惠者，孟子稱爲"和"聖，以"介"爲"有分辨"，亦與孟子平日稱柳下惠者不合也。⑤

按，此章特別是關於"介"，倘依朱熹的理解，的確與《孟子》當中反復塑造的柳下惠形象不合。柳下惠總是與伯夷相對而言，前者爲和之極致，而後者始爲耿介清高之極致；這同《孟子》全書將墨子和楊朱設爲兼愛和爲我兩極，特別是處處分別以仁義或孝悌並舉，是存在深次聯繫的。儘管朱熹的理解豐富了柳下惠的形象，⑥ 然而恐怕不是《孟子》原意。《盡心上》："仁言不如仁聲之入人深也。"《古注擇從》指出朱熹把"仁聲"的"聲"理解爲名聲、聲聞，適與

---

① （清）俞樾《俞樓襍纂》卷一六"夫環而攻之必有得天時者矣"條，《春在堂全書》第 3 冊，第 490 頁下欄—第 491 頁上欄。

② （清）俞樾《俞樓襍纂》卷一六，《春在堂全書》第 3 冊，第 492 頁下欄。

③ （清）俞樾《俞樓襍纂》卷一六"其實皆什一也"條，《春在堂全書》第 3 冊，第 491 頁上欄—下欄。

④ （清）俞樾《群經平議》卷三二"其實皆什一也"條，《春在堂全書》第 1 冊，第 529 頁上欄—第 530 頁上欄。

⑤ （清）俞樾《俞樓襍纂》卷一六"柳下惠不以三公易其介"條，《春在堂全書》第 3 冊，第 492 頁下欄。

⑥ 所以胡紹勳《四書拾義》是贊同朱熹的，只是把訓詁確定爲"特立"，見（清）胡紹勳《四書拾義》卷五"易其介"條，民國間劉世珩《聚學軒叢書》本，《叢書集成續編》第 33 冊，臺北：臺灣藝文出版社，1989，第 10 頁下欄—第 11 頁上欄。

## 俞樾《俞樓雜纂》《茶香室經說》的《孟子》研究

《孟子·離婁上》"今有仁心仁聞而民不被其澤,不可法於後世者,不行先王之道也"的言論矛盾,因此贊同趙岐把"仁聲"理解爲"樂聲,雅頌"。①

趙注很多獨特的理解,在朱熹《孟子集注》的奪目光環下非常容易被忽略。《滕文公上》:"公明儀曰:'文王我師也,周公豈欺我哉?'"趙注:"公明儀,賢者也。師文王,信周公,言其知所法則也。"朱注:"文王我師也,蓋周公之言。公明儀亦以文王爲必可師,故誦周公之言,而歎其不我欺也。"依朱注,《孟子》原文當標爲:"公明儀曰:'"文王,我師也",周公豈欺我哉?'"《古注擇從》曰:

> 按,趙注則二語並公明儀之言。上句以文王爲可師,下句以周公爲可信,語意直捷。朱注以"文王,我師"句爲周公之言,然文、周,父子也,周公豈得言"文王,我師"哉?不如從古注爲妥。②

《梁惠王下》:"先王無流連之樂,荒亡之行。惟君所行也。"趙注:"言聖人之行,無此四者,惟君所欲行也。"《古注擇從》曰:

> 按,趙注是也,而意未明。此乃晏子犯顏直諫之辭,言先王無此四者,惟君所行有是耳。因上文齊景公言"吾欲觀於轉附朝儛"云云,尚是空言而未有實事,故注文亦用一"欲"字,即上文"吾欲"之"欲"也。
>
> 朱注誤會其意,以"惟君所行也"爲聽其自擇所欲行,故曰:"言先王之法,今時之弊,二者惟在君所行耳。"此注似申明趙注而實失之。夫"二者惟在君所行",則與"君請擇於斯二者"一律。然兩文實不同。孟子之告滕文公,有去留兩意,能如太王則避之,不能則效死弗去,此二者皆可行,故請滕文公自擇之;若"先王之法、今時之弊",豈並行而不悖者乎?乃曰"惟君所行",此言也,不幾近於戲歟?③

最容易忽略的是下面這條。《梁惠王下》:"今也不然:師行而糧食,飢者弗食,勞者弗息;睊睊胥讒,民乃作慝。"關於後兩句,趙注:"在位者又睊睊側目相視,更相讒惡,民由是化之而作慝惡也。"《古注擇從》曰:

---

① (清)俞樾《俞樓雜纂》卷一六"仁言不如仁聲之入人深也"條,《春在堂全書》第 3 冊,第 492 頁上欄—下欄。
② (清)俞樾《俞樓雜纂》卷一六"公明儀曰文王我師也周公豈欺我哉"條,《春在堂全書》第 3 冊,第 491 頁上欄。
③ (清)俞樾《俞樓雜纂》卷一六"先王無流連之樂荒亡之行惟君所行也"條,《春在堂全書》第 3 冊,第 490 頁上欄—下欄。

· 103 ·

> 按，趙注以上句屬在位在職者言，是也。雖經本無文，然下句云"民乃作慝"，下句始屬民，則上句不屬民矣。"乃"者，有所因之辭。曰"民乃作慝"，則知其必因乎上矣。故雖經無此文，而不嫌增益也。朱注曰："睊睊，側目貌。胥，相也。讒，謗也。慝，怨惡也。言民不勝其勞而起謗怨也。"則以"睊睊"句亦屬民言，將移下句"民"字至上句乎？且"讒"與"謗"亦自有別，朱注必訓"讒"爲"謗"者，以既屬民言，則民固有謗而無讒也。似未免遷就以成其説，不如古注之爲妥。①

按，"讒，謗也"之訓很容易被忽略，俞説剖析入微。諸如此類，焦循《孟子正義》反多忽略，俞樾的這些揭示很有必要。

### （二）俞樾《俞樓襍纂》之《孟子高氏學》

卷一七《孟子高氏學》是《俞樓襍纂》裏關涉《孟子》的四種著作中唯一篇幅尚可觀者。上一卷書《孟子古注擇從》發掘趙注之優長，而本書則因趙注缺陷而輯。其題辭謂因高誘《孟子》注失傳已久，唯見稱於其《吕氏春秋序》，茲取高氏所注《吕氏春秋》《淮南子》和《戰國策》以注《孟》：

> 漢儒《孟子》注，傳者惟有趙氏，而趙氏之注，在漢儒諸傳注中若少劣焉。《隋書·經籍志》有漢鄭康成、劉熙注《孟子》，今皆不存，無以考見漢儒遺説。
>
> 高誘《吕氏春秋序》自言嘗"正《孟子》章句"。誘於建安十年辟司空掾，而趙邠卿卒於建安六年，則誘於邠卿，固及見之。於趙氏《孟子》注後復爲"正"其"章句"，度必有異於趙岐者。而其書不傳，甚可惜也。
>
> 高氏所注書，《吕氏春秋》最爲完備，《淮南子》十存八九，《戰國策》存者二三。余即於三注中刺取其有涉《孟子》義者，以存高氏之學。②

全書二十五葉，八十九條。按，類似的工作其實俞樾讀過的焦循《孟子正義》早已做過。焦疏卷一《孟子題辭》"孟子以來五百餘載，傳之者亦已衆多"下云：

> 劉熙、高誘，皆與趙氏先後同時，劉熙注見於《史記》、《漢書》、《後漢書》、《文選》等注所引，今散著各經文之下。
>
> 高誘《章句》，無引之者，而所注諸書，多及《孟子》，尚可考見：

---

① （清）俞樾《俞樓襍纂》卷一六"睊睊胥讒民乃作慝"條，《春在堂全書》第 3 册，第 490 頁上欄。

② （清）俞樾《俞樓襍纂》卷一七，《春在堂全書》第 3 册，第 493 頁下欄。

## 俞樾《俞樓襍纂》《茶香室經說》的《孟子》研究

　　《吕氏春秋·至忠篇》:"人主無不惡暴劫者,而日致之,惡之何益?"注云:"日致爲暴劫之政也。《孟子》曰:'惡濕而居下。'故曰惡之何益也。"(中略)《不屈篇》:"齊威王幾弗受。"注:"威王,田和之孫,孟子所見宣王之父。"又:"匡章謂惠子於魏王之前。"注云:"匡章,孟子弟子。"

　　《淮南子·俶真訓》:"若夫墨楊、申商之於治道。"注云:"墨,墨翟也。其術兼愛非樂,摩頂放踵而利國者,爲之。楊,楊朱。其術全性保真,雖拔骭一毛而利天下,弗爲也。"(中略)又:"季襄、陳仲子,立節抗行,不入洿君之朝,不食亂世之食,遂餓而死。"注云:"季襄,魯人,孔子弟子。陳仲子,齊人,孟子弟子,居於陵。"

　　《戰國策·齊策》:"威王薨,宣王立。"注云:"宣王,孟軻所見以羊易釁鐘之牛者也。"(中略)《秦策》:"四國爲一,將以攻秦,秦王召群臣賓客六十人而問曰,姚賈對曰云云。"注云:"姚賈,譏周公誅管蔡不仁不知者,在《孟子》之篇也。"

　　其訓詁有與《孟子》可參考者,亦藉以窺見其概,故《正義》引高氏《吕氏春秋》、《淮南子》注爲多。①

據粗略統計,焦氏《孟子正義》明引高誘注約384條,②此外未有"高誘"二字作爲標記者,當仍有之,像上文引《孟子題辭》下的這一大段文字,就有36條注文,③因此焦疏引高誘當在420條以上;而俞氏《高氏學》依《孟子》經文計僅89條,倘計入條内有多條高誘注者,則約112條外加許慎《淮南子》注1條,遠遠不及焦疏爲夥。然而依據《高氏學》的113條來反核焦疏,焦疏有者爲44條,沒有者仍佔多數,爲69條。所以單純從高注内容的數量上看,此書即仍具價值。當然多數《高氏學》獨有的條目只涉及專有名詞,也在情理當中。不過有的屬於語意相近,較有價值。《離婁上》:"不仁者可與言哉?安其危而利其災,樂其所以亡者。"《高氏學》曰:

---

① (清)焦循《孟子正義》卷一《孟子題辭》,沈文倬點校,北京:中華書局,1987,第20—23頁。

② 含轉引者,也包括同條分别於卷一《孟子題辭》和後面卷次重出者,重出者至少4條。

③ 按,其排列當是略依在原始材料中的篇章次第(《吕氏春秋》以《泛論訓》居末,當是因該篇條目尤爲繁重)。焦疏蓋以高注中出現"孟子"或"孟軻"二字者集中引於卷一(於36條中,"孟子"32條,"孟軻"3條,僅1條例外,即《淮南子》"魯以偶人葬而孔子歎"條),餘則散引於正文。此處焦疏引《吕氏春秋》注有19條,實際另有4條也出現"孟子"或"孟軻"二字,當是遺漏;又如俞氏《高氏學》"伊尹聖之任者也"條所引《淮南子·主術篇》注引《孟子》曰"伊尹,聖之任",焦疏亦失引。

儒家典籍與思想研究（第十六輯）

> 《吕氏春秋·誣徒篇》子華子曰："王者樂其所以王，亡者亦樂其所以亡。"注曰："樂其所以亡，故得亡，桀、紂是也。"①

又，《離婁上》："此所謂養口體者也。若曾子，則可謂養志也。"《吕氏春秋·孝行覽》："雜八音，養耳之道也；熟五穀，烹六畜，龢煎調，養口之道也；龢顔色，説言語，敬進退，養志之道也。"《高氏學》曰：

> 《吕氏春秋·孝行覽》注曰："熟五穀，烹芻豢，龢快口腹，故曰'養口之道'。""龢顔色，以説父母之志意，故曰'養志之道'。"②

按，這兩條翟灝《四書考異》和焦循《孟子正義》皆失引。特別是對翟灝"考異"之書而言，有所遺憾。諸如此類，尚有幾例。

也有些是兩書體例不同所決定的。例如焦循已經引了更早更權威的注，高注就可以忽略了。《盡心下》："武王之伐殷也，革車三百兩，虎賁三千人。"《高氏學》引《淮南子·本經篇》注："革車，兵車也。"而《孟子正義》引的是鄭玄注：

> 《禮記·明堂位》"革車千乘"，注云："革車，兵車也。"③

俞書既名"高氏學"，理所當然要引高注。

俞樾於《春在堂全書録要》中關於《高氏學》，唯拈一例，且自詡爲"一字千金"，爲其據高注校《孟子》本文者。④《盡心上》："楊子取爲我，拔一毛而利天下，不爲也。"《高氏學》曰：

> 《吕氏春秋·明理篇》"有鬼投其陴"，注曰："陴，脚也。音'楊子愛骭一毛'之'骭'。"又，《不二篇》"陽生貴己"，注曰："輕天下而貴己。《孟子》曰：'陽子拔體一毛以利天下弗爲也。'"
>
> 《淮南子·俶真篇》注曰："楊，楊朱。其術全性保真，雖拔骭一毛而利天下，弗爲也。"又，《氾論篇》："全性保真，不以物累形，楊子之所立也，而孟子非之。"注曰："謂不拔骭毛以利天下弗爲，不以物累己身形

---

① （清）俞樾《俞樓襍纂》卷一七"樂其所以亡者"條，《春在堂全書》，第3册，第499頁下欄。
② （清）俞樾《俞樓襍纂》卷一七"此所謂養口體者也若曾子則可謂養志也"條，《春在堂全書》第3册，第500頁下欄。
③ （清）焦循《孟子正義》卷二九《盡心章句下》，第962頁。
④ （清）俞樾《春在堂全書録要》，《春在堂全書》第7册，第685頁下欄。

也。孟子受業於子思之門，成唐虞三代之德，敘《詩》《書》孔子之意，塞楊墨淫辭，故非之也。"

按，以《呂覽·明理篇》及《淮南子》兩注觀之，則知高氏所據《孟子》作"拔骭一毛而利天下，不爲也"。至《不二篇》作"拔體一毛"，"體"乃"骭"之誤，因俗體字作"骵"，與"骭"相似，故誤也。

《爾雅》訓"骭傷①"爲"微"，郭注曰："骭，脚脛。""拔骭一毛"，謂拔脚脛上一毛也。夫《孟子》無石經本，漢本與今本異同無可考見。乃因采輯高氏遺說得此一字，信可謂"一字千金"矣。翟晴江作《四書考異》，焦理堂作《孟子正義》，均采及《呂覽·不二篇》"拔體一毛"之誤本，而於作"骭"之真本，竟未之見，何歟？②

按，《孟子正義》卷二七的確只引了《呂氏春秋·不二篇》，但卷一是引過《淮南子》的兩條的，只是沒有注意可以拿來校《孟子》本文而已。《高氏學》次一條又據高注《淮南子》疑《盡心上》"墨子兼愛，摩頂放踵利天下，爲之"的"天下"當作"國者"，然只是認爲"頗有理"③，故不多介紹。又有疑《孟子》兩章在古本原爲一章者。《離婁上》第十一章："道在爾而求諸遠，事在易而求諸難。人人親其親，長其長，而天下平。"關於"事在易而求諸難"，《高氏學》曰：

《淮南子·主術篇》"道在易而求之難"，注曰："謂反己，先修其本也。不修其本而欲得說親、誠身之名，皆難也，故曰'道在易而求之難'。"

按，《淮南子》云："士處卑隱，上達有道，名譽不起而不能上達矣；取譽有道，不信於友，不能得譽；信於友有道，事親不誠④，不信於友；說親有道，修身不誠，不能事親矣；誠身有道，心不專一，不能專誠。道在易而求之難，驗在近而求之遠，故弗得也。"是合《孟子》兩章爲一章，故高注"難易"句亦以"說親""誠身"爲說。豈古本《孟子》兩章果合爲一乎？⑤

---

① 引者按，"傷"當作"瘍"。
② （清）俞樾《俞樓襍纂》卷一七"拔一毛而利天下不爲也"條，《春在堂全書》第3册，第503頁下欄—第504頁上欄。
③ （清）俞樾《俞樓襍纂》卷一七"墨子兼愛摩頂放踵利天下爲之"條，《春在堂全書》第3册，第504頁上欄—下欄。
④ 引者按，"誠"當作"悅"。
⑤ （清）俞樾《俞樓襍纂》卷一七"事在易而求之難"條，《春在堂全書》第3册，第499頁下欄—第500頁上欄。按，俞樾《孟子高氏學》引《孟子》當據廖、孔、韓本系統，故作"之"，注疏系統和朱注系統俱作"諸"，與上文"道在爾而求諸遠"句一律。

· 107 ·

此足備一說。《高氏學》也有反過來根據《孟子》本文校高注者。《離婁下》："文王生於岐周，卒於畢郢，西夷之人也。"《高氏學》曰：

> 《吕氏春秋·具備篇》"武王嘗窮於畢裎矣"，注曰："畢裎，畢豐。"
>
> 按，如高氏説，則"裎"即"豐"矣。《漢書·地理志》右扶風安陵，師古曰："闞駰以爲本周之程邑。"《志》又云"文王作酆"，師古曰："今長安西北界靈臺鄉豐水上是。"則"程"與"豐"自是兩地。《竹書紀年》云："帝辛三十五年，西伯自程遷於豐。"其不得并而爲一明矣。
>
> 疑高注本作："畢裎，畢郢。"蓋破叚字而讀以本字，謂《吕覽》之"畢裎"即《孟子》之"畢郢"也。後人不達此旨，謂"裎"即"郢"也，以"畢裎"釋"畢郢"，似無兩義，乃改爲"畢豐"。不知畢郢者，古國名也，見《周書·史記解》，所謂"畢郢氏"也。古有"畢郢"，無"畢豐"，何得以"畢豐"連文乎？①

按，此非關《孟》學，乃歧出之文字而已。像《孟子正義》引劉台拱《經傳小記》，即不涉及高誘之注。②

凡高注難解之處，俞樾努力作出解釋。《公孫丑下》："燕人畔。王曰：'吾甚慙於孟子。'陳賈曰：'王無患焉。王自以爲與周公，孰仁且智？'王曰：'惡，是何言也？'曰：'周公使管叔監殷，管叔以殷畔：知而使之，是不仁也；不知而使之，是不智也。仁智，周公未之盡也；而況於王乎？賈請見而解之。'"《高氏學》曰：

> 《戰國策·秦策》："姚賈對曰。"注曰："姚賈譏周公誅管蔡不仁不知者，在《孟子》之篇也。"
>
> 按，《戰國策·秦策》有姚賈，《魏策》亦有姚賈。高氏以《秦策》之姚賈爲《孟子》之陳賈，爲鮑彪所譏，以爲年代相遠，不如以《魏策》之姚賈當之。今按，《國策》高注已非完書，或高注本以説《魏策》之姚賈，而後人移以説《秦策》之姚賈，未可知也。陳氏本出於舜後，得爲姚姓。
>
> 高注直云"在《孟子》之篇"而不言"陳""姚"之異同，意者高氏所

---

① （清）俞樾《俞樓襍纂》卷一七"文王生於岐周卒於畢郢"條，《春在堂全書》第3册，第500頁下欄—第501頁上欄。
② （清）焦循《孟子正義》卷一二《滕文公章句下》，第539頁。

## 俞樾《俞樓襍纂》《茶香室經説》的《孟子》研究

　　見之《孟子》正作"姚賈"乎？①

這是利用古代文史知識②和傳本變異來爲高注辯護。俞氏因爲高誘未交代"陳""姚"之異，而懷疑《孟子》原本即作"姚賈"，也是有道理的。《滕文公下》："'有楚大夫於此，欲其子之齊語也；則使齊人傅諸，使楚人傅諸？'……'一齊人傅之，衆楚人咻之；雖日撻而求其齊也，不可得矣。引而置之莊嶽之間數年，雖日撻而求其楚，亦不可得矣。'"《高氏學》曰：

　　《吕氏春秋·用衆篇》："戎人生乎戎，長乎戎，而戎言，不知其所受之；楚人生乎楚，長乎楚，而楚言，不知其所受之。今使楚人長乎戎，戎人長乎楚，則楚人戎言，戎人楚言矣。"注曰："孟子曰：'有楚大夫，欲其子之齊言也，使一齊人傅之，衆楚人咻之，雖日撻而求其齊也，不可得矣；引而置之莊嶽之間數年，雖日撻而求其楚，亦不可得矣。'此之謂也。"

　　按，此所引雖不全，然可考見高注與趙注之不同。趙注曰："咻之者，讙也。"其意蓋即"讙譁"之義。乃考之字書，《玉篇》口部："咻，許主切，噢咻，痛念之聲。《廣韻》十八尤："咻，口病聲也。"殊無"讙譁"之義。

　　據高氏云"使一齊人傅之，衆楚人咻之"，是"傅之""咻之"，並其父所"使"。"咻"即"噢咻"之"咻"。昭三年《左傳》作"燠休"，《正義》引服注曰："若今二小兒痛，父母以口就之，曰'燠休'。"此云"咻之"，即"噢咻之"也。《禮記·内則篇》："擇於諸母與可者""使爲子師，其次爲慈母，其次爲保母。"鄭注曰："子師，教示以善道者；慈母，知其嗜欲者；保母，安其居處者。"然則"一齊人傅之"，乃"子師"也；"衆楚人咻之"，乃"慈母""保母"之屬也。如此説之，於事理既近，而於喻意亦切。蓋傅之咻之，皆其父所使，既使一齊人傅之，不可使衆楚人咻之，明戴不勝既使薛居州在王所，不可使非薛居州者同在王所也。若但云衆楚人在旁側讙譁，則轉可諉爲無可奈何之事，而所以深責戴不勝者轉淺矣。③

按，焦疏只把注意力放在訓釋詞"讙"的上面，忽略了所訓之詞"咻"訓

---

① （清）俞樾《俞樓襍纂》卷一七"陳賈曰"至"仁智周公未之盡也"條，《春在堂全書》第3册，第496頁下欄。
② 按，陳以舜後得爲姚姓，宋鮑彪即已言之。
③ （清）俞樾《俞樓襍纂》卷一七"有楚大夫於此"至"雖日撻而求其楚亦不可得矣"條，《春在堂全書》第3册，第498頁上欄—下欄。

109

"謹"是否合理的本質問題。① 俞樾抓住了訓詁問題，並借機提出了對《孟子》原文更合情理也合乎古代制度的理解。

凡高注與趙岐注不同者，俞樾更注意由之發掘高誘在這麼短的時間内重新來注《孟子》的動機（當然，這裏忽略了趙岐《孟子章句》傳播速率的因素）。《滕文公下》："公孫衍、張儀，豈不誠大丈夫哉！"關於"公孫衍"，趙注："公孫衍，魏人也。號爲'犀首'，常佩五國相印爲從長。秦王之孫，故曰'公孫'。"《高氏學》曰：

> 《吕氏春秋·開春論》注曰："犀首，魏人公孫衍也。佩五國相印，能合從連横，號爲'犀首'。"
>
> 《戰國策·秦策》注曰："公孫衍，魏人也，仕於秦，當六國時，號曰'犀首'。"
>
> 按，衍，魏人，即趙注亦云然；而以爲秦王孫，殊不可解。高注"佩五國相印"之説與趙同，而無秦王孫之説，殆不以爲然也。②

當然，高注不合理者，俞樾也不諱言。《滕文公下》："陳仲子，豈不誠廉士哉？"關於"陳仲子"，趙注："陳仲子，齊一介之士，窮不苟求者，是以絕糧而餒也。"《高氏學》曰：

> 《淮南子·氾論篇》注曰："陳仲子，齊人，孟子弟子，居於陵。"
> 按，此未足據，然以陳仲子爲孟子弟子，猶勝於以公伯寮爲孔子弟子也。③

可見《高氏學》並未刻意偏袒高誘。

**（三）俞樾《俞樓襍纂》之《孟子纘義内外篇》與俞樾的"養氣"觀**

卷一八《孟子纘義内外篇》（或稱《孟子纘義》）寥寥六葉，是俞樾《孟子》學著作中的另類，偏重於義理，有點類似於經義或者策論，用很短的篇幅把俞樾認爲《孟子》最重要的義理問題概括出來，皆意在喻古諷今。限於篇幅，我們先把《纘義》所引《孟子》原文"纘"在一起如下：

内篇兩葉，舉《孟子》原文四條，論持志養氣：

1. 《公孫丑上》："我善養吾浩然之氣。""其爲氣也，至大至剛；以直養而無害，則塞於天地之間。其爲氣也，配義與道；無是，餒矣。"

---

① （清）焦循《孟子正義》卷一二《滕文公下》，第439頁。
② （清）俞樾《俞樓襍纂》卷一七"公孫衍"條，《春在堂全書》第3册，第497頁下欄—498頁上欄。
③ （清）俞樾《俞樓襍纂》卷一七"陳仲子"條，《春在堂全書》第3册，第498頁下欄。

2. 《公孫丑上》："是集義所生者，非義襲而取之也。"
3. 《公孫丑上》："夫志，氣之帥也；氣，體之充也。夫志至焉，氣次焉。故曰：'持其志，無暴其氣。'"（以上三條《孟子》同章，第1條和第2條接續）
4. 《盡心下》："養心莫善於寡欲。其爲人也寡欲，雖有不存焉者，寡矣；其爲人也多欲，雖有存焉者，寡矣。"①

外篇三葉半，引《孟子》原文五六條，言治國之道：

1. 《梁惠王上》："仁者無敵。"
2. 《離婁上》："善戰者服上刑，連諸侯者次之，辟草萊任土地者次之。"
3. 《梁惠王上》："今天下（引者按，此三字《孟子》實作"海内"②）之地，方千里者九，齊集有其一，以一服八，何以異於鄒敵楚哉？盍亦反其本矣。"
4. 《梁惠王上》："王如施仁政於民，省刑罰，薄稅斂，深耕易耨；壯者以暇日修其孝悌忠信，入以事其父兄，出以事其長上，可使制梃以撻秦楚之堅甲利兵矣！"
5. 《梁惠王上》："今王發政施仁，使天下仕者皆欲立於王之朝，耕者皆欲耕於王之野，商賈皆欲藏於王之市，行旅皆欲出於王之塗，天下之欲疾其君者皆欲赴訴於王。其若是，孰能禦之？"
6. 《公孫丑上》："尊賢使能，俊傑在位，則天下之士，皆悦而願立於其朝矣；市廛而不征，法而不廛，則天下之商，皆悦而願藏於其市矣；關譏而不征，則天下之旅，皆悦而願出於其路矣；耕者助而不税，則天下之農，皆悦而願耕於其野矣；廛無夫里之布，則天下之民，皆悦而願爲之氓矣：信能行此五者，則鄰國之民，仰之若父母矣。率其子弟，攻其父母，自生民以來，未有能濟者也。如此，則無敵於天下。無敵於天下者，天吏也。然而不王者，未之有也。"③

俞樾在各條下做點評申説。外篇5、6兩條共用一條解説，所以可以算一條。按，從外篇我們可以鮮明地體會到俞樾生當晚清，國家貧弱動蕩的時代背景。外篇於第1、2、4、5、6條皆圍繞"自强"二字討論，其目標在於"强"國，其方案則仍在於儒家的內修，並不看重攻戰。其第3條則反映了晚清時人不再

---

① （清）俞樾《俞樓襍纂》卷一八，《春在堂全書》第3冊，第506頁上欄—下欄。
② 因關涉義理，所以此説明不入腳註。
③ （清）俞樾《俞樓襍纂》卷一八，《春在堂全書》第3冊，第507頁上欄—第508頁下欄。

以中國一域爲天下，而以中國爲天下之一國的新觀念，而在俞樾看來，則仿佛又回到了春秋戰國：

> 此孟子之世與後世異者也。漢唐以來，天下一統，既無"以一服八"之難，則亦安見"反本"之要乎？然吾聞上古之世，有大九州，而鄒衍之書頗著其說；佛家亦言有四大部洲，儒者固不信也。乃天下之大，其非禹蹟所能盡，則彰明矣。中國者，大九州之一，不循反本之良規而蹈鄒敵楚之故轍，未見其能濟也。①

按，俞樾此著基本上嚴守經解之規，不及時局，所以才會援鄒衍和佛家之言來言天下；然而所謂"天下之大，其非禹蹟所能盡"，所謂"中國者，大九州之一"，足以看出其眼界之寬廣，已非國門洞開前所可比。

至於《纘義內篇》，則重點言"養氣"實爲"養志"②，雖著語不多，卻與俞樾《群經平議》裏相關的長篇大論相一貫，因此本小節作爲重點來介紹。《纘義內篇》於首條下揭其宗旨云：

> 嗚呼！"養氣"之說，孟子始言之，孟子以前未之有也。……然而自孟子以後，人人知"養氣"之說矣，乃知其宜養，而卒未知其所以養也。所以養氣者，何也？直也；其能直，何也？配義與道也。是故配義與道，則其氣直，直則縮矣；不配義與道，則其氣不直，不直則餒矣。是故孟子之言"養氣"，合道與義言之也；後世儒者之言"養氣"，離道與義言之也。離道與義而言"養氣"，故人人曰"我善養吾浩然之氣"，而實孟子所謂"悻悻""小丈夫"也。③

此問題雖於經義屬於老生常談，然而所揭示的現象在日常生活中卻頗常見。俞樾相關的論述，則以《群經平議》卷三二爲充分，且充分體現出俞氏治學的特色。《公孫丑上》："必有事焉而勿正，心勿忘，勿助長也。"趙注："言人行仁義之事，必有福在其中，而勿正但以爲福故，爲仁義也。"《平議》引申翟灝《考異》說，謂既然趙岐注"福字凡十見"，那麽趙本《孟子》一定作"必有福焉而勿正"，只不過"福"字意思不是福的意思，而"當讀爲副"，是"副貳"之意：

---

① （清）俞樾《俞樓襍纂》卷一八，《春在堂全書》第 3 册，第 507 頁下欄。
② （清）俞樾《俞樓襍纂》卷一八第 3 條，第 506 頁下欄。
③ （清）俞樾《俞樓襍纂》卷一八，第 506 頁上欄。

## 俞樾《俞樓襍纂》《茶香室經說》的《孟子》研究

此經云"必有福焉而勿正",猶云"必有副焉而勿正"。《周官·太宰》職曰:"建其正,立其貳。""副"即"貳"也,故與"正"相對。

何謂"副"?上文所謂"配義與道"是也。孟子之養氣,其本在乎"持志",惟能持志以帥氣,然後能自反而知其縮與不縮。"縮"即"直","直"即"義",故趙氏曰:"縮,義也。"義則往,不義則不往,此孟子之養氣所以同符曾子而異乎孟施舍之守氣也。是故氣必配道與義,然後可謂善養吾浩然之氣。此"必有副焉"之說也。若無所配,即無所副,無所副則氣爲正矣,於是不問其縮與不縮而徒曰"雖千萬人,吾往矣",是孟施舍所爲能無懼者也。不知持志而但知守氣,是"暴"之也,非"養"之也,終歸於"餒"而已矣。

後之學者日誦《孟子》之書而不得其旨,慕"養氣"之虛名而不知有"持志"之實學,於是君臣朋友之間,皆欲以氣勝之。彼自謂吾"善養吾浩然之氣"也,而不知其爲"孟施舍之守氣"也。豈無忠孝廉節之事足以驚世駭俗?要而論之,終是以氣爲主,義特"襲而取之"耳,非"集義"而"生"之謂也。

"集"之言"合"也,"合"之言"配"也。"集義"即"配道與義","配道與義"即"必有副焉而勿正"。因訂一字之訛,而通全章之義,學者愼毋束古注於高閣也。(中略)以直養者,以義養也,"直"即"義"也,趙氏曰"養之以義"是也。養之以義,故能"集義"而"生",是即"配道與義"之說,亦即"必有副焉"之說。必如是而後"無害",必如是而後謂之"善養"。學者知此,則知養氣必先持志,可使志動氣,不可使氣動志;而"不得於心,勿求於氣"之"可","不得於言,勿求於心"之"不可",亦無不可見矣。①

按,俞樾讀"福"爲"副",從而與"正"相對,因而不必像《日知錄》那樣猜測"正心"爲"忘"字誤拆爲二,且由此加強了俞樾"配義與道"之以養志

---

① (清)俞樾《群經平議》卷三二"必有事焉而勿正"條,《春在堂全書》第1冊,第522頁下欄—第524頁上欄。關於"事""畐""福"的問題,依俞樾說,經文作"福",趙注反復以"福"解之,很合理;校改經文爲"事",反不合常理,誠如俞樾所譏,"非治經者所敢出"。然而清儒好言假借。"福"從"畐"得聲,自然可以通假,何況段玉裁校《說文》,改"福"之訓爲"備"〔(清)段玉裁《說文解字注》卷一上《示部》,第五葉a面,上海:上海古籍出版社,2003(1988)〕,反而與"滿"之訓相應,所以俞樾單據"畐"在《說文》之訓駁趙佑作"畐"之說,完全無力。

113

爲養氣的核心觀點，還是非常有說服力的。這個解讀，到了《續義》，沒有改變。

### （四）俞樾《俞樓襍纂》之《四書辨疑辨》

卷一九《四書辨疑辨》或申說或辯駁元人陳天祥的《四書辨疑》。全書二十一葉，十五條，四書在編列上沿襲陳天祥《四書辨疑》之例，依朱熹最常倡導之《大學》《論語》《孟子》《中庸》的讀次，其中《孟子》居六葉半，六條。

《四書辨疑辨》書前題辭首先從朱彝尊說確定《四書辨疑》出自元人陳天祥，稱讚"其說不墨守紫陽，頗有辨正之功，蓋元儒中之矯矯者"。[1] "余讀其書而善之，意有未盡，復爲之說，冀以求是，非曰好辯。"[2] 該書先列《孟子》原文及朱注，低格首段引"《辨疑》曰"，次段爲"《辨》曰"，表達自己的意見。

《四書辨疑辨》的成果，主要在對經文文義的分析上面。這主要是承《四書辨疑》的思路而來。《梁惠王下》："孟子見齊宣王曰：'所謂故國者，非謂有喬木之謂也，有世臣之謂也。王無親臣矣，昔者所進，今日不知其亡也。'王曰：'吾何以識其不才而舍之？'曰：'國君進賢，如不得已，將使卑逾尊，疏逾戚，可不慎與？左右皆曰賢，未可也；諸大夫皆曰賢，未可也；國人皆曰賢然後察之；見賢焉，然後用之。（下略）'"朱注："世臣，累世勳舊之臣，與國同休戚者也；親臣，君所親信之臣，與君同休戚者也。"《辨疑》曰：

> "世臣""親臣"分爲兩意，文辭、義理俱不可通。說"世臣"處止是"有世臣之謂也"一句而已，下句卻別說"親臣"。"世臣"之說，下無結意；"親臣"之說，上無來意。孟子之意，何其首尾不相照管而無倫序如此邪？所謂世臣"與國同休戚"，親臣"與君同休戚"者，迂曲甚矣，豈有忠於國而遺其君，忠於君而遺其國者哉？
>
> 況親臣止同其君一身休戚，國之休戚略不關心，乃是奸回諛佞之人，所謂"事是君，則爲容悅者也"，孟子何必勸宣王畜養此輩邪？
>
> "所謂'故國'者，有世臣之謂也"者，言其世祚長遠而爲故國者，由其有親信大臣，子孫相繼世爲輔弼之臣也；"王無親臣"者，言王用人不擇賢否，輕爲黜退，果於誅殺，所以人心不固而無親信可爲輔弼之臣

---

[1] 陳書詳情參董洪利《孟子研究》，中國古文獻研究叢書，南京：江蘇古籍出版社，1997，第270—273頁。

[2] （清）俞樾《俞樓襍纂》卷一九，《續修四庫全書》影印清光緒二十五年刻《春在堂全書》本，第170冊，上海：上海古籍出版社，1994—2002，第707頁上欄。

俞樾《俞樓襍纂》《茶香室經説》的《孟子》研究

也。後乃教宣王改其素習，慎用誅斥，愛養賢能，以收將來世臣之用。

《辨疑辨》曰：

> 陳氏此論於朱注解"世臣""親臣"處辨駁明快極矣！惟《孟子》此章止以"世臣"引起"親臣"，"世臣"之説本所不重，並無以此曰"親臣"作"將來世臣"之意。陳氏所説亦未得也。
> 
> 愚謂古書"親""新"二字往往通用。此章"親臣"止當作"新臣"解。"新臣"者，新進之臣，對"世臣"而言。孟子謂故國必有世臣，今王非但無世臣也，並新臣而無之矣。下文曰"昔者所進，今日不知其亡"，"昔者""今日"與"昔者病，今日愈"同，極言其近，昔進今亡，所以無新臣也，又何論世臣乎？①

《辨疑》抓住了《集注》對文義解説的不連貫，俞樾順勢提出"親臣"乃謂"新臣"，與"世臣"形成對立，從而把文意解説得更爲合理。次一條類似，可參看。②

其新奇者如《滕文公上》："五月居廬；未有命戒，百官族人，可謂曰知。""可謂曰知"一句向來費解，朱注："可謂曰知，疑有闕誤。或曰：皆謂世子之知禮也。"《辨疑》曰：

> "或曰"之説易"可"爲"皆"，此甚有理；然又改"知"字爲平聲，不知"知"爲知甚也？"皆謂世子知'禮'"，"禮"字乃贅文耳。"知"止當音智。世子排衆議以遵孟子之言，苟非智識高遠者，定不能也。百官族人皆謂曰智，前後義皆通貫。

《辨疑辨》認爲《集注》"或曰"之説以及陳天祥説皆未安：

> 易"可"爲"皆"，未免妄作；讀"知"爲"智"，義亦未安。此句之旨，自來不得其解。檢趙注、孫疏均未通徹。愚輒爲一説曰：
> 
> 此承"五月居廬，未有命戒"而言。夫未有命戒，固"居喪不言"之古禮也。然一國之大，政事殷繁，必不能停閣至五月之久。是以古者天子

---

① （清）俞樾《俞樓襍纂》卷一九"所謂故國者非謂有喬木之謂也有世臣之謂也王無親臣矣"條，《續修四庫全書》影印清光緒二十五年刻《春在堂全書》本，第170册，第712頁上欄—第713頁上欄。

② （清）俞樾《俞樓襍纂》卷一九"泄柳申詳無人乎繆公之側則不能安其身"條，《續修四庫全書》影印清光緒二十五年刻《春在堂全書》本，第170册，第713頁上欄—下欄。

· 115 ·

諒闇，有"聽於冢宰"之文。不知諸侯居喪，其制如何。滕乃侯國，未必如天子之禮。又其時喪禮久廢，則古制亦無可稽。

意者文公居廬之日，其國中政事使同姓異姓之臣襄治之，可否悉決於父兄。"百官族人"即指父兄而言。"百官族人可"句，"謂曰知"句，謂百官族人之所可者從而行之，文公但"謂"之曰"知"而已。"謂曰知"與《始皇本紀》"制曰可"文法相似。"百官族人可"，此"可"字即秦制稱"可"所由來。古今制度不同，有始則上下通用，後則獨爲天子之制者。疑戰國時有司治事皆用此"可"字，如後世畫諾之比。至秦有天下，亦循用之，而遂以爲天子之制矣。"謂曰知"猶後世之報聞也。如此解之。則文無闕誤，而意亦與上文相屬。未知是否。①

按，如此則"知"類似於清代皇帝批閲奏章時所署"知道了"，足備一説。

透過《四書辨疑辨》一書也可以看到清儒對元明儒者的成見。區區六條關於《孟子》的條目中，其末條譏諷元儒"束古注於高閣"。《盡心上》："居移氣，養移體。大哉，居乎！夫非盡人之子與？"朱注："居，謂所處之位；養，奉養也。言人之居處，所繫甚大，王子亦人子耳，特以所居不同，故所養不同而其氣體有異也。"《辨疑》指出《集注》的解釋與孟子的總體思想不一致：

> 經文初言"居移氣，養移體"，繼而言者："大哉居乎""其居使之然也""居天下之廣居"，皆敘"居移氣"之義爲説，略不再言"養移體"者，蓋"居移氣"本是一章正義，"養移體"乃是兼設譬諭之言。而注文無所分別，使"養"與"居"通混，"體"與"氣"均齊，並列於孟子稱羨中，抑亦不思之甚也。夫氣之爲用，大矣。賢者養之，惟恐有餒。故孟子見王子之氣，乃稱羨之，不爲無取。若見其身體得所奉養，顏色肌膚有豐潤肥澤之美而咨嗟歎羨，此何義也？

《辨疑辨》曰：

> "居移氣，養移體"二句與"富潤屋，德潤身"相似，一句正意，一句喻意，故下直接云"大哉居乎"，則"養移體"一句不涉正意可知矣。朱注不但以二句平列，且云"以所居不同，故所養不同"，文勢轉似側注"養移氣"一句，宜爲陳氏所糾矣。

---

① （清）俞樾《俞樓襍纂》卷一九"百官族人可謂曰知"條，《續修四庫全書》影印清光緒二十五年刻《春在堂全書》本，第170冊，第713頁下欄—第714頁上欄。

乃檢趙氏舊注云："居之移人氣志，使之高涼；若供養之移人形身，使充盛也。"則趙注固以"養移體"爲比喻之辭。而僞孫疏乃曰："夫居足以移易人之氣，所養足以移易人之體。以其王子之儀體聲氣如是者，亦以所居所養之大，移之使然也。"則失趙氏注意矣。夫僞孫疏固朱子所譏爲"邵武士人"作者，乃不從注而從疏，何歟？陳氏糾正朱注，往往有暗合古注者，而皆不知引古注爲據。蓋元儒已束古注於高閣矣。①

按，清儒廣泛譏明儒束書不觀，俞樾併元儒之"矯矯者"——陳天祥一併譏之，指責他糾正朱注時不知引古注爲據。其實往上隔一條，俞樾所引《四書辨疑》即引過舊注舊疏：

（朱注）解"胥"爲"相視"，帝將相視天下而遷之焉，不成文理。舊注解"胥"爲"須"，蓋亦古人通用之義。孫奭疏云："帝將須以天下遷之。"既有此解，不必別論。②

此即陳天祥認爲漢注宋疏之見與己同。可見末條所譏，顯有過當。此處之譏元儒，與其同時期作《孟子古注擇從》和《孟子高氏注》，似乎存在一定的關聯，但更深層的還是清儒對元明經學的刻板印象暨伴隨而來的輕蔑。

當然與陳天祥相較，俞樾的確較爲篤實矜愼。儘管俞樾以高郵二王爲榜樣，因此說經喜言文本的訛脫衍倒，然而此書陳氏兩疑《孟子》有衍文衍字③，俞樾皆主張原文即通。

## 二、俞樾《茶香室經説》的《孟子》研究

《茶香室經説》的行文格式與俞樾以往的著作有較大調整。條目不再頂格，而改爲正文頂格。正文先揭篇目，再引經文和相關的"趙注"，然後是"愚

---

① （清）俞樾《俞樓襍纂》卷一九"居移氣養移體"條，《續修四庫全書》影印清光緒二十五年刻《春在堂全書》本，第170冊，第715頁上欄—下欄。
② （清）俞樾《俞樓襍纂》卷一九"帝將胥天下而遷之焉"條，《續修四庫全書》影印清光緒二十五年刻《春在堂全書》本，第170冊，第715頁上欄。
③ （清）俞樾《俞樓襍纂》卷一九"泄柳申詳無人乎繆公之側則不能安其身"條，疑此十七字衍，《續修四庫全書》影印清光緒二十五年刻《春在堂全書》本，第170冊，第713頁上欄；（清）俞樾《俞樓襍纂》卷一九"夫苟不好善則人將曰訑訑予既已知之矣"條，疑"人"字衍，《續修四庫全書》影印清光緒二十五年刻《春在堂全書》本，第170冊，第715頁下欄。

按",内部不再提行。

《經説》有關《孟子》的條目在卷一六,有八葉十六條。其中有兩條直接注明修正更早所著《群經平議》《湖樓筆談》,或者另起一説。前者已述於拙文《俞樾〈群經平議〉的〈孟子〉研究》①,屬於新立一説;後者即隨後一條,稱"余前著《湖樓筆談》,謂孟子此語考之堯舜禹湯皆不合,未見及此也"②,屬於修正。

不僅是《群經平議》,由《茶香室經説》亦可見俞樾所受今文經學的影響。如《公孫丑下》:"五百年必有王者興,其間必有名世者。由周而來,七百有餘歲矣。以其數,則過矣;以其時考之,則可矣。"關於"間",《經説》分兩條云:

> 《公孫丑下篇》:"五百年必有王者興,其間必有名世者。"趙注曰:"五百年有王者興,有興王道者也。名世,次聖之才,物來能名,正一世者,生於聖人之間也。"愚按,如趙氏之意,謂前之王者已往,後之王者未來,於"其"中"間",必有名世者出焉——名世者與王者先後不相值。近解謂是王者之佐如皋陶稷契、伊萊望散之屬,則"其間"當改作"其時"矣。此不得舍古注而從近注者也。王者五百年而興,名世生於前後王者之間,則二百五十年必有名世者矣。下文云"由周以來,七百有餘歲"。當五百歲時,竟無王者興,故曰"以其數則過矣";除去五百歲,餘二百餘歲,正應生名世之期,故曰"以其時考之則可矣"。"其間"二字失解,則下文之意亦皆不可解也。

> 孟子言"五百年必有王者興",而周興七百餘歲,竟無王者,何也?愚嘗以《春秋》説之。《春秋》托王於魯。魯自伯禽受封,其薨年不見《史記》。徐廣《集解》引皇甫謐云:"伯禽以成王元年封,四十六年康王十六年卒。"嗣後考公四年,煬公六年,幽公十四年,魏公五十年,厲公三十七年,獻公三十二年,真公三十年,武公九年,懿公九年,伯御十一年,孝公二十七年,惠公三十年,並見《史記·魯世家》。上溯武王克殷六年而崩,下加《春秋》二百四十年,爲五百五十一年,而《春秋》以昭定哀爲"所見之世",定哀之間,文致太平,見王者治定,適當周興五百

---

① 李暢然《俞樾〈群經平議〉的〈孟子〉研究》,第167—168頁。
② (清)俞樾《茶香室經説》卷一六"堯舜至湯湯至文王"條,《春在堂全書》第7冊,南京:鳳凰出版社,2010年影印,第208頁上欄。

年之後。自是以後又二百餘年,是天意固以孔子作《春秋》爲周興五百年後之王者,而孟子生孔子之後,其即二百五十年應運而生之名世者乎?①

按,俞樾的今文經學認識主要體現在第二分條,但第一分條的訓詁,也非常關鍵,似於上下文義和情理爲切。

《經説》有的條目"於無文字中求古人之意"。《滕文公下》景春曰:"公孫衍、張儀,豈不誠大丈夫哉?一怒而諸侯懼,安居而天下熄。"《經説》云:

> 戰國之天下,惟從橫二説而已。從人以蘇秦爲主,橫人以張儀爲魁,儀、秦並稱,由來久矣。《史記》亦以蘇秦、張儀兩傳相連。至揚子雲作《法言》,猶載或人之言曰:"儀、秦學乎鬼谷術而習乎從橫言,安中國者十餘年。"景春與之同時,乃舍蘇秦而言"公孫衍",何歟?
> 
> 愚謂此有深意在。景春當日未必不舉蘇秦、張儀以問,及孟氏之徒筆之於書,則削"蘇秦"而以"公孫衍"易之。蓋戰國之天下,所深患者,秦也。使竟用蘇秦之説,六國合力以拒秦,則秦可不帝;秦不帝,而唐虞三代之遺風未必掃地而盡也。故論戰國諸游説之士君子,於蘇秦猶有取焉。"妾婦之道",以責張儀可也;以責蘇秦,則竊有未安矣。故削"蘇秦"而以"公孫衍"易之。此愚於無文字中求古人之意也。②

按,如此文字,已近於在《孟子》文中求微言大義了。其實據長沙馬王堆漢墓帛書《戰國縱橫家書》,蘇秦的主要活動均在張儀身後,這也可能是孟子未以"蘇張"並稱的客觀因素。

《經説》言通假的如《梁惠王上》:"王如施仁政於民……壯者以暇日修其孝悌忠信……可使制梃以撻秦楚之堅甲利兵矣!"關於末句,趙注:"制,作也。"《經説》云:

> 此極言其易,若一梃猶煩"制作",不見其易矣。"制"讀爲"折"。《後漢書·鄧禹傳》帝征禹還,敕曰:"赤眉無穀,自當東來。吾折箠笞之,非諸將憂也。""折梃"與"折箠"語意相似。"制""折"聲近義通。《莊子·外物篇》"自制河以東",《釋文》曰:"依字應作'浙'。"即其例矣。③

---

① (清)俞樾《茶香室經説》卷一六"其間"條,《春在堂全書》第7册,第204頁下欄—205頁上欄。
② (清)俞樾《茶香室經説》卷一六"公孫衍張儀"條,《春在堂全書》第7册,第205頁上欄—下欄。
③ (清)俞樾《茶香室經説》卷一六"制梃"條,《春在堂全書》第7册,第104頁上欄。

言斷句的如《梁惠王上》齊宣王説："《詩》云：'他人有心，予忖度之。'夫子之謂也。夫我乃行之，反而求之，不得吾心。"關於"夫我"之"夫"，《經説》認爲當屬上讀：

"也夫"二字當連讀。①

按，如此斷句則齊宣王的語氣没那麽確定，似更生動。

《經説》言校勘的條目還是比較多。《梁惠王上》："王知夫苗乎？七八月之間旱，則苗槁矣；天油然作雲，沛然下雨，則苗浡然興之矣。"《經説》認爲末句"之"字衍：

"之"字疑衍文。"興矣"與上"槁矣"相對成文，不當有"之"字。②

按，"興"可直接作自動詞，俞説且有同章對文爲參照，有理。《經説》也有利用歷史知識校勘的。《離婁上》："今也小國師大國，而耻受命焉，是猶弟子而耻受命於先師也。"關於"先師"，趙注："譬猶弟子不從師也。"《經説》認爲當作"先生"：

《禮記·王制篇》："凡學，春官釋奠於其先師。"鄭注引《周禮》曰："凡有道者有德者，死則以爲樂祖，祭於瞽宗，此之謂'先師'之類。"然則"先師"皆已往之人，安能親受其命乎？趙注不釋"先"字，竊疑"先師"當作"先生"。古人恒以"先生""弟子"對言。《論語》曰："有事，弟子服其勞；有酒食，先生饌。"《禮記·曲禮篇》"從於先生"，《正義》曰："謂師爲'先生'者，言彼先己而生，其德多厚也；自稱爲'弟子'者，言己自處如弟子，則尊師如父兄也。"《莊子·天下篇》曰："先生恐不③得飽，弟子雖饑，不忘天下。"《管子·弟子職篇》曰："先生施教，弟子是則。"是"先生""弟子"，古人恒言。此本作"是猶弟子而耻受命於先生也"，趙注"師"字正釋"先生"字。今作受命於"先師"，即涉趙注而誤。④

按，此頗有理。不過古文亦有其生其卒在疑似之間的"先師"用例，如《漢

---

① （清）俞樾《茶香室經説》卷一六"夫我乃行之"條，《春在堂全書》第7册，第204頁上欄。
② （清）俞樾《茶香室經説》卷一六"興之矣"條，《春在堂全書》第7册，第204頁上欄。
③ 原文因換行衍一"不"字，今據《莊子》刪。
④ （清）俞樾《茶香室經説》卷一六"先師"條，《春在堂全書》第7册，第206頁上欄。

書·劉歆傳》："至孝武皇帝，然後鄒魯梁趙頗有《詩》《禮》《春秋》先師，皆起於建元之間。"顏師古注："前學之師也。"從事理上看，老師活着可以稱"先生"，與稱"先師"在語意上似無大别。恐怕還有待進一步排除疑似乃至相反之例，方可爲定論。當然，與"師"同類的體詞"父""母""祖"等等，的確是去世始稱"先"；"生"是謂詞，似可例外。《經説》又有指整句爲衍文的。《滕文公下》："堯舜既没，聖人之道衰，暴君代作。壞宫室以爲汙池，民無所安息；棄田以爲園囿，使民不得衣食；邪説暴行又作；園囿汙池，沛澤多而禽獸至。"《經説》云：

> "邪説暴行又作"六字，衍文也。"邪説暴行"四字上文未見，乃云"又作"，義不可通，一也；"園囿汙池"句緊承"壞宫室以爲汙池""棄田以爲園囿"而言，著此六字，文義隔絶，二也。疑此六字當在下文"聖王不作，諸侯放恣，處士横議"之下。蓋"世衰道微"節已云"邪説暴行'有'作"，故此云"'又'作"也。尋"又"字之義，則此句宜在彼處無疑。①

按，"邪説暴行有作"之"有"如果不當"又"字講，依古人習慣是不必出現的。所以援此句以與"邪説暴行又作"相呼應，似可不必。"邪説暴行有作"之"有（又）"應當只是呼應"世衰道微"一句，是説不僅"世衰道微"（情况糟），而且"邪説暴行有（又）作"（情况也很糟）。儘管如此，俞樾認爲"邪説暴行又作"是衍文，甚或當移至下文孟子所處的戰國時代，還是很有道理的。《經説》的理校，亦有難以服人者，如"而往救之"條，② 限於篇幅，不再介紹。

（作者單位：北京大學《儒藏》編纂與研究中心）

---

① （清）俞樾《茶香室經説》卷一六"邪説暴行又作"條，《春在堂全書》第 7 册，第 205 頁下欄—第 206 頁上欄。
② （清）俞樾《茶香室經説》卷一六"而往救之"條，《春在堂全書》第 7 册，第 206 頁下欄。

# 《禮記正義》校讀散札

## 郜同麐

**【内容提要】** 前人對《禮記正義》的校勘或有錯謬，其部分致誤之由是不知《禮記正義》多用古字、古通用字，或不知古書異本，或不知《禮記正義》體例，等等。此外，前人還有一些漏校之處。《禮記正義》中的不少疑難問題，還需要通過校勘予以解決。

**【關鍵詞】** 《禮記正義》 校勘 文字通用

唐初孔穎達等人編成的《禮記正義》歷經傳鈔、轉刻流傳至今，有不少内容無法讀通，其中相當一部分是由文字訛誤造成的。浦鏜《十三經注疏正字》、阮元《十三經注疏校勘記》以及後世不少學者都提出了很多校勘意見，解決了該書中的不少問題。但《禮記正義》仍有些内容需要校勘，前人的部分校勘意見可能也有問題。本文即對該書做了一些文字校勘，並對前人的部分觀點做了駁正，以期對閱讀該書提供些微幫助。

1.《曲禮上》"太上貴德"，疏引熊安生云："其五帝者，鄭注《中侯·勑省圖》云：'德合五帝坐星者稱帝。'則黄帝、金天氏、高陽氏、高辛氏、陶唐氏、有虞氏是也。實六人，而稱'五'者，以其俱合五帝坐星也。"[1] 浦鏜云："'坐'當作'座'，下同。"[2]

《郊特牲》"郊特牲而社稷大牢"，孔疏："又云'大微宫有五帝坐星'。"浦鏜云："'坐'當作'座'，下同。"[3]

---

\* 本文爲國家社科基金一般項目"《禮記正義》生成演變研究"（項目編號：22BZW054）階段性成果。

[1] 本文所引《禮記正義》，無特殊説明的，均引自《禮記正義》，杭州：浙江大學出版社，2019。爲省煩冗，以下不再一一標注出處。

[2] 舊題（清）沈廷芳《十三經注疏正字》，《景印文淵閣四庫全書》第192册，第575頁。

[3] 同上書，第661頁。

按：《玉藻》"玄端而朝日於東門之外"，疏引《五經異義》淳于登說："上帝，五精之帝，大微之庭中有五帝座星。"《詩譜》"大庭、軒轅，逮於高辛"，疏引鄭玄《中候·勑省圖》云："感五帝座星者皆稱帝。"① 是皆作"座星"。《史記·五帝本紀》張守節正義引鄭玄《中候·勑省圖》注則作"坐星"。②《說文》有"坐"無"座"，《玉篇·广部》："座，牀座也。"胡吉宣校釋："古止作'坐'……後世皆作'座'。"③ 是坐、座古今字。從敦煌發現的唐代寫本來看，當時大多坐、座雜出。如伯2440號《靈寶真一五稱經》："五岳神靈，同致帝座。五帝授符，受者長生也。坐長二丈，中央員，皆以重繒爲席。"前作"座"而後作"坐"。伯2305號《妙法蓮華經講經文》："能求七寶爲高坐。"又云："當時若要蓮花座。"一作"坐"，一作"座"。此類之例極多。可見此處"坐""座"皆不誤，既不必據《玉藻》疏改《曲禮》《郊特牲》疏作"座"，亦不必改《玉藻》疏作"坐"。

2.《曲禮上》"立不中門"，孔疏："中央有闑，闑傍有棖，棖謂之門楔。"

按：《玉藻》"大夫中棖與闑之間"，孔疏："闑謂門之中央所豎短木也。棖謂門之兩旁長木，所謂門楔也。"是"棖"在門之兩側，"闑"居門之正中，中間相距一整個門扇。前引《曲禮》疏謂棖在"闑旁"，至爲可疑。《論語·鄉黨》"立不中門"，邢昺疏："中門，謂棖闑之中央。君門中央有闑，兩旁有棖，棖謂之門楔。"④ 此文與前引《曲禮》疏大致相近，"闑旁"作"兩旁"。如此則《曲禮》疏"闑傍"之"闑"字當誤，頗疑原爲"兩"字，轉抄或作"二"，後又以爲乃重文符而重抄"闑"字。又或"闑"字誤重，孔疏原僅作"傍有棖"。

3.《曲禮上》"摳衣趨隅"，鄭玄注："趨隅，升席必由下也。"孔疏："案《鄉飲酒》云'賓升席，自西方'，注云：'升由下也，升必中席。'彼謂近主人爲上，故以主西爲之下。"衛湜《禮記集說》及《儀禮經傳通解》皆無"主西"之"主"字。⑤

按：依《鄉飲酒禮》，賓席南向，以東爲上，以西爲下。主人席在阼階上，

---

① （清）阮元校刻《十三經注疏》，北京：中華書局，2009，第554頁。
② （漢）司馬遷《史記》，北京：中華書局，1959，第1頁。
③ 胡吉宣《玉篇校釋》，上海：上海古籍出版社，1989，第4267頁。
④ （清）阮元校刻《十三經注疏》，第5413頁。
⑤ （宋）衛湜《禮記集說》卷四，《中華再造善本叢書》影印本，北京：北京圖書館出版社，2003，第7頁；（宋）朱熹著，黃榦編《儀禮經傳通解正續編》，北京：北京大學出版社，2012，第306頁。

當賓之東,故賓席以近主人之東爲上。主人西即主人席前,謂賓席"以主西爲之下"則不詞,無"主"字較通。

4.《曲禮上》"客若降等,則就主人之階",孔疏:"降等,卑下之客也。不敢亢禮,故就主人階,是繼屬於主人。""繼屬",各本同,諸家無校。

按:"繼"非承繼之義,應讀作"繫""係"。"繼屬於主人",即統屬於主人之義。隋唐時"繼""繫""係"多通用。玄應《一切經音義》卷三《摩訶般若波羅蜜經》第一卷音義"繫念"條云:"古文繫、繼二形,今作係,同。古帝反。《説文》:係,結束。亦連綴不絶也。"① 敦煌文獻及中古文獻中"繼""繫"相通之例極多,詳參蔣禮鴻《敦煌變文字義通釋》。②《喪服小記》"繼別爲宗,繼禰者爲小宗",《禮記子本疏義》皆作"係",亦可證當時"繼""繫(係)"通用。《禮記正義》中用作"繫""係"之"繼"另有不少用例,如:

《曲禮上》"措之廟,立之主",孔疏引《白虎通》曰:"所以有主者,神無依據,孝子以繼心也。"《太平御覽》卷五三一引《唐書》蔣武引《白虎通》,"繼"正作"係"。③

《曲禮上》"天子之妃曰后",孔疏引《白虎通》曰:"后,君也。明配至尊,爲海內小君,天下尊之,故繼其王言之,曰王后也。"今本《白虎通義》卷一〇"繼"作"繫"。④

《大傳》"庶子不祭,明其宗也",孔疏:"上經論人君絶宗,此一節論卿大夫以下繼屬小宗、大宗之義。""繼"亦當讀作"繫",非"繼別爲宗"之"繼"。"繼屬小宗、大宗之義",即統屬於小宗、大宗之義。

《大傳》"有小宗而無大宗者",孔疏:"以前經明卿大夫士有大宗,有小宗,以相繼屬。"以相"繼屬",即以相聯綴、以相統屬。

《少儀》"齊齊皇皇",孔疏引皇氏:"謂心所繫往。孝子祭祀,威儀嚴正,心有繼屬,故齊齊皇皇然。"前言"繫往",後云"繼屬",其義甚明。浦鏜《正字》:"'繫'誤'繼'。"⑤ 其説雖非,但已發現此問題。

《奔喪》"奔喪者非主人,則主人爲之拜賓、送賓",鄭注:"不升堂哭者,非父母之喪,統於主人也。"孔疏:"故云不升堂哭者,非父母之喪,統屬於主

---

① 徐時儀《一切經音義三種校本合刊》,上海:上海古籍出版社,2012,第57頁。
② 蔣禮鴻《敦煌變文字義通釋》,上海:上海古籍出版社,1997,第273—274頁。
③ (宋)李昉編《太平御覽》,北京:中華書局,1960,第2411頁。
④ (清)陳立《白虎通疏證》,吳則虞點校,北京:中華書局,1994,第489頁。
⑤ 舊題(清)沈廷芳《十三經注疏正字》,《景印文淵閣四庫全書》第192冊,第687頁。

人……故奔喪者在庭中北面，繼統於主人也。"前云"統屬"，後云"繼統"，可知"繼統"即"統屬"，"繼"當讀作"繫""係"。

《禮記正義》中用作"繼"之"系（繫、係）"亦或偶見，如：

《喪服小記》"庶子不爲長子斬，不繼祖與禰故也"，孔疏："然孫系於祖，乃爲長子三年。"此"系"即當讀作"繼"。《禮記子本疏義》"繼"皆寫作"係"，前已言之。此當亦承襲皇疏而未改者。①

5.《曲禮上》"招搖在上"，孔疏："案此搖光則招搖也。"衛湜《集說》"則"作"即"，② 浦鏜據之以爲"'即'誤'則'"。③

按：則、即聲同韻近，古多通用。《經傳釋詞》卷八"則即"條："則者，承上起下之記詞。《廣雅》曰：'則，即也。'字或通作'即'……'則'與'即'古同聲而通用。"④《禮記正義》各本間多或有"則""即"異文，學者或誤作校勘，如：

《曾子問》"布奠於賓，賓奠而不舉"，孔疏："此則不旅酬之事，而更別言者，以上文總云祭祀，是主人之事，自此以下更別論賓禮有闕，故重言之。"浦鏜據衛湜《集說》校"則"作"即"。⑤

《禮運》"故仕於公曰臣，仕於家曰僕"，孔疏："若仕於大夫之家，即自稱曰僕，彌更卑賤也。"毛本"即"作"則"。

《郊特牲》"饗禘有樂，而食嘗無樂"，孔疏引熊氏云："謂殷人春夏祭時有樂，秋冬即無也。"浦鏜校"即"作"則"。⑥

《玉藻》"賜，君未有命，弗敢即乘服也"，孔疏："若君未有命，即不敢乘服也。"疏中之"即"，毛本作"則"。

《玉藻》"大夫拜賜而退"，孔疏："小臣亦入，大夫乃拜之。拜竟則退，不待白報，恐君召進答己故也。"浦鏜據衛湜《集說》校"則"作"即"。⑦

《明堂位》"鸞車，有虞氏之路也"，孔疏："'鸞車'，車有鸞和也。路則車也。"浦鏜校"則"作"即"。⑧

---

① 此文確實來自皇疏，但《禮記子本疏義》脱此"系（係）"字。
② （宋）衛湜《禮記集說》卷八，第4頁。
③ 舊題（清）沈廷芳《十三經注疏正字》，《景印文淵閣四庫全書》第192册，第583頁。
④ （清）王引之《經傳釋詞》，長沙：嶽麓書社，1984，第183頁。
⑤ 舊題（清）沈廷芳《十三經注疏正字》，《景印文淵閣四庫全書》第192册，第639頁。
⑥ 同上書，第662頁。
⑦ 同上書，第680頁。
⑧ 同上書，第683頁。

《大傳》"其夫屬乎父道者，妻皆母道也"，孔疏："凡男女，若無尊卑倫類，相聚即淫亂易生，爲無相分別也。"浦鏜校"即"作"則"。①

《雜記上》"内子以鞠衣褒衣"，孔疏："褒衣則鞠衣也，但上命時褒賜，故曰褒衣矣。"浦鏜據衛湜《集説》校"則"作"即"。②

《雜記下》"弔，哭而退，不聽事焉"，孔疏："謂弔哭既畢，而則退去，不待主人襲、斂之事。"十行本同，阮本"則"作"即"。

《雜記下》"弔，哭而退，不聽事焉"，孔疏："期喪練弔則亦然也。"阮元《十三經注疏校勘記》："此本'則'誤'即'，閩、監、毛本同。"③

《祭義》"君牽牲，夫人奠盎，君獻尸，夫人薦豆"，孔疏："上大夫儐尸，即天子、諸侯之繹也。"阮元《十三經注疏校勘記》："此本'即'誤'則'，閩、監、毛本同。"④

《表記》"《詩》云'豐水有芑'"，鄭玄注："芑，枸檵也。"孔疏："'芑，枸檵'，《爾雅·釋木》文。孫炎曰：'則今枸芑也。'"浦鏜據衛湜《集説》校"則"作"即"。⑤

《投壺》"命弦者曰請奏《貍首》，閒若一"，孔疏："此投壺發初則用樂者，以投壺禮輕，主於歡樂故也。"浦鏜據衛湜《集説》校"則"作"即"。⑥

《鄉飲酒義》"此先禮而後財之義也"，孔疏："先禮即貴，後財則賤，則亦上下互而相通也。""即"，單疏本同，阮本作"則"。

又或有不知"則"字此義而校作他字者，如：

《鄉飲酒義》"六十者三豆"，孔疏："其五十者亦有豆也，但二豆而已，則《鄉飲酒禮》衆賓立於堂下者皆二豆。"浦鏜校"則"作"故"。⑦

6.《曲禮上》"凡卜筮日"，疏："其大夫則大事卜，小事筮。大事，則葬地及葬日爲事之大，則卜，故《雜記》云'大夫卜宅與葬日'是也。其小事用筮，則《少牢》常祀筮日是也。""則葬"之"則"，單疏寫本作"若"。

按：今本作"則"未必誤，"則"有若義。王念孫《讀書雜志·史記第二》

---

① 舊題（清）沈廷芳《十三經注疏正字》，《景印文淵閣四庫全書》第192册，第693頁。
② 同上書，第716頁。
③ 劉玉才主編《十三經注疏校勘記》，北京：北京大學出版社，2015，第3032頁。
④ 同上書，第3079頁。
⑤ 舊題（清）沈廷芳《十三經注疏正字》，《景印文淵閣四庫全書》第192册，第754頁。
⑥ 同上書，第765頁。
⑦ 同上書，第775頁。

"則"字條:"古者'則'與'若'同義。"① 王氏舉《史記》例至夥。其實中古文獻中亦多有用例,《廬山遠公話》:"於是遠公自入寺中,房房巡遍,院院皆行,是事皆有,只是小(少)水,無處投尋。遠公曰:'此寺甚好如法。則無水漿,如何居止?久後僧衆到來,如何有水?'""則無水漿"即"若無水漿"。《禮記正義》中也另有用作若義之"則",學者或誤作校勘,如:

《玉藻》"侍坐則必退席,不退,則必引而去君之黨",孔疏:"黨謂君之親黨,則君命令與君之親黨同席,則卑謙卻引而去離君之親黨,在君之親黨之下而坐。"浦鏜疑"則君"之"則"爲"若"字誤。②

又有八行本作"若"而他本猶作"則"者,可能正存古貌,如:

《檀弓上》"曾子曰'既曰明器矣,而又實之'",孔疏:"若夏后氏專用明器,則分半以實之;殷人全用祭器,則亦分半以虛之;周人兼用明器、人器,人器實之,明器虛之。"閩、監、毛本"若"作"則"。

《學記》"發然後禁,則扞格而不勝",孔疏:"若情欲既發,而後乃禁教,則扞格於教,教之不復入也。"閩、監、毛本"若"作"則"。

又有"則若"連文者,如:

《曲禮下》"野外軍中無摯,以纓拾矢可也",孔疏:"觸類而長之,則若土地無正幣,則時物皆可也。"浦鏜疑"則若"之"則"衍,當非。③

7.《曲禮上》"入國不馳",孔疏:"'入國不馳'者,國中人多,若馳車則害人,故不馳。注云'愛人也,馳,善藺人也',善猶好也。藺,雷刺也。若車馳,則好行刺人也。何胤云:'藺,躪也。'"

按:因刻本"刺""刺"多相混,孔疏中的"刺"字,現代整理本多錄作"刺"。今謂此爲盧達切之"剌"字,"雷剌"雙聲,爲聯綿詞,即躪也。雷、躪聲同,剌、躪韻近,"雷剌"蓋即"躪"之緩讀。同源聯綿詞又有"雷轢",④伯2376號《大佛名要略懺悔文》:"或以車馬雷轢踐踏一切衆生。"可知"雷轢"即踐踏之義。音轉即爲"躪轢""陵轢",前引《大佛名要略懺悔文一卷》,《大正藏》三十卷本《佛説佛名經》卷五、卷二〇載此文,正作"躪轢"。因此,此處當作"雷剌",正孔疏以俗語釋古語之例。後"行刺"之"刺"亦當作盧

---

① (清)王念孫《讀書雜志》,南京:江蘇古籍出版社,2000,第93頁。
② 舊題(清)沈廷芳《十三經注疏正字》,《景印文淵閣四庫全書》第192册,第675頁。
③ 同上書,第592頁。
④ 關於"雷轢"一詞的考證,可參拙文《敦煌文獻聯綿詞叢考》,《歷史語言學研究》第15輯,北京:商務印書館,2021。

達切之"刺",與何胤所釋之"躐"聲同義近。

8.《曲禮下》"爲壇位,鄉國而哭",鄭玄注:"壇位,除地爲位也。"孔疏:"壇者,除地不爲壇。臣之無君,猶人無天也。嫌去父母之邦,有桑梓之戀,故爲壇,鄉國而哭。""不爲壇",十行本同,和珅本、阮本"不"作"而"。

按:"壇者,除地不爲壇"顯然不可通,但和珅本、阮本改"不"作"而"亦非。經文稱"爲壇位",並非"爲壇"。今謂"除地不爲壇"一句不誤,前"壇者"之"壇"或有誤。《禮記·祭法》"設廟、祧、壇、墠而祭之",鄭玄注:"封土曰壇。除地曰墠。"與前《曲禮》注同云"除地",可知"壇位"與"墠"相近,但除地而已,並不起封土。《經典釋文》於《曲禮下》之"壇"注云"徐音善"①,蓋徑讀作"墠"。王夫之《禮記章句》以爲《曲禮下》"壇當作墠"②,亦讀作"墠"。《左傳·宣公十八年》"子家還及笙,壇帷,復命於介",杜預注:"除地爲壇而張帷。"③《經典釋文》亦注壇"音善"④。焦循《春秋左傳補疏》云:"除地爲墠,封土爲壇,二字自別。而壇、墠音近,得相通借。"⑤可知"壇位"之"壇"音、訓古有定説。今疑孔疏本當作"墠,除地不爲壇"或"壇位,除地不爲壇",即謂除地而不起封土。後"故爲壇"之"壇"亦當作"墠"或"壇位"。今本疏或據經文改"墠"爲"壇",或誤脱"位"字,致文意不通。和珅本、阮本又改"不"爲"而",去古益遠。

9.《曲禮下》"天子有后,有夫人,有世婦,有嬪,有妻,有妾",鄭玄注:"妻,八十一御妻,《周禮》謂之女御,以其御序於王之燕寢。"孔疏:"凡后妃以下,更與次序而上御王於五寢之中也。"阮本疏"與"作"以"。

按:作"以"與鄭注合,意思也更通。但作"與"可能並非訛字,"與""以"二字音近,古多通用。⑥《詩經·召南·江有汜》"之子歸,不我以",鄭玄箋:"以猶與也。"至唐時,此二字近乎混用不别。⑦ 因此,八行本之"與"正當讀作"以"。《禮記正義》中"與""以"混用之處還有不少,如:

《檀弓下》"弁絰葛而葬,與神交之道也",鄭注:"天子、諸侯變服而葬,

---

① (唐)陸德明《經典釋文》,黄焯斷句,北京:中華書局,1983,第166頁。
② (明)王夫之《禮記章句》,《船山全書》第4册,長沙:嶽麓書社,1996,第99頁。
③ (清)阮元校刻《十三經注疏》,第4102頁。
④ (唐)陸德明《經典釋文》,第249頁。
⑤ (清)焦循《春秋左傳補疏》,《清經解》第6册,上海:上海書店出版社,1988,第673頁。
⑥ 可參《經傳釋詞》,第1、6頁。
⑦ 詳參張涌泉、張小艷、郜同麟主編《敦煌文獻語言大詞典》,成都:四川辭書出版社,2022,第2481、2545頁。

冠素弁，以葛爲環絰，既虞卒哭乃服受服也。"孔疏："以葛以弁絰連文，故云葛環絰。"孔疏次"以"字，各本同，浦鏜以爲"與"字之誤。① 其實此"以"當讀作"與"，非訛字。

《郊特牲》"三獻之介，君專席而酢焉，此降尊以就卑也"，鄭注："三獻，卿大夫。來聘，主君饗燕之，以介爲賓，賓爲苟敬，則徹重席而受酢也。"孔疏引《燕禮記》："若與四方之賓燕，賓爲苟敬，席于阼階之西，北面，其介爲賓。"孔疏之"與"，今本《儀禮·燕禮記》同，和珅本、十行本及阮本皆作"以"。此處"與"爲正字，"以"爲借字。

《服問》"有大功之喪，亦如之"，鄭注："期既葬之葛帶小於練之葛帶，又當有絰，亦反服其故葛帶，絰期之絰，差之宜也。"孔疏："又大功既葬者，首絰四寸有餘，若要服練之葛帶，首服大功既葬之葛絰，既麤細相似，不得爲五分去一爲帶之差，故首絰與期之絰五寸有餘，進與期之既葬同也。"孔疏之"與"字，各本同。《校勘記》引戴震云："'故首絰'下衍一'與'字。"② 其實此"與"字正當讀作"以"，非衍文。

10. 《曲禮下》"天子有后，有夫人，有世婦，有嬪，有妻，有妾"，鄭玄注："妻，八十一御妻，《周禮》謂之女御，以其御序於王之燕寢。"孔疏："故鄭注《周禮·九嬪》云：'凡御見之法，月與后妃其象也。卑者宜先，尊者宜後。女御八十一人當九夕，世婦二十七人當三夕，九嬪九人當一夕，三夫人當一夕，后當一夕，亦十五日而徧云。自望後反之。孔子云："日者，天之明；月者，地之理。陰契制故月上屬爲天，使婦從夫放月紀。"'月紀是星也。"

按：孔疏引《周禮》鄭注後"月紀是星也"一句極爲可疑。孫詒讓《周禮正義》引《禮記正義》後云："孔云星，疑亦指后妃星。"但史籍中並無星名"月紀"。且孫氏前文云："鄭引此者，取婦從夫放月紀，證后妃象月御於王、十五日而徧之義。"③ 其説是，則所謂"婦從夫放月紀"與星無關。今頗疑"星"字爲"日生"二字之誤。"月紀是日生也"，謂月由朔至望每日生魄，"婦從夫"亦放之，故"卑者宜先，尊者宜後"。

11. 《曲禮下》"天子同姓謂之'叔父'，異姓謂之'叔舅'"，孔疏："一本云'天下同姓'。"《校勘記》："監、毛本'下'作'子'。"④

---

① 舊題（清）沈廷芳《十三經注疏正字》，《景印文淵閣四庫全書》第192册，第603頁。
② 劉玉才主編《十三經注疏校勘記》，第6册，第3181頁。
③ （清）孫詒讓《周禮正義》，王文錦、陳玉霞點校，北京：中華書局，1987，第554頁。
④ 劉玉才主編《十三經注疏校勘記》，第2408頁。

按：和珅本"天下"亦作"天子"，作"子"字者是。然而此句仍不能讀通。經文前"天子同姓謂之'伯父'"，《經典釋文》出"天子謂之伯父"，云："本或有'同姓'二字，衍文。"① 蓋正義本則如《經典釋文》，作"天子謂之叔父"，故注異文"一本云'天子同姓'"。

12.《檀弓上》"布幕，衛也；縿幕，魯也"，疏："既言齊斬、饘粥同，又言覆棺之幕天子、諸侯各别。以布爲幕者衛，是諸侯之禮；以縿爲幕者魯，是天子之制。"十行本"既"作"元"，《校勘記》："閩、監、毛本'元'作'先'。"② 孫詒讓亦以爲作"先"是。③

按：阮、孫二氏不見八行本，不知此處本當作"既"。"元""先"當均爲"既"字省形或壞字。隸古定《尚書》"既"皆寫作"旡"，如伯2516號《尚書·盤庚中》"既勞乃祖乃父"，"既"即作"旡"。"旡"則與"元"等形近。又"既"字俗書或從"元"作"既"（見伯2001號《南海寄歸内法傳》）、"既"（見伯2005號《沙州都督府圖經》）等形，亦易脱落偏旁爲"元"字。後世以"元"字不通又校改作"先"，則距孔疏原貌益遠。

13.《檀弓上》"高子皋之執親之喪也"，孔疏："案《史記·仲尼弟子傳》，高柴，鄭人，字子皋。"浦鏜："'鄭人'二字衍。案《家語》作齊人，鄭康成云衛人。"④

按：《史記·仲尼弟子列傳》"高柴，字子羔"，司馬貞索隱："鄭玄云衛人。《家語》'齊人，高氏之别族'。"⑤ 浦鏜蓋據此。《史記》原文未言高柴籍貫，《左傳·哀公十五年》衛國蒯聵之亂中曾見"子羔"之名，賈逵、杜預皆以爲衛大夫，鄭玄稱衛人，蓋據此。但仕衛未必爲衛人，據本經，高柴亦曾仕魯。《孔子家語》以爲齊人，則因其爲"高氏之别族"，高爲齊國大族，故以爲齊人。但即便真爲齊高氏之後，也僅説明遠祖爲齊人。《孔子家語·七十二弟子解》又稱高柴"少居魯"，亦不知何據。總之，高柴的籍貫確有不少疑問。《檀弓下》"季子皋將葬其母"節疏曰："《史記·仲尼弟子傳》云：'高柴字子皋，少孔子三十歲。'鄭人也。"亦稱"鄭人"，則《禮記正義》或另有所本，不可輕易以爲非。

---

① （唐）陸德明《經典釋文》，第166頁。
② 劉玉才主編《十三經注疏校勘記》，第2429頁。
③ （清）孫詒讓《十三經注疏校記》，雪克輯校，濟南：齊魯書社，1983，第422頁。
④ 舊題（清）沈廷芳《十三經注疏正字》，《景印文淵閣四庫全書》第192册，第597頁。
⑤ （漢）司馬遷《史記》，第2212頁。

14.《檀弓上》"子碩欲以賻布之餘具祭器",鄭注:"古者謂錢爲泉布,所以通布貨財。"孔疏:"案鄭此旨云'五銖'者,其重五銖。凡十黍爲一參,十參爲一銖,二十四銖爲一兩,故錢邊作五銖字也。"

《喪大記》"朝一溢米,莫一溢米",鄭注:"於粟米之法,一溢爲米一升二十四分升之一。"孔疏:"今一兩爲二十四銖,則二十兩爲四百八十銖,計十九兩有奇爲一升,則揔有四百六十銖八參,以成四百八十銖,唯有十九銖二參在,是爲米一升二十四分升之一。"潘宗周:"兩'參'字阮同,均爲'絫'字之誤。"

《儒行》"雖分國,如錙銖",鄭注:"八兩曰錙。"孔疏:"案筭法,十黍爲參,十參爲銖,二十四銖爲兩,八兩爲錙。"《校勘記》:"段玉裁校本'參'改'絫'。"①

按:段玉裁、潘宗周之説均是,《檀弓》疏之"參"亦爲"絫"字之誤。《漢書·律曆志》"權輕重者不失黍絫",顏師古引應劭曰:"十黍爲絫,十絫爲一銖。"②《説文·厽部》:"絫,增也。從厽從糸。絫,十黍之重也。"③是漢儒皆謂十黍爲絫。"參"俗書或作"叅",與"絫"字形稍似,或即因此誤"絫"作"參"。但《禮記正義》三處皆作"參",各本無異文,或孔氏作疏時已誤。

15.《月令》仲夏"均琴、瑟、管、簫",孔疏:"《釋樂》云'大簫謂之言',郭景純云:'編二十二管,長尺四寸。'"今本《爾雅》郭注作"二十三管",浦鏜據改"二"作"三"。④

按:浦校未必是。今所見各本《禮記正義》皆作"二十二",衛湜《集説》引同。《太平御覽》卷五八一引《爾雅》郭注作"簫,二十二管",⑤亦作"二"。可見當時自有作"二十二"之本,孔疏未必爲誤字。今本《爾雅》郭注作"二十三"可能亦不誤,《通典》卷一四四引《爾雅》及蔡邕《爾雅章句》,《宋書·樂志》《詩經·周頌·有瞽》疏等引,皆作"二十三"。但又不僅此兩説,《廣雅·釋樂》:"籟謂之簫,大者二十四管。"⑥《藝文類聚》卷四四引《三

---

① 劉玉才主編《十三經注疏校勘記》,第3200頁。
② (漢)班固撰,(唐)顏師古注《漢書》,北京:中華書局,1962,第597頁。
③ (漢)許慎《説文解字》,北京:中華書局,1963,第307頁。
④ 舊題(清)沈廷芳《十三經注疏正字》,《景印文淵閣四庫全書》第192冊,第627頁。
⑤ (宋)李昉編《太平御覽》,第2620頁。
⑥ (清)王念孫《廣雅疏證》,北京:中華書局,2004,第279頁。

禮圖》："雅簫長尺四寸，二十四彄。"① 是關於簫之管數，古來異説紛紜，可存異説，不必强行統一。

16.《月令》中央土"律中黄鍾之宫"，鄭玄注："十二律轉相生，五聲具，終於六十焉。季夏之氣至，則黄鍾之宫應。《禮運》曰：'五聲、六律、十二管，還相爲宫。'"孔疏："引《禮運》'還相爲宫'者，證所明十二律循環爲宫，聲調則具，而此經得黄鍾之宫。"浦鏜以爲孔疏"所"字衍。②

按：頗疑孔疏此處原作"所以明十二律循環爲宫……"，後脱"以"字，後人又以"所明"不可通，前補"證"字。《禮記正義》中解釋鄭注引書之由，多云"引之者，證……"，此"證"字或即據此例而補。

17.《月令》孟冬"立冬之日，天子親帥三公、九卿、大夫以迎冬於北郊，還反，賞死事，恤孤寡"，孔疏："'還反，賞死事'者，還於郊反亦反於朝也。"衛湜《集説》作"還，還於郊；反，反於朝也。"③ 浦鏜據此於"還"下再補一"還"字，且謂"亦"字衍。④

按：浦校未必是。天子既至北郊迎冬，則"還反"指自北郊還朝，若疏稱"還於郊"則不詞。今本孔疏實無脱誤，當斷句作"還，於郊反，亦反於朝也"。"亦"字乃是"亦"以上幾個孟月。孟春云："立春之日，天子親帥三公、九卿、諸侯、大夫，以迎春於東郊。還反，賞公、卿、諸侯、大夫於朝。"正有"於朝"之文。

另外值得注意的是，《吕氏春秋·孟冬紀》《淮南子·時則訓》"還反"作"還乃"，⑤ 孟春疏引此文，亦作"還乃"。《月令》孟春"還反，賞公、卿、諸侯、大夫於朝"，《釋文》出"還乃"，⑥《校勘記》引《石經考文提要》云："是四時皆作'還乃'也。《後漢書·郎顗傳》章懷注：'《禮記》正月迎春於東，還乃賞公卿、諸侯、大夫於朝。'是唐初本如此。"⑦ 是孔穎達所見《月令》本作"還乃"，不可能釋"反"字。後世既用作"反"之經，讀孔疏似不可通而誤增"還"字，浦鏜又據之誤校。

---

① （唐）歐陽詢《藝文類聚》，汪紹楹校，上海：上海古籍出版社，1982，第790頁。
② 舊題（清）沈廷芳《十三經注疏正字》，《景印文淵閣四庫全書》第192册，第628頁。
③ （宋）衛湜《禮記集説》卷四五，第4頁。
④ 舊題（清）沈廷芳《十三經注疏正字》，《景印文淵閣四庫全書》第192册，第631頁。
⑤ 許維遹《吕氏春秋集釋》，北京：中華書局，2009，第216頁；劉文典《淮南子集解》，北京：中華書局，1989，第180頁。
⑥ （唐）陸德明《經典釋文》，第175頁。
⑦ 劉玉才主編《十三經注疏校勘記》，第2596頁。

18.《月令》季冬"命有司大難旁磔,出土牛以送寒氣",鄭玄注:"送猶畢也。"孔疏:"云'送猶畢'者,此時寒實未畢,而言畢者,但意欲全畢耳。"浦鏜據衛湜《集說》校"全"作"其"。①

按:浦說非是。"意欲"即將要之義,而非一般的想要義。敦煌文獻中有不少用例。伯3849號《佛說諸經雜緣喻因由記》:"不經多時,其女人亦便懷任,意欲臨產。""意欲臨產"即將要臨產。伯3200號《長樂經》:"面目無異別,乘舡入海同。用心不净潔,意欲没潭中。""意欲没潭中",即指因平時用心不潔,乘船時將要沉没。前揭疏"意欲全畢"謂寒氣將要全畢。衛湜蓋讀"意欲"爲想要之義,故改作"意欲其畢",謂王者想要寒氣畢,與經疏義違。

19.《禮器》"五獻之尊,門外缶,門內壺,君尊瓦甒",鄭玄注:"《易》曰:'尊酒簋,貳用缶。'"孔疏:"引《易》曰'尊酒簋,貳用缶',《易》坎卦六四爻辭。案'六四,尊酒簋,貳用缶,納約自牖,終無咎',鄭云:'六四上承九五,又互體在震上,天子大臣以王命出會,諸侯尊於簋,副設玄酒而用缶也。'"浦鏜校"尊於簋"之"於"爲"柣"。②

按:浦校非是。《詩經·秦風·宛丘》疏亦引《周易》鄭注,亦作"於",③浦鏜亦校作"柣",稱據《玉海》校。④《玉海》中無此文,浦氏蓋據《玉海》所附王應麟輯《周易鄭康成注》。但《中華再造善本叢書》影印元至元六年慶元路儒學刻《周易鄭康成注》及江蘇古籍出版社、上海書店影印浙江書局刻《玉海》附《周易鄭康成注》皆作"於"。且《禮器》下文稱"天子、諸侯之尊廢禁",柣即斯禁,孔疏所引鄭注若作"柣",正與之相左。

簋非酒器,《周易》鄭玄注"諸侯尊於簋"確實亦不可通,前儒已多有駁正,可參《經義述聞》及林慶炳《周易述聞》"樽酒簋貳用缶"條,⑤此不具引。浦鏜蓋亦因鄭注不可通而改。

20.《內則》"羞:糗餌、粉酏",鄭玄注:"《周禮》'羞籩之實,糗餌粉餈','羞豆之實,酏食糝食'。此酏當爲餰,以稻米與狼臅膏爲餰是也。"孔疏:"上以黍酏是粥,知此'酏'當爲'餰'者,案《周禮》酏食共糝食文連,

---

① 舊題(清)沈廷芳《十三經注疏正字》,《景印文淵閣四庫全書》第192冊,第633頁。
② 同上書,第655頁。
③ (清)阮元校刻《十三經注疏》,第800頁。
④ 舊題(清)沈廷芳《十三經注疏正字》,《景印文淵閣四庫全書》第192冊,第153頁。
⑤ (清)王引之《經義述聞》,南京:江蘇古籍出版社,1985,第23頁;(清)林慶炳《周易述聞》,《續修四庫全書》第39冊,第455頁。

則酏是糁之般類。此《内則》作糁與餌其事相連，故云'此酏當爲餌'。"浦鏜從《儀禮經傳通解》校"此内則"三字作"八珍内"。①

按：孔疏雖似不可解，但並無誤字。《周禮·天官·醢人》"羞豆之實，酏食、糁食"，鄭玄注："酏，餐也。《内則》曰：'取稻米舉糔溲之，小切狼臅膏，以與稻米爲餐。'"賈公彦疏引《雜問志》："《内則》餐次糁，《周禮》酏次糁。又酏在六飲中，不合在豆。且《内則》有餐無酏，《周禮》有酏無餐，明酏、餐是一也。"②前揭《禮記正義》正用此《鄭志》之義。今本《内則》下文云"以與稻米爲酏"，《禮記注疏校勘記》引段玉裁云："經文'酏'字鄭時本作'餐'，《周官·醢人》注引《内則》正作'餐'字，《正義》引《襍問志》云……《内則》'餐'字淺人改爲'酏'字，不知注内'此酏'正謂《周禮》'酏'字而誤會也。"③今本《内則》作"酏"字，與鄭玄所見作"餐"者不同，故致孔疏用《鄭志》反而不可解。

21.《玉藻》"日少牢，朔月大牢"，疏："鄭答云：'《禮記》，後人所集，據時而言。或諸侯同天子，或天子同諸侯等，所施不同。'故鄭據《王制》之法與周異者多，當以經爲正。如鄭此言，記多錯雜，不與經同。"《校勘記》："'同諸侯'之'同'當作'與'。孫志祖云：'同，《周禮·膳夫》疏作"與"，是也。又云"禮數不同，難以據也"，此疏"故鄭"二字疑誤。'惠棟校云：'"故鄭據"三字衍。'浦鏜校作'故難據也'。"④

按：《周禮·膳夫》疏："鄭答云：'《禮記》後人所集，據時而言，或以諸侯同天子，或以天子與諸侯等，禮數不同，難以據也。《王制》之法，與禮違者多，當以經爲正。'"⑤孫、惠、浦蓋均據此校。《周禮》疏確實看起來更接近《鄭志》原貌，但值得注意的是，《禮記》疏中不少引文並非直接引文，而是對引文稍做改造。如《禮記》疏引鄭玄《駁五經異義》多作"鄭康成駁之云"或"鄭駁之云"，據《玉藻》疏、《周禮·載師》疏等可知，《駁五經異義》鄭駁起始的標誌是"玄之聞也"，《禮記》疏做了改造。又如《曲禮上》"國君下齊牛，式宗廟"，疏："案《齊右職》云'凡有牲事則前馬'，注云：'王見牲則拱而式。'又引《曲禮》曰'國君下宗廟，式齊牛'。"其中所引皆《周禮》注，不

---

① 舊題（清）沈廷芳《十三經注疏正字》，《景印文淵閣四庫全書》第192册，第669頁。
② （清）阮元校刻《十三經注疏》，第1453頁。
③ 劉玉才主編《十三經注疏校勘記》，第2844頁。
④ 劉玉才主編《禮記注疏校勘記》，第716頁。
⑤ （清）阮元校刻《十三經注疏》，第1421頁。

妨中間加"又引"二字。前揭《玉藻》疏"故鄭據"三字蓋亦同此，未必爲誤。且《鄭志》僅引《王制》，不及《玉藻》，此處引以爲《玉藻》作疏，故稱"故鄭據《王制》"，與下"記多錯雜"呼應。

22.《喪服小記》"生不及祖父母、諸父昆弟而父稅喪，己則否"，孔疏："王云以爲：'計己之生，不及此親之存，則不稅。若此親未亡之前而己生，則稅之也。'"浦鏜據衛湜《集説》校"王云以爲"爲"王氏云己則否謂"數字。①

按：此段疏襲自皇侃舊疏，《禮記子本疏義》亦作"王云以爲"，可知今本不誤。但值得思考的是《禮記正義》中"云"字的用法。一般文獻中多以"云"字後接直接引文，但《禮記正義》却頗有一些"云"字再接"以爲""謂"等詞或書名者。前揭例雖爲皇氏舊疏，但《禮記正義》中此類之例不少，且有"皇氏云以爲"者，則此用法非皇疏特有。前世學者或有以爲這種用法不通而作校勘，大可不必，如：

《王制》"小國二卿，皆命於其君，下大夫五人，上士二十七人"，孔疏："案《周禮》'三命受位'，鄭云謂：'此列國之卿始有列位於王，爲王之臣也。'"

《王制》"有虞氏皇而祭，深衣而養老"，孔疏："其冠未聞，皇氏云以爲養老首還服皇冠，崔氏云以爲與夏同冠，未知然否。"

《文王世子》"其公大事，則以其喪服之精麤爲序"，孔疏："皇氏云以爲喪服以麤爲精。"

《郊特牲》"大報天而主日也"，孔疏："皇氏云以爲日、月合祭之時用犢，分祭之時用少牢，其義非也。"

《喪服小記》"生不及祖父母、諸父昆弟而父稅喪，己則否"，孔疏："'生不及祖父母、諸父昆弟'者，鄭意云謂父先本國有此諸親，後或隨宦出遊，居於他國，更取而生此子。"

《喪服小記》"宗子，母在爲妻禫"，孔疏："賀循云《出居廬論》稱：'杖者必廬，廬者必禫……'如賀循此論……"浦鏜校："'云'字疑在'論'字下。"②

《喪服小記》"久而不葬者，唯主喪者不除"，孔疏："庾云謂：'昔主《要記》……'謂庾言爲是。"

《學記》"大學始教，皮弁祭菜，示敬道也"，孔疏："皇氏云以爲始教謂春

---

① 舊題（清）沈廷芳《十三經注疏正字》，《景印文淵閣四庫全書》第192册，第688頁。
② 同上書，第689頁。

時學士始入學也，其義恐非。"

《樂記》"禮者別宜，居鬼而從地"，孔疏："賀云以爲：'居鬼者，居其所爲……'義亦通也。"

23.《雜記上》"公襲，卷衣一，玄端一，朝服一，素積一，纁裳一，爵弁二，玄冕一，褒衣一，朱綠帶，申加大帶於上"，孔疏："此一經明襲用衣稱卷冕之也。公襲，以上服最在内者，公身貴，故以上服親身，欲尊顯加賜，故褒衣最外，而細服居中也。""卷冕之也"，十行本同，和珅本、毛本、阮本"也"作"制"。浦鏜以爲"卷冕"二字衍。①

按："衣稱卷冕之也"義不可通，十行本系統或改作"卷冕之制"亦不可通，此處經文并未言卷冕制度。浦鏜貿然删"卷冕"二字，亦無據。今疑此處有脱誤。下疏文於"玄端""朝服"等均有釋，不容此處於"卷衣"無說。今疑"卷冕之也"當釋"卷衣"，蓋"也"上脱"服"字。"卷冕之服也"與下疏"燕居之服""皮弁之服"等一例。孔疏於一節前之出文往往全引首句，後則直接作疏，不再單獨出首句。②此處孔疏蓋本作"'公襲卷衣一'至'於上'［疏］正義曰：此一經明襲用衣稱。卷冕之服也。"今本即删改節首出文，又不明孔疏體例，脱一"服"字，致文意不通。

24.《喪大記》"皆升自東榮"，孔疏："'皆升自東榮'者，此復者初上屋時也。榮，屋翼也。天子、諸侯四注爲屋，而大夫以下不得四注，但南北二注，而爲直頭，頭即屋翼也。復者升東翼而上也。賀瑒云：'以其體下於屋，故謂上下。在屋兩頭似翼，故名屋翼也。'"浦鏜疑"故謂上下"爲"故自此升"之誤。③

按：浦校當非。孔疏自"榮，屋翼也"以下皆釋"榮"字，賀瑒"以其體下於屋"亦釋屋之四角，並非僅謂"東榮"，實兼下"降自西北榮"而言，故稱"故謂上下"。"故謂上下"之"謂"當讀作"爲"。"故爲上下"，謂因"榮"之體下於屋，故於此上下，亦兼"降自西北榮"而釋。

25.《祭法》"雩宗，祭水旱也"，鄭玄注："雩之言'吁嗟'也。"孔疏："案《考異郵》云'雩呼吁嗟哭泣'，故云雩爲'吁嗟'也。"浦鏜："'呼'疑衍文。"④

---

① 舊題（清）沈廷芳《十三經注疏正字》，《景印文淵閣四庫全書》第192册，第718頁。
② 參拙文《從單疏殘抄本看〈禮記正義〉的演變》，《文史》2021年第1輯。
③ 舊題（清）沈廷芳《十三經注疏正字》，《景印文淵閣四庫全書》第192册，第724頁。
④ 同上書，第733頁。

《禮記正義》校讀散札

按：浦校有理，但於致誤之由猶未達一間。《周禮·女巫》"凡邦之大烖，歌哭而請"，賈疏引《鄭志》引《考異郵》云："立服而雩，緩刑理察，挺罪赦過，呼嗟哭泣，以成發氣。"① 前揭孔疏所引蓋即此處所引之文。呼、吁形近，聲同韻近，古多通用。伯3233號《太上洞淵神呪經》"人民吁嗟""下人吁嗟"，伯2576號背"吁"皆作"呼"。斯2122號《太上妙法本相經》"於後吁其二子"，"吁"當讀作"呼"。伯3784號背《老子中經》"師即吁子"，"吁"亦當讀作"呼"，《道藏》本即作"呼"。此類之例極多，不煩再舉。頗疑孔疏本作"呼嗟哭泣"，後人受鄭注影響旁校"吁"字，後世轉刻又將旁校字誤入正文，遂致今貌。

26.《祭法》"舜勤眾事而野死"，孔疏："'舜能勤眾事而野死'者，舜征有苗，仍巡守陟方而死蒼梧之野，是勤眾事而野死。"

按：孔疏述經多"能"字，浦鏜以爲衍。②《群書治要》卷七引《祭法》亦有"能"字，③ 則或古本《禮記》有多"能"字者，不可輕刪孔疏之字。

27.《祭法》"周棄繼之，故祀以爲稷"，鄭注："棄，后稷名也。"孔疏："云'棄，后稷名也'者，稱《舜典》云'棄，汝后稷'，是棄爲后稷名也。"浦鏜："'稱'當'案'字誤。"④

按："稱"字非常可疑，但浦氏之校亦無他證。《詩經·魯頌·閟宫》"是生后稷，降之百福"，鄭玄箋："后稷生而名棄，長大，堯登用之，使居稷官，民賴其功。後雖作司馬，天下猶以后稷稱焉。"⑤ 是"后稷"爲棄之稱。頗疑"稱"字前脱"后稷"二字。"后稷，稱"，謂棄爲名、后稷爲稱。《禮記正義》引經文後多重揭經字作釋，今本多或刪除。⑥ 此處或亦因此誤刪"后稷"二字。

28.《祭義》"薦黍稷，羞肝肺首心，見間以俠甒，加以鬱鬯，以報魄也"，孔疏："'加以鬱鬯'者，謂薦此黍稷，加肝肺之薦，更加之以鬱鬯，然後薦黍稷饋孰。報魄之時始云'加鬱鬯'者，言非但薦孰是報魄，言祭初所加鬱鬯亦是報魄也。以魄在地下，鬱鬯灌地，雖是祭初，亦是報魄。不當薦孰之時，故云'加'也。"

---

① （清）阮元校刻《十三經注疏》，第1764頁。
② 舊題（清）沈廷芳《十三經注疏正字》，《景印文淵閣四庫全書》第192冊，第734頁。
③ （唐）魏徵《群書治要》卷七，《四部叢刊》本，第21頁。
④ 舊題（清）沈廷芳《十三經注疏正字》，《景印文淵閣四庫全書》第192冊，第734頁。
⑤ （清）阮元校刻《十三經注疏》，第1326頁。
⑥ 詳參拙文《從單疏殘抄本看〈禮記正義〉的演變》。

按："更加之以鬱鬯，然後薦黍稷饋孰"二句完全不可通，加肝肺之薦後並非灌鬱鬯，灌鬱鬯後亦非薦黍稷，且薦黍稷乃饋孰中一個環節，二者亦不宜並列。浦鏜據衛湜《集說》於"薦黍稷"後補"也"字，① 仍不可通。《周禮·大宗伯》"以肆獻祼享先王"，鄭玄注："祭必先灌，乃後薦腥薦孰。"② 此爲祭祀之序。因此疑前揭孔疏"更加之以鬱鬯"一句後蓋有大量脫文，"薦黍稷"又當"薦腥"之誤。推測孔疏之意，蓋謂"薦此黍稷，加肝肺之薦，更加之以鬱鬯"皆爲"報魄"，但凡祭必先灌，然後薦腥饋孰。於"報魄之時始云'加鬱鬯'者"，爲以下原因。前揭疏因有大量脫誤，致文意不可通。

29.《緇衣》"《易》曰：'不恒其德，或承之羞'"，孔疏："此'不恒其德，或承之羞'者，是《易·恒卦》，巽下震上，九三爻辭，得正，互體爲乾，乾有剛健之德。體在巽，巽爲進退，是不恒其德也。又互體爲兌，兌爲毀折，是將有羞辱也。"浦鏜："當云'是《易·恒卦》九三爻辭。恒卦巽下震上，互體爲乾。'誤倒亂其文，脫'恒卦'二字，誤衍'得正'二字也。"③

按："巽下震上"一句使文意很不連貫，確實多餘，故浦鏜做大幅改動，但浦氏之校並無實據。疑此疏"巽下震上"乃是夾行注，後世誤爲正文。除序外，今本《禮記正義》中僅存一處夾行注，即《月令》孟春節"是月也，天氣下降"下疏引《漢書》注"氾，成帝時爲侍郎"，於"氾"下夾行注"音汎"二字。但以此例之，可知孔疏原文中確有夾行注，但在後世抄刻過程中或已刪除，或混入正文。古人行文於卦象多注出上下卦體，如《左傳》杜預注即是，或《禮記正義》原文亦如是。"此……者，是易·恒卦$_\text{震上}^\text{巽下}$九三爻辭"，如此則句意可通，且無需校改。

今本孔疏中此類文字多已混入正文，且難以指實，但還有些內容留下了蛛絲馬跡。如：

《郊特牲》"故天子牲孕，弗食也，祭帝弗用也"，孔疏："案漸卦艮下巽上，九三上與九五互體爲離，離爲大腹，孕之象也。""艮下巽上"亦當爲夾行注。

《檀弓上》"戎事乘翰"，鄭玄注："翰，白色馬也。《易》曰：'白馬翰如。'"孔疏："所引《易》者，《易·賁卦》：'六四，賁如皤如，白馬翰如。'

---

① 舊題（清）沈廷芳《十三經注疏正字》，《景印文淵閣四庫全書》第192冊，第737頁。
② （清）阮元校刻《十三經注疏》，第1636頁。
③ 舊題（清）沈廷芳《十三經注疏正字》，《景印文淵閣四庫全書》第192冊，第760頁。

賁，離下艮上，鄭注云：'六四，巽爻也，有應於初九，欲自飾以適初，既進退未定，故皤如也。白馬翰如，設九三位在辰，得巽氣，爲白馬。翰猶幹也，見六四適初未定，欲幹而有之。'引此者，證翰爲白色。"孔疏之例，一般引經後直接引注，此處引《易》後多"賁，離下艮上"一句，與全書體例不一致。且後引鄭注以之卦互體爲説，與上下體無關，"賁，離下艮上"一句也無必要。今疑《禮記正義》原文蓋於前"易·賁卦"後有"離下艮上"之夾行注，後世誤爲正文，又覺其不通而誤置於下。

30. 《昏義》篇題疏引《五經異義》："大戴説，男三十、女二十有昏娶，合爲五十，應大衍之數目，天子達於庶人，同一也。故《春秋》左氏説，國君十五而生子，禮也。二十而嫁，三十而娶，庶人禮也。禮，夫爲婦之長殤。長殤十九至十六，知夫年十四、十五。見士昏禮也。"浦鏜："《禮》作婦爲夫之姑姊妹之長殤，見《喪服》緦麻三月章。下'見士昏禮'四字當衍文。"① 陳壽祺："盧植、范甯、杜佑皆引《喪服》'爲夫姊之長殤'，王肅所據《服經》亦即指此，蓋皆本許氏《異義》。《昏義》引《異義》譌作'夫爲婦之長殤'，經無此文，義又大乖，其誤審矣。《異義》云夫年十四、十五見《士昏禮》者，言士之子年十四、十五而得行昏禮，於此可見，非謂禮有其文也。"②

按：陳氏之説是，孔疏"夫爲婦"當"爲夫姊"三字之訛，蓋先訛"姊"作"婦"，又臆乙"爲夫"二字。《穀梁傳·文公十二年》范甯注："禮爲夫之姊妹服，長殤年十九至十六。如此，男不必三十而娶，女不必二十而嫁明矣。此又士大夫之禮。"③ 據此，"見士昏禮也"即"此又士大夫之禮"之義，頗疑"見"當"是"字之誤。

31. 《昏義》"天子立六官、三公、九卿、二十七大夫、八十一元士，以聽天下之外治"，鄭玄注："三公以下百二十人，似夏時也。"孔疏："云'三公以下百二十人'者，周三百，此百二十人，延於百數，故云'似夏時'。以無正文，故稱'似'也。"浦鏜"周"下補"官"字，"此"下補"止"字，且云"'延於百數'四字疑衍。"④

按：浦校非是。《明堂位》："有虞氏官五十，夏后氏官百，殷二百，周三

---

① 舊題（清）沈廷芳《十三經注疏正字》，《景印文淵閣四庫全書》第192冊，第773頁。
② （清）陳壽祺《五經異義疏證》（與《駁五經異義疏證》合刊），王豐先整理，北京：中華書局，2014，第151頁。
③ （清）阮元校刻《十三經注疏》，第5229頁。
④ 舊題（清）沈廷芳《十三經注疏正字》，《景印文淵閣四庫全書》第192冊，第774頁。

百。"孔疏實用此文。又"延於百數"四字不可通,疑"延"乃"近"字之誤。"近"字俗書或作"![近]"形(見伯2301號《別譯雜阿含經略出》),與"延"字俗書"![延]"(見伯2042號《大佛名十六卷略出懺悔》)極易混同。孔疏之意,謂《昏義》百二十人近於《明堂位》夏百之數,故鄭注云"似夏時"。頗疑孔疏原文即引《明堂位》,今本脫去篇名及前面幾句,僅保留"周三百"一句,使上下文不通,且使下"近於百數"之文無法理解。

(作者單位:中國社會科學院文學研究所)

# 丁晏《佚禮扶微》版本考

## 樓宇威

**【内容提要】** 丁晏《佚禮扶微》是清代輯逸《禮》的代表作,今存稿本二種、抄本四種、刻本一種。上海圖書館藏吳庠舊藏稿本問世最早,爲丁晏工作稿本,在初稿本基礎上歷經嘉道年間多次修訂,保存了此書的早期面貌和修訂細節,或爲後出諸本的祖本之一,其餘稿抄本則均輾轉繼承自吳庠藏本。國家圖書館(以下簡稱"國圖")藏延古堂舊藏稿本爲丁晏謄清稿本,初創於嘉慶末年,形成於道光年間,内容結構最爲完備,接近定稿。國圖藏十三行抄本保留了此書初創時期的面貌。上圖藏嘉業堂舊藏本,實係抄本,反映了此書1818年至1820年間的面貌,但抄寫不精,多違原意。清華大學圖書館藏柯逢時舊藏本與嘉業堂本同出一源,然篇次竄亂嚴重。國圖藏丁晏《樂記補疏》實際是《佚禮扶微》的節抄本,係吳藏本之過録本。1888年王先謙、繆荃孫刊刻《南菁書院叢書》時收入此書,其底本爲國圖稿本或其録副,經過校改,與稿本有一定出入。

**【關鍵詞】** 丁晏 《佚禮扶微》 稿抄本 三禮

丁晏(1794—1876),字儉卿,號柘唐,江蘇淮安人,清朝中晚期著名學者,被譽爲"江淮經師",書房名"六藝堂""頤志齋"。丁晏一生著作宏富,涉獵廣博,其禮學研究以《周禮釋注》《儀禮釋注》《禮記釋注》較爲知名。《佚禮扶微》是丁晏早期搜輯逸《禮》的著作,據記載此書草創於嘉慶戊寅(1818),成書於道光二年(1822),遞有修訂。[①] 原書分爲兩卷,上卷分《佚

---

① (清)丁晏《頤志齋文集》卷二,《清代詩文集彙編》第587分册,上海:上海古籍出版社,2010,第96—97頁。(清)丁壽恒《柘唐府君年譜》,《北京圖書館藏珍本年譜叢刊》第148册,北京:北京圖書館出版社,1999,第31頁。

經》《佚記》兩部分，下卷爲《佚文》，另《附錄》一卷、《補遺》一卷。① 《佚經》部分以逸《禮》爲綱，抄撮古《禮》佚文，爲此書精華所在；《佚記》部分則以古《記》篇名爲題，搜輯二《戴記》佚文；《佚文》部分以所引書名爲目繫聯散句，篇幅較爲短小。《附錄》《補遺》部分則多收漢儒説經之文。輯佚之外，丁晏在存佚考訂、真僞辨别、篇籍流傳、字詞訓釋等方面繼前賢舊説，發空谷創論，其案語内容博洽，考證謹嚴，頗見功力，如《佚記》部分，丁晏備考二《戴記》篇目次序，並分辨其後世竄亂原由；《附論》部分，專辨二《戴記》之間的關係，認爲二戴共傳后蒼《禮記》四十九篇，並非《小戴》删取《大戴》，戴德爲廣異文於是改易師法，將之廣爲八十五篇，這在重師法的漢人眼中是不可取的，因此《大戴》傳者絶少，其學遂漸寖微。梁啓超在《中國近三百年學術史》中，將《佚禮扶微》列爲清代三禮輯佚的代表作之一。② 胡玉縉在《續修四庫全書總目》中讚其"補苴罅漏，張皇幽渺，講求佚禮者，要必以是爲淵藪焉"。③《佚禮扶微》作爲清代逸《禮》研究的重要著作，對晚清學術産生了積極影響，其搜輯《軍禮》和《司馬法》佚文的做法，直接影響了黄以周、陳善餘等人。④

《佚禮扶微》在丁晏身前並未付梓，是其多種未刻繕稿之一，現存已知版本包括稿本二種：上海圖書館藏吴庠舊藏稿本（索書號 793647－50，下簡稱"吴藏本"）、國家圖書館藏延古堂舊藏稿本（善本書號 A01974，下簡稱"延古堂本"）；抄本四種：國圖藏十三行抄本（善本書號 12037，下簡稱"十三行本"）、上圖藏嘉業堂舊藏抄本（索書號 821460，下簡稱"嘉業堂本"）、清華大學圖書館藏柯逢時舊藏抄本（典藏號：戊 910/7269，下簡稱"柯藏本"）、國家圖書館藏陳瘦盫舊藏抄本（善本書號 10741，原題作《樂記補疏》，下簡稱"陳藏本"）；刻本一種，即《南菁書院叢書》本，⑤《佚禮扶微》於 1888 年被收入

---

① 《附錄》末附《后蒼禮記本四十九篇大小戴共傳其學非小戴删取大戴禮論》一篇，後省稱"《附論》"。
② 梁啓超《中國近三百年學術史》（校訂本），俞國林校，北京：中華書局，2020，第 436 頁。校訂本作"佚禮抶微"，謂據稿本改，今以作"扶"爲允。
③ 中國科學院圖書館整理《續修四庫全書總目提要·經部》下册，北京：中華書局，1993，第 624—625 頁。
④ （清）唐文治《黄元同先生學案》，陳柱《清儒學術討論集》第一卷下，上海：商務印書館，1930，第 58 頁。
⑤ 王鍔《三禮研究論著提要》（增訂本），蘭州：甘肅教育出版社，2007，第 421 頁。

由王先謙、繆荃孫籌刻的《南菁書院叢書》第三集中，① 是該書唯一的刻本（下簡稱"南菁本"），《叢書集成續編》《師顧堂叢書》即據南菁本影印。《佚禮扶微》一書的版本問題，目前學界關注不多，沈楠認爲國圖所藏抄本爲此書的增訂初稿或其錄副，國圖藏稿本爲手訂稿本，南菁本即據國圖稿本或其錄副本謄清刊刻者，② 對此書的版本源流關係有了初步認識，然囊括版本有限，結論亦未至允，其版本時代、版本價值、版本關係等問題尚不明朗，有待進一步研究③。

《佚禮扶微》一書前後經過多次修訂，各個稿抄本中的修訂文字存量不一、形式不同，版本之間存在大量異文。通過比較版本差異，梳理版本關係，我們能夠更清晰地認識《佚禮扶微》諸本的面貌和價值，並有助於進一步探討此書的內容與思想，以更準確地把握此書的價值和地位。

## 一、《佚禮扶微》稿本考

### （一）上海圖書館藏吳庠舊藏稿本

吳藏本今僅存上卷《佚經》《佚記》部分，據其目錄所示，原還有《佚文》《附錄》《補遺》三部分，其中《補遺》部分僅列有《内則》記、叔孫通《漢禮器制度》、鄭玄《喪服變除》、《皇覽》引逸《禮》四則。前有《自敘》，書中有批注。其行款爲半葉九行，行二十字，無格，鈐有"丁晏""儉卿""山陽丁晏圖書""潤州吳庠眉孫藏書"諸印。此本字迹略欠端正，且補苴尤多，係丁晏手稿。此本從"炎"之字避嘉慶帝諱，從"灾"，又《自敘》稱呼王應麟爲"深寧"，後旁改爲"厚齋"，乃避道光帝諱，而正文《三朝記》中仍稱其爲"寧"，當是避改未盡，據此我們判斷吳藏本在嘉慶末年即已出現，至道光年間又復修訂，並改"深寧"爲"厚齋"。

---

① （清）王先謙《葵園四種》，梅季標點，長沙：嶽麓書社，1986，第 735 頁。
② （清）丁晏《佚禮扶微》，師顧堂影印《南菁書院叢書》本，2020，第 2 頁。
③ 師顧堂影印本以南菁本爲底本，不改動底本文字，僅於影響閱讀處略施修潤，後附喬秀岩《小識》一篇，乃其早年閱讀此書所作之筆記，《小識》中對《別名記》《三正記》《迎禮》、（漢）戴德《喪服變除》、《司馬法》、叔孫通《漢禮器制度》中的部分條目進行了考辨，對條目刪減、文字校改、引書來源等方面提出了自己的見解，如謂"《玉海》卷三十九'漢禮器制度'條舉列注疏所引凡十五條，規模與丁氏相當"（〔日〕喬秀岩《小識》，師顧堂影印本《佚禮扶微》，第 167 頁），揭示了此書"叔孫通《漢禮器制度》"一則可能的引書來源。此影印本及《小識》洵爲讀者之一助，然南菁本訛誤之處未見出示，實乃一憾。

從時代上看，吴藏本在諸本中問世最早，其中有十四條修訂文字或以天頭批注的形式補入，或夾行插入，而在其餘三種稿抄本中這十四條修訂文字則一律成爲了正文，如吴藏本中"毛詩故訓傳……孔疏謂據司馬法"文以夾行補入，"魯郊禮……説文田部"文以批注補入，而到了延古堂本、十三行本和嘉業堂本中則都列爲正文。一般來説，修訂文字最初會選擇書寫在天頭、行間等處，待謄清抄寫時散入正文，這個順序不可能反過來，據此我們認爲吴藏本最爲早出，在此次修訂前已初具一定篇幅。

從關係上看，吴藏本是丁晏的工作稿本，其構成層次極爲複雜，極有可能是後來諸本的祖本之一。上文十四條修訂文字已可見一斑，此外吴藏本還存有十條修訂文字，其中"大戴禮天圓篇……此皆陰陽之際也"等二條，不見於十三行本；"又内則……賓客之牛尺"一條，不見於延古堂本、十三行本；"王者慈仁……引古瑞命記"等三條，不見於十三行本、嘉業堂本，即延古堂本、十三行本、嘉業堂本之間修訂文字互有不備，但都可以從吴藏本中找到源頭，由此我們認爲吴藏本最初只是此書的初稿本，後經歷了多次修訂，實際上成爲了丁晏的工作稿本，並由此保留了歷次的修訂文字，且據以上諸例，我們認爲吴藏本極有可能是後來諸本的源頭之一。

從價值上看，吴藏本保留了此書的早期面貌和修訂細節，有助於《佚禮扶微》成書問題和丁晏禮學思想的研究，如吴藏本"《樂記》叙録"一則案語中有"又師乙章正義曰此經倒錯上下失叙"十五字，並於此句首尾加直角符號以示删去，[①] 而核檢諸本發現，延古堂本、十三行本和南菁本均無此條，反映的是删改後的結果。嘉業堂本、柯藏本於此處留有十六字的空位，呈現的是删改的中間階段。而吴藏本所存之十五字恰恰是删改前的早期内容。再如延古堂本、嘉業堂本、十三行本、南菁本《昭穆篇》案語均作："《毛詩·靈臺》正義引《政穆篇》云'太學，明堂之東序也'，與蔡氏引稱《昭穆》異，未知孰是也。"[②] 獨吴藏本與諸本不同，保存了此處案語的早期内容，現轉換文字並附原圖，如表一所示。

---

① （清）丁晏《佚禮扶微》，上海圖書館藏吴藏本，第六十四葉 b。
② （清）丁晏《佚禮扶微》，南京圖書館藏南菁本，卷二第九葉 a。

表一　吴藏本案語比較表

| 原圖 | 文字 |
|---|---|
| （手稿圖） | 原案語：<br>　　晏案：□此宗祝書昭穆，以次世之長幼，而等胄之親疏也。記昭穆而及祀學，何也？曰：蔡氏謂清廟、太廟、大室、明堂、大學、辟雍，異名同事。故昭穆行於廟中而亦直言學，禮也。<br>修改案語（見框中）：<br>　　《毛詩·靈臺》正義引《政穆篇》云"太學，明堂之東序也"，與蔡氏引稱"昭穆"異，未知孰爲是也。① |

據表一中"原圖"所示，吳藏本中有兩種案語，原案語以正文大字書寫，修改後案語夾行插入，延古堂本、十三行本、嘉業堂本和南菁本中的"毛詩靈臺"文乃吸收修改案語而成。原案語中丁晏顯然是信從蔡邕的，認爲廟學一體，在廟中行昭穆禮而稱"學"符合禮制，但是到後期修訂時，丁晏則一改之前的肯定態度，持孔穎達之說以疑蔡邕，此處修訂細節正展現了丁晏禮學觀點的先後變化。

（二）國家圖書館藏延古堂舊藏稿本

延古堂本爲完帙，篇章完備，叙跋具全，並有批注，半葉九行，行二十字，無格，鈐有"丁晏""山陽丁晏圖書""丁晏圖書""延古堂李氏珍藏""修學好古"諸印。文字疏朗端正，天頭批注書寫精謹，有朱筆勾畫乙正數處，應是丁晏當時的謄清稿之一。延古堂本避諱情況悉如吳藏本，其中改"深寧"爲"厚齋"，二者字跡不同，當係後改；又延古堂本自"叔孫通《漢禮器制度》"一則起，字跡明顯與前文不同；又何休《冠儀約制》"亦可與儀禮參觀云"句，獨延古堂本朱筆改"儀"爲"佚"，據此我們認爲延古堂本在道光前或已謄抄一過，謄抄時間晚於吳藏本，至道光時又有修訂，層次構成複雜，不可將其繫於一時。

在吳藏本缺下卷、十三行本和嘉業堂本亦不完備的情況下，延古堂本保存了此書目前已知最爲完備的面貌，具有獨特的研究價值。首先，延古堂本篇卷結構更加成熟，其他諸本在篇卷上都有闕失，如跋文不見載南菁本、《附論》

---

① （清）丁晏《佚禮扶微》，吳藏本，第三十二葉 a。

不見於十三行本，而延古堂本於此二者俱全，且《補遺》部分内容完整，共七則：《内則》記（有目無辭）、《司馬法》、叔孫通《漢禮器制度》、鄭玄《喪服變除》、《皇覽》引逸《禮》、《太平御覽》引逸《禮》、《藝文類聚》引逸《禮》，其餘諸本則互有不備。

其次，延古堂本内容完備，保存了目前可見最爲完整的修訂文字，爲我們研究成書和版本提供了重要線索，如僅存於延古堂本的“《太平御覽》引逸《禮》”“《藝文類聚》引逸《禮》”二則，揭示了延古堂本的版本生成。第一，在目録中此二則列於最末，字迹與前文不同，其中“藝文類聚引逸禮”中末“逸禮”二字遮蓋了“丁晏圖書”印，這説明原目録寫定後丁晏即鈐印以防人改竄，此二條則是丁晏後來補寫的，因此出現了字迹覆蓋印章的情況。第二，此二則正文字迹與前文明顯不同，並且單獨成葉，不與前文相連屬，這和其他卷次體例不合，極有可能是補寫的反映。第三，《藝文類聚》引逸《禮》部分形成的時間要晚於《太平御覽》引逸《禮》，一是因爲在篇章次第上，“《藝文類聚》引逸《禮》”一則在“《太平御覽》引逸《禮》”一則後，但更重要原因如圖一所示。

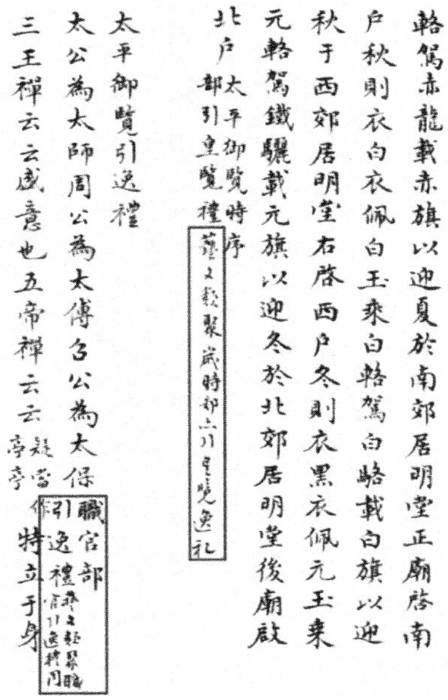
輅駕赤龍載赤旗以迎夏於南郊居明堂正廟啓南
户秋則衣白衣佩白玉乘白輅駕白駱載白旗以迎
秋于西郊居明堂右啓西户冬則衣黑衣佩元玉乘
元輅駕鐵驪載元旗以迎冬於北郊居明堂後廟啟
北户 太平御覽時序部引皇覽禮 藝文類聚歲時部上引皇覽逸礼
太平御覽引逸禮
太公為太師周公為太傅召公為太保 職官部引逸禮 藝文類聚職官部引逸禮同
三王禪云云盛意也五帝禪云云 亭亭疑當作 特立于身

**圖一　延古堂本書影局部①**

①（清）丁晏《佚禮扶微》，國家圖書館藏延古堂本，第二册第六十葉、六十一葉。爲便於閲讀，對圖片做了適當編輯，下同。

方框中"藝文類聚歲時部亦引皇覽逸禮""藝文類聚職官引逸禮同"二文，字體猶小，字迹亦略顯潦草，且文字排列極不對稱，顯然是丁晏據底本謄清後再補寫的文字。綜上，我們判斷"太平御覽"和"藝文類聚"二則極有可能形成於延古堂本謄清之後，其中"藝文類聚"一則形成的時間又稍晚，是目前已知最晚的修訂成果，這對研究此書的成書問題有重要意義。延古堂本保留了此書最爲完備的面貌，作爲謄清稿本鈐有丁晏多枚印鑒，在一定程度上具備定稿意義。

最後，延古堂本具有一定的校勘價值，由於《補遺》部分僅完整見於延古堂本，因此在校勘方面具有無可替代的作用。將延古堂本和南菁本比勘，可以發現存在多處延古堂本不誤而南菁本訛誤的情況，如延古堂本"素章甫冠白麻屨無絇"，南菁本誤"屨"爲"縷"；① "夏后氏二十人而輂"，南菁本誤"十"爲"千"；② "上卜下謀是謂參之"，南菁本誤"卜"爲"法"；③ "田車載甲鐵鍪"，南菁本脫"鐵鍪"二字，④ 等等。以上諸例均爲南菁本誤、延古堂本不誤者，可據訂刻本之訛。

## 二、《佚禮扶微》抄本考

### （一）國家圖書館藏十三行抄本

十三行本僅兩卷、《附錄》一卷，無《附論》及《補遺》，叙跋具全，並有批注，其行款較特殊，爲半葉十三行，行二十四字，無格，無鈐印。十三行本爲抄本，全書繕寫精良，字字清晰可識，天頭批注存量較少，末葉有輕微漫漶。十三行本第二册第六至二十七葉夾有襯紙。⑤

十三行本反映了《佚禮扶微》在1818年初創時期的面貌。首先，十三行本

---

① （清）丁晏《佚禮扶微》，延古堂本，第二册第二十六葉 b。
② 同上書，第二册第五十六葉 a。
③ 同上書，第二册第五十六葉 b。
④ 同上書，第二册第五十九葉 a。
⑤ 此襯紙爲朱絲欄，半葉九行，紙上文字用行書寫就，個別文字超出板框。所抄內容爲1914年左右有關江皖籌賑處的電報，這批電報署名均爲"江皖籌賑處"或"霖"，電報中所提及的人物還有王揖翁（王揖唐）、丁衡翁（丁寶銓）、黃伯雨等。丁寶銓、許鼎霖等人於民國三年（1914）九月二十六日任命督辦江皖籌賑處事宜（《任命丁寶銓余誠格許鼎霖督辦江皖籌賑事宜》，《東方雜誌》第11卷第5號，1914年9月26日，"中國大事記"版第5頁）。王揖唐則於次月二十三日接受任命督辦江皖籌賑處（《二十三日大總統策令 任命王揖唐督辦江皖籌賑事宜此令》，《時報》第3715號，1914年10月25日）。因此這些電報的發出人極有可能是江皖籌賑處的許鼎霖。

目録和正文均無《附論》《補遺》等内容，但張珣作於嘉慶戊寅冬十月的跋文已然置於全書之末，這説明張珣在 1818 年冬十月作跋時，所見之《佚禮扶微》極有可能並無《附論》《補遺》等内容。① 其次，十三行本修訂文字之存量是四個稿抄本中最少的，和其他稿抄本相比，明顯的闕失共計十三條，如"《雜記》"則引《大戴禮·天圓篇》"龍非風不舉，龜非火不兆，此皆陰陽之際也"條，"《樂元語》"則"東夷之樂曰《朝離》……"條，等等，可見十三行本的底本或許未經歷後續修訂，又文中從"炎"之字避諱從"㶷"，"深寧"不改稱"厚齋"，"寧"字亦不避諱，這也能説明十三行本的時代是在嘉慶末年，未逾道光，因此構成層次比較單一。綜上，十三行本反映了此書在 1818 年初創時期的面貌，其時篇章結構和内容均未臻成熟，其底本極有可能是吴藏本修訂過程中某個時期的抄本，沈楠稱十三行本爲此書的增訂初稿或其録副是有根據的。

十三行本底本原貌今已無從知曉，但我們認爲其與延古堂本或存在一定聯繫。首先，在異文上，十三行本與延古堂本一致性高，如"《檀弓》"則"子遭離之難"，延古堂本、十三行本均訛"子"作"於"，後延古堂本旁改爲"子"。"《禮運》記"則"情性"，延古堂本、十三行本均倒作"性情"；"《青史氏記》"則"設弧之禮詳於内則之書"，十三行本、延古堂本"弧"均訛作"弛"；"戴德《喪服變除》"則"蕭望之以禮服傳皇太子"，十三行本、延古堂本"傳"均訛作"撰"；"《説文解字》"則"蔡邕獨斷建章冠記曰"，十三行本、延古堂本"章"均作"華"；何休"《解詁》"則案語"又案白虎通考黜篇引禮記……"文、"《王制》"則"又内則凡養老……"文，十三行本、延古堂本均無，等等。以上二者異文一致的現象，當不是出於巧合。其次，二者在修訂文字的呈現形式上也存在一致性，如"陳氏禮書"條，十三行本和延古堂本均隔以圓圈，以示補入；再如"漢蔡邕獨斷"條，二者行款悉同，如表二所示。

表二　十三行本、延古堂本修訂文字比較表

| 十三行本 | 延古堂本 |
| --- | --- |
| （手寫文字） | （手寫文字） |

---

① 吴藏本目録中《補遺》部分列在"山陽丁晏圖書"章後，且有墨筆覆蓋印章處，亦可佐證《補遺》部分晚出。

吴藏本中修訂文字書寫較爲原始隨意，此條文字在吴藏本中爲十二行，行字數不等，而在十三行本和延古堂本中，則均爲十六行，行六字，並在"祀門之禮北面"後換葉。十三行本和延古堂本共有的修訂文字不下十五條，其中大部分行款不同，唯此處文字二者一致。一般而言，過錄修訂文字時行款不會嚴格求同，而此處行款一致，或許反映了某種版本關係的線索。最後，雖然十三行本和延古堂本關係密切，但二者應無直接繼承關係，十三行本反映的是此書早期的面貌，延古堂本反映的是此書晚期的面貌，二者差異較大，其間當存在過渡階段。

**（二）上海圖書館藏嘉業堂舊藏抄本、清華大學圖書館藏柯逢時舊藏抄本**

嘉業堂本爲兩卷，另《附錄》一卷、《補遺》一卷，其中《補遺》部分，目錄列有《内則》記、叔孫通《漢禮器制度》、鄭玄《喪服變除》、《皇覽》引逸《禮》四則，然正文僅存"鄭玄《喪服變除》"一則，叙跋具全，無批注。半葉九行，行二十字，無格，鈐有"吴興劉氏嘉業堂藏書記""舊史氏"諸印。① 全書字迹統一，較爲潦草，風格與丁晏存世諸稿本截然不同，無丁晏本人印鑒，當屬抄本②，全書天頭無一條批注，稿本上的修改均被散入到了相應的正文之中。此本避嘉慶諱，而不改"深寧"爲"厚齋"，是其抄寫時間應當在嘉慶年間。又丁晏謂此書"創始於著雍攝提格，遞有增益，閱二載而成"，並言《附錄》有叔孫通《禮器制度》、鄭康成《喪服變除》等，③ 是 1820 年時此書即有此二篇，然嘉業堂本正文僅存鄭玄《喪服變除》一篇，據此嘉業堂本所反映的内容是此書 1818 到 1820 年左右的面貌。

《嘉業藏書樓鈔本書目》著錄有"《佚禮扶微》二卷。山陽丁晏著，手稿本，四册"④，《嘉業堂藏書志》亦著錄"《佚禮扶微》二卷。稿本"，繆荃孫、董康均撰提要，⑤ 從提要描述來看，當即上海圖書館所藏此本。另《嘉業堂藏書日記抄》於 1913 年 5 月 29 日載：

> 午後邱紹周來，興購清頌堂初印不全書、舊鈔《程北山小集》宋程俱

---

① "舊史氏"印反鈐，爲橢圓形朱文印，不明歸屬。
② 嘉業堂藏書目錄、上海圖書館均著錄爲稿本。
③ （清）丁晏《頤志齋文集》，第 96—97 頁。
④ 劉承幹《嘉業藏書樓鈔本書目》，林夕主編《中國著名藏書家書目彙刊》近代卷第 32 册，北京：商務印書館，2005，第 9 頁。
⑤ 繆荃孫、吴昌綬、董康《嘉業堂藏書志》，吴格整理點校，上海：復旦大學出版社，1997，第 150—151 頁。

著……丁菊泉晏之子手抄《儀禮佚徵》。①

菊泉乃丁晏長子丁壽昌之號。其中《儀禮佚徵》不知何書，既非丁晏父子著作，亦不見載嘉業堂藏書目錄，我們懷疑此"儀禮佚徵"或乃"佚禮扶微"之訛。

嘉業堂本和吳藏本二者面貌十分接近，或許有直接的派生關係，但嘉業堂本在抄寫的過程中產生了新的異文，理由如下。第一，從目錄上看，嘉業堂本和吳藏本在文字內容上保持了一致，如"《迎禮》"一條，吳藏本、嘉業堂本訛作"迎親"，②疑是涉下"《親迎禮》"條而訛。再如，嘉業堂本目錄脱"《朝貢禮》""《軍禮》"二條，③吳藏本正文明列"《朝貢禮》""《軍禮》"二則，但目錄中此二條却以小字補寫在行間，④這説明此二條是吳藏本目錄原本漏寫、後續補寫的，而嘉業堂本恰恰抄寫於此漏寫階段。

第二，從異文上看，二者亦頗爲接近。如吳藏本"《禮運》記"則小字原作"白虎通性情引禮運記"，後乙正"性情"爲"情性"，嘉業堂本正作"情性"，而其餘諸本均作"性情"；又如吳藏本"《別名記》"則案語有"蔡邕引《記》爲證，非謂蔡氏作《辨名記》也"句，⑤並於"非謂蔡氏"上，夾行補入"故稱蔡氏"四字，嘉業堂本正作"蔡邕引《記》爲證，故稱蔡氏，非謂蔡氏作《辨名記》也"，⑥都認爲《辨名記》非蔡邕所作。十三行本、延古堂本和南菁本則均訛作"蔡邕引《記》爲證，故稱蔡氏作《辨名記》也"，稱蔡邕作《辨名記》。然細讀原文可知吳藏本、嘉業堂本更符合丁晏本意，延古堂本、十三行本和南菁本則是誤解了丁晏的修訂文字，誤以爲以"故稱蔡氏"代替"非謂蔡氏"，與丁晏原意背道而馳，後出版本紛紛沿襲此誤。再如吳藏本"《王制》"一則天頭批注曰：

又《内則》"凡養老者有虞氏以燕禮"至"周人冕而祭，玄衣而養老"凡三百九十九字，與《王制》文同，鄭注亦言《記·王制》有此。

《春秋繁露·郊事對第七十一》引《王制》曰：祭天地之牛，繭栗；

---

① 劉承幹《嘉業堂藏書日記抄》（上），陳諠整理，南京：鳳凰出版社，2016，第 93 頁。
② （清）丁晏《佚禮扶微》，吳藏本，第四葉 a；上海圖書館藏嘉業堂本，第四葉 a。
③ （清）丁晏《佚禮扶微》，嘉業堂本，第三葉 a。
④ （清）丁晏《佚禮扶微》，吳藏本，第三葉 a。
⑤ 同上書，第二十三葉 b。
⑥ （清）丁晏《佚禮扶微》，嘉業堂本，第二十四葉 b。

> 宗廟之牛，握；賓客之牛，尺。①

以上兩條文字，嘉業堂本補入正文，延古堂本、十三行本、南菁本均無，以上諸例均説明嘉業堂本和吴藏本面貌更爲接近。

第三，比觀其餘三種稿抄本，嘉業堂本變亂原書體例且新生異文，疑是抄寫者修改造成的，且修改水平有限。如其餘諸本案語統一以"晏案"起頭，而嘉業堂本則多作"竊案"，與少量"晏案"雜錯出現，體例不純。又如"《漢石渠禮論》"一則天頭批注曰："鄉射合樂，而大射不，何也？韋玄成曰：'鄉人本無樂，故於歲時合樂，以同其意，諸侯故自有樂，故不復合樂。'《續漢書·禮儀志上》劉昭注引《石渠論》。"此條批注丁晏以拉線接排的方式明確表示補在"鄉請射告主人"條後，② 而嘉業堂本則補在了又後一條"諸侯之大夫爲天子"條後，文意殊爲不暢，且不合丁晏本意。再如嘉業堂本"《樂記》叙録"一則載：

> 《樂禮》第五　"樂也者情之不可變者也"至"然後可以有制於天下也"　孔疏曰："自此以下名爲'樂情'。"《史記正義》曰："此第七章明樂之情，與之符達鬼神，合而不可變也。"③

然而對校諸本可以發現，"《樂禮》第五"之後的文字實則原屬"《樂情》第六"，嘉業堂本將此二條竄亂爲一。諸如此類的例子很多，不再贅舉。總體來看嘉業堂本多有改動，且改動多欠妥，與其餘稿抄本面貌相去甚遠，恐非丁晏原書原貌，但在吴藏本下卷缺失的情況下，與之關係最爲密切的嘉業堂本保留了部分不見於其餘諸本的珍貴異文，這些異文或許能反映吴藏本下卷的面貌，這對研究《佚禮扶微》的成書過程以及丁晏禮學思想的動態變化有重要意義。

清華大學圖書館藏有《佚禮扶微》抄本一部，於民國時購入，此本一函二册，半頁九行，行二十字，書内鈐有"柯逢時印"白文方印、"柯氏珍玩"朱文方印，爲柯逢時舊藏。此本無天頭批注，字跡端正，但抄寫不精，錯字尤多，且裝訂失序，篇章乖亂，如《明堂月令》部分被割裂爲兩部分，自"虫部虹字注"起，連下《曾子問》至《樂記》叙録"《樂義》第二十"共十二則條目全部被錯置在了"鄭玄《喪服變除》"後，《荀子·禮論篇》至漢《石渠禮

---

① （清）丁晏《佚禮扶微》，吴藏本，第四十葉 b。
② （清）丁晏《佚禮扶微》，延古堂本，第二册第二十六葉 b。
③ （清）丁晏《佚禮扶微》，嘉業堂本，第六十四葉 b。

議》四則條目則全部被錯置在了《明堂月令》之後。上下册的篇目分合也因此發生了錯亂，柯藏本上册的結尾部分爲"漢《石渠禮議》"，下册的開頭部分爲"《昭本》第十二"，結尾部分爲"《樂義》第二十"，但按此書的正常順序，《石渠禮議》屬下册，《樂記》叙録則是上册的最後部分，且"《樂器》第十三"至"《樂義》第二十"的内容也並非《樂記》叙録的結尾部分，柯藏本從中割裂，十分蹊蹺，同時觀其下册末頁恰恰鈐有"柯逢時收藏印"，這説明柯逢時收藏此書時正文篇第即已發生了錯亂。

從版本關係上看，柯藏本和嘉業堂本同出一源，且柯藏本極有可能直接據嘉業堂本抄成，首先，從目録上看，其篇目次第以及脱、誤情況與嘉業堂本一致，如"迎親""朝貢禮""軍禮"等處並同嘉業堂本。其次，柯藏本案語也多以"竊案"起頭。再其次，二者異文情況如出一轍，如《軍禮》"追論古法"，二者均訛"追"爲"迫"；《樂元語》"萬物微離地而生"，二者均誤"微"爲"淑"；"取晦昧之義也"，二者並脱"昧"字；《樂記》叙録"子贛見師乙而問焉"，二者"子贛"作"子貢"；《容經》"反謂容儀爲末節"，二者"謂"作"斥"；漢《石渠禮議》"因喪見孤"，二者"喪"作"殤"；《附論》"孟喜詐言師田生"，二者"詐言"作"僞言"；《雜記》"龜非火不兆"，吴藏本等同，唯嘉業堂本和柯藏本作"圸"，爲"兆"的異體字。再如"又師乙章正義曰此經倒錯上下失叙"十五字，柯藏本一樣空出十六字空間；又如"樂禮第五""樂情第六"二條，柯藏本一樣竄亂爲一，餘例不一一贅述。最後，柯藏本總體質量較嘉業堂本爲劣，一些嘉業堂本不誤、柯藏本訛誤的字也揭示了其抄寫自嘉業堂本的可能性，如《目録》"奔喪"，柯藏本誤爲"異長"；《附論》"周禮論序"，柯藏本誤"周"爲"圍"；"經籍志"，柯藏本誤"經"爲"維"；"儒林傳"，柯藏本誤"儒"爲"何"，此類訛誤大概是由於不識底本草書，且通過比較原書字迹可以發現，吴藏本雖然字迹潦草，但柯藏本的訛誤並非由其直接導致，反倒更有可能是由嘉業堂本致誤的。綜上所述，柯藏本和嘉業堂本同出一源，柯藏本極有可能據嘉業堂本抄寫而成。

**（三）國家圖書館藏陳瘦甶舊藏本**

國家圖書館藏有丁晏《樂記補疏》一部，不分卷，半頁九行，行二十字，無格，共九頁。卷端題"樂記"二字，下鈐有"陳瘦甶章"朱文方印。長期以來人們都認爲此書是丁晏著作之一，然查相關材料並無明確記載丁晏有《樂記補疏》一書，《北京圖書館古籍善本書目》《中國古籍善本書目》等均録爲"清稿本"①，曹天曉認爲此僅爲丁晏讀書札記，不足單列爲著作，並與《清史稿藝文志補遺》一樣著録其爲"稿本"②。其實，此書既非單獨著述，也非讀書札記，而是《佚禮扶微》中"樂記""樂元語"和"樂記敍録"三部分的合抄，其所據底本爲吳藏本，並且嚴格據底本過録，凡吳藏本修改處，此本一一録出，幾乎不改，唯吳藏本中意欲删去的"又師乙章正義曰此經倒錯上下失敍"十五字，陳藏本正留出十五字空格，因此乍看潦草的面貌使人們誤以爲是稿本。我們認爲將此本定爲《佚禮扶微》的一種節抄本較爲合適。

## 三、《佚禮扶微》刻本考

此書刻本僅有《南菁書院叢書》本一種，此本四周雙邊，半葉十三行，行二十二字，③ 小字雙行同。單黑魚尾，版心上刻書名，中記卷數，下刻葉數。此本離析原書，分爲五卷，目録大面積漏刻，又刊落張珣跋文，文字多與稿抄本不同，改字、補字、漏字處甚多，有據丁晏體例補全者，有顯屬臆改者，上文已有介紹，兹再舉幾例，如"賈疏謂鄹子書出於周書"句，諸本同，南菁本誤"書"爲"禮"；"略於祭宗廟之儀"句，諸本同，南菁本誤"如"爲"於"，然南菁本也間有改對處，如"君不求媵二國自往媵夫人所以一夫人之尊"句，諸本均謂出自"《莊公十九年》"，其實乃莊公十八年事，南菁本改"九"爲"八"，是。此外將南菁本與各稿抄本進行比較，我們可以發現《佚禮扶微》的行款最初即爲半頁九行，行二十字，而十三行本、南菁本的行款在抄寫、刊刻時受到了改動。南菁本作爲當時的通行本廣爲流傳，黃以周、李慈銘、繆荃孫、陳善餘、蒙文通、文廷式、錢塘丁氏等人均有寓目，《叢書集成續編》《師顧堂叢書》等皆以此爲底本影印。

沈楠對延古堂本和南菁本關係的判斷大體是正確的，但其中還有許多細節需要討論，首先延古堂本是南菁本底本的證據何在，其次南菁本是否只是據底本簡單地謄清刊刻而已。這些問題尚需回答。

首先，可以肯定的是，南菁本的底本確是延古堂本或其録副本，至少是與延古堂本同一系統的本子。延古堂本是現存各個稿抄本中與南菁本面貌最爲接

---

① 王鍔《三禮研究論著提要》（增訂本），第 350 頁。
② 曹天曉《清儒丁晏年譜》，南京師範大學碩士學位論文，2018，第 307 頁。
③ 《南菁書院叢書》第三集共收丁晏著作四種，均爲半葉十三行，行二十二字。

近的版本，二者在篇卷次第上幾乎別無二致，從一些細節上也可以看到兩者之間的繼承關係，如《三正記》"天子龜長一尺二寸"條，後有雙行小字標注出處作"《白虎通·蓍龜》引禮《三正記》"，之後丁晏又在此基礎上進行增補，補入"陳氏禮書逸禮天子龜尺二寸諸侯八寸"十六字，但由於抄寫時的處理不同，導致此句的補入方式存在版本差異。爲方便閱讀，在附原圖的基礎上，現據原書謄録並排列小字部分，如表三所示。

表三 "陳氏禮書"條比較表

| 吳藏本 | 延古堂本 | 十三行本 | 嘉業堂本 | 南菁本 |
|---|---|---|---|---|
| 白虎通蓍龜引禮三正記 | 三尺蓍陽故數奇也引禮三正記。陳氏禮書逸禮天子龜尺二寸諸侯八寸 | 白虎通蓍龜引禮三正記。陳氏礼書逸礼天子龜尺二寸諸侯八寸 | 白虎通蓍龜引礼三正記又陳氏礼書七十三逸礼天子龜侯尺八一寸寸諸 | 三正記云天子龜尺二寸諸侯八寸白虎通蓍龜。陳氏禮書逸禮引禮 |
| 白虎通蓍龜引禮三正記 陳氏禮書七十三逸禮天子龜尺二寸諸侯八寸 | 白虎通蓍龜○陳氏禮書逸禮天子龜尺二寸諸侯八寸引禮三正記 | 白虎通蓍龜引禮三正記 尺二寸諸侯八寸 | 白虎通蓍龜引礼三正記○陳氏禮書七十三逸禮天子龜尺二寸諸侯八寸 | 白虎通蓍龜○陳氏禮書逸禮引禮三正記云天子龜尺二寸諸侯八寸 |

通過比較可以發現，首先，吳藏本保存了早期面貌，丁晏在書寫時把原來的"引"字劃掉，重新換行再寫，以使兩行字數相等對齊，故最初的雙行小字只有"白虎通蓍龜引禮三正記"十字，"陳氏禮書"句爲後補，故字迹更爲潦草，與前文不統一。其次，延古堂本和十三行本文字内容一致，面貌十分接近，都以圓圈隔開，表示上下兩條文句以此爲界，各自換行，不相接續連屬。再其次，嘉業堂本在抄寫時改動了文字和編排方式，内容上與吳藏本面貌更爲接近。最後，南菁本因爲不解此處特例，錯讀此句，導致出現錯亂，而這種錯亂恰好可以説明，南菁本的底本是延古堂本或其録副本，具體來説就是抄刻者没有認識到此處圓圈的作用，將"白虎通蓍龜"與"陳氏禮書"連讀，到"逸禮"時又換行和"引禮三正記"連讀，而"三正記"下因爲加了圓圈的緣故，所以留出了一個空格，刊刻者或爲美觀起見臆補了"云"字，同時延古堂本"諸侯八寸"四字又恰好在另一行，没有受到影響，所以才形成了南菁本錯亂的面貌。南菁本此處錯誤連讀以致謬刻的情況，只有在底本是延古堂本或其録副本的情況下才能出現。又如延古堂本、十三行本、嘉業堂本中《荀子·禮論篇》末之案語原有"而加太史公曰未免攘前人之美矣"十四字，唯獨延古堂本在此句首尾加上了直角符號以示删去，① 而南菁本正好無此條。以上諸例均反映了延古堂本和南菁本之間的繼承關係。

　　其次，南菁本雖極有可能以延古堂本或其録副本爲底本，但是並非謄清刊刻這麼簡單，期間有過系統地校勘。通過比對稿抄本和南菁本之間的諸多異文可以發現，全書中稿抄本系統相同，獨南菁本不同的異文不啻四十條。首先，南菁本改字，以《管子·弟子職》一篇最爲明顯，"危坐鄉師"句，延古堂本、十三行本、嘉業堂本均無；"置醬錯食"句，三本均作"置饌饌食"；"以牒道已"句，三本均作"以揲適已"。② 其次，南菁本補字，南菁本有"漢戴聖、聞人通漢皆以爲父爲長子斬者，以其爲五代之嫡也。《通典》卷八八"斬縗三年"引《石渠禮議》。"一句③，"石渠禮議"四小字延古堂本、十三行本、嘉業堂本無，獨南菁本有。再如《迎禮》"號曰助天生"後，南菁本補"唱之以角舞之以羽翟"九字，④ 此九字稿抄本系統均無。最後，南菁本更改文句位置，如延古堂本於小題"叔孫通《漢禮器制度》"下以雙行小字加注案語"案孫氏星衍《平

---

① （清）丁晏《佚禮扶微》，延古堂本，第二册第二十二葉 b。
② （清）丁晏《佚禮扶微》，南菁本，卷四第一一二葉。
③ 同上書，卷四第十二葉 a。
④ 同上書，卷二第十葉 b。

津館叢書》有《漢禮器制度》僅八條，今采獲以補其闕"①，南菁本將此案語移至該則末尾。以上這些僅見於南菁本的異文均説明南菁本並非"謄清刊刻"而已。這些校勘工作極有可能由南菁書院課生和王先謙幕友完成，王先謙在刊刻《皇清經解續編》時，就安排了南菁書院課生和自己的幕友對採入《續編》之書進行校勘，他們是南菁書局方面校勘《續編》的主力，②而《南菁書院叢書》作爲《續編》的副產品③，極有可能也由南菁書院方面進行了校勘，但不排除南菁本另有版本可據的可能。

## 結　論

《佚禮扶微》一書初創於 1818 年，今存稿本二種、抄本四種、刻本一種，其中吳藏本、延古堂本、十三行本、嘉業堂本、南菁本是最重要的版本。從時代上看，吳藏本問世最早，至道光年間仍有修訂；十三行本、嘉業堂本或抄成於嘉慶末年；延古堂本亦於嘉慶末年出現，最後形成則在道光年間，非一次謄抄而成，且續有修訂；南菁本刊刻於光緒十四年（1888）。從内容上看，吳藏本是丁晏工作稿本，構成層次最爲複雜，保存了此書從初創到歷次修訂的面貌，爲我們研究《佚禮扶微》的成書修訂過程和丁晏禮學思想的動態變化提供了重要的線索。十三行抄本，反映了《佚禮扶微》於 1818 年初創時期的面貌，揭示了此書早期的内容架構。嘉業堂本亦係抄本，反映了此書在 1818 年到 1820 年之間的面貌，然抄寫者多擅自修改，殊乖原書面貌。延古堂本爲丁晏謄清稿本，形成最晚，反映了此書目前最爲完備的面貌，具有一定的定稿意義和重要的校勘價值，是進一步研究其成書修訂問題的重要依據。南菁本的底本極有可能是延古堂本或其録副本，且進行過一系列校改工作，一定程度上改變了此書原貌，因此學者在利用此書時，需要謹慎對待嘉業堂本和南菁本修改原書的問題。版本關係上，吳藏本爲後來諸本的祖本之一，陳藏本、嘉業堂本、柯藏本與其關係較爲密切，其中陳藏本爲其過録本，柯藏本可能抄自嘉業堂本。十三行本與延古堂本關係密切但無直接繼承關係，南菁本則當出自延古堂本，

---

① （清）丁晏《佚禮扶微》，延古堂本，第二册第五十四葉 a。
② 趙統《南菁書院志》，上海：上海書店出版社，2015，第 68 頁。
③ 王先謙在《南菁書院叢書序》中説："予刊《皇清經解續編》成，檢舊藏及近得之書，裨益藝文者尚數十種，遂以餘力促召梓人刊爲叢書。"[（清）王先謙《葵園四種》，第 70 頁]

其版本關係具體如圖二所示。

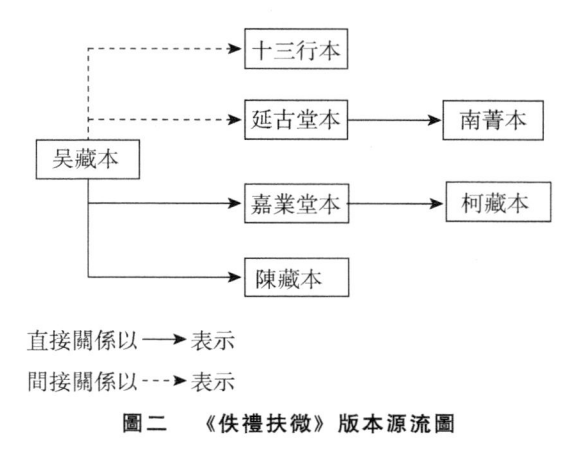

```
吳藏本 ---> 十三行本
吳藏本 ---> 延古堂本 ---> 南菁本
吳藏本 ---> 嘉業堂本 ---> 柯藏本
吳藏本 ---> 陳藏本
```

直接關係以 ──▶ 表示

間接關係以 ---▶ 表示

**圖二　《佚禮扶微》版本源流圖**

**附記：**

　　拙文撰寫過程中，承蒙南京師範大學王鍔教授、井超副教授以及北京大學杜以恒博士多番審正，清華大學科技史暨古文獻研究所劉薔研究員、南京圖書館李猛元助理館員為本文資料查考提供方便，特致謝忱！

　　　　　　　　　　　　　　　　（作者單位：南京師範大學文學院）

# 單疏抄本《春秋穀梁疏》流傳考

張麗娟

**【內容提要】** 《春秋穀梁疏》宋刻單疏本久已不存，明嘉靖間藏書家李開先曾藏一部單疏抄本《春秋穀梁疏》，經清代學者遞藏、傳抄、校勘，影響深遠。本文考察單疏抄本《春秋穀梁疏》在明清以來的流傳與利用情形，並比較今存三部單疏抄本《春秋穀梁疏》之異同，梳理其淵源關係，以便學界對單疏抄本《春秋穀梁疏》的認識和利用。

**【關鍵詞】** 春秋穀梁疏　單疏本　傳抄　校勘

《春秋穀梁疏》宋刻單疏本久已不存，明代嘉靖間藏書家李開先藏有一部單疏抄本《春秋穀梁疏》，經清代學者遞藏、傳抄，今存三部傳抄本，分別藏北京大學圖書館、中國國家圖書館及復旦大學圖書館，皆僅存七卷。清初學者何煌曾利用李開先藏單疏抄本校勘汲古閣本《春秋穀梁注疏》，今有過錄校本傳世，其校本亦爲阮元《校勘記》利用，影響深遠。筆者舊曾對北大藏單疏抄本作初步考察，當時條件所限，未能對今存三部單疏抄本作全面比勘，對抄本之間關係的認識也存在偏差。[1] 今藉上海古籍出版社影印出版北大單疏本《春秋穀梁疏》的機會，考察單疏抄本《春秋穀梁疏》在明清以來的流傳與利用情形，並比較今存三部單疏抄本《春秋穀梁疏》之異同，梳理其淵源關係，以便學界對單疏抄本《春秋穀梁疏》的認識和利用。

## 一、明李開先藏單疏抄本

北宋初年國子監校刻《五經正義》及七經疏義，楊士勛《春秋穀梁疏》經

---

[1] 張麗娟《〈穀梁〉單疏本與注疏合刻本考》，《儒家典籍與思想研究》第一輯，北京：北京大學出版社，2009。

## 單疏抄本《春秋穀梁疏》流傳考

邢昺等人校定，咸平四年至景德二年赴杭州刻梓，① 成爲官方頒布的義疏文本，是爲北宋監本。南宋初年，監本經籍皆得翻刻，《春秋穀梁疏》亦在翻刻之列，書版至明代猶存，《南雍志·經籍考》著録"春秋穀梁疏十二卷，好板一百一十四面，失八十七面"者是。此皆義疏原本，即後人所稱"單疏本"。南宋中期以後，福建建陽書坊編刻十行注疏本《監本附音春秋穀梁注疏》，將經傳、注、釋文與楊士勛疏合爲一本，極便閱讀。宋十行本經元泰定間翻刻，成爲明清以後通行《春秋穀梁注疏》的祖本，而單疏本《春秋穀梁疏》流傳絕少，幾乎湮滅不爲人知。

從目前掌握的資料看，清代學者所能見到的單疏本《春秋穀梁疏》，及今日僅存的單疏抄本《春秋穀梁疏》，皆由明代李開先所藏單疏抄本輾轉而來。今北大藏單疏抄本《春秋穀梁疏》卷前有未署名跋語云："穀梁單行疏，李中麓抄本。自文公起至哀公止。何北山雖據以改正汲古閣本，亦尚有遺漏。但脱誤亦多，政需善擇。"李中麓即李開先（1502—1568），字伯華，號中麓，山東章丘人，嘉靖八年（1529）進士，曾任太常少卿提督四夷館，後歸里閒居。朱彝尊《静志居詩話》記李開先藏書盛況："藏書之富甲於齊東，詩所云'豈但三車富，還過萬卷餘'，又云'借抄先館閣，博覽及瞿曇'是也。先時邊尚書華泉、劉太常西橋亦好收書，邊家失火，劉氏散佚無遺，獨中麓所儲百餘年無恙，近徐尚書原一購得其半，予嘗借觀，愛籤帙必精，研朱點勘，北方學者能得斯趣，殆無多人也。"② "借抄先館閣"出自李開先《積書省悟》詩，其句下有自注云："内書原陳芳洲奏請自南都移來，共八十廚，掌以典籍。後遷代不常，因而攘竊抵换，存者無幾。例許抄覽，必先具領狀，以時繳納，世所謂讀中秘書者是也。今館中諸君不得如前，聞只市書而已。"③ 李開先有機會借抄内府藏稀見書籍，所藏多未見之書，又勤於校勘，爲後人稱賞。單疏抄本《春秋穀梁疏》是否即借内府藏本傳抄而來，不得而知。從目前傳存的三部單疏抄本《春秋穀梁疏》來看，北大本、國圖本都能較忠實地反映傳抄底本的面貌，兩

---

① 《玉海》卷四一《咸平孝經論語正義》："凡賈公彦《周禮》《儀禮》疏各五十卷，《公羊疏》三十卷，楊士勛《穀梁疏》十二卷，皆校舊本而成之。……（咸平）四年九月丁亥以獻，賜宴國子監，進秩有差。十月九日，命杭州刻板。"卷四二《咸平校定七經義疏》："（景德二年六月）國子監上新刻《公》《穀》傳、《周禮》《儀禮》正義印板。"江蘇古籍出版社、上海書店影印本，1987，第779頁、803頁。
② （清）朱彝尊《静志居詩話》卷一二，清嘉慶刻本。
③ （明）李開先《李中麓閒居集》卷二三，明刻本。

159

本之間有一些傳抄中形成的差異，但兩本共有的一些特徵，當可反映李開先藏本的大概情況。

　　北大本、國圖本皆可見宋人避諱字，如卷六首葉下半面第 3 行、第 4 行兩"桓"字皆缺末筆，李開先所藏單疏抄本蓋據宋刻單疏本傳抄。惟北大本、國圖本行款皆爲半葉十二行，行二十一二字，行字起訖一致；而今存宋刻單疏本《周易正義》《尚書正義》《毛詩正義》《禮記正義》《春秋公羊疏》《爾雅疏》及已佚的《儀禮疏》，行款皆爲半葉十五行，行二十四五字至三十字不等。則李開先本《春秋穀梁疏》在傳抄中並未按宋刻單疏本原款式抄錄。又北大本、國圖本皆多用俗體字、簡體字，不同用字及字形的特殊寫法往往相合，如卷六首葉第 8—10 行三"禮"字，一簡二繁；第 11—12 行兩"國"字，一簡一繁等，此種用字似亦由李開先藏本繼承而來；而宋刻單疏本用字較爲規範，極少用簡體字，李開先本《春秋穀梁疏》在抄寫用字上顯然較爲簡率。

　　北大本、國圖本還有相同的脱、衍、誤字，且數量不尠，如文公五年"注禮含至異人"一節疏文"有賵者有含者有禭者當各異使也"，"有禭者"下宋、元十行本等有"又此傳云兼歸之非正也明天子於諸侯含禭"十八字，北大本、國圖本皆脱。文公七年"宋人殺其大夫"一節出文之上，北大本、國圖本多出"因伐邾之師"五字，此五字爲"宋人殺其大夫"之上經傳"遂城鄆遂繼事也"之范甯注文，不知爲何竄入單疏本中。哀公十二年"注葬當至書葬"一節疏文"卒又稱夫人准弋氏應書葬"，"夫人"下宋、元十行本有"而書葬今孟子卒雖不稱夫人"十二字；"夫人之道從母儀"，"夫人"之上宋、元十行本有"而書葬者十"五字，此二處北大本、國圖本亦皆脱。此類北大本、國圖本相同的脱衍之處，蓋亦承自李開先本。

　　從上述情況看，李開先藏單疏抄本並未按宋刻單疏本舊式抄錄，抄寫中多有脱、衍、誤字，又多用俗體字、簡體字，説明抄寫者的水平有限，對此書的重視程度也不高。它可能是一個較早時期的民間抄本，或根據更早時期抄本轉抄之本，與宋刻單疏本之間已有相當距離。不過，雖然存在種種問題，李開先本仍是明嘉靖以後乃至今日傳存《穀梁》單疏本的唯一源頭，藉助清人的傳抄、傳校，我們得以窺見楊士勛《春秋穀梁疏》原本面貌。特別是十行注疏本對原本卷次、體例的改易，注疏綴合失當，及文字訛脱等問題，皆可藉單疏抄本而得糾正，或得到新的認識。阮元《春秋穀梁傳注疏校勘記》於疏文校勘即大量利用了單疏本異文，然仍有未盡之處，值得深入挖掘。

　　朱彝尊言"中麓所儲百餘年無恙，近徐尚書原一購得其半"，"徐尚書原一"即徐乾學，李開先藏書蓋多歸其手。又毛扆亦曾訪得李開先舊藏，《讀書敏求記》卷二《夢粱錄》記："斧季從輦下歸，解裝出書二百餘帙，邀予往視，皆秘本也。……今斧季所購，乃中麓秘藏之物，予不敢忘其所自，遂因類牽連，書之如此。"① 李開先本《春秋穀梁疏》未知爲誰家所得，可以確認的是，此本在康熙間已在江南蘇、常間流轉，康熙五十六年（1717）何煌曾據此本校勘汲古閣本《春秋穀梁注疏》，其校本成爲阮元《春秋穀梁傳注疏校勘記》的重要依據。而李開先本《春秋穀梁疏》也經清代學者藏家輾轉傳錄，留下今存的三部單疏抄本。

## 二、清何煌校單疏抄本及傳錄校本

何煌，字心友，一字仲友，號小山，長洲（今江蘇蘇州）人，何焯之弟，精於校勘，其《春秋穀梁注疏》校本爲阮元《校勘記》極爲倚重之本。《春秋穀梁傳注疏校勘記》序云："康熙間長洲何煌者，焯之弟，其所據宋槧經注殘本、宋單疏殘本，並希世之珍，雖殘編斷簡，亦足寶貴。臣曾校錄，今更屬元和生員李鋭，合唐石經、元版注疏本及閩本、監本、毛本以校宋十行本之譌，臣復定其是非。"何煌除利用單疏抄本外，並校宋余仁仲刻《春秋穀梁傳》殘本、元十行本等珍貴版本，學者競相傳錄。今臺北"國家圖書館"藏兩部汲古閣本《春秋穀梁注疏》，即爲過錄何煌校本。

臺北"國家圖書館"藏甲本（索書號 106.32 00672）爲清江沅過錄何煌校本。卷末有過錄何煌跋云："此卷先命奴子羅中郎用南監本逐字比校訖，又建安余氏萬卷堂本集解殘本、章丘李氏本穀梁疏殘鈔本手校，復用石經參校，經傳譌謬都淨，注疏中亦十去其五。獨惜余氏本宣公以前、鈔本文公以上俱缺，無從取正耳。丁酉初夏康熙萬壽令節後九日何仲子記。"又過錄朱邦衡跋云："紅豆齋所藏《穀梁疏》三冊，松崖先生題籤曰：半農人閱，棟參。而書中皆松崖手筆。蓋臨半農先生閱本，復參以己意也。原本朱墨兼用，今悉以墨書之。其何小山訂校以硃臨之，欲其有別焉。癸丑夏初秋崖朱邦衡校畢識。"過錄臧庸跋云："秋初，臧鏞堂在東氏臨校何氏本于袁氏拜經樓。其惠氏所參閱者別過錄之，不廁入此校本中。李抄單疏本尖圈，以別於元板。"過錄段玉裁識語云："段玉裁臨校。"又江沅手書跋："嘉慶戊辰之春得此本於鹿城，其直

---

① （清）錢曾《讀書敏求記》卷二，丁瑜點校，北京：書目文獻出版社，1984，第58頁。

二百。沅因鈔補缺頁，借段本臨校之，時是歲季夏也。"陳奐手書跋："奐幼年藏汲古閣初印本，江子蘭師以此臨校易之。臨校精工，若獲白璧。"並鈐"江沅之印""子蘭""碩父"印。此何煌校本已經多家輾轉臨校，而江沅又據段玉裁臨校本再臨校，後易與陳奐。

臺北"國家圖書館"藏乙本（索書號 106.32 00673）過錄何煌跋在卷一七末，文同上，末署"丁酉初夏何仲子記/康熙萬壽令節之後九日"稍異。此本卷前序末有墨筆跋云："《春秋》三傳，學者專尚《左氏》，而《公》《穀》習讀日鮮，古刻流傳亦罕。宋余氏萬卷堂《公》《穀》單注本，《公羊》尚有全書，揚州問禮堂翻行之，而《穀梁》則闕宣公以上。章邱李中麓傳有《穀梁》單疏抄本，則又闕文公以上。吳門何仲子以兩殘本合南監本校之，復用石經以正經傳，《校勘記》所據專恃此爲藍本耳。此本爲李仲標所臨何校，而余復以萬卷堂殘本補校一過。蓋宋槧及單疏抄本今皆在恬裕齋，惜粵匪犯順，校至卷一九二葉而止。瞿氏書幸無恙，他日擬補成之，並以單疏覆校。身老時危，未知蒼蒼者許償此願否也。咸豐庚申仲冬望日文村老民書於長巷寓舍。丙子夏五李玉麟錄。"咸豐庚申爲咸豐十年（1860），丙子蓋光緒二年（1876）。又卷一二首葉眉端有墨筆識語云："振聲按，余仁仲本自此卷起，刊本今藏恬裕齋，何校有未備，用墨筆以補之。"文村老民即王振聲（1799—1865），字寶之，號文村，曾館於瞿氏鐵琴銅劍樓，與季錫疇同編《鐵琴銅劍樓藏書目錄》。王振聲跋云"此本爲李仲標所臨何校"，李仲標當即李炳宗，字仲標，又作仲彪，常熟庠生，李芝綬之弟。臺圖藏此本鈐有"李芝綬讀書記""緘盦收藏"印，即李芝綬藏本。李芝綬（1813—1893）字緘庵，原名蔚宗，字升蘭，家富藏書，有《靜補齋書目》。《（光緒）常昭合志稿》卷三二有芝綬、炳宗二人傳，稱"近年邑中校讎家以黃氏廷鑒、王氏振聲爲最，然皆以撰著之暇餘力及之，芝綬兄弟猶爲專門之學焉"。此本蓋李炳宗過錄何校本，王振聲又據鐵琴銅劍樓藏余仁仲本《春秋穀梁傳》作了補充校勘。

何煌跋稱"抄本文公以上俱缺"，臺圖藏兩部過錄何煌校本卷一〇（當單疏本卷六）首葉皆有朱筆識語云"李中麓抄本疏此卷起"，《校勘記》引據各本目錄列"單疏本"云"鈔宋殘本，章丘李中麓藏，文公以前缺"，知何煌所見單疏抄本，與今傳三部單疏抄本一樣，皆僅存卷六至卷一二的內容。不過，從傳錄校本及《校勘記》引據何校本情況看，何煌所見單疏抄本的卷六至卷一二，似較今存單疏抄本更爲完整。今存三部單疏抄本卷一二末皆有缺葉，文字止於哀公十三年"王尊稱也子卑稱也"疏"自黃池前吳常僭號稱王"之"稱"

字。而阮元《校勘記》所錄何煌校本，尚有哀公十四年一條："狩地至適也。何校本上有'傳'字。"臺圖藏兩部過錄何煌校本此處亦可見朱筆校字"傳"字，何煌所見單疏抄本此處似尚存。又今存單疏抄本《春秋穀梁疏》有不少駁落空白處，其底本蓋有局部殘損，文字不存，照式抄錄時留下空白。而何煌所見單疏抄本，此類文字似尚完整。如《校勘記》文公元年："夷狄至不正。閩、監、毛本同，何校本上有'傳'字。"文公二年："作爲至可也。閩、監、毛本同，何校本上有'傳'字。"此二處，臺圖藏兩部過錄何煌校本亦皆有朱筆"傳"字。而北大藏單疏抄本、國圖藏單疏抄本此二處皆在空白缺字處。文公三年《校勘記》："著甚之驗。閩、監、毛本同，單疏本'驗'作'妙'。"此處臺圖過錄校本有朱筆校語："驗，抄本作妙。"而北大單疏抄本此處僅存"著"字，"著"下三字空缺；國圖單疏抄本則並"著"字亦不存，留下四字空格。又《校勘記》文公元年："注內卿至衛地。閩本同，單疏本'至衛地'作'云云'。監、毛本'衛地'作'諸侯'，非也。"臺圖兩部過錄何煌校本此處皆有朱筆校"云云"二字，其中一部還在"云云"下標明"抄本"二字，可知何煌所見單疏抄本此處出文作"注內卿云云"。此種"注某某云云"爲單疏本《春秋穀梁疏》常見的出文方式，宋十行本以下一般統一爲"某某至某某"。此處北大本僅存"注內卿"三字，其下爲殘缺空白；國圖本作"注內卿至諸侯"，其"至諸侯"三字絕非單疏本原貌，當後人據監、毛本所補（詳下）。

從以上《校勘記》所引何煌校本及臺圖藏過錄何煌校本來看，何煌當時所見李中麓藏單疏抄本，其卷一二末內容似尚完整，卷中亦未如今存單疏抄本多見局部殘損缺字。今單疏抄本中所見卷一二末缺葉及卷中局部殘損缺字，似在何煌校勘之後、李開先本存藏過程中陸續產生。

## 三、清周錫瓚藏本與陳鱣抄本

陳鱣《經籍跋文》著錄"《春秋穀梁傳疏》十二卷，照宋鈔本"，云："是本出章邱李中麓家，惜缺文公以前五卷。字多駁落，繕寫雖不工，然行款悉依舊式，其駁落處俱空白。長州何北山煌嘗據以校汲古閣注疏，改正甚多。今爲周猗唐明經所藏。余又從猗唐借鈔。"[①] 周猗唐即周錫瓚（1742—1819），號漪

---

[①] （清）陳鱣《經籍跋文》之《宋本穀梁傳單行疏跋》，《宋元版書目題跋輯刊》第三冊，北京：北京圖書館出版社，2003，第247頁。

塘，長洲人，爲黃丕烈藏書四友之一。陳鱣（1753—1817），字仲魚，號簡莊，海寧人，《經籍跋文》匯其經部題跋之作。周錫瓚藏一部殘七卷單疏抄本《春秋穀梁疏》，陳鱣據其借抄。今北京大學圖書館藏單疏抄本《春秋穀梁疏》，鈐有"鱣讀""宋本""仲魚圖像"（肖像印）、"得此書費辛苦後之人其鑒我"諸印，蓋即陳鱣借抄之本。

北大本《春秋穀梁疏》存卷六至卷一二，卷一二末殘，正文亦多空白闕字處。多脱、衍、誤字，以朱筆校、補，或以符號標識脱誤。各卷卷端題"春秋穀梁疏卷第幾 某公"，次行署"國子四門助教楊士勛撰"（卷六題署有殘損）。半葉十二行，行二十一至二十二字，無框格。卷前有未署名跋語。除陳鱣諸印外，又鈐"稽瑞樓""古潭州袁臥雪廬收藏"印，蓋陳鱣之後又經陳揆（1780—1825）、袁芳瑛（1814—1859）遞藏，後歸李盛鐸所有。《木犀軒藏書書錄》著錄此本作影宋抄本，①《北京大學圖書館藏李氏書目》《北京大學圖書館藏古籍善本書目》《中國古籍善本書目》著錄作明抄本（清陳鱣校並跋）。筆者舊曾辨此本並非明抄本而爲清陳鱣家抄本，後《中國古籍總目》（其中經部春秋類由筆者負責初稿編纂）已將此本著錄作"清乾隆嘉慶間陳鱣抄本"。

陳鱣云"是本出章邱李中麓家"，似乎周錫瓚本即是李開先舊藏本。但陳鱣所描述的周錫瓚本《春秋穀梁疏》，已是"字多駁落"，"然行款悉依舊式，其駁落處俱空白"，與今北大本、國圖本情形相似。而據我們上文的考察，康熙五十六年何煌所見的李開先本，卷中並無今存單疏抄本中的大量殘損缺字。何煌校勘之後，李開先本在存藏過程中陸續產生殘損缺字，此時經照式轉抄，才可能有"駁落處俱空白"的現象。細味陳鱣之語，所謂"出章邱李中麓家"，"長州何北山煌嘗據以校汲古閣注疏，改正甚多"，或即由卷前未署名跋語"李中麓抄本""何北山雖據以改正汲古閣本，亦尚有遺漏。但脱誤亦多，政需善擇"脱胎而來，所謂周錫瓚本"出章丘李中麓家"，未必確指其即李開先原本。

李盛鐸《木犀軒藏書書錄》著錄此本爲"影宋抄本"，蓋因書中有"桓"字缺筆避諱，而正文文字剥落處，皆不變原式，保留底本之殘闕空白。甚至底本有殘缺筆畫處，此本亦照式抄錄，如哀公十三年"注及者至卑也"下疏文"於黃池而公往會之"，此本"黃池而"三字空缺，但"黃"字左上角的"十"字筆畫及"而"字左下角的豎劃，仍一絲不苟地抄錄下來，確是可當"影抄"

---

① 李盛鐸《木犀軒藏書題記及書錄》，張玉範整理，北京：北京大學出版社，1985，第73頁。

二字。不過，此"影抄"之底本，只是李開先藏單疏抄本，而非宋刻單疏本。又此本卷前未署名跋語及卷中朱筆校字頗似陳鱣筆跡，故《木犀軒藏書書錄》著錄跋語爲"陳氏手題"，北大館藏目錄及《中國古籍善本書目》亦定爲"陳鱣校並跋"。筆者舊文亦以爲跋語與校字出自陳鱣之手，而國圖藏單疏抄本與北大本有同樣的朱筆校字，其傳抄底本與北大本有同樣內容的跋語，則國圖本似據北大本轉抄。今以國圖本與北大本詳細比勘，發現兩部單疏抄本雖然在行款格式、文字內容、朱筆校字、空白缺字等方面有相當高的一致度，但兩本之間仍存在複雜細微的差異，包括空白缺字的多寡，異文的此是彼非等（詳下）。兩部單疏抄本都能較忠實地反映傳抄底本的面貌，而兩本文字卻互有參差，北大本是而國圖本非、或北大本非而國圖本是，此兩種情況皆多見，很難說國圖本是繼承自北大本。如此，則國圖本與北大本蓋出自不同的傳抄底本，兩本共有的朱筆校字、北大本與國圖本底本所共有的未署名跋語，當皆輾轉傳抄而來，而非陳鱣所爲。

## 四、清張君夏藏本與瞿氏恬裕齋抄本

中國國家圖書館藏清咸豐七年瞿氏恬裕齋抄本《春秋穀梁疏》，見於《鐵琴銅劍樓藏書目錄》卷五著錄："《春秋穀梁疏》七卷，鈔殘本。……原書十二卷，今存卷六文公起至卷十二哀公止。……舊爲章丘李中麓氏藏本，字跡甚舊，有朱筆校改處。今歸邑中張君伯夏，從之借錄。"[①] 卷末有咸豐丁巳（1857）季錫疇跋，云："《穀梁》單疏舊本，[②] 卷首有無名氏題記，云：李中麓抄本，自文公起至哀公止。何北山雖據以改正汲古閣本，尚有遺漏。但脫誤亦多，正需善擇云云。原本有朱筆後改處，未知即中麓手跡否。咸豐丁巳夏，恬裕齋主人從邑中張氏假得，傳錄一本，囑余對校一過。中用朱筆者，仍依舊校，新抄有誤者，以墨筆改之。"此本傳抄自"邑中張氏""邑中張君伯夏"，張伯夏蓋即張蓉鏡族弟。[③] 瞿氏從張伯夏處借得單疏抄本，抄錄後由季錫疇校對一過，原朱筆校字依舊用朱筆過錄，新抄有誤者則以墨筆校改。筆者曾至國

---

① （清）瞿鏞《鐵琴銅劍樓藏書目錄》，《清人書目題跋叢刊》三，北京：中華書局，1990，第83頁。

② 季氏此跋未經謄寫，多有鉤劃刪改。此下原有"出明人所抄"五字，以墨筆鉤刪。

③ 國圖藏宋刻本《纂圖互注禮記》卷末吳輔仁跋："是書與宋刊《荀子纂圖互注》於戊、己年間張伯夏滬鐺表兄得於族兄芙川家。"芙川即張蓉鏡。

圖調閱原本，觀此本校字朱、墨判然，確如季錫疇所言。其中朱筆校字蓋傳抄底本張君夏本原有，而與北大本朱筆校字高度一致；墨筆校字爲瞿氏抄錄中新誤，北大本皆不誤。季跋謂張伯夏本"卷首有無名氏題記"，從內容看與北大本卷前未署名跋語一致，惟遍閱全本而未見跋語，瞿氏當時蓋未予抄錄。

以此本與北大本相較，可見兩本不僅行款字數、行字起訖全同，異文及脫誤、朱筆校字等亦基本一致，如上文所述文公五年"又此傳云兼歸之非正也明天子於諸侯含襚"十八字，哀公十二年"而書葬今孟子卒雖不稱夫人"十二字，此本與北大本皆脫。卷六首葉下半面"注內卿"之"內"經朱筆改字，"春秋內魯"之"魯"爲朱筆校補；第二葉下半面"與衛氏異"之"衛"原作"鄭"，字側有朱筆校字"衛"；"兩階之間"之"階"原作"間"，字側有朱筆校字"階"；"陽處父故也"之"父故"原倒，以朱筆倒乙符號標識等等，此類校改情形，國圖本亦與北大本全同。不過，兩部單疏抄本也有參差複雜的差異，主要有以下幾類：

1. 缺字空白。兩本殘損空白的位置基本一致，不過北大本在殘損處往往保存更多文字，如卷六第一葉下半面第 8 行，國圖本"可云得會"之"可云"二字空缺，北大本"云"字尚存。第 9 行，國圖本"禮雖不達人情通許"之"達人情通許"五字空缺，北大本僅空"達人"二字。卷一二末葉第 1 行，國圖本"注及者至卑也釋曰隱二年傳云會"十四字空缺，北大本"注及者至""也""釋"六字尚存。第 2 行國圖本"於黃池而公往會"七字空缺，北大本僅空"黃池而"三字，"黃""而"二字殘餘筆畫尚存。此類情況所在皆是。筆者推測，北大本的傳抄底本抄寫時間或較早，文字損毀尚輕，故較國圖本保留更多殘字。但是也有反例，如同樣是卷一二末葉，第 10 行國圖本"吳子亦恐臣子不肯變從故因魯之禮"完整不缺，而北大本空缺"不肯""魯之"四字，此種情況亦不鮮見。

2. 朱筆校字。兩本朱筆校字大體一致，不過亦可見參差。如卷六首葉下半面第 1 行，"會葬之處"之"處"字，兩抄本皆脫，北大本以朱筆校補，國圖本缺此校字。卷六第三葉下半面第 4 行，"以喪制未終"兩抄本皆作"以喪己終未"，北大本無校字，國圖本"己"旁有校字"制"，"終未"有倒乙符號。這兩處校字，前者北大本有、國圖本無，後者北大本無、國圖本有。

3. 異文。國圖本與北大本之間有相當的異文，此是彼非、此非彼是，情況亦頗參差。如卷六文公元年至二年數例：

卷六首葉下半面第 7 行，國圖本"故無譏文，以失禮深"，"文"北大本作

"又"。此字宋、元十行本以下皆同國圖本作"文",阮元《校勘記》及臺圖藏過録何校本無校記。復旦大學圖書館藏單疏抄本此處同北大本作"又"。

卷六首葉下半面第9行,國圖本"故發内大夫可以會外諸侯之例","外"北大本作"合"。此字宋、元十行本等皆同國圖本作"外",《校勘記》及臺圖藏過録何校本無校記。復旦單疏本此處同北大本作"合"。

卷六第二葉第4行,國圖本"故子遂有納幣之譏","子"上北大本有"公"字。宋、元十行本等皆同北大本有"公"字,復旦單疏本亦有"公"字,此蓋國圖本傳抄中脱字。

卷六第二葉第7行,國圖本"而傳連言之者",北大本無"者"字。此處宋、元十行本等與國圖本同有"者",復旦單疏本同北大本無"者"字。

卷六第二葉下半面第8行,國圖本"蓋爲禘(祫)時别昭穆也",北大本"蓋"作"益"。此字宋、元十行本等皆同國圖本作"蓋",復旦單疏本亦作"蓋","益"蓋爲北大本傳抄之訛。

卷六第三葉下半面第8行,國圖本"范於二年閔注同杜預","二年閔"北大本、復旦本、宋、元十行本皆作"閔二年",此國圖本誤倒。

卷六第四葉第6行,國圖本"故云大是事也",北大本"是事"誤作"事是"。宋、元十行本及復旦單疏本皆與國圖本同。

卷六第四葉第10行,國圖本"僖繼閔而立,猶子之繼父",北大本無"之"字。此處宋、元十行本皆同國圖本有"之",《校勘記》及臺圖過録何校本無校記。復旦單疏本同北大本無"之"字。

以上有國圖本顯誤之處,亦有北大本顯誤之處,有的異文兩本皆可通。其中"故無譏文以失禮深""故發内大夫可以會外諸侯之例""而傳連言之者""僖繼閔而立,猶子之繼父"四例,復旦單疏本與北大單疏本相合,可知異文其來有自,並非北大本轉抄之誤。上文我們指出國圖本"注内卿至諸侯"之例,北大本"注内卿"下爲殘缺空白,而據阮元《校勘記》引何校本及臺圖藏過録何校本,此處李開先藏單疏抄本原作"注内卿云云"。"注某某云云"爲單疏本出文的常見格式,宋十行本《監本附音春秋穀梁注疏》在注疏合刻時將此處出文改作"注内卿至衛地",代指注文中的"内卿大夫可以會外諸侯。戚,衛地"一句。元十行本、閩本亦同宋十行本作"注内卿至衛地"。不過,閩本在翻刻元十行本過程中,漏刻了注文中的"戚,衛地"三字,這就導致出文起止與注文明顯不對應。萬曆監本未能補出"戚,衛地"三字脱漏,卻發現了閩本出文起止與注文不相應的問題,遂將出文改爲"注内卿至諸侯",此爲監本之臆改，毛氏汲古閣本沿襲。至清乾隆武英殿本，此處出文已按全書體例統一刪除。也就是說，"注内卿至諸侯"出文爲監本、毛本所獨有，不僅單疏本無此出文，宋、元十行本乃至閩本、殿本皆無此出文。此例透露出國圖本在其前的傳抄過程中，有據監本、毛本補字或改字的情況，相比之下，北大本似更接近源頭底本的面貌。

## 五、清張金吾藏本與民國劉氏嘉業堂抄本

在陳鱣之後、瞿氏鐵琴銅劍樓之前，清張金吾亦曾藏一部單疏抄本《春秋穀梁疏》。張氏《愛日精廬藏書志》卷五著錄："《春秋穀梁疏》殘本七卷，抄本。原十二卷，今佚一至五五卷。單疏本自《儀禮》外，惟《穀梁》、《爾雅》尚有傳本，爲楊氏、邢氏原書。《爾雅疏》未之見，是書則從李中麓藏本轉輾傳寫者，闕文誤字雖亦不少，以無別本可校，姑仍其舊，不取據注疏本臆改也。中有遠勝今本、而《校勘記》未載者。"所舉《校勘記》未載之異文，多勝於通行注疏本。張金吾（1787—1829），字慎旃，號月霄，江蘇常熟人。曾搜羅宋元說經之書，編爲《詒經堂續經解》，《春秋穀梁疏》單疏殘本就收入其中，民國間爲涵芬樓所有。張元濟《涉園序跋集錄》云："余先收得愛日精廬張氏傳錄《穀梁疏》七卷。"[①]《寶禮堂宋本書錄》云："張氏《詒經堂經解》所收有《穀梁傳》殘本，余於上海涵芬樓見之。凡此皆單疏也。"[②]《詒經堂續經解》在1932年一·二八事變中遭焚毀，[③]張金吾本《春秋穀梁疏》蓋亦隨之化爲灰燼。

今復旦大學圖書館藏民國五年劉氏嘉業堂抄本《春秋穀梁疏》，[④]即劉承幹從張元濟處借張金吾本轉抄。此本書衣題"繆筱珊校穀梁疏殘本"，卷端題"穀梁疏"，半葉十一行、行二十二字，以雕印框格紙抄錄，框外有"吳興劉氏求恕齋抄本"字樣，卷一二末殘闕同北大本、國圖本，北大本、國圖本殘損空白處，此本多已補字（補字處往往可見墨色有異），僅大段殘缺處保留空白。北大本、國圖本朱筆校字處，此本多已逕改正文。卷末有民國五年（1916）劉

---

① 張元濟《涉園序跋集錄》，顧廷龍編，上海：古典文學出版社，1957，第11頁。
② 張元濟《寶禮堂宋本書錄》，南海潘氏寶禮堂印本，1939年，經部第24頁。
③ 參見林慶彰《張金吾編〈詒經堂續經解〉的內容及其學術價值》，《清代學術研究論集》，臺北"中研院"文哲所，2002，第431—462頁。
④ 此本承蒙上海古籍出版社郭沖先生協助查閱，特此致謝。

承幹跋云："此本愛日精廬舊抄，今歸張菊生侍郎，知余有單疏之刻，允假錄副。"劉氏《嘉業堂叢書》匯刻諸經單疏本，行款皆爲半葉十一行、行二十二字，此抄本蓋因《嘉業堂叢書》之刊刻而改易款式。其卷端題名改作"穀梁疏"，校字改入正文，缺字加以校補等，蓋亦出自繆荃孫之校改。其中有的校補與阮元《校勘記》相合，如卷六首葉下半面出文"注内卿云云"，北大本"注内卿"下殘缺空白，國圖本誤作"注内卿至諸侯"，"注内卿云云"或據《校勘記》補。有的校補頗無據，如同樣是卷六首葉下半面出文"傳夷狄不言正不正"，北大本、國圖本皆在殘缺空白處，《校勘記》此處出校云："夷狄至不正，閩、監、毛本同，何校本上有'傳'字。"臺圖兩部過錄何校本亦僅出校"傳"字，則單疏抄本本作"傳夷狄至不正"，所謂"傳夷狄不言正不正"疑出繆氏臆補。復旦本在形式及內容上皆與北大本、國圖本差異較大，距離源頭抄本較遠，不過有些異文往往與北大本相合，如前舉"故無譏文以失禮深""故發內大夫可以會外諸侯之例""而傳連言之者""僖繼閔而立，猶子之繼父"諸例，可與北大本、國圖本互證，其獨特之處亦值得充分重視。

傳世諸經單疏本，無論是宋刻本或抄本，數量皆極有限，且半數以上藏於日本。清代學者比較熟悉的單疏本，除了《儀禮》《爾雅》外，只有殘存半部的單疏抄本《春秋穀梁疏》。正如張金吾所言"單疏本自《儀禮》外，惟《穀梁》、《爾雅》尚有傳本，爲楊氏、邢氏原書"，又陳鱣言："群經之疏，本自單行，今尚存宋本有三，而皆萃於吳中。三者何？《儀禮》也，《穀梁傳》也，《爾雅》也。"① 雖然僅存七卷，又是脫誤頗多的抄本，但其獨特的學術價值和校勘價值，得到清代學者、藏家的充分重視，遞經名家收藏、傳抄、校勘，方有珍貴的抄本及過錄校本傳存。今存三部單疏抄本中，以北大本抄寫時間最早，更多保存了原始抄本面貌，而國圖本、復旦本亦各有其獨特之處。三本各有淵源而相互印證，結合阮元《校勘記》引用何煌校本、今存過錄何煌校本，單疏抄本《春秋穀梁疏》在清代的流傳軌跡大略可見。

（作者單位：北京大學《儒藏》編纂與研究中心）

---

① （清）陳鱣《經籍跋文》之《宋本爾雅疏跋》。

·版本校勘·

# 《論語集解》整理説明

## 沙志利

【内容提要】　《論語集解》作爲中華書局《十三經古注》之一久被列入整理出版計劃，然延宕至2022年底方始交稿。趁此書尚未出版，筆者因不敢自信，遂徵得叢書主編王豐先同意，先將整理説明初稿發表出來，以就教於讀者，以求早日發現其中不妥之處，可在將來看校樣時加以修改。

【關鍵詞】　《論語集解》　何晏　校點　整理

《論語》一書，相傳是孔子弟子及其再傳弟子輯録的旨在反映孔子思想的資料彙編。具體編者，鄭玄認爲是仲弓、子夏等所撰定；柳宗元推測是孔子弟子雜記諸條，最後由曾子弟子總成其書，樂正子春、子思等人皆參與其事。它的編輯形式，一般來説，一言一事即爲一條，大都很短，基本都在百字之下。從所載内容來看，可以分爲四類：最主要的是孔子的言論和行事，其次是孔子弟子的言行，再次是與孔子有過交往的時人的言行，還有少量孔子所推崇的古人的言行。當然，後面三類内容，一般都有孔子的考評，如果没有，也能體現出孔子的褒貶之意。

《論語》作爲研究和瞭解孔子思想最可靠的文獻資料，自漢代以來，就頗受重視，幾乎是所有士人的必讀書籍。《論語》在漢代被稱作"傳"，是研讀經書的輔助材料，在宋朝則晉級爲"十三經"之一，南宋朱熹更是將其納入"四書"，可見其地位和影響與日漸增。

分析《論語》的文本構成及其在漢代的流傳情況，我們可以推測：在戰國時代，《論語》應該有一個慢慢增累而成的過程。從内容上來看，首先，《季氏篇》章首多用"孔子曰"，與用"子曰"者可能不是同時結集的。其次，《微子篇》最後三條，没有孔子的相應評論，尤其是最後兩條與前文内容聯繫不夠緊密，很有可能是後來增附上去的。再次，《子張篇》與前面十八篇内容的連貫性不強，也可能是後增的，尤其是西漢流傳的《齊論》多《問王》《知道》二篇，《古論》有兩個《子張篇》，也是因分別增附而產生不同版本的典型特徵。還有，《堯曰篇》首章結構鬆散，相對其他章節來說，也像是附錄材料，很有可能是後來增附的。從這幾點來看，《論語》很像宋明理學家如程頤、朱熹、王陽明等人的語錄，可能有一個弟子分別記述，再慢慢匯合，重新排列，剔除重複，又吸納新資料，逐漸形成較爲固定的流行版本的過程。

到西漢末年劉向校書的時候，他將《論語》在漢代的流傳情況進行了總結，並將傳世本分析爲三個系統，即《魯論》《齊論》《古論》，並對三個系統的流傳線索與著名經師進行了梳理，即本書《論語序》中所復述的内容，此處不贅。這三個系統在西漢所有《論語》傳本中所佔的比例，以及每個系統內部的不同傳本之間的差別到底有多大，還需要更多的證據和材料才能論定。從目前可見的出土材料來推測，只分三個系統過於粗略了。

到了魏何晏、荀顗、曹羲、鄭沖、孫邕等人作《集解》時，在《序》中梳理了《論語》在前代的流傳情況，除承繼劉向的說法外，特別注意到對《論語》的詮釋可以分爲三個階段：西漢經師除孔安國注《古論》外（清段玉裁、丁晏、劉寶楠等人認爲今《集解》所保存的孔安國《論語注》乃後人偽造），其他各家雖師說相傳，但無訓解；東漢則有包氏、周氏注《張侯論》，馬融注《古論》，鄭玄以《魯論》爲主，兼考《齊》《古》；漢魏之際則有陳群、王肅、周生烈三家注釋，較爲密集。何晏等人"集諸家之善，有不安者，頗爲改易"，在諸家注解的基礎上創爲《集解》。

何晏雖然是玄學大師，但一來，《論語》本身的内容不太適宜發揮玄學；二來，《集解》以揀擇漢魏舊注爲主；三來，《集解》是集體創作，因此，《集解》一書中雖然有一些零碎資料可供玄學的探討（參陳澧《東塾讀書記》卷二"何注始有玄虛之語"條），但整體來說並沒有太濃的玄學意味，也不是魏晉玄學研究者重點關注的對象。

《集解》對於舊注的揀擇，前人稱其"無勦説""簡擇剪裁，殊費心力"（皆《東塾讀書記》卷二語），然而照我看來，很多地方恐怕比較隨意。即以人名注釋來看，《學而》一篇，"有子"注出自"孔曰"，"曾子"注出自"馬曰"，"子夏"注出自"孔曰"，"子禽""子貢"注出自"鄭曰"，不知有何義例？很難想象，選取"馬曰"或"鄭曰"時，"孔曰"就無注或者注釋不善。同樣的道理，一些經典常訓，很難想象只有一家如此而別家不注或注錯。但由於《集解》的流行漸漸淘汰了其他漢魏古注（除鄭注主要通過出土文獻可得到一定程度的恢復外，其他幾種只能依《集解》來做大略的瞭解），因此，《集解》與這些古注的體系性差别，也不易論定。

　　以現在的學術眼光來審視《論語集解》，此書的最大價值恐怕還是保存了大量的漢魏古注。

　　《集解》的成書與《論語》的成書不同，因爲當時已有後世"著作"的概念，所以《集解》最初應該是有一個定本的。而定本的《集解》是包含《論語》正文（爲便捷起見，以下稱"經文"），還是只有注文呢？首先，從目前可見的寫本資料來看，未見只有注文而不含經文的本子。其次，從漢石經與今傳古抄本《集解》經文的校勘結果來看，各《集解》本的經文文本較爲穩定，很大可能出自一個定本。再次，如果《集解》的最初形態只是把注文抄集在一起，那麽以注附經時，注文插入經文的位置肯定會因操作者的不同而有較大差異，但根據古抄本《集解》與今本的校勘結果來看，在這一點上也差異甚微。因此，我傾向於最初的《集解》定本是包含經文的。明確了這一點，我們整理的目的，就以恢復這個最早的經注定本爲目標。也就是説，更早時期的經文異文不再納入校勘的範圍。

　　《集解》的流傳，由此定本出發，經過漫長的抄本時代，其間異文當然會肆意地增長。到唐開成石經，《論語》正文經過校訂刊刻，有一次定型，是後代大多《論語》版本經文的祖本。到五代後蜀國子監刻本，《集解》中的注文也經過校訂刊刻，成爲較爲固定的文本，可視作後世大多數《論語》版本經注的祖本。這期間的校訂成果，我們能夠看到的還有陸德明的《經典釋文》。

　　五代監本之後，《集解》的文本基本上是固定的（雖然有少量異文可能是古抄本異文的回流），我們對目前可見的宋元版本（或其後世翻刻本）的校勘可以較爲充分地證明這一點。而明清以後的版本多出自元刻十行本，與宋元本相校，其異文則以新增訛誤爲主了。

　　鑒於以上這種認識，我們把此次《論語集解》的校勘細化爲兩個層次。一、以唐石經、現存宋元刻本（或其後世翻刻本）互相校勘，來展現五代北宋監本的面貌；二、以《經典釋文》、敦煌文獻、日本傳本的異文來展示抄本時代《集解》異文的豐富多樣，爲構擬最初的《集解》定本提供一些資料。

　　先介紹第一層次的校勘所使用的版本與校勘原則。

　　此次整理，以 1933 年《天禄琳琅叢書》影印元盱郡覆宋刻本《論語集解》爲底本。此本所覆者乃宋廖瑩中刻本。廖本校刊精善，在宋代就爲世所重。元相臺岳氏刊本也是覆刻廖本而來，與盱郡本相較，版式字體似出一版，可證二者覆刻都一絲不苟。今廖本不可得，岳本殘缺較多，故取盱郡本爲底本，與取

《論語集解》整理説明

廖本爲底本差別不大。同時根據《十三經古注》體例要求，不整理底本中音釋部分。

校本有七。校本一爲《中華再造善本》影印元岳氏荆溪家塾刻本《論語集解》（簡稱"岳本"）。通過此本與底本互證，恢復廖本舊貌。事實上，兩本差別非常少，僅有校記三條，皆屬形近而訛。校本二爲《中華再造善本》影印南宋劉氏天香書院刻本（簡稱"劉本"），此本與前兩本爲目前僅存的宋元刊經注附釋音本。校本三爲《日本宫内廳書陵部藏宋元版漢籍選刊》影印南宋蜀刻大字本《論語注疏》（簡稱"蜀本"），校本四爲《玉海堂景宋元本叢書》覆刻元元貞平水刊本《論語注疏解經》（簡稱"平水本"），校本五爲日本静嘉堂文庫藏元刊明修十行本《論語注疏解經》（静嘉堂本卷一四至卷一六爲抄配，則校以中國國家圖書館藏元刻明修十行同時期印本，統一簡稱"十行本"），此三本爲目前存世部帙較爲完整的宋元刊注疏合刻本及覆刻本。校本六爲上海圖書館藏宋刊元明遞修八行本《論語注疏解經》殘本（存後十卷）。校本七爲中華書局影印民國皕忍堂刻本《開成石經》。此書易得，且文字較一般常見的後拓割裱本可信，且附有嚴可均校記，故徑取用，未再另覓舊拓。

第一層次的目標是恢復五代北宋監本經注的面貌，而我們所選的幾個本子之間差別不大，因此出校較爲細緻，原則是：特別明顯的校本錯字，不出校。不影響文意的注文句尾"也"字，不出校。一般較爲常見的古今字、通假字、異體字、正俗字，如女與汝，大與太，弟與第，弟與悌，共與恭，共與供，説與悦，道與導，招與召，嗚呼與烏乎，注與註，與與与，句與勾，嘗與甞，琅邪與瑯琊，號與号之類，尤其是底本是較規範、較通行的字的時候，一般不出校。不太常見的，酌情出校。其他異文，盡量寫入校記。另外，嚴可均《唐石經校文》中提及《唐石經》之磨改者，寫入校記中。

第二層次校勘所用的校本及吸收的相關校勘成果有五。一是《經典釋文》，二是敦煌本《論語集解》，三是正平本《論語集解》，四是日人山井鼎、物觀所撰《七經孟子考文補遺》之《論語》部分，五是阮元《十三經注疏校勘記》之《論語》部分。因爲情況比較複雜，下面逐一詳説。

《經典釋文》是陸德明在陳朝末年所作的音義書，兼收經注異文。其校勘體例，根據黃侃、黃焯的分疏，凡云"本作""某本作"者，都是陸氏親眼見到的本子；云"字又作""字或作"者，都是陸氏根據自己的見解推知的；云"本今作"《釋》舊作""今經無此字""今注無此字"者，都是宋人根據自己所見本校正《釋文》的話（根據此次對宋元本的校勘結果來看，最後一點真是卓識)。此次整理，主要吸收其異文校。另外，陸氏校勘經文時，以《魯論》爲主，多録《齊論》、《古論》、鄭玄本異文，偶亦從三家之說，然其"今從某"之語，雖陸氏一家之按斷，亦照顧到《集解》的注義。因爲我們要恢復的是何晏所據的經文，故凡其中異文可據《集解》斷其非何晏所本經文者，不採入校記。此次校勘《經典釋文》，以宋刻元修本《經典釋文》爲主（簡稱"《釋文》"），參考納蘭性德《通志堂經解》本（簡稱"通志堂本"）、盧文弨《抱經堂叢書》本《釋文》及《經典釋文考證》（簡稱"抱經堂本"及"盧文弨《考證》"），同時參考了黄焯《經典釋文彙校》，酌參日本蓬左文庫藏元元貞丙申平水梁宅印《論語釋文音義》。

　　敦煌諸本皆爲殘本，因爲《論語》流傳的廣泛性，所以敦煌寫本具有地域性、民間性、私習性等特點，其文本價值或許不如中原及江南地區經師世家手中流傳有序的古本和士大夫階層流傳的抄本，且其異文也大大超出了《釋文》所録的範圍，然而多有與宋元刻本及日本抄本、正平本相合者。這一方面説明陸德明或因地域所限，或因標準嚴苛，在選擇校本、採録異文方面不能全面反映抄本時代的異文狀態，同時也説明了流傳在日本一系的《集解》異文並非嚮壁虚造，而是淵源有自。敦煌本的價值在於，其異文真實反映了《集解》在西北地區民間傳習的面貌，在一定程度上代表了六朝至唐宋的寫本樣態。我們校記中的敦煌本異文，全部採自中華書局《敦煌經部文獻合集》第四册許建平整理的《論語集解》校記。許著的整理方式是，以一種内容較爲完整的寫本爲底本，校以其他寫本，不但一一介紹各本，而且校記翔實細緻，鉅細靡遺。爲省篇幅，我們不再一一介紹異文的出處是何寫本，統稱"敦煌本"，僅以"敦煌各本"（所有敦煌本皆同者）、"敦煌或本"（一本或不知幾本）、"敦煌二本""三本"等（能確定爲幾本者）對作此異文的抄本數量稍加區别。讀者欲知其詳，請自參考許著。

　　日本方面的情況更爲複雜。何晏去世後不久，《論語》就由百濟（朝鮮古國）傳入日本。《集解》的具體傳入時間不可知，但唐代是日本人來華活躍的時期，《集解》肯定早就傳過去了。平安時代末期到鎌倉時代（十二至十四世紀），日本人在宫廷裏設立了博士家的職位，其中"明經"兩家，即清原家和中原家，各有家傳的儒學課本。正平十九年（1364）堺浦道祐居士刻本《論語集解》是目前可見日本刊刻最早的儒典。據武内義雄考證，正平本出自清原教隆本，頗可存日本古抄本之舊，因此可以看作抄本時代《集解》文本的别支，具有很高的校勘價值。據川瀨一馬考證，世傳正平本有初刻雙跋本、後翻單跋本（無跋本與之同板）、更晚翻刻的雙跋本（有校改）之别，文字差别不大。我們校勘所用的是日本國立國會圖書館藏常磐御文庫刊單跋本。

江户時代享保十一年（1726），古學派學者山井鼎撰成《七經孟子考文》，四年後另一位學者物觀完成了補遺工作，附於《考文》後，合稱《七經孟子考文補遺》（以下簡稱"《考文》"），久已成爲經學校勘的名著。其中《論語考文》以汲古閣《十三經注疏》本爲底本，校以足利學校所藏《集解》古寫本兩通（一稱"古本"，一稱"一本"）、慶長年間（1600 年左右）京都伏見活字本（山井鼎誤以爲是足利學校所刊，稱爲"足利本"），頗能存《集解》古寫本的異文。《補遺》未明言所用版本，然其校語延續了《考文》，似與《考文》所用版本皆同。然細核其校語，有與《考文》同出古本異文而不同者，不知所用古本不同抑或一方誤校；又除古本外有所謂"二本""三本"，亦不知所指爲何本。這次整理吸收其成果，所用版本爲内閣文庫藏享保十六年初刻本，校記中一般稱作"《考文》古本""《考文》一本""《考文》足利本"（校記中諸本並列時，或承上省"考文"二字）；如《補遺》與《考文》校語矛盾及出現"二本""三本"時，則稱"《考文補遺》某本"。

阮元《十三經注疏校勘記》是清代經學校勘集大成性質的成果，其中《論語注疏校勘記》關於經注部分的校勘，唐石經、正平本（阮稱"高麗本"）我們已列爲校本，明清諸本不在我們校勘範圍之内，另有皇本異文爲我們所未及。阮校所謂"皇本"，即日本寬延三年（1750）根本遜志據足利學校藏古抄本而整理刊刻的《論語義疏》。由於《論語義疏》一開始肯定是單疏本，經注疏合本的産生必然較晚，則其所附經注亦必較晚，情況比較複雜，且其經注與宋刻本之異文，多爲敦煌本、《考文補遺》之異文所涵蓋，故我們此次校勘不準備將皇本納入校勘範圍，只藉吸收阮校的機會，將其所列皇本異文未爲其他各本所涵蓋者附於校記而已，數量不多。此外，阮校中有不少清儒校訂成果，亦擇要採録。此次校勘吸收阮校，所用版本爲《續修四庫全書》影印南京圖書館藏清嘉慶阮氏文選樓刻本《十三經注疏校勘記》。

清儒的其他校勘成果，如浦鏜《十三經注疏正字》、翟灝《四書考異》等，限於時間和精力，不再一一吸收其成果。

在第二層次校勘所用諸本及諸項校勘成果中，敦煌本許校、《考文補遺》、阮校都頗爲翔實細緻，正平本的異文也頗多，如果鉅細靡遺地納入校記，與我們想要提供一個簡明讀本的目的是相違的，且没有太大意義。反倒是《經典釋文》，以我們時代所知抄本時代的異文情況來推測，陸德明對於異文的採納肯

儒家典籍與思想研究（第十六輯）

定是頗有揀擇的，很多瑣細的異文是不採納的。我們對異文的揀擇仿效陸氏，且更爲嚴苛，具體如下：（一）古抄本較宋本而言，句末虛詞繁複是一大特徵，注文尤其如此。這些虛詞，有些可能是有所本的，但更多注文的句末虛詞可能是抄寫時爲對齊雙行小注而在句末增添的，且一般而言它們對於文義影響甚微。因此，當句末"也""者也""者也矣""也矣""也已""已""已也""已矣""也已矣""焉""焉耳""矣""耳""耳也""耳矣""爾""爾矣""爾已矣""之""之者""之也""之者也"等一類虛詞之有無或小有差異而對文義影響甚微，或有則文義不通時，不出校。（二）古今字、通假字、異體字、正俗字，如包與苞，敝與弊，裨與卑，辨與辯，賓與擯、儐，不與否，才與材，采與采，嘗與甞，徹與撤，臣與𦤎，陳與陣，成與城，絺與絺，臭與殠，磋與瑳，錯與措，大與太，道與導，弟與第，弟與悌，凋與彫，雕與彫、調、琱，匱與櫃，瀆與黷，盾與楯，軓與軌，筏與栰，馮與憑，伏羲與宓羲，共與供，共與恭，共與拱，貢與贛，鉤與拘，句與勾，穀與穀、穀、殻，莞爾與莧爾，圭與珪，椁與槨，貉與貊，號與号，荷與何，慧與惠，繪與繢，昏與婚，閽與昏，惑與或，饑與飢，跡與迹，姦與奸，瞰與矙，捷與踕，絜與潔，解與懈，戒與誡，廄與廐、廐，距與拒，倦與卷，克與尅、剋，刻與剋，空與悾，膾與鱠，窺與闚，匱與櫃，适與括，韅與鞇，琅邪與瑯琊，連與漣，糧與粮、粻，吝與悋，輅與路，率與帥，墁與鏝、槾，貌與皃，磨與摩，默與嘿，暮與莫，穆與睦，鰻與鯠，內與納，暱與昵，女與汝，盤與磐，盼與眄，畔喭與吸喭、叛喭，畔與叛，旁與傍，佩與珮，辟與避，辟與僻，戚與慼，期與朞，齊與齋，弃與棄，牆與墻，縕與緼，蹌與鏘，趨與趍、趣，取與娶，仞與刃，衽與袵，訒與仞，孺與孺，洒與灑，三與參，掃與埽，殺與煞，上與尚，什與十，施與弛，食與蝕，適與嫡，釋與繹，守與狩，受與授，疏與疎，疏與蔬，說與悅，僩與愠，笄與竿、算，孫與遜，歎與嘆，縚與韜，鼜與靴、韜，蓧與條、莜、篠，涂與塗、途，岡與冈，唯與惟，圬與杇、鋙，嗚呼與烏乎，勿與毋、無，醢與醯，柙與匣，弦與絃，鄉與嚮、曏、向，笑與笑，紲與絏，脩與修，袖與褎，薰與蕙、藭，嚴與儼，燕與宴，佯與詳，扡與拖，佚與逸，憶與億，陰與闇，遊與游，俞與喻，踰與窬，與與与，與與預，欲與慾，預與豫，怨與冤，芸與耘，杖與仗，招與召，召與邵，袗與紾、振、縝，知與智，指與旨，鐘與鍾，呪與祝，注與註，僎與撰，梲與棁，鄴與鄒，坐與座，《經典釋文》大都是出校的，我認爲，陸德明時代與我們不同，當時用字還沒有形成固定的規範，而我們選擇的底本所用的字，是沿襲了千餘年大家都習慣使用的字，如果出校，

· 176 ·

## 《論語集解》整理説明

數量太多，且只對研究用字演變的人有較大價值，對於一般讀者意義也不大，因此我就在此處儘量匯總，且按音序排列，以備查閲，文中就不再出校了。

在確定以上兩條原則時，我們認識到，《集解》文本定型爲今本時，對於用字的選擇、對於虛詞的取捨，是唐宋間人所做的工作，且陸德明、唐石經、五代監本、北宋監本一系的校訂者都有多用古字、少用虛詞的傾向，這與《集解》的原貌到底有多大差距，尚需更多的發現才能論定。

再交代一下分章。底本原未分章，但根據章首多用"子曰"或一問一答的格式以及内容上的獨立性，分章並不難。但也有些地方，是合爲一章還是分爲兩章，漢代就有不同的認識。遇到這種疑難，我們主要分析《集解》文意，參考《經典釋文》所載章數及有關説明、皇邢對文意的分疏、阮校章題、劉寶楠《論語正義》的相關研究，分章儘量靠攏《經典釋文》的章數，不合處則於篇題下出校説明。《鄉黨篇》只有一章，分節最有影響的是邢疏和朱熹《集注》兩家，各有道理。今謹依邢疏分節，不敢率意牽和。

再談一下標點。我以前點過《論語注疏》，這次標點《集解》，再次詳繹注文，發現了一些以前標點不妥當的地方。如《述而篇・默而識之章》：

> 子曰："默而識之，學而不厭，誨人不倦，何有？於我哉！"鄭曰："人無是行。於我，我獨有之。"

底本鄭注"我"字不重，但劉本、蜀本、平水本、敦煌或本、正平本、《考文》古本、足利本皆重文作"我我"。通常點法，經文以"何有於我哉"爲句，體現了孔子的謙遜。我也認爲這應該是《論語》經文的正解。鄭注則通常點爲"人無是行於我，我獨有之"，不通甚矣。體貼鄭注，"於我，我獨有之"釋經文"於我哉"三字，"人無是行"釋"何有"二字。因爲"默而識之""學而不厭"不是可以加諸於人的行爲，所以"於我"二字不應連上讀。經文標點當依注，末句也當點作："何有？於我哉！"鄭玄之所以如此讀，可能是因爲《述而篇・若聖與仁章》孔子已自承"爲之不厭，誨人不倦"。後來看到《七經孟子考文》就是這樣理解的。《集解》既然採取了鄭説，也應保持其内部的統一性，則《子罕篇・出則事公卿章》"何有於我哉"也當如此標點。再如《泰伯篇・師摯章》"師摯之始《關雎》之亂"，一般都在"之始"下加逗號。但細繹鄭注"周道衰微，鄭衛之音作，正樂廢而失節。魯大師摯，識《關雎》之聲而首理其亂者"，則"始"爲動詞，當連下讀。像這樣一些地方，我們儘量依照《集解》的理解來標點經文。

《集解》採集衆家，兼下己意，衆家説冠以"某曰"，己意不冠。當一處經文之下採兩家之説時，分別冠以"某曰"即可，如首卷首章首條注文即是。如果己説與別家説並列，己説在前時，如《微子篇·逸民章》注："逸民者，節行超逸也。包曰：'此七人皆逸民之賢者。'"己説與別家説很容易區分。但如果別家説在前，己説在後時，如《學而篇·道千乘之國章》注文"融依《周禮》"以下是己説，也很容易分辨，但大多數是無法區分的。但我們又不能排除這種情況存在，因此只能在這裏交代：無法分辨時，我們"某曰"下的引號都是直接標到注文結尾的。或有誤標之處，但也只能"吾末如之何也已矣"。

最後，感謝好友楊新勛先生把《論語注疏匯校》的未刊稿發給我參考，並惠以玉海堂本影印件！感謝張文先生冒暑熱到上海圖書館幫我校勘了八行本！感謝主編豐先兄的信任！感謝編輯石玉先生對於我一再拖延的寬容！雖然黽勉從事，書中錯誤定然不少，懇請讀者不吝賜教。

（作者單位：北京大學《儒藏》編纂與研究中心）

# 《經義雜記》版本考述

## 商賽博

**【內容提要】** 《經義雜記》的通行版本是嘉慶四年刻《拜經堂叢書》本和道光九年刻《皇清經解》本,但在《拜經堂叢書》本和《皇清經解》本之間還存在一個翻刻嘉慶四年本,尚未得到學界關注。通過校勘可以發現,翻刻本刊刻質量不高,出現了大量文字訛誤,所據的《拜經堂叢書》本當是一個字跡模糊的後印本。道光《皇清經解》本所據底本就是這個文字訛誤較多的翻刻本,而非嘉慶四年原本。道光刻本雖然校改了一些翻刻本中明顯的文字訛誤,但總體編校質量不高,仍然沿襲了許多翻刻本的訛誤,且又新增了一些訛誤。《皇清經解》本在咸豐庚申補版時對道光原本的錯誤進行了卓有成效的校正,編校質量高於道光原本。這一新發現既能爲《經義雜記》的整理研究提供重要參考,也是研究《皇清經解》道光刻本、咸豐補刊本編校、刊刻質量的一個典型個案。

**【關鍵詞】** 《經義雜記》 臧琳 《拜經堂叢書》 《皇清經解》 翻刻

《經義雜記》一書是清初學者臧琳所作的一部經學劄記,[1] 書中條目主要是關於考證經註文字和考辨經義的內容,其中不乏精見。臧琳,常州武進人,康熙年間爲縣學諸生。生前閉戶著書,交遊不廣,因此寂寂無名,其書在身前也

---

[1] 關於《經義雜記》一書的作者,自清代以來就存在所謂"子孫潤色"的問題。清代學者周中孚、方東樹等懷疑《經義雜記》存在一部分内容是臧庸竄入的,但皆未能舉出明證。臺灣學者陳洪森先生在其所著《臧庸年譜》中說:"余近詳考其事,知《經義雜記》頗多臧庸掩竊時人勝義竄入者,別有專文論之。"但筆者多方查找,始終未見其專文。陳先生"中研院"官網個人主頁中的著作目錄載其著作甚詳,亦未見此文,則此專文似乎未曾發表。由於目前未見有力證據可以證明臧庸有竄亂或附益的問題,筆者認爲,《經義雜記》一書的著作權仍應歸於臧琳。

未能得到刊刻。直到嘉慶四年（1799），其玄孫臧庸在阮元的資助下將先祖遺稿刊行於世，其書其人始爲世人所知。一時學者皆極加讚譽，段玉裁認爲其書"發疑正讀，必中肯綮，旁羅參證，抉摘幽微，精心孤詣，所到冰釋"①，王鳴盛更是認爲"其考證之精博，幾幾欲與顧、閻諸公抗行"②。此書在清代受到了學者的極大重視，盧文弨的《經典釋文考證》、阮元的《十三經注疏校勘記》等校勘學著作，陳奂《詩毛氏傳疏》、陳立《公羊義疏》、郝懿行《爾雅義疏》、胡承珙《毛詩後箋》、焦循《孟子正義》、劉寶楠《論語正義》、洪亮吉的《春秋左傳詁》等清人諸經新疏都徵引了許多《經義雜記》中的條目。今天看來，此書所展現出的治學方法和學術風氣，實際上已開乾嘉漢學之先，因此在清代學術史上當有重要地位。

關於《經義雜記》的版本，《中國古籍善本書目》著錄有清嘉慶四年臧氏拜經堂刻本，《中國古籍總目》著錄有《拜經堂叢書》本（乾隆嘉慶刻、日本影印）和《皇清經解》本（道光刻、咸豐補刻、鴻寶齋石印、點石齋石印）。唐田恬在《臧琳〈經義雜記〉初探》一文中論述《經義雜記》的版本時也說："《經義雜記》今傳世版本主要有嘉慶四年臧庸拜經堂刻本和《皇清經解》本。"③ 近有梅軍先生《經義雜記校補》一書，對《經義雜記》進行了點校整理。他在整理前言中論及《經義雜記》一書的版本時說："《經義雜記》的版本系統並不複雜，目前可見的刻本只有上述這兩種，即：《拜經堂叢書》本《經義雜記》三十卷，爲'全本'；《皇清經解》本《經義雜記》十卷，爲'節本'。之後石印或影印出版的各種《經義雜記》，是分別以這兩種刻本爲底本而來的。"④ 可見目前學界對於《經義雜記》版本的認知主要有嘉慶四年拜經堂刻本和《皇清經解》本兩種版本。但是實際的情況要比學界目前的認識更爲複雜。據筆者調查，《經義雜記》至少存在四種版本。下面，筆者將就調查所得對這四種版本及其關係進行具體論述。

---

① （清）段玉裁《經義雜記序》，見《經義雜記》卷末所附《敘錄》一卷，《續修四庫全書》第172册，上海：上海古籍出版社，2002，第290頁。
② （清）王鳴盛《經義雜記序》，見《經義雜記》卷末所附《敘錄》一卷，《續修四庫全書》第172册，第288頁。
③ 唐田恬《臧琳〈經義雜記〉初探》，《中國典籍與文化》2015年第2期，第98頁。
④ （清）臧琳《經義雜記校補》，梅軍校補，北京：中華書局，2020，第29頁。

## 一、《經義雜記》嘉慶四年刻本與其翻刻本

《經義雜記》的首次刊刻是在嘉慶四年（1799），刊刻地點在廣州南海縣古藥洲，是由臧琳的玄孫臧庸主持刊刻的，由阮元出資贊助。阮元任浙江學政時，招諸生編輯《經籍籑詁》一書，而以總編之役屬臧庸。嘉慶三年（1798）秋，其工告竣。十二月，臧庸前往廣州南海縣爲阮元刻《經籍籑詁》一書。① 臧庸在校刻《經籍籑詁》之暇餘，於嘉慶四年秋將《經義雜記》一書付梓，阮元爲料量刻資②，至嘉慶四年十月刊成③。這批書版後來彙印入臧氏的《拜經堂叢書》中，此即爲嘉慶四年刊《拜經堂叢書》本。現在可以檢索到的各大圖書館所藏《經義雜記》三十卷本基本都著録爲嘉慶四年刻本。

《續修四庫全書》中也收録了《經義雜記》一書（以下簡稱"續四庫本"），影印所用的底本，據其書中著録爲上海辭書出版社圖書館藏清嘉慶四年臧氏拜經堂刻本。但筆者在查閱此書時發現，書中文字頗多訛誤，且卷一八的十三、十四兩版錯爲卷一〇的十三、十四兩版，卷一八之十三、十四兩葉之内容遂缺。國家圖書館所藏的《拜經堂叢書》（善本書號 A02852）中所收的《經義雜記》（以下簡稱"國圖藏本"）與"續四庫本"版式相同，都是左右雙邊，半葉十行，行二十一字，但"國圖藏本"的卷一八之十三、十四兩葉並無錯版，文字内容完整。經過仔細比勘，可以發現這兩個本子的字跡存在着許多差異。下面筆者將這兩個本子卷一第六葉 a 面的書影進行對比（見圖一、圖二），可以看出如下差異：（1）"續四庫本"第二行的第一個"韭"字左邊一撇較短，而"國圖藏本"較長；（2）"續四庫本"中第二行的"蒜"字，第四行的"蒲""藏""蒜"三字，第五行的"蒜""蓋"二字的"艸"字頭中間連筆，而"國圖藏本"的"艸"字頭中間都不連筆；（3）"續四庫本"第九行的"毛言音"三字"國圖藏本"作"毛詩音"。這就説明"續四庫本"影印所據的底本與國圖所藏《拜經堂叢書》本並非同一種版本。

---

① 參見陳洪森《臧庸年譜》，《中國經學》第 2 輯，桂林：廣西師範大學出版社，2007，第 276—278 頁。
② 本書卷首阮元《刻經義雜記題辭》曰："余獲交先生元孫在東，亟爲料量刻資，於嘉慶己未秋付梓南海。"見第 37 頁。
③ 本書卷末所附《敘録》有臧庸《跋〈經義雜記〉敘録後》一文，題曰："嘉慶四年，歲次己未冬十月朔，孤子鏞堂泣識於傳後，時在南海古藥洲。"見第 294 葉。

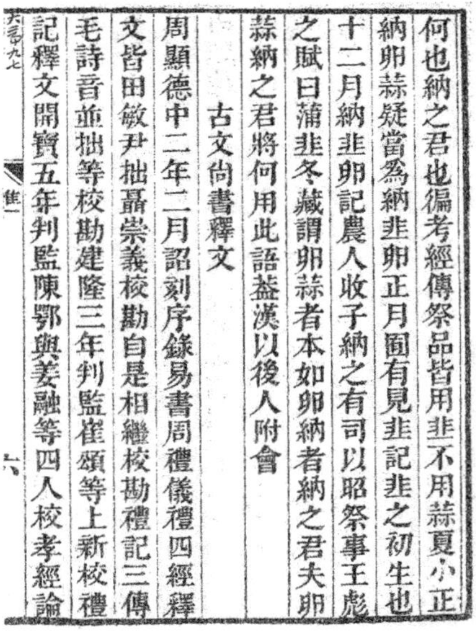
何也納之君也徧考經傳祭品皆用韭不用蒜夏小正
納卵蒜疑當爲納韭卵正月囿有見韭記韭之初生也
十二月納韭卵記農人收子納之有司以昭祭事王彪
之賦曰蒲韭冬藏謂卵蒜者本如卵納者納之君夫卵
蒜納之君將何用此語葢漢以後人附會
古文尚書釋文
周顯德中二年二月詔刻序錄易書周禮儀禮四經釋
文皆田敏尹拙聶崇義校勘自是相繼校勘禮記三傳
毛詩音並拙等校勘建隆三年判監崔頌等上新校禮
記釋文開寶五年判監陳鄂與姜融等四人校孝經論

圖一　國圖藏《拜經堂叢書》本

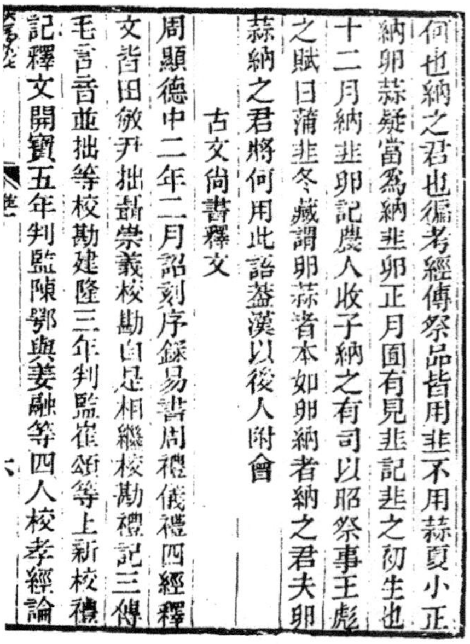
何也納之君也徧考經傳祭品皆用韭不用蒜夏小正
納卵蒜疑當爲納韭卵正月囿有見韭記韭之初生也
十二月納韭卵記農人收子納之有司以昭祭事王彪
之賦曰蒲韭冬藏謂卵蒜者本如卵納者納之君夫卵
蒜納之君將何用此語葢漢以後人附會
古文尚書釋文
周顯德中二年二月詔刻序錄易書周禮儀禮四經釋
文皆田敏尹拙聶崇義校勘自是相繼校勘禮記三傳
毛言音並拙等校勘建隆三年判監崔頌等上新校禮
記釋文開寶五年判監陳鄂與姜融等四人校孝經論

圖二　《續修四庫全書》影印本

爲了進一步理清二者之間的關係，筆者將這兩個版本進行了對校，發現二者之間存在大量的文字異同。爲了更直觀地説明二者之間的關係，筆者將這些文字異同擇要製成了文字異同表（見表一）。

表一

| 卷葉條目 | 國圖藏本 | 續四庫本 |
|---|---|---|
| 卷一 6a 古文尚書釋文 | 禮記三傳毛詩音並拙等校勘 | 禮記三傳毛言音並拙等校勘 |
| 卷三 11a 漢儒明哲保身 | 元在土下水上而據木 | 元在上下水上而據木 |
| 卷五 9a 春秋名季子辨 | 季子之志至是而始白 | 季子之志至是而始曰 |
| 卷七 7a 厖焚 | 此與鄭義不合 | 此與鄭義下合 |
| 卷七 14b 欒范易行 | 而入吾中軍 | 而入吾十軍 |
| 卷八 9b 大卷咸池因變 | 以五帝殊時不相沿樂 | 以五帝殊時不相治樂 |
| 卷八 12a 既稟稱食 | 釋文作稟與許書合 | 釋文作稟與詐書合 |
| 卷八 15a 輚轏即棧字 | 賓奠幣于棧 | 賓奠幣子棧 |
| 卷九 5a 文王事混夷 | 王伯厚詩考 | 王伯厚諸考 |
| 卷一二 10b 古之人無擇 | 有譽之俊士 | 有譽之夋上 |
| 卷一五 16a 仲尼異説 | 孝經仲尼居正義曰 | 孝經仲尼居玉義曰 |

續表

| 卷葉條目 | 國圖藏本 | 續四庫本 |
|---|---|---|
| 卷一六 2b 涕泚袳 | 涕沾袳 | 涕沾袳 |
| 卷一六 3a 必火火入而伏 | 占諸侯之有災 | 古諸侯之有災 |
| 卷一六 5b 王肅易爲香臭 | 李氏集解載 | 李氏集解戴 |
| 卷一七 7b 鄭箋改字有本（雙行小字） | 是愉爲偷之本字 | 是愉爲偷之木字 |
| 卷一八 4b 駧駧牡馬 | 牡馬下引草木疏云 | 牡馬下引草本疏云 |
| 卷一九 6a 瀾漣文同 | 説文瀾潘也從水蘭聲潘淅米汁也與瀾義別 | 説文瀾潘也何承蘭聲隝所采者也與瀾義別 |

根據表一可以看出：（1）"續四庫本"與"國圖藏本"之間的文字異同基本都是"續四庫本"誤而"國圖藏本"不誤。（2）"續四庫本"的錯誤大都是十分明顯的文字訛誤。（3）造成這些訛誤的原因大都屬於形近而訛。如"詩"殘爲"言"，"俊"殘爲"夋"，"土"殘爲"上"，"不"殘爲"下"，"中"殘爲"十"，"占"殘爲"古"，"本"殘爲"木"等，這些訛誤應當都是由於筆劃的殘缺而訛成了另外一個字。又如"古"訛爲"占"，"木"訛爲"本"，"潘淅米"三字，訛爲"隝所采"三字等，應當是由於字形殘損、模糊而誤刻成了另一個字。這就說明"續四庫本"的底本應當是由"國圖藏本"翻刻而來的。翻刻本在翻刻時應當是直接以原刻本進行覆刻的，未經過最基本的校勘，很有可能是書坊射利之作。且翻刻本所據的底本應當是一個印刷質量較差，文字殘缺和模糊較多的本子。由於翻刻所據的底本文字殘損和模糊較多，導致翻刻時無法準確辨認這些文字，因而訛變成了另一個字形相近的字。

除了上述兩種本子之外，筆者所見到的著錄爲嘉慶四年刻本的本子還有山東省圖書館所藏海源閣舊藏本、北京大學圖書館藏本（據 CADAL 所公佈之電子圖像）及山東大學圖書館藏本（索書號爲 098.3/923）。經過對比，山東省圖書館所藏海源閣舊藏本與"國圖藏本"爲同一版本，而北京大學圖書館藏本及山東大學圖書館藏本與"續四庫本"所據底本爲同一版本。山東省圖所藏海源閣舊本紙墨精良、字畫清晰，並無斷板、殘損、漫漶或字跡模糊的情況，當爲初刻初印本。與國圖所藏《拜經堂叢書》本不同的是，其本卷前並無鎸有"經義雜記卅卷敘錄一卷武進臧氏拜經堂雕"字樣的書名頁。可以推斷，《經義雜記》當時在南海刻成之後有單行本行世。後來臧庸返回浙江，這批書版也應當運回了常州，後來彙印到了《拜經堂叢書》中，故而加上了"武進臧氏拜經堂雕"標識。

北京大學圖書館藏本和"續四庫本"的情況較爲相似，其版面的殘損情況高度一致，應當是同一批次印刷的。而山東大學圖書館藏本（以下簡稱"山大本"）則與"續四庫本"差別較大。根據其版面的斷裂及殘損情況來看，"山大本"的印刷時間應當晚於"續四庫本"。除了卷一八之十三、十四兩葉的錯版情況和"續四庫本"相同之外，其卷一〇的十三、十四兩版也錯爲下文卷一一之十三、十四兩葉。此外，"山大本"相比於"續四庫本"還缺少了阮元的《刻經義雜記題辭》和嚴元照跋這兩葉。其卷首爲《敘錄》一卷，後接《經義雜記》贈言校勘爵里姓氏，後接卷一。"山大本"中有些版面是補版，如卷一六之一、二兩葉"續四庫本"有斷版而"山大本"無，且其第二葉之"涕沾"二字"山大本"皆改作"涕泜"，顯係補版。"山大本"補版的情況不在少數，如卷一七之五、六、七、八、九、十及卷一八之十二、十三等葉皆爲補版。又如"續四庫本"卷一七第七葉b面"鄭箋改字有本"條雙行小字註文"是愉爲偷之木字"，"山大本"補版改正爲"是愉爲偷之本字"。可見"山大本"在補版時對補刻版面進行了一定的校勘，改正了一些翻刻嘉慶四年本中產生的明顯的訛誤。

據此，我們可以確定，在嘉慶四年刻本之後，《經義雜記》還存在一個翻刻本。翻刻本所據的底本爲一個印刷質量較差，文字殘損和漫漶較多的嘉慶四年刻本。且翻刻的書版屢經印刷，殘損較爲嚴重，在後來存在補版的情況。

翻刻本的避諱情況與嘉慶四年刻本相同，"顒""琰"二字皆諱，"旻""寧"二字皆不諱。且翻刻本爲《皇清經解》道光刻本的底本（見下文），這說明翻刻本至遲在道光五年之前已經得到了較廣的流通。綜合這兩點來看，其翻刻的時間極有可能也在嘉慶年間，最晚也在道光五年（1825）之前。可以看出，翻刻本與原刻本刊刻的時間相去不遠，這說明《經義雜記》第一次刊印的數量遠遠不能滿足讀者的需求，所以很快出現了翻版的情況。這也從側面說明了《經義雜記》一書在清代學界的受重視程度。

另外，檢索"學苑汲古"網站可以看到，著錄爲嘉慶四年武進臧氏拜經堂刻本的《經義雜記》有二十一部，分藏於全國十四個單位。其中，北大圖書館所藏（典藏號爲X/090.75/5314/C6）及川大圖書館所藏（典藏號爲2.14.2B），經過對比圖像可以確定是翻刻本，蘇州大學圖書館所藏（典藏號爲200691）、南開大學圖書館所藏（典藏號爲098/923）及香港中文大學所藏（典藏號爲L0229），經過對比圖像可知爲原刻本。其餘各本因未公佈圖像,皆無從考察,究竟爲原刻還是翻刻不得而知。

## 二、《皇清經解》道光刻本的底本爲翻刻本

道光五年(1825),嚴傑等爲阮元編輯《皇清經解》,至道光九年(1829)輯刻完畢,收書一百八十餘種書,共一千四百卷。其中《經義雜記》收錄在卷一九五至卷二〇四。一九五卷前有阮元《刻經義雜記題辭》,二〇四卷末附有閻若璩的序,每卷前有"經義雜記武進臧茂才琳著"一行題名,版心中部有"臧茂才經義雜記"七字。道光刻本每卷後有"嘉應生員溫心源校"字樣,乃學海堂諸生校勘留下的題名。二〇四卷末有一行出資人的題名"工部都水司郎中臨川李秉綬刊"。此即爲《中國古籍總目》著錄的道光刻本。《皇清經解》本對原書進行了大量刪節,不僅刪去了臧庸所輯的《敘錄》一卷,且刪去了原書約十分之一強的條目。

《皇清經解》道光刻本中存在大量的文字訛誤,這些文字訛誤大都與翻刻本相同而與嘉慶四年刻本不同。

表二

| 卷葉條目 | 嘉慶四年本 | 翻刻本 | 道光刻本 |
| --- | --- | --- | --- |
| 卷一 6a 古文尚書釋文 | 禮記三傳毛詩音並拙等校勘 | 禮記三傳毛言音並拙等校勘 | 禮記三傳毛言音並拙等校勘 |
| 卷一 13b 雉門及兩觀災 | 董仲舒劉向以爲此皆奢僭過度者也 | 董仲舒劉向而爲此皆奢僭過度者也 | 董仲舒劉向而爲此皆奢僭過度者也 |
| 卷五 9a 春秋名季子辨 | 季子之志至是而始白 | 季子之志至是而始曰 | 季子之志至是而始曰 |
| 卷六 6a 震夷伯之廟 | 故天加誅其祖廟目譴告之 | 故天加誥其祖廟目譴告之 | 故天加誥其祖廟目譴告之 |
| 卷一九 6a 瀾漣文同 | 説文瀾潘也從水蘭聲潘浙米汁也與瀾義別 | 説文瀾潘也何承蘭聲隔所采者也與瀾義別 | 説文瀾潘也從水蘭聲陸所采者也與瀾義別 |
| 卷二〇 7a 興雲祁祁(雙行小字) | 今詩脱兒字 | 今詩脱見字 | 今詩脱見字 |

由表二可以看出,《皇清經解》道光刻本直接沿襲了翻刻本的很多文字訛誤,而這些文字訛誤在嘉慶四年刻本中並不誤。這説明《皇清經解》道光刻本刊刻時所用的底本並非嘉慶四年刻本,而是翻刻本。同時也説明《皇清經解》道光刻本的校勘質量並不高,導致有大量明顯的訛誤在刊刻時没有得到改正。

從另一方面來説,《皇清經解》道光刻本在刊刻時通過校勘,也校正了一些翻刻時産生的,甚至是由嘉慶四年本沿襲而來的文字訛誤。道光刻本改正的文字訛誤大都是一些較爲明顯的錯誤。比如上文所提到的那些因字形相近而訛的情況,又如卷七"施弛古通"條下雙行小字注"旭而不張文武弗爲也"、卷八"大卷咸池因變"條下雙行小字注"舊説大字今補"、卷二二"王肅聖證論"條下"標有梅之詩"等一望而知的訛誤。另外,道光刻本的校勘人員也運用了他校和理校的方法,根據《經義雜記》所引諸書的原文及上下文義改正了一些訛誤。如:卷七"施弛古通"條下引《周禮·遂師》文"辨其施舍與其可任者"一句,嘉慶四年本及翻刻本皆誤爲"施其施舍與其可任者",道光刻本即據《周禮》原文改正。又如卷二五"李巡奏定石經"一條引《後漢書·宦者列傳》言:

> 時宦者濟陰丁肅、下邳徐衍、南陽郭耽、汝陽李巡、北海趙祐等五人稱爲清忠,皆在里巷,不争威權。①

翻刻本將"威權"二字誤刻爲"威勢",道光刻本即據《後漢書》原文改正。

但這些校改更多的是不符合作者原意的,有些甚至可以説是妄改、臆改。如卷四"嬰母能言"條:

> 《禮記·曲禮》:"鸚鵡能言,不離飛鳥。"《釋文》:"嬰,本或作鸚,厄耕反。母,本或作鵡,同音武。諸葛恪茂后反。"案:《説文·鳥部》:"鸚,鸚䴘能言,鳥也。從鳥,嬰聲。䴘,鸚䴘也。從鳥,母聲。"然則"鸚鵡"字本作"鸚䴘",古又省作"嬰母"。②

道光刻本據下文所引《説文》之"鸚䴘"字將上文所引《禮記·曲禮》"鸚鵡能言"改爲"鸚䴘能言",這樣的改動顯然與作者的行文邏輯相違背,且與《曲禮》原文及初刻本不合。又如卷五"白虎通詩考"條:《辟雍》云:"《詩》云:'思樂泮水,薄采其荇。'"道光刻本據今本《魯頌·泮水》篇"思樂泮水,薄

---

① (清)阮元《皇清經解》卷二○三,第三葉,清道光五年刻本。
② (清)臧琳《經義雜記》卷四,第70葉。

采其芹"之文改"荇"爲"芹",殊不知《白虎通》原文即爲"薄采其荇",與今傳《毛詩》不同。道光刻本在校勘時未能檢視《白虎通》原文,以致誤改作者原文。這樣的改動可以說是妄改。又如卷一〇"願言則疐"條引《五經文字》云:"嚔,多計反。見《詩》風。"道光刻本的校勘者以今詩《邶風·終風》篇有"願言則嚔"一句,即將"詩風"改爲"邶風",而不檢《五經文字》原文正作"詩風"。這樣的改動可以說是臆改。這樣低質量的校勘和誤改造成了《皇清經解》本存在大量新的訛誤,這些訛誤在嘉慶四年本及翻刻本中並不誤。

從以上可以看出,《皇清經解》道光刻本《經義雜記》所據底本不善,加之校勘不精,存在大量文字訛誤,且對原書進行了大量刪節,實在難稱得上是一個善本。

實際上,自《皇清經解》道光刻本刊成以後,對其編校質量的批評聲音就存在。清人徐時棟認爲其失有"序次未當""搜羅未備""去取未公""抉擇未精""錄題未審""名號未一""位置未宜""鈔錄未善""讎校未工"等項。① 文廷式也認爲其書"去取恒有未當,校勘亦多訛謬"②。可以看出,《皇清經解》道光刻本的校勘不精是清代學者比較普遍的認識。現代學者的研究也有同樣的看法,如劉祥元博士的《〈皇清經解〉編纂研究》就指出其校勘質量不高的原因有二:"一是校勘底本的問題。從底本選擇上看,有精刊本,但亦有不是很好的底本。……《日知錄》的版本較複雜,亦不注明版本依據,而底本質量則影響校勘質量。二是校勘程序上。由於《皇清經解》的編纂是隨編隨刊的流水作業式,故在校勘上不是一人負責整書,而是一人負責一卷至二卷,在《皇清經解》上所顯示的校勘人員是一人一次的校勘,這種校勘有利於迅速完成校勘,但校勘質量不高。故此,《皇清經解》的校勘多致後人批評。"③

而以上對於《經義雜記》的校勘則恰好印證了這種看法。從《經義雜記》這一個案來看,《皇清經解》道光刻本文本質量不高的主要原因有二:一是底本選擇不當。《皇清經解》所收的書分爲兩種,一種是未經刊行的,一種是已經刊刻過的。前一種,《皇清經解》直接以作者稿本作爲底本,後一種則以刻

---

① (清)徐時棟《煙嶼樓文集》卷三六,《續修四庫全書》第1542冊,上海:上海古籍出版社,2002,第496—497頁。

② (清)文廷式《純常子枝語》卷九,《續修四庫全書》第1165冊,上海:上海古籍出版社,2002,第117頁。

③ 劉祥元《〈皇清經解〉編纂研究》,中國人民大學博士論文,2010,第37頁。

本作爲底本。《經義雜記》屬於後者。如果一個書有多種刻本，那就涉及一個底本選擇的問題。《經義雜記》於嘉慶四年付梓時是阮元出資，刻成之後阮元應當會得到臧庸所贈予的一部或數部嘉慶四年初刻初印本。另外，根據《拜經日記》的後序我們可以得知，臧庸之子臧相在臧庸死後和阮元仍有聯繫，並且阮元還出資爲其刻了《拜經日記》。且嚴傑亦與臧庸相識，他很有可能也會得到臧庸所贈的嘉慶四年原刻本。這麽看來，嚴傑在編刻《皇清經解》時獲取到嘉慶四年原刊本的《經義雜記》應當是不難的。因此，嚴傑誤以一個刊刻質量如此之差的翻刻本作爲底本殊爲令人費解。二是校勘質量不高。一方面，很多明顯的文字訛誤没有校出。如表三中的"大書之本""至是而始曰"等訛誤十分明顯，《皇清經解》本依然沿襲了底本的錯誤而未改正。這是因爲《皇清經解》採取每人一卷一次的校勘方式，故而疏失孔多。另一方面，又産生了新的錯誤。這些錯誤有些是無心之誤，如表三中"文選晉紀總論注"一條衍一"選"字。有些則是出於並不怎麽高明的理校和他校。如上文所舉"嬰母能言"條、"白虎通詩考"條等，雖皆有所依據，但與底本相違，且殊失作者本意。像《經義雜記》這樣校勘質量不高造成文字訛誤很多並非個例，《皇清經解》的校勘質量應當普遍不高。《皇清經解》點石齋石印本後附有《正訛記》一卷，校出訛誤達兩三千條之多，未校出的應當還不在少數。

## 三、《皇清經解》咸豐補刊本對道光刻本訛誤的繼承與改正

《皇清經解》在道光九年（1829）刊成之後，版貯於學海堂中。咸豐七年（1857），英軍進攻廣州時，學海堂毁於兵燹，《皇清經解》的書版大部分遭到損毀。至咸豐九年（1859），經時任兩廣總督勞崇光等人倡議捐資補刻，乃復爲完帙。此即爲《中國古籍總目》著録的咸豐庚申補刊本。庚申補刊本的版式與道光刻本大體相同，但補版的版心下方皆有"庚申補刊"四字，卷後校勘人員的題名改爲兩行，一行爲"嘉應溫心源舊校"，一行爲庚申補刊時的校勘人員。其中一九五、一九六卷末爲"順德馮佐勛新校"，一九七、一九八卷末爲"南海陳韶新校"，一九九、二〇〇卷末爲"漢軍陳良玉新校"。

《皇清經解》道光刻本雖然校正了一些底本的訛誤，但還有不少訛誤没有得到改正。另外，道光刻本在刊刻時又造成了一些新的文本訛誤。這些錯誤有些是無心之誤，如卷七"袀服振振"條"蓋賈景伯義而杜氏用之"一句，道光

刻本將"用之"二字誤倒爲"之用"。有些則如上文所説，是出於臆改、妄改。《皇清經解》在咸豐庚申補刊時也進行了校勘，道光刻本中的部分訛誤在補刊時得到了進一步改正。咸豐補刊本對道光刻本訛誤的刊正不僅限於補版的内容，對某些原版的訛誤也進行了剜改。如表三中"文選晉紀總論注"一條，道光刻本"總"下誤衍一"選"字，庚申補版即删去。而"但作芙蕖葉説"一條，道光刻本"葉"誤作"莖"，庚申補刊本仍用道光原版，只是通過校勘將道光原版的"莖"字剜改爲"葉"。

表三

| 卷葉條目 | 嘉慶四年本 | 翻刻本 | 道光刻本 | 庚申補刊本 |
| --- | --- | --- | --- | --- |
| 卷一 6a 古文尚書釋文 | 禮記三傳毛詩音並拙等校勘 | 禮記三傳毛言音並拙等校勘 | 禮記三傳毛言音並拙等校勘 | 禮記三傳毛詩音並拙等校勘 |
| 卷二 16a 論語古文今文 | 文選晉紀總論注 | 文選晉紀總論注 | 文選晉紀總選論注 | 文選晉紀總論注 |
| 卷四 11b 駓駓牡馬（雙行小字） | 若論六書之本 | 若論大書之本 | 若論大書之本 | 若論六書之本 |
| 卷五 9a 春秋名季子辨 | 季子之志至是而始白 | 季子之志至是而始曰 | 季子之志至是而始曰 | 季子之志至是而始白 |
| 卷六 6a 震夷伯之廟 | 故天加誅其祖廟目譴告之 | 故天加誥其祖廟目譴告之 | 故天加誥其祖廟目譴告之 | 故天加誅其祖廟目譴告之 |
| 卷七 9a 古文均爲袗 | 禮記月令孟冬之月 | 禮記月令孟夕之月 | 禮記月令孟夕之月 | 禮記月令孟冬之月 |
| 卷二〇 7a 興雲祁祁（雙行小字） | 今詩脱兒字 | 今詩脱見字 | 今詩脱見字 | 今詩脱兒字 |
| 卷二三 6a 穀梁注禮之疏 | 公族有罪刑于甸師氏 | 公族有罪刑于甸可氏 | 公族有罪刑于甸何氏 | 公族有罪刑于甸師氏 |
| 卷二八 6b 有蒲與茄 | 但作芙蕖葉説 | 但作芙蕖葉説 | 但作芙蕖莖説 | 但作芙蕖葉説 |
| 卷三〇 4a 美目揚兮 | 蓋清與名皆言目 | 恭清與名皆言目 | 然清與名皆言目 | 蓋清與名皆言目 |

另一方面，庚申補刊本沿襲了大量道光刻本妄改、臆改造成的訛誤。如表

四中卷六"北風傳虛徐也"條"言'其虛其邪'者,謂'虛徐'也"一句,道光刻本妄改"謂"作"爲";卷八"五十曰艾"條"案鄭既以老訓艾"一句,道光刻本妄改"案"爲"蓋",庚申補刊本皆襲其妄。又如卷八"既稟稱食"一條"作'稟'非,一本又力錦反"一句,道光刻本誤刻"非"爲"作",庚申補刊本即承其誤。

表四

| 卷葉條目 | 嘉慶四年本 | 翻刻本 | 道光刻本 | 庚申補刊本 |
| --- | --- | --- | --- | --- |
| 卷四 13a 嫛母能言 | 禮記曲禮鸚鵡能言不離飛鳥 | 禮記曲禮鸚鵡能言不離飛鳥 | 禮記曲禮鸚鵡能言不離飛鳥 | 禮記曲禮鸚鵡能言不離飛鳥 |
| 卷五 10a 白虎通詩考 | 詩云思樂泮水薄采其茆 | 詩云思樂泮水薄采其茆 | 詩云思樂泮水薄采其芹 | 詩云思樂泮水薄采其芹 |
| 卷五 12b 碩人頎頎 | 詩云碩人頎頎傳頎長貌 | 詩云碩人頎頎傳頎長貌 | 詩云碩人頎頎傳頎長貌 | 詩云碩人頎頎傳頎長貌 |
| 卷六 1a 北風傳虛徐也 | 言其虛其邪者謂虛徐也 | 言其虛其邪者謂虛徐也 | 言其虛其邪者爲虛徐也 | 言其虛其邪者爲虛徐也 |
| 卷七 10b 袀服振振 | 蓋賈景伯義而杜氏用之 | 蓋賈景伯義而杜氏用之 | 蓋賈景伯義而杜氏之用 | 蓋賈景伯義而杜氏之用 |
| 卷八 5b 五十曰艾 | 案鄭既以老訓艾 | 案鄭既以老訓艾 | 蓋鄭既以老訓艾 | 蓋鄭既以老訓艾 |
| 卷八 12a 既稟稱食 | 作稟非一本又力錦反 | 作稟非一本又力錦反 | 作稟作一本又力錦反 | 作稟作一本又力錦反 |
| 卷一〇 11b 願言則疌 | 見詩風 | 見詩風 | 見邶風 | 見邶風 |
| 卷一四 9a 春秋左氏傳序(雙行小字) | 釋文云沈文阿以爲釋例序 | 釋文云沈文阿以爲釋例序 | 釋文云沈文何以爲釋例序 | 釋文云沈文何以爲釋例序 |
| 卷一四 14b 舜典二十八字 | 內史梅賾 | 內史梅賾 | 內史梅頤 | 內史梅頤 |
| 卷一八 13a 往迓王舅 | 詩崧高往近王舅 | 詩崧高往近王舅 | 詩崧高往迓王舅 | 詩崧高往迓王舅 |

續表

| 卷葉條目 | 嘉慶四年本 | 翻刻本 | 道光刻本 | 庚申補刊本 |
| --- | --- | --- | --- | --- |
| 卷二〇 10a 隱九年大雨 | 未可目發也既已發也 | 未可目發也既已發也 | 未可已發也既目發也 | 未可已發也既目發也 |
| 卷二〇 16a 阮阮虛也 | 客庚切坑上同 | 客庚切坑上同 | 客庚切坑下同 | 客庚切坑下同 |
| 卷二一 12a 兩足不能相過 | 字俱作踂 | 字俱作踂 | 字俱作跀 | 字俱作跀 |
| 卷二六 16a 沒階趨進 | 一本作没階趍進 | 一本作没階趍進 | 一本作没階趨進 | 一本作没階趨進 |
| 卷二七 5a 九達謂之逵（雙行小字） | 隱廿一年 | 隱義一年 | 隱十一年 | 隱十一年 |

總的來看，庚申補刊本經過進一步的校勘，改正了一些文字訛誤，其文本質量較道光刻本有了進一步提高，但仍然存在不少訛誤。相較於嘉慶四年初刻本來說，庚申補刊本改正了一些初刻時就存在的錯誤，也沿襲了一些自翻刻本及《皇清經解》道光刻本而來的訛誤，二者可以相互參校。

## 四、結語

《經義雜記》一書素來爲清代學者所推重，書中條目也多見引於各家著作。其書中內容所展現的學術趨向及治學方法實際上已爲乾嘉漢學導夫先路，可以說是在清代學術史上開風氣之先的著作。此書對於考察清初學術對乾嘉漢學的啓牖乃至乾嘉漢學的興起及所由來有重要意義，因此在清代學術史上當佔有重要一環。

通過校勘，本文對於《經義雜記》的版本源流有了新的認識，發現嘉慶四年刊《拜經堂叢書》本之後還有一個文字訛誤較多的翻刻本，而《皇清經解》道光刻本所據的底本就是這一訛誤較多的翻刻本。由於底本選擇不當，加之校勘質量不高，導致《皇清經解》道光刻本文本質量不高。而咸豐庚申補刊本則通過校勘進一步改正了道光刻本存在的訛誤，文本質量較道光刻本有所提高。總之，在《經義雜記》已知的四種版本中，翻刻本訛誤最多，文本質量最差，

《皇清經解》道光刻本次之，嘉慶四年刊本及《皇清經解》咸豐補刊本訛誤較少，文本質量較高。若要整理《經義雜記》一書，應當以嘉慶四年原刻本爲底本，參校以《皇清經解》咸豐庚申補刊本。本文對於《經義雜記》四種版本之間的源流關係及優劣差異的梳理，相信對整理和研究《經義雜記》，乃至研究清代學術，當具有一定的參考價值。另外，關於《經義雜記》道光、咸豐刻本的底本選擇以及校勘質量等問題，本文的發現作爲一個個案對於研究《皇清經解》的編校及刊刻當能提供重要參考。

（作者單位：清華大學歷史系）

# 《大唐新語》版刻系列與内容差異

## 盧恩雅　王傳龍

**【内容提要】** 唐劉肅《大唐新語》在明代主要有兩大系列：一種是《稗海》叢書本系列，缺少劉肅原序和總論，主體爲同一副板片，但不斷被剜補、重刷；另一種是潘玄度刊本、明抄本殘卷、俞安期刊本所構成的同源系列，潘本與抄本有共同的材料來源，俞本則翻刻潘本，但改竄卷首馮夢禎序言以湮滅其跡。潘本有原序和總論，但序文和各卷的標題皆增加了"世説"二字，不僅影響到了俞本，清代振鷺堂補板重刊《稗海》叢書時也據以補入。四庫館臣對此書的版刻源流認知有誤，導致文淵閣本、文津閣本分别採用了不同的底本和校本，彼此又產生了新的差異。

**【關鍵詞】**《大唐新語》　唐世説　稗海　振鷺堂

《大唐新語》是唐代劉肅編撰的一部筆記體著作，共十三卷，《四庫提要》稱"是書本名《新語》，《唐志》以下諸家著録並同。明馮夢禎、俞安期等因與李垕《續世説》僞本合刻，遂改題曰《唐世説》，殊爲臆撰。商維濬刻入《稗海》，並於肅自序中增入'世説'二字，益僞妄矣"[①]，此論雖然廣爲徵引，但頗多謬誤。將《大唐新語》與《續世説》合刻者並非馮夢禎、俞安期兩人，俞安期只是從其他刊本剽竊並改竄了馮夢禎之序文；在劉肅自序中增入"世説"二字者也並非商維濬（初名"商濬"），其所刊《稗海》叢書本並無劉肅自序，至清代振鷺堂修補本始增入此序。從明代萬曆初刊本至清代康熙以後的修補本，《稗海》所收《大唐新語》雖然主體使用同一副板片，但卻經歷了數次挖改、補板、增序、移序等操作，前後面貌相去甚遠。四庫館臣、傅增湘等前輩學者將其籠統稱爲"商濬《稗海》本"，實際上泯滅了前後印本之間的差別，

---

① （清）紀昀、陸錫熊、孫士毅等《欽定四庫全書總目》（整理本），四庫全書研究所整理，北京：中華書局，1997，第1837頁。

而中國國家圖書館等機構也誤將清代康熙以後的振鷺堂本標注爲"商濬明萬曆刻《稗海》本",同樣是忽視了後印本的典型特徵。

不僅如此,在《稗海》前後印本、俞安期刊本之外,還存在一種真正由馮夢禎作序的刊本,亦即潘玄度刊本,其刊行時間與《稗海》初刊本幾乎同時。明萬曆潘玄度刊本不僅是俞安期刊本的真正源頭,也是 1984 年中華書局點校本《大唐新語》的主要對校本,但後者《點校說明》稱之爲"明嘉靖潘玄度刻本"[1],同樣判斷錯誤。此外,北京大學圖書館還藏有一種有傅增湘跋語的明抄本,《藏園訂補邵亭知見傳本書目》稱"信爲現存最善之本矣"[2],但此抄本實與潘玄度刊本源出一脈。明代潘玄度刊本、俞安期刊本、清代振鷺堂修補本又分別被文淵閣《四庫全書》、文津閣《四庫全書》選定爲底本或參校本,進而造成了兩閣《大唐新語》抄本之間存在着頗多差異,這一情形也尚未見有學者撰文考證。

以上這些錯誤論點和未盡之處,反映出學界對《大唐新語》一書的版刻源流認知並不清晰。有鑒於此,筆者擬將現存的重要版本逐一考證,釐清《大唐新語》一書的版刻源流以及版本間的内容差異,希望對此書的後續研究有所推進。行文若有不足之處,尚祈各位方家予以批評指正。

## 一、《稗海》叢書系列

明代會稽人商濬嘗借同鄉名士鈕緯"世學樓"所藏抄本,又旁收縉紳遺書,再請當時之名流重加訂正,將古今野史稗乘、雜識漫錄以成書年代爲序,合輯爲一叢書,以永其傳。商濬所輯叢書初名《稗海大觀》,於萬曆三十年(1602)刊成,此後陸續增收書目,卷次逐漸增多,又改題爲《稗海》,卷首序文等也發生了變化。據鄭振鐸《劫中得書記》記載:"《稗海》之初名《稗海大觀》,實無人曾論及者。首册且多出'序''凡例'及編校姓氏等;此種重要之'文獻',後印本皆已佚去。'總校'之鈕緯(字仲文,浙江會稽人),即明代有名之世學樓主人,藏書極富。《稗海大觀》中各書,殆皆出於鈕氏之藏。'分校'爲商濬及陳汝元二人;故各書或題濬校、或題汝元校不等。'同校'爲謝伯

---

[1] (唐)劉肅《大唐新語》,許德楠、李鼎霞點校,北京:中華書局,1984,第 1 頁。
[2] (清)莫友芝《藏園訂補邵亭知見傳本書目》,傅增湘訂補,傅熹年整理,北京:中華書局,2009,第 817 頁。

美及鈕承芳，承芳殆亦世學樓之裔也。'總校'中尚有陶望齡，則爲當時之名流，亦會稽人。濬序云：'余嘗流攬百氏，綜核群籍……凡若干卷，總而名之曰《稗海大觀》。……從漢魏以下，種種名筆，罔不該載，謂之《稗海大觀》也固宜。……萬曆壬寅秋桂月望日會稽商濬書。'……濬序及汝元之'凡例'均爲後印本《稗海》所無。"① 鄭振鐸所見《稗海大觀》是萬曆壬寅（1602）白棉紙刊本，也是《稗海》系列的最早刊本。陳汝元《凡例》中稱"是集悉獲之鈔本"，可知《稗海大觀》所收諸本之來源皆是舊抄本，而後來陸續增收之書目未必如此，故此《凡例》遂被刪去，《稗海大觀》亦更名爲《稗海》，共六套，所增收之書目則合爲《續稗海》，自第七套開始。鄭振鐸稱"濬序及汝元之'凡例'均爲後印本《稗海》所無"，並不完全符合事實，明代《稗海》早印本有此商濬序而略作修改，後印本則將商濬序替換爲另一篇序（署名爲"商維濬"），清代振鷺堂較晚印本又重新恢復爲早印本序，蓋鄭氏僅據個人所見而言，並未彙集諸本加以比勘。

鄭振鐸以所得《稗海大觀》"與《稗海》細校，果爲初印本之《稗海》；無續編，且中闕數種，然無傷也"②，則《稗海大觀》僅有前六套，而無第七套之後的《續稗海》部分。《大唐新語》收錄於《稗海》第二套，然則商濬初刊時已有此書。而《稗海》一書的板片從明代萬曆流傳至清代康熙之後，其間經歷了多次的剜改與補板，這也導致所收的《大唐新語》產生了一系列的同源版本，它們彼此之間又存在着若干重要差異。筆者依據板片的板裂、剜改、補板情況，將此系列大致分爲五種印次：

（1）臺北"國家圖書館"藏早期《稗海》本（索書號：501 15278－0013）

全套《稗海》叢書共六套，卷首鈐"靜業堂"藏書印，依次有陶望齡《稗海序》、商濬《稗海敍》《校閱稗海姓氏》《稗海目錄》，無陳汝元《凡例》。商序內容與《稗海大觀》本基本一致，惟"總而名之曰《稗海大觀》""謂之《稗海大觀》也固宜"二句分別作"總而名之曰《稗海》""謂之'海'也固宜"，落款爲"會稽商濬書"，墨刷"景哲""半埜山房"二印，無時間。

此本《大唐新語》共十三卷，四周單邊，半葉 9 行，行 20 字，單黑魚尾，魚尾上方題"大唐新語"，下題卷次、頁碼。由於《稗海》系列印刷主體爲同一副板片，其餘印次的版本狀況與此相同，下文不再贅述。按《稗海》體例，

---

① 鄭振鐸《劫中得書記》，桂林：廣西師範大學出版社，2010，第 141—144 頁。
② 同上書，第 141 頁。

所收書目皆無獨立的章節目錄，故此本卷前無目錄，亦無作者劉肅的原序及《總論》。各卷卷首、卷末均題有"大唐新語"及卷數，卷一至卷四標題左側有"唐劉肅 明會稽商濬校"一行，卷五至卷一三則爲"唐劉肅 明會稽諸葛元聲校"。另外，此本誤將卷四第八門"政能"的標題附刻於第七門"持法"的"肅宗初克復"條末，屬於重大缺漏，而《稗海》系列的版本全都沿襲了這一缺漏，始終未能更正。

在同系列的諸本中，此本版裂情況最爲輕微，闕字、訛誤情況也最爲嚴重，尚未經全面的增補與剜改。據此推斷，此本的刷印時間應與初刊本相距不遠，也是筆者所見刷印最早的《稗海》本。此本正文中已有少量剜改的雙行小字，說明板片在後續刷印的過程中，已開始改正錯訛之處。

（2）日本内閣文庫藏《稗海》叢書本（請求番號：370-0044）

全套《稗海》叢書共十套，70種，卷首依次有陶望齡《稗海序》、商維濬《稗海自序》、《稗海目錄》、《續稗海目錄》、《校閱稗海姓氏》。陶序、商序落款皆無時間，而商序以"不佞生平絶少他嗜，獨嗜古一念幾於成癖"開頭，落款"會稽商維濬景哲父書于繼錦堂東之精舍"，墨刷"商維濬印""景哲父"二印。相較鄭振鐸所得《稗海大觀》，此本無陳汝元《凡例》，商序内容、落款皆不同。叢書目錄共收書70種，尚無《楓窗小牘》《龍城錄》《墨莊漫錄》《齊東野語》4種，而《齊東野語》實際上混雜入《癸辛雜識》的《外集》，尚未分出獨立成書。此外，《校閱稗海姓氏》與臺北"國家圖書館"藏早期《稗海》本（以下簡稱"臺早本"）亦有三處差别：總校名單中"商爲正"在前、"紐緯"在後，與臺早本順序相反；分校名單中"商維濬"之名，臺早本作"商濬"；分校名單中增多"商維濩"一人，其餘人名的順序也有差别。

此本《大唐新語》鈐有"淺草文庫""日本政府圖書""昌平坂學問所""林氏藏書""江雲渭樹"諸印，當是林羅山舊藏本，後依次遞藏於昌平坂學問所、淺草文庫，最後入藏日本内閣文庫。此本亦無劉肅的原序及《總論》，與臺早本相比，正文文字的剜改更多。譬如此本卷六第1葉"雖欲長爲姊煮粥"中的"欲長""姊"，臺早本分别作"欲""姉"，蓋此本將異體字"姉"替換爲規範字，又臆增了"長"字。又如卷六第4葉"或希旨告其謀反"的"希"，臺早本作"私"，不如挖改後語意更加流暢。

（3）臺北"國家圖書館"藏、劉承幹嘉業堂舊藏《説海彙編》本（索書號：501 15340-0010）

全套《説海彙編》共83種，卷首未見序言，目錄葉題《説海彙編總目》，首葉自下而上鈐"合肥親仁堂郭氏珍藏""吳興劉氏嘉業堂藏書印""劉承幹字貞一號翰怡"三印。《大唐新語》爲叢書中第 10 種,但使用的其實是《稗海》的板片刷印,大量板裂處吻合一致。其所收書目與《稗海》(含《續稗海》)超過半數重合,《楓窗小牘》《龍城錄》《墨莊漫錄》3 種已存在,而《齊東野語》仍混雜入《癸辛雜識》的《外集》。惟《説海彙編》叢書中所收原《稗海》書目,卷首"明會稽商濬校""明會稽商濬半埜堂校刻"等字樣皆被挖去。除此之外,《説海彙編》還增加了《稗海》之外的《文心雕龍》《穆天子傳》《古今刀劍錄》等新書,經筆者比勘,這些書目主要來源於何允中《廣漢魏叢書》(其中包含少量的清代配補卷)。蓋此套《説海彙編》叢書是將《稗海》《廣漢魏叢書》的若干種已刊成之書重組而成,僅補刊一目錄而已。

此本《大唐新語》卷首鈐有"劉承幹字貞一號翰怡"白文方印、"吳興劉氏嘉業堂藏書印"朱文方印、"'國立中央圖書館'考藏"朱文方印,可知原爲劉承幹舊藏。此本與臺早本、內閣文庫本多處版裂相同,但程度較深,譬如卷三第 12 葉末行"盧懷慎",內閣文庫本"盧"字殘缺上半,而此本已經完全殘缺。由此可知,此本的刷印時間應在臺早本、內閣文庫本之後。此本與後二者最突出的差異在於,各卷卷首第二行明代校書人姓名(商濬、諸葛元聲)皆被剜去,僅剩"唐劉肅"字樣。這説明商濬之板片此時已歸入他人之手,後人又取以刷印,配編其他叢書。

與內閣文庫相校勘,又有少量文字在此本中被繼續剜改,譬如卷二第 10 葉"蔽太子之元良,據太子之神器",內閣文庫本原作"蔽太子元良,據太子□神器"。另外,此本卷五第 9 葉"遂遇害"下,內閣文庫本曾補入的雙行小字"奕,杞之父也"再次脱落。概言之,此本是自明代商濬《稗海》本至清代振鷺堂補修本的中間過渡版本,在板片流轉的過程中起到了承前啓後的作用。

(4)清康熙振鷺堂補修《稗海》本(善本書號:02952)

此本《大唐新語》屬於叢書的散出之本,現藏中國國家圖書館,標注爲"商濬明萬曆刻稗海本",鈐"惜陰書屋""傅增湘讀書"兩枚朱文方印,內頁有據《太平廣記》所校的批註。傅增湘《藏園訂補郘亭知見傳本書目》所記即此本,所標版本年代也與國家圖書館相同。[①] 筆者經考證後發現,中國國家圖書館所標注、傅增湘所敘述皆有誤,此本實爲清康熙振鷺堂補刻《稗海》本,與此前《稗海》版本差異較大:

---

① (清)莫友芝《藏園訂補郘亭知見傳本書目》,第 817 頁。

首先，此本卷首《大唐世説新語原序》中"志化玄風"之"玄"字、《總論》中"范曄"之"曄"字皆缺末筆以避清聖祖玄燁諱，而序中的"丘""曆"分別在雍正、乾隆年間成爲避諱字，但此本並未進行避諱，説明其刊刻時間應在康熙朝。

其次，相比臺早本、日本内閣文庫本、嘉業堂舊藏本，此本在卷首依次增加了作者劉肅的《大唐世説新語原序》《總論》，以及《大唐世説新語目録》。儘管新增的原序、《目録》標題皆有"大唐世説新語"字樣，但正文各卷仍題作"大唐新語"，而無"世説"二字，維持了板片的原貌。傅增湘既將此本誤作萬曆年間的《稗海》本，故於《藏園訂補郘亭知見傳本書目》中稱"明萬曆刊本改題'唐世説新語'者"云云①，而不知其爲清康熙振鷺堂的補修版。

然後，此本所新增原序、《總論》、目録，與明代潘玄度刻本、俞安期刻本相同，而目録卷九"從善"後缺"諛佞"一門，正文有，此錯誤在潘玄度刻本中出現，俞安期刻本則對此進行了修正。由此可知，此本的原序、《總論》、目録是根據潘玄度刻本補入，只是潘本《總論》中"邪行正，棄其人；人正國邪，全棄其國"一句語意不順，此本遂改爲"人邪行正，棄其人；人正國邪，棄其國"。此前《稗海》諸版本雖陸續有剜改修補，但卷三第5葉"而乃延首□陬宜從擯斥"一句皆有殘缺而未能補足，此本乃據潘本替補板片，將此句補全爲"而乃延首覷顏，重塵清鑒，九流選敍，須有淄澠，四裔遐陬，宜從擯斥"，共增多17字。

最後，此本正文板片内補缺、剜改痕跡亦較此前諸本更多，譬如卷二第2葉"封曹妙達爲王，授安馬鉤爲開府"，此前諸本皆作"封曹妙達爲王、安馬鉤爲開府"；卷三第8葉"惟流死等色"，此前諸本"惟"皆作"准"；卷四第1葉"但其忠直勵行"，此前諸本皆無"但"字。

(5) 清振鷺堂晚期修補重刷《稗海》本

全套《稗海》叢書共十函，74種，美國華盛頓大學圖書館、美國伯克利加州大學東亞圖書館、天津圖書館有藏。叢書扉頁題有"振鷺堂藏板"，卷首有商濬《原序》及《總論》一篇，商濬《原序》與臺早本文字相同（板片不同），而《總論》實爲《大唐新語》卷前《總論》，卻被錯誤移置到了全套叢書之首。其後有《稗海全書總目》，分列十函書目，與臺早本《稗海目録》分列六套書目、内閣文庫本《稗海目録》《續稗海目録》分列十套書目不同，説明此叢書

---

① （清）莫友芝《藏園訂補郘亭知見傳本書目》，第817頁。

總目亦爲振鷺堂所新刻板片。《稗海全書總目》在"大唐新語十三卷"後以單行小字注明"補序論",證明劉肅的《大唐世說新語原序》與《總論》都是由振鷺堂所補入,而非此前諸本所有。

此本《大唐新語》是清康熙振鷺堂補修《稗海》本的修補後印本,故卷三第五葉、卷五第八葉同爲補版,大量剜改的雙行小字也與後者完全吻合。根據相同位置的版裂程度判斷,此本刷印時間要晚於康熙本。清康熙振鷺堂補修本劉肅原序、《總論》的位置皆在《大唐新語》卷首,但此本重刷之時,工匠誤將卷首《總論》當作《稗海》叢書的總論,遂移至全套叢書之卷首。清康熙之後的振鷺堂重刷本都沿襲了這一錯誤,是以當全套叢書被拆分成單獨的著作之後,一度補入的《總論》就再次"佚失"了,儘管它仍悄然存在於別的位置。《四庫提要》謂《大唐新語》"商維濬刻入《稗海》,並於肅自序中增入'世說'二字……《稗海》又佚其卷末總論一篇"[1],既有劉肅《大唐世說新語原序》,卻又無《總論》,其原因即在於此,惟此事與商濬毫無關係,是四庫館臣將振鷺堂晚期修補重刷《稗海》本誤作明代商濬《稗海》本之故。

按,振鷺堂爲清代郎廷極堂號,郎廷極字紫衡,謚號溫勤,官至兩江總督(署)、漕運總督。據《浙江採集遺書總錄·庚集》"《稗海》《續稗海》共四百六十卷"條記載:"近世郎廷極《序》云:……余近得其板於襄平蔣氏,從而厘其亥豕,有卷帙不全者,復證之《津逮》本中,補其一二,凡爲種七十有四。"[2] 按此,則商濬所刊《稗海》板片入清後曾藏於襄平蔣家,又再轉入郎廷極之手,彼時其中所收之書已有殘缺卷帙者,郎氏振鷺堂乃參據《津逮秘書》補全。振鷺堂本《稗海》共收書74種,較內閣文庫本增加《楓窗小牘》《龍城錄》《墨莊漫錄》《齊東野語》4種,其中前3種已見於嘉業堂舊藏《說海彙編》本目錄,最後1種《齊東野語》原混雜入《癸辛雜識》的《外集》,郎廷極將其獨立分出,並參考《津逮秘書》本補入數條內容,是故於《齊東野語》卷三首葉按語云:"商氏原本誤以《齊東野語》作《癸辛》外集,都爲一卷,無復詮次,且其間頗多遺闕……今一依虞山毛本悉爲厘正,闕者補之,訛者易之,非特牟陽之功臣,抑亦商氏之益友也。"郎廷極卒於清康熙五十四年(1715),而筆者所見振鷺堂晚期修補重刷本皆無其序,推測其序僅存於康熙本叢書,後印時皆已刪去。

---

[1] (清)紀昀、陸錫熊、孫士毅等《欽定四庫全書總目》(整理本),第1837頁。
[2]《浙江採集遺書總錄·庚集》"《稗海》《續稗海》共四百六十卷"條,清刻本,第五十五葉。

## 二、明潘玄度刊本相關系列

《稗海大觀》初刊於萬曆三十年（1602），其中已收録《大唐新語》，而萬曆三十一年（1603），潘玄度本《大唐新語》也已刊成，二書幾乎同時問世。潘玄度刊本與《稗海》系列本所採用的底本並不相同，所以存在大量異文。此外，潘玄度刻本與俞安期刻本、傅增湘跋明抄本同出一源，而今所見"唐世説新語"一名中"世説"二字的源頭也正是來自潘本。概言之，以潘玄度刊本《大唐新語》爲中心，形成了獨立於《稗海》系列的另外一種主流體系，而二者相互作用，又影響到了《四庫全書》本《大唐新語》的形態。

（1）《唐世説新語》，明萬曆三十一年潘玄度刊本

此本臺北"國家圖書館"有藏，卷首鈐有"沈見龍印""在文""栖田"諸印。卷一末葉有朱筆題"嘉慶元年丙辰（1796）三月廿一日黄昏，以家藏舊抄本校，其本係盧抱經學士、孫頤谷侍御所參校者，多所是正云。元照識"一句，可知嚴元照曾以家藏盧文弨、孫志祖參校的抄本校正此本，是以此本上仍存有大量嚴元照的批註，内稱"盧改""孫改"云云。卷末又有跋語稱"《大唐世説新語》兩册乃吾叔父修能先生少時所校者也"云云，修能即嚴元照字。

此本十三卷全，半葉八行，行二十字，四周單邊，白口，線魚尾，版心題"唐世説"及卷次、頁碼。卷首有檇李馮夢禎《唐世説新語序》（末尾有"琅琊王安鼎書"一行）、劉肅《唐世説新語序》，目録中卷一"規諫"與正文題"規諷"不符，卷九"從善"後缺"諛佞"一門。各卷題"唐世説新語"及卷次，下有"琅琊王世貞校"字樣。全書卷末有《總論》一篇。

此本無封面頁，而楊守敬《日本訪書志》中所見潘玄度刻本"卷首標'玉峯青霞館重摹宋板'"①，然則潘本所用底本或爲宋版。據卷首馮夢禎序稱"頃得吳刻，是弇州校定。朝列潘公得而嗜之，其孫玄度刻之，以廣異聞"云云，敘述底本源流較爲清晰。潘玄度祖父獲得吳地所刊《大唐世説新語》一書，此書乃是弇州山人王世貞所校之宋本，潘玄度遂將此本重刊，以廣其傳。王世貞酷嗜宋本，曾鬻一莊以得宋槧《兩漢書》，其家藏有宋本《大唐世説新語》並非全然無據。馮夢禎序落款爲"萬曆癸卯長至後五日檇李馮夢禎"，知該序作於萬曆三十一年（1603）夏至後五天，而1984年中華書局點校本《大唐新語·

---

① （清）楊守敬《日本訪書志》，張雷點校，瀋陽：遼寧教育出版社，2003，第135頁。

點校説明》稱"明嘉靖潘玄度刻本"云云,訛誤殊甚。王世貞於萬曆十八年(1590)十一月去世,下距潘本的刊成時間僅十三年,而"朝列潘公"身爲朝廷官員,似亦不需要假託其名以抬高身價。若此説屬實,則"世説"二字乃王世貞所校之宋本所有,是以作者劉肅的原序才題作《唐世説新語序》。楊守敬對此説頗爲懷疑,云:"此本劉肅自序首題'唐世説新語序',文中亦有'世説'二字,最爲謬妄。馮序又稱是弇州校定。竊意開之、元美皆一時之傑,未必至此,當是潘氏子所爲。"楊守敬猜測劉肅原序"大唐世説新語"的"世説"二字是潘玄度臆增,而非王世貞(字元美)、馮夢禎(字開之)所爲,此論可能性較大。今核南宋陳振孫《直齋書録解題》[①]、晁公武《郡齋讀書志》[②]均載此書,名曰"大唐新語",《宋史·藝文志》則名曰"唐新語",皆無"世説"二字,可證宋代尚無"唐世説新語"之名。潘本雖然宣稱是"重摹宋板",但書名應當本無"世説"二字,至於究竟是何人所增,則難下定論。楊守敬認爲是潘玄度所增,但目前的證據並不能排除王世貞在校定時增入的可能性。

當前《大唐新語》存世的版本之中,劉肅的原序、《總論》最早即見於潘本,清代振鷺堂修補《稗海》本《大唐新語》乃據以補入。此可證明,即便潘本的底本不像所宣稱的一樣,是經王世貞校定之宋本,也應當較爲古老,才能留存下原序、《總論》等獨有的篇目。潘本正文共計 26 處墨丁,足見留存底本原貌較爲用心,並非率意改篡底本者。而潘本同樣誤將卷四第八門"政能"的標題附刻於第七門"持法"的"肅宗初克復"條末,與《稗海》系列本一致,似乎説明這一錯漏由來已久,並非是單個版本的偶然失誤。

(2)《唐世説新語》,明萬曆三十七年(1609)俞安期刊本

此本臺北"國家圖書館"有藏,卷首鈐有"漱六""翠光晴鎖硯池寒"等印,版心上題"唐世説新語"及卷次,下標頁碼。半葉十行,行二十字。卷首依次爲馮夢禎《唐世説新語序》,落款爲"真實居士檇李馮夢禎";俞安期識語,落款爲"萬曆己酉孟冬震維居士俞安期識"。萬曆己酉即萬曆三十七年,晚於潘玄度刊本六年。此本十三卷全,卷前有劉肅《唐世説新語序》《唐世説新語目録》,全書卷末有《總論》。

《四庫提要》所論即俞安期本,故稱"明馮夢禎、俞安期等因與李垕《續

---

[①] (宋)陳振孫《直齋書録解題》,徐小蠻、顧美華點校,上海:上海古籍出版社,1987,第 146 頁。

[②] (宋)晁公武《郡齋讀書志校證》,孫猛校證,上海:上海古籍出版社,1990,第 245 頁。

世説》僞本合刻，遂改題曰《唐世説》"云云，卻不知"世説"二字、馮夢禎序皆始見於潘玄度刊本，而此本只是改竄並沿用了馮夢禎序，合刻之事也是俞安期擅自爲之。此本馮夢禎序不僅落款删去了年代時間，還將正文中"朝列潘公得而嗜之，其孫玄度刻之，以廣異聞"一句删掉，以泯滅其自潘本而來的痕跡。俞安期識語云："唐李垕著《續世説》，事止於隋，元和中劉肅著《唐世説》，事止大曆。……兹余葺垕書于安茂卿蠹食之餘，求肅書于趙玄度秘藏之架，合之以行於世。"俞安期自稱《唐世説》的底本得自趙琦美（字玄度）脈望館秘藏，卻不言其爲潘玄度刻本，又將馮夢禎爲潘玄度所撰之序改竄沿用，删除序中與潘氏有關字句，實有掠美之嫌。《四庫提要》稱李垕《續世説》爲"僞本"，又稱"明代僞書，往往如是，所謂欲蓋而彌彰也"[1]，而寧稼雨《關於李垕〈續世説〉——〈四庫提要〉辨誤一則》[2]、張固也《〈續世説〉的作者李垕是宋人》[3] 均指出《續世説》並非僞書，只是俞安期將南宋人李垕誤認作唐人。《四庫提要》將"改題曰'唐世説'"歸罪於馮夢禎、俞安期二人，更與事實不符，事實上潘玄度刻本已題作"唐世説新語"，俞安期刊本既然翻刻潘本，自然沿用此名，而又以《續世説》附會合刊。

俞安期刻本《唐世説新語》在潘本的基礎上做了一些修改，其中有不少可取之處：首先，俞本目錄補充了"諛佞"一門，與正文門類對應。其次，俞本修正了正文卷四第八門"政能"的位置錯誤，此錯誤由來已久，至俞本方被發現並更正。再次，潘玄度刻本《總論》中"邪行正，棄其人；人正國邪，全棄其國"，俞本改作"人邪行正，棄其人；人正國邪，全棄其國"，雖補入一"人"字，但前後仍不夠對仗，不如振鷺堂《稗海》本同時删除"全"字更佳。最後，潘本的部分墨丁也被補全，譬如卷二第一葉"相國參軍盧牟子"、卷三第五葉"臣操履堅正"，"牟""履"二字原爲墨丁，俞本補入。

（3）《大唐新語》，傅增湘跋明抄本殘卷

此本現藏北京大學圖書館，殘存一至六卷，首行題"大唐新語"四字，後爲劉肅原序（無標題），亦無目錄，序後逕接正文。卷末有傅增湘先生跋語："取《稗海》對勘一過，凡改訂《稗海》奪訛四百一十二字，深惜其所存祇此爾，校竟記之，藏園。"而《藏園群書題記》所載《校大唐新語跋》較此更詳，

---

[1] （清）紀昀、陸錫熊、孫士毅等《欽定四庫全書總目》（整理本），第1889頁。
[2] 寧稼雨《關於李垕〈續世説〉——〈四庫提要〉辨誤一則》，《文史知識》1985年第11期，第110—112頁。
[3] 張固也《〈續世説〉的作者李垕是宋人》，《文獻》1998年第1期，第49頁。

稱"日前閱椒微師藏目，適有明鈔，因從北京大學書庫假出。原書綿紙，藍格，半葉十一行，行二十四字，存卷一至六，審其紙墨，頗類天一閣所寫"[①]云云，闡明了北大所藏抄本的前因後果。蓋此抄本原藏李盛鐸（字椒微）處，鑒定爲"明鈔"，傅增湘更猜測其爲天一閣抄本。惟傅增湘之論錯訛甚多，所稱"惟此書經馮夢禎等重刻，題爲《唐世說》，《稗海》本又改爲《大唐世說新語》，其爲繆妄，《四庫提要》已深譏之矣"云云，是沿襲了《四庫提要》的錯誤論點，其所見者實爲清振鷺堂修補本《稗海》。

筆者將此抄本與振鷺堂重編補刻《稗海》本、潘玄度刻本、俞安期刻本對勘，是本與潘玄度刻本有諸多內容相同，而與《稗海》本有異，列表如下：

表一　明抄本與其他版本內容對比

| 卷次 | 版本 ||||
|---|---|---|---|---|
| | 清康熙振鷺堂補修《稗海》本 | 明萬曆三十一年潘玄度刻本 | 明萬曆三十七年俞安期刻本 | 傅增湘跋明抄本殘卷 |
| 卷一 | 補文學館學士，令文學褚亮爲之贊曰 | 補文學館學令，文學褚亮爲之贊曰 | 補文學館學令，文學褚亮爲之贊曰 | 補文學館學令，文孝褚亮爲之贊曰 |
| | 及如晦至，卒用玄齡之策 | 及如晦在曰玄齡之策 | 及如晦在曰玄齡之策 | 及如晦在曰玄齡之策 |
| | 規諫第二 | 規諷第二 | 規諷第二 | 規諷第二 |
| | 使受陷其罪 | 所受陷其罪 | 所受陷其罪 | 所受陷其罪 |
| 卷二 | 盧牟子獻琵琶 | 盧■子獻瑟琴 | 盧牟子獻瑟琴 | 盧牟子獻琴瑟 |
| | 而陛下自遂涼處 | 而陛下自逐涼處 | 而陛下自逐涼處 | 而陛下自逐涼處 |
| | 故有道之君，以逸逸人；無道之君，以樂樂身 | 故有道之君，以樂樂身 | 故有道之君，以樂樂身 | 故有道之君，以逸逸人；無道之君，以樂樂身 |
| | 九部樂從東門入 | 九部樂從東門入 | 九部樂從東西門入 | 九部樂從東西門入 |
| | 乃用黃金七十斤 | 乃用黃金七千斤 | 乃用黃金七千斤 | 乃用黃金七千斤 |
| | 焉知不先謀踈陛下君臣 | 焉知先謀踈陛下君臣 | 焉知先謀踈陛下君臣 | 焉知先謀踈陛下君臣 |

---

① 傅增湘《藏園群書題記》，上海：上海古籍出版社，1989，第420頁。

續表

| 卷次 | 版本 | | | |
|---|---|---|---|---|
| | 清康熙振鷺堂補修《稗海》本 | 明萬曆三十一年潘玄度刻本 | 明萬曆三十七年俞安期刻本 | 傅增湘跋明抄本殘卷 |
| | 由此臟私，取怨外國 | 由此臟臣，取怨中國 | 由此臟臣，取怨中國 | 由此臟臣，取怨中國 |
| | 蔽太子之元良，據太子之神器 | 蔽太子之元良，狂太子之神器 | 蔽太子之元良，據太子之神器 | 蔽太子之元良，柱太子之神器 |
| | 臣恐有竊議國故，請按而後刑 | 臣謂恐有竊議，固請按而後刑 | 臣請恐有竊議，固請按而後刑 | 臣恐有竊議，固請按而後刑 |
| | 爲正者銜冤，附僞者得志，將何以止奸邪 | 爲邪爲正者銜冤，將何以止奸邪 | 爲邪爲正者銜冤，將何以止奸邪 | 爲邪爲正者銜冤，將何以止姦邪 |
| | 不以禮遣璟，璟不當行 | 遣璟，璟不當行 | 遣璟，璟不當行 | 遣璟，璟不當行 |
| | "臣請先斬蘇瓌。"中宗問其故，對曰："蘇瓌，國之大臣……" | 臣請先斬蘇瓌，國之大臣…… | 臣請先斬蘇瓌，國之大臣…… | "臣請先斬蘇瓌。"中宗問其故，對曰："蘇瓌，國之大臣……" |
| 卷三 | 引與六月同事 | 引與六月四事 | 引與六月四事 | 引與六月四事 |
| | 王令子師之 | 王師之 | 王師之 | 王師之 |
| | 卿與裴晃蚤爲之所 | 裴晃潛爲之所 | 裴晃潛爲之所 | 卿與裴晃潛爲之所 |
| 卷四 | 刑書原於子產 | 列文原於子產 | 列文源於子產 | 列文源於子產 |
| 卷五 | 諡曰"悼" | 諡曰"傳" | 諡曰"傳" | 諡曰"傳" |
| 卷六 | 拜二子爲承務郎。 | 拜二子爲承務郎■■所感旋降敕免刑，宣未訖，天開朗，慶雲紛郁，時人感其忠正孝悌之致。 | 拜二子爲承務郎。 | 拜二子爲承務郎□□□□旋敕免刑，宣未訖，天開朗，慶雲紛郁，時人感其忠正孝弟之致。 |
| | 岑文本，太宗顧問曰 | 岑文本，則天顧問曰 | 岑文本，則天顧問曰 | 岑文本，則天顧問曰 |

續表

| 卷次 | 版本 ||||
|---|---|---|---|---|
| | 清康熙振鷺堂補修《稗海》本 | 明萬曆三十一年潘玄度刻本 | 明萬曆三十七年俞安期刻本 | 傅增湘跋明抄本殘卷 |
| | 憲子承家託疾獨不署名，此之父子，足稱忠烈，承家弟承序，清貞雅操，寔繼兄風，乃由是召拜晉王友記，高宗更贈金紫光禄大夫、吏部尚書。 | 憲子承家託高宗更贈金紫光禄大夫、吏部尚書。 | 憲子承家託疾獨不署名，此之父子，足稱忠烈，承家弟承序，清貞雅操，寔繼先風，由是召拜晉王友，高宗更贈金紫光禄大夫、吏部尚書。 | 憲子承家託高宗更贈金紫光禄大夫、吏部尚書。 |
| | 若有所感。旋降敕免刑，宣未訖，天開朗，慶雲紛郁。時人感其忠正孝悌之報。 | 若有■■■疾獨不署名，此之父子，足稱忠烈，承家弟承序，清貞雅操，寔繼先風，由是召拜晉王。 | 若有所感。旋降敕免刑，宣未訖，天開朗，慶雲紛郁。時人感其忠正孝悌之致。 | 若有疾獨不署名，之父子，足稱忠烈，子承家弟承序，清貞雅操，寔繼先風，由是召拜晉王友。 |
| | 福業將就刑，謝元禮曰："子有老親，爲福業所累，愧其深矣。"元禮曰："明公窮而歸我，□我得已乎？……" | 福業將就刑，謝元禮曰："明公窮而歸我，我得已乎？……" | 福業將就刑，謝元禮曰："子有老親，爲福業所累，愧其深矣。"元禮曰："明公窮而歸我，我得已乎？……" | 福業將就刑，謝元禮曰："子有老親，爲福業所累，愧其深矣。"元禮曰："明公窮而歸我，我得已乎？……" |

　　如表一所示，明抄本殘存的六卷與潘玄度刻本有大量相似之處，尤其是二者卷六中皆有三處文字位置顛倒錯亂，而《稗海》系列版本卻從未出現這一錯漏，俞安期刻本也已更正。上述這些證據顯示明抄本與潘本應同出一源，但潘本中劉肅原序"題云'大唐世說新語'"一句，明抄本相應作"題云'大唐新語'"，可知明抄本並非據潘本謄抄，雙方乃具有共同的源頭，甚至不排除即是王世貞所校定之吳地刊本。

## 三、清乾隆文淵閣、文津閣《四庫全書》抄本

據吳慰祖《四庫採進書目》記載，乾隆朝編纂《四庫全書》時有安徽省呈進《唐世說》（原名《唐人世說》）、江蘇省呈進《大唐新語》、浙江鮑士恭進《唐世說新語》、兩淮商人馬裕進《唐新語》，另有多套《稗海》叢書呈進。① 這些呈進書目經過四庫館臣篩選、鑒別之後，其中的某些版本就會成爲《四庫全書》的底本或校本。如前所述，四庫館臣對《大唐新語》一書的版刻源流認識不清，這也導致此書的《四庫全書》抄本呈現出不同的面貌。在所有纂成的《四庫全書》之中，文淵閣本《唐新語》是最早成書者，文津閣本《大唐新語》則是最晚成書者，二者不僅卷首題名略有差別，在底本選擇、所收篇目、文本校勘方面也存在著重要差異：

《四庫提要》稱"今合諸本參校，定爲書三十篇，《總論》一篇"②，今核文淵閣本卷末確有《總論》，而文津閣本則缺少此篇。從"明馮夢禎、俞安期等因與李垕《續世說》僞本合刻"一句判斷，四庫館臣曾校對俞安期刊本，然則文淵閣本的《總論》當據俞安期本補入。另外一個確鑿的證據是，《總論》中"人邪行正，棄其人，人正國邪，全棄其國"一句，惟文淵閣本與俞安期刊本吻合，而與諸本皆有異。而文津閣本卷末鈐有"太上皇帝之寶"印章，成書時間已遲至嘉慶朝，是諸閣之中最晚成書者，顯然未曾校對俞安期刊本，才會佚去《總論》一篇。通過比勘文淵閣本、文津閣本的異文，筆者還可以列舉大量的證據佐證上述觀點，詳見下表：

表二　文淵閣本與文津閣本部分異文對照表

| 卷次 | 版本 ||
|---|---|---|
| | 文津閣本 | 文淵閣本 |
| 卷一 | 補文學館學士，令文學褚亮爲之贊曰 | 補文學館學令，文學褚亮爲之贊曰 |
| | 舜、禹、殷、周得稷、契、伊、吕，四海乂安。如此事，朕並兼之。 | 舜、禹、殷、周用稷、契、伊、吕，四海乂安。此事，朕並兼之。 |

---

① 吴慰祖《四庫採進書目》，北京：商務印書館，1960，第 7、71、88、146、212、264 頁。
② （清）紀昀、陸錫熊、孫士毅等《欽定四庫全書總目》（整理本），第 1837 頁。

續表

| 卷次 | 版本 ||
| --- | --- | --- |
| | 文津閣本 | 文淵閣本 |
| | 項辭日，得召見 | 方辭，得召見 |
| | 以慰生人之望 | 以繼生人之望 |
| | 何諸姑之能容 | 何諸姑所能容 |
| | 歸乎李氏久矣 | 歸於李氏久矣 |
| | 徵爲同州刺史 | 徵之爲同州刺史 |
| | 密召會於行所 | 密召崇會於行所 |
| | 迄爲宗臣 | 遂爲宗臣 |
| | 則豈得扶翰捧轂者哉 | 則豈得扶輪捧轂者哉 |
| | 而有逆相 | 面有逆相（俞安期刻本作"面"） |
| | 至武德初 | 至德初 |
| | 生則保其雄名 | 生則保其榮名 |
| | 先覺合於蓍龜 | 先覺合於蓍蔡 |
| | 規諫第二 | 規諷第二 |
| 卷二 | 去京二百餘里 | 去京三百餘里 |
| | 而陛下自遂涼處 | 而陛下自逐涼處 |
| | 臣實不喻 | 臣實未喻 |
| | 臣恐有竊議國故，請按而後刑 | 臣恐有竊議，固請按而後刑 |
| 卷五 | 與吐蕃將諭欽陵戰于青海 | 與吐蕃將論欽陵戰于青海 |

　　由於異文繁多，筆者僅列舉卷一、卷二、卷五中差異較顯著者。上表所列異文，文淵閣本皆與俞安期刻本相同（惟俞本卷二"臣請恐有竊議"一句，文淵閣本逕刪"請"字），文津閣本則與振鷺堂重修《稗海》本相同。如此繁多的差異顯然並非巧合，而是文淵閣本、文津閣本在抄錄時採用了不同參校本所致。

　　除了參校本選擇的不同，文淵閣本、文津閣本還不時採用理校的方式來改動底本，這些理校的文字也互有差異。譬如文淵閣本卷一第四至五葉"臣今日始得與陛下爲子""固當天性""失言，伏願審思""然事至是"幾句，文字與《稗海》系列本、俞安期刊本相同，文津閣本則分別臆改爲"臣今日始得爲陛下之子""固關天性""陛下失言，顧審思""當思處置"。又如文津閣本卷一第十六葉"庚申今爲史"、卷二第五葉"頗有無功之費",與《稗海》系列本、俞安期刊本相同,文淵閣本則臆改爲"辛甲今爲史""頗有功力之費",顯然修改之後更加符合句意。文淵閣本、文津閣本也有同時理校而文字不同的案例,譬如文淵閣本卷一第九葉"吾與蘇家父子",文津閣本作"吾與彼父子",二者與《稗海》系列本"吾與父子"、俞安期刊本"吾與頠父子"皆不同。

根據表二及上述證據判斷,文淵閣本所用底本應爲俞安期刊本,校本則爲清振鷺堂晚期修補重刷《稗海》本,二本句意不暢處則以理校逕改。文淵閣本所附提要稱"商維濬刻入《稗海》,並於肅自序中增入'世説'二字,益僞妄矣。《稗海》又佚其卷末總論一篇"云云,可以判斷館臣所見本有劉肅自序而無《總論》,這正是清振鷺堂晚期修補重刷《稗海》本的特徵,此時《總論》一篇被移動至《稗海》叢書的卷首,不再附於《大唐新語》卷末,故文淵閣本只能據俞安期刊本抄寫。

至於文津閣本,雖然卷前照抄了文淵閣本的提要,又將其中"商維濬"三字改爲"商濬",但如前所述,它並未校對俞安期刊本。筆者經考證後發現,文津閣本是以潘玄度刊本爲底本,又校以清振鷺堂晚期修補重刷《稗海》本,二本句意不暢處亦以理校逕改。最關鍵的證據出現在文津閣本卷六第九葉"憲子承家託高宗更贈金紫光禄大夫"一句,此句"託"字後缺少"疾獨不署名,此之父子,足稱忠烈,承家弟承序,清貞雅操,寔繼先風,由是召拜晉王友"一段,補全後句意方能連貫。《稗海》系列本、俞安期本此處皆無誤,只有同出一源的潘玄度刊本、傅增湘跋明抄本殘卷才與文津閣本的錯漏完全一致。潘玄度刊本卷六共有三處文字出現了顛倒錯亂的現象(詳見表一),所缺失的文句被錯置於他處,需要調換位置方能正常。文津閣本僅據校本修正其二,而誤漏此處未改,才爲判斷其抄錄的底本留下了明確的證據。

# 結　語

爲明晰起見,將《大唐新語》主要版本的版刻源流繪圖如下(圖一):

## 《大唐新語》版刻系列與內容差異

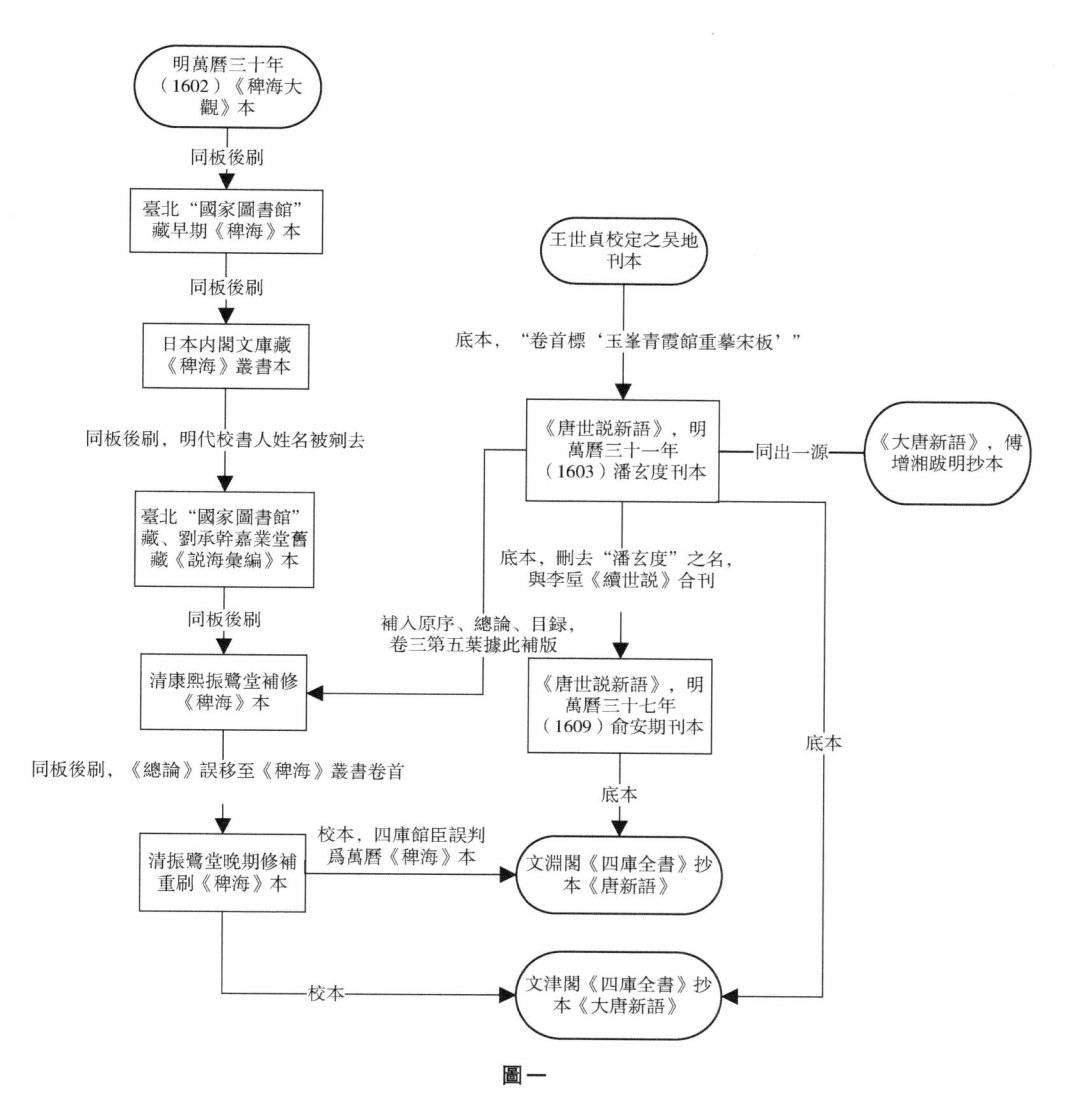

圖一

《稗海》初刻本、潘玄度刊本約誕生於同一時期，但二者均有較多錯漏。《稗海》本《大唐新語》印本眾多，經過歷代的剜改補板、書目擴充以及板片轉手，形成了獨具特色的系列，而刷印較後的版本文字更加通順，篇目也越發齊備。潘玄度刊本據王世貞校定之吳地刊本翻刻，與傅增湘跋明抄本同出一源，但潘本在序言、卷首標題中增添了"世說"二字，對明代俞安期刊本、清代振鷺堂重刊《稗海》本產生了重大影響，並進一步影響到了《四庫全書》本的成書形態。

文淵閣、文津閣《四庫全書》均以振鷺堂重修《稗海》本為校本，但卻採用了不同的底本。文淵閣本以俞安期刊本爲底本，校對認真，理校高明，修正了俞安期刊本、振鷺堂本的若干處錯誤。而文津閣本則以潘玄度刊本爲底本，雖然也有參校振鷺堂本，卻對底本的錯漏有所疏忽，甚至連卷末總論也未曾補入。文津閣本並未參校俞安期刊本，但因其並未重新撰寫提要，而是照抄了文淵閣本的卷前提要，很容易對研究者產生誤導，需要特別留意。

（作者單位：廈門大學中文系）

儒家典籍與思想研究（第十六輯）
北京大學出版社，2024年4月

·專人專書·

# 《記纂淵海》所引《抱朴子》文本來源考
## ——兼論私纂、坊本類書中的輾轉鈔撮現象

### 李佳媛

【内容提要】　南宋潘自牧等人所編類書《記纂淵海》引用《抱朴子》內、外篇文本共83條，其文本來源卻並非盡是《抱朴子》原書。考辨其文本特徵，並用對照法溯其源流，可以發現潘氏等人當時大抵僅有《抱朴子·內篇》之原書，然即令徵引內篇，其文本亦或源出以《太平御覽》爲主的各種文獻，徵引外篇時則全據《御覽》《意林》《白氏六帖》等書。通過對這一樣本的全面考察，可以對私纂、坊本類書中輾轉抄撮的現象及其抄撮時各類文獻所佔的比例有更清晰的認知，進而避免在輯佚和相關文史研究中誤用、濫用類書類文獻。

【關鍵詞】　《記纂淵海》　《太平御覽》　類書　輾轉抄撮

古代類書在纂修之時，往往有舉業、日用等現實目的，後人則更重視其保存文獻的價值。孫星衍云"古書亡佚，獨賴唐宋人采錄，存其十五，非獨獺祭詞章，實亦羽儀經史"[1]，正是此意。宋代是官私類書修纂的一個高峰，且宋修類書傳世頗豐，也一向被視爲輯佚之淵藪。然而，類書在修纂時卻未必忠實繼承所用原書的文本面貌，有意無意的變亂改動在所難免，學界目前對此已有相對清晰的認識。[2] 此外，還有一個尚待闡明的現象是，後代類書尤其是私纂、坊本類書的修纂者，時或直接從前代類書中抄錄條目、文句以爲己用，使得其

---

[1]　（清）孫星衍《孫氏祠堂書目》卷首《孫氏祠堂書目序》，《叢書集成初編》第40册，上海：商務印書館，1935，第2頁。
[2]　如胡道靜《中國古代的類書》（上海：上海人民出版社，2020，第42頁）論類書編纂，吕思勉《論學集林·蒿廬札記》（上海：上海教育出版社，1987，第776頁）論《兔園册府》，皆道著此意。

文本經常並非直接取自書中標稱的文獻，也與當時原書傳本存在不同程度的偏離。若不能認識到這些類書輾轉鈔撮的性質，難免會導致對類書的誤用甚至濫用，實爲文史研究中一大隱患。學者對此類現象雖亦有所注意，[①] 然因實證不易，尚罕有就單一樣本做通盤考察者。本文擬以南宋潘自牧等人所編類書《記纂淵海》中所引《抱朴子》的文本來源作爲研究對象，逐條比對，以求對此現象做出更爲清晰的説明，供從事輯佚及相關文史研究者參考。

## 一、《記纂淵海》引用《抱朴子》之概況

《記纂淵海》，書名或著録爲《紀纂淵海》，[②] 本文則統一用"記"字。其編者潘自牧，字牧之，南宋婺州（今浙江金華）人，生卒年不詳。前人多以自牧爲潘景憲子，然許淑芬、曹珍對此已有駁正，考得自牧當爲景憲從子。寧宗慶元二年（1196），自牧登進士第，嘉定間補台州司户，充福州州學教授，又任龍游縣令，亦曾任太平縣令與常山縣令。《記纂淵海》一書即於福州教授任上編成。[③]

此書編著緣起與成書經過，見載於書前嘉定二年（1209）潘自牧《自序》。據《自序》，此書"凡爲部二十有二，爲門一千二百四十有六，合一百九十五卷，總八十萬言"[④]，且體例獨特，不主記事而重在纂言，因此被視爲記言類書的首創者，亦多爲後世類書如《天中記》《三才廣志》《淵鑒類函》等取材，影響深遠。據歷代書目與傳世諸本，可知其書在明代曾經改編，面貌發生極大變化。考其版本源流，可分爲源自宋代原編本的一百九十五卷本系統與源自明代

---

[①] 如楊寶霖《〈古今合璧事類備要〉別集草木卷與〈全芳備祖〉》（《文獻》1985年第1期，第160—173頁）即視《事類備要別集》草木卷爲《全芳備祖》之"简編本"；李更《略論宋代類書中的"材料序列"——從〈朝野僉載〉宋代"節略本"説起》（《北京大學中國古文獻研究中心集刊（第十九輯）》，北京：北京大學出版社，2019，第135—176頁）等文都曾注意到這一問題。

[②] 《記纂淵海》一書，《文淵閣書目》《天禄琳琅書目》等著録爲"《紀纂淵海》"，《淵鑒類函》引用時亦標稱爲"《紀纂淵海》"。

[③] 許淑芬《潘自牧〈記纂淵海〉之研究》，臺北大學碩士論文，2011，第7—17頁；又曹珍《潘自牧家世生平著述考》，《歷史文獻研究》2019年第2期，第260—272頁。

[④] （宋）潘自牧《記纂淵海》，中華書局影印宋刻本，1988。後文如無特殊説明，盡取此本，不復一一注出。此本"一百九十五卷"作"二百三十六卷"，與宋本實情不符，故以國家圖書館藏宋刻殘本《記纂淵海》（善本書號：03517）爲準。

改編本的百卷本系統。其中宋刻一百九十五卷本尚存，實爲幸事。1988 年中華書局影印本，底本由國家圖書館與遼寧省圖書館藏宋本原刻拼配而來，最近原貌，本文引《記纂淵海》即據此本。

《抱朴子》則爲東晉葛洪所著，分爲《内篇》《外篇》，今傳宋本有南宋紹興間臨安榮六郎所刻《内篇》一種，而明代以來以《内篇》《外篇》合刻本通行於世。合刻本又分兩大系統，一爲上承榮六郎本的明刻《正統道藏》本、魯藩本，以及清孫星衍校刊平津館本所用之底本，此一系自宋本一脈相承；另一系統則以明慎懋官本、盧舜治評校本爲代表。兩者相較，前者較少脱衍之誤，文字更優。而平津館校刊本廣參衆本，兼用校勘四法，堪稱《抱朴子》傳世諸本中最爲精良者。① 王明《抱朴子内篇校釋》及楊明照《抱朴子外篇校箋》即以平津館本爲底本。② 王、楊兩本亦遍校諸本，校記詳備，附録中各輯佚文以供參考，故本文所引《抱朴子》即以此兩書爲準。

《抱朴子》原書亡佚甚多，嚴可均稱"今本僅《内篇》之十五六，《外篇》之十三四耳"③。然唐宋士人頗好稱引此書，如唐馬總雜鈔諸子而成《意林》，録《抱朴子》多達一百零九條，爲《意林》所收諸書中録文最多者。唐宋諸類書亦每每徵引《抱朴子》，如《藝文類聚》《初學記》《北堂書鈔》《群書治要》《白氏六帖》《太平御覽》《事類賦注》《類説》《紺珠集》《海録碎事》《錦繡萬花谷》《山堂考索》《事文類聚》《事類備要》《玉海》皆然，以《太平御覽》所引計，即在三百則以上。

《記纂淵海》正文標引《抱朴子》之條目，以數量論共八十二條，不計互見重複爲七十七條，其中二十四條不見於今本《抱朴子》，約佔總條目之三成，佚文存量頗爲可觀。鑒於《記纂淵海》與《抱朴子》皆有宋本傳世，故可最大限度還原當日文本因革之軌跡。且《記纂淵海》在引録《抱朴子》時留下了一些明顯的文本特徵，從中可覓得證明某些條目文本實乃轉引自《太平御覽》而非直接引自《抱朴子》的證據，④ 使得這一問題成爲研究宋代私纂、坊本類書中輾轉鈔撮現象的絶佳樣本。以下試分類説明《記纂淵海》所引《抱朴子》文本的來源。

---

① 高原樂《〈抱朴子〉版本研究》，北京大學博士論文，2005，第 112—113 頁。
② 王明《抱朴子内篇校釋》，北京：中華書局，1985；楊明照《抱朴子外篇校箋》，北京：中華書局，1991。
③ （清）嚴可均《鐵橋漫稿》卷六，清道光四録堂刻本。
④ 本文所用《太平御覽》據李昉等撰《太平御覽》，四部叢刊三編景宋本，後文或省稱爲《御覽》。爲免繁瑣，此後亦不復一一出注。

## 二、引録文本源自《抱朴子》原書

雖然《抱朴子》廣爲唐宋諸書所稱引,《記纂淵海》中關於《抱朴子》之條目又爲數不少,但《記纂淵海》中大部分條目其實極少見引於他書,僅與《意林》《御覽》《事類賦注》等時可參照。而《事類賦注》撰者吳淑曾參與《御覽》的編修工作,因而《事類賦注》中引文大多襲自《御覽》,可置不論。真正能與《記纂淵海》引《抱朴子》相參證者,實則只有《意林》《御覽》而已。

值得注意的是,《記纂淵海》在稱引《抱朴子》時,有兩種不同的標稱出處的方式:其一同時注出書名與篇名,如"《抱朴·辯問》""《抱朴子·暢玄》""《抱朴子·塞難篇》"等;其二則是只注書名而已,如"《抱朴子》""《抱朴》"。這兩種標稱方式的差異,正可以說明《記纂淵海》稱引《抱朴子》實際文獻來源的不同。現在先考辨第一種稱引方式:

《記纂淵海》引《抱朴子》條目中,注明具體篇名者共三十三條,全部可見於今本《抱朴子》,且絕大部分並不見引於《意林》《御覽》,詳見下表(表一):

表一

| 編號 | 門類 | 《記纂淵海》正文 | 標稱出處 | 《抱朴子》 | 《抱朴子》篇名 |
|---|---|---|---|---|---|
| 1 | 不可淺量 | 不可以黔婁原憲之貧…… | 抱朴子暢玄篇 | 然不可以黔婁原憲之貧…… | 抱朴子內篇·論仙 |
| 2 | 因小累大 | 以分寸之瑕…… | 抱朴子暢玄篇 | 此所謂以分寸之瑕…… | 抱朴子內篇·論仙 |
| 3 | 隱逸 | 棄赫奕之朝華…… | 抱朴子暢玄 | 棄赫奕之朝華…… | 抱朴子內篇·暢玄 |
| 4 | 知足 | 知足者則能肥遯勿用…… | 抱朴子暢玄篇 | 知足者則能肥遯勿用…… | 抱朴子內篇·暢玄 |
| 5 | 儆戒 | 五聲八音…… | 抱朴子暢玄 | 夫五聲八音…… | 抱朴子內篇·暢玄 |
| 6 | 貧窶 | 家有長卿壁立之貧…… | 抱朴子暢玄篇 | 家有長卿壁立之貧…… | 抱朴子內篇·論仙 |

續表

| 編號 | 門類 | 《記纂淵海》正文 | 標稱出處 | 《抱朴子》 | 《抱朴子》篇名 |
|---|---|---|---|---|---|
| 7 | 妄議 | 俗人未嘗見龍麟鸞鳳…… | 抱朴子暢玄卷 | 俗人未嘗見龍麟鸞鳳…… | 抱朴子內篇·論仙 |
| 8 | 事難定論 | 謂夏必長而麥枯…… | 抱朴子暢玄篇 | 謂夏必長而薺麥枯焉…… | 抱朴子內篇·論仙 |
| 9 | 高尚 | 以榮華爲穢污…… | 抱朴子論仙 | 以榮華爲穢汙…… | 抱朴子內篇·論仙 |
| 10 | 妙理不傳 | 鑿枘之齟齬…… | 抱朴對俗 | 夫鑿枘之齟齬…… | 抱朴子內篇·對俗 |
| 11 | 分量不同 | 衆木不能法松柏…… | 抱朴子對俗篇 | 衆木不能法松柏…… | 抱朴子內篇·對俗 |
| 12 | 操約馭詳 | 苟得其要…… | 抱朴子對俗篇 | 苟得其要…… | 抱朴子內篇·對俗 |
| 13 | 無所用力 | 盛陽不能榮枯朽…… | 抱朴金丹 | 盛陽不能榮枯朽…… | 抱朴子內篇·金丹 |
| 14 | 因小陋大 | 覩崑崙則覺丘垤之卑。 | 抱朴子金丹篇 | 覩崑崙則覺丘垤之至卑。 | 抱朴子內篇·金丹 |
| 15 | 因精見粗 | 飲玉飴則知漿荇之薄味。 | 抱朴子金篇 | 夫飲玉粕則知漿荇之薄味。 | 抱朴子內篇·金丹 |
| 16 | 引凡入聖 | 出潢污而浮滄海…… | 抱朴子金丹篇 | 必自知出潢污而浮滄海…… | 抱朴子內篇·金丹 |
| 17 | 不量力 | 策蹇驢而追迅風…… | 抱朴子金丹篇 | 何異策蹇驢而追迅風…… | 抱朴子內篇·金丹 |
| 18 | 微小有知 | 鶴知夜半，燕識戊己。 | 抱朴子至理篇 | 猶鶴知夜半，燕知戊己。 | 抱朴子內篇·至理 |
| 19 | 氣概 | 比崇高於贅疣…… | 抱朴子至理論 | 比崇高於贅疣…… | 抱朴子內篇·至理 |
| 20 | 分量不及 | 明之所及…… | 微旨論篇 | 夫明之所及…… | 抱朴子內篇·微旨 |

續表

| 編號 | 門類 | 《記纂淵海》正文 | 標稱出處 | 《抱朴子》 | 《抱朴子》篇名 |
|---|---|---|---|---|---|
| 21 | 忘本 | 貴明珠而賤淵潭…… | 抱朴子微旨篇 | 何異乎貴明珠而賤淵潭…… | 抱朴子內篇·塞難 |
| 22 | 不待增益 | 華霍之極大…… | 抱朴子塞難篇 | 且華霍之極大…… | 抱朴子內篇·釋滯 |
| 23 | 心至力不及 | 臨河羨魚，而無網罟。 | 抱朴子釋滯篇 | 猶臨河羨魚，而無網罟。 | 抱朴子內篇·釋滯 |
| 24 | 坐視 | 觀孺子之入井…… | 抱朴子明本篇 | 然觀孺子之墜井…… | 抱朴子內篇·明本 |
| 25 | 任情不任理 | 責三光不照於覆盆之内。 | 抱朴辯問 | 是責三光不照於覆盆之内。 | 抱朴子內篇·辨問 |
| 26 | 苛責於人 | | 抱朴子辨問篇 | | 抱朴子內篇·辨問 |
| 27 | 好惡不同 | 周文嗜不美之菹…… | 抱朴子辨問篇 | 周文嗜不美之菹…… | 抱朴子內篇·辨問 |
| 28 | 無本 | 入水之爐…… | 抱朴子極言篇 | 譬猶入水之爐…… | 抱朴子內篇·極言 |
| 29 | 真率 | 直語無藻飾。 | 抱朴子黃白篇 | ……皆直語耳，無藻飾也。 | 抱朴子內篇·黃白 |
| 30 | 分量不同 | 虎豹之所餘…… | 袪惑論 | 夫虎豹之所餘…… | 抱朴子內篇·袪惑 |
| 31 | 物產有地 | 探明珠…… | 抱朴子袪惑論 | 凡探明珠…… | 抱朴子內篇·袪惑 |
| 32 | 兩窮相值 | 假穀於夷齊之門…… | 抱朴子袪惑 | 譬如假穀於夷齊之門…… | 抱朴子內篇·袪惑 |
| 33 | 紛擾 | 風波駭而魚鼈擾於淵…… | 抱朴子道意篇 | 猶風波駭而魚鼈擾於淵…… | 抱朴子內篇·明本 |

考《記纂淵海》引文與《抱朴子》原文可知，雖然《記纂淵海》中的文句時有刪節、異文，但總體而言與原文極爲相似，這意味着這些條目很有可能直

接取自原文。

　　這裏還有兩個現象需要注意：

　　第一，《記纂淵海》標稱篇目錯誤較多，三十三條中有八條都與今本中所在篇目不符，幾近四分之一。上舉第1、2、6、7、8五條將《論仙》誤注爲上一篇《暢玄》，第21條將《塞難》誤注爲上一篇《微旨》，第22條將《釋滯》誤注爲上一篇《塞難》，第33條將《明本》誤注爲上一篇《道意》——全部都是誤注爲《抱朴子》中其上一篇的篇名。這是僅有使用《抱朴子》原書時才可能出現的錯誤，可爲潘自牧等人確實曾用原書之鐵證。

　　第二，這三十三則條目全部出自《內篇》，涉及今存二十篇中的十四篇，卻無一出自《外篇》。與此同時，《記纂淵海》標引《抱朴子》且未注明篇名的條目中，則有相當一部分出自《外篇》。按《抱朴子》《內篇》與《外篇》成書之後本是各自流傳，《漢書・藝文志》《隋書・經籍志》《舊唐書・經籍志》《新唐書・藝文志》《宋史・藝文志》均將二書分開著錄，《直齋書錄解題》著錄《抱朴子》也僅指內篇，唯有《遂初堂書目》著錄《抱朴子內外篇》，足見《外篇》較《內篇》爲難得。這就令人不得不懷疑，潘自牧等人手中是否也僅有一部《內篇》呢？

　　若將這些條目與他書引文作比，僅《意林》《御覽》各有兩條引文與《記纂淵海》相近。[①] 第2、21兩則雖亦見載於《意林》，但《記纂淵海》之文更近於今本《抱朴子》原書。第32則雖亦見載於《御覽》，但《御覽》之文全同今本《抱朴子》且未注篇名，而《記纂淵海》之文自有刪節且標注篇名，所以《記纂淵海》此則既無取材於《御覽》的特徵，又具有《御覽》所無的信息，應當不是來自《御覽》。至於第8則，雖然《記纂淵海》對原文的刪節與《御覽》一致，但單憑文本相似性並不能斷定此條取自《御覽》。再加上此條正好存在將正確出處《論仙》誤注爲上一篇《暢玄》的問題，而《御覽》引《抱朴子》不注篇名，所以仍應是潘自牧等人取諸原書的結果。

　　綜上所述，《記纂淵海》標引《抱朴子》而標注確切篇名的這三十三則條目，應是直接引自《抱朴子內篇》原書，而非自他處轉引。

---

[①] 本文所用《意林》據王天海、王韌撰《意林校釋》（北京：中華書局，2014），後文亦不復一一注出。

儒家典籍與思想研究（第十六輯）

## 三、引錄文本自他書輾轉抄撮

《記纂淵海》標引《抱朴子》而未注明篇名者有四十九條，這部分條目的文獻來源較之前述三十三條更爲複雜。試一一比對、分說如下：

### （一）見於《太平御覽》者三十九條

《記纂淵海》與《御覽》同引《抱朴子》者有三十九條，其中十九條的文句並不見於今傳《抱朴子》[①]，詳見下表（表二）：

表二

| 編號 | 門類 | 《記纂淵海》 | 《太平御覽》 | 他書所引[②] |
|---|---|---|---|---|
| 1 | 稱頌 | 大將，民之司命。 | 大將，民之司命。社稷存亡，於是乎在。 | 《藝文類聚》：大將，民之司命。社稷存亡，於是乎在。 |
| 2 | 識者難欺 | 識珍者必拾濁水之明珠。 | 識珍者必拾濁水之明珠，賞氣者必採穢藪之芳蕙。 | 《初學記》《白氏六帖》《意林》：識珍者必拾濁水之明珠。 |
| 3 | 不遇 | 浮磬息音，未別於衆石。 | 浮磬息音，未別於衆石。 | 《初學記》：浮磬息音。未別於衆石。 |
| 4 | 儆戒 | 里語曰："人在人間，日失一日。如牽牛以詣屠所，每進一步，去死轉近也。" | 里語曰："人在人間，日失一日。如牽牛以詣屠所，每進一步，去死轉近也。" | 《意林》：里語云："人在世間，日失一日，如牽牛羊詣屠所，每進一步，去死轉近。" |
| 5 | 蠱惑 | 素顏紅膚惑其目，清商流徵亂其聽。 | 素顏紅膚惑其目，清商流徵亂其聽。 | 《意林》：素顏紅膚惑其目，清商流徵亂其聽，此真理之德也。 |
| 6 | 傳遠 | 託竹素者爲世寶也。（上文云：孔鄭之門，耳聽口受者滅絕。） | 孔鄭之門，耳聽口受者滅絕，而託竹素者爲世寶也。 | 《意林》：孔鄭之門，耳聽口受者皆已滅絕，唯託竹素者可謂世寶。 |

---

[①] 不計重出實爲十七條。
[②] 《事類賦注》是由《御覽》轉引，故不錄其文。

《記纂淵海》所引《抱朴子》文本來源考

續表

| 編號 | 門類 | 《記纂淵海》 | 《太平御覽》 | 他書所引 |
|---|---|---|---|---|
| 7 | 勢力相軋 | 雞有專栖之雄，雉有擅澤之鷮，蟻有兼弱之智，蜂有攻寡之計，人相役御，亦猶是耳。 | 雞有專栖之雄，雉有擅澤之鷮（音嬌），蟻有兼弱之智，蜂有攻寡之計，人相役御，亦猶是耳。 | |
| 8 | 微小有知 | 雞有專栖之雄，雉有擅澤之鷮（音嬌），蟻有兼弱之智，蜂有攻寡之計。 | | |
| 9 | 專擅 | 雞有專栖之雄，雉有擅澤之鷮。 | | |
| 10 | 淺量 | 指測海，指極則謂水盡，猶目察百步而云見極也。 | 指測海，指極則謂水盡，猶目察百步而云見極也。 | |
| 11 | 神速 | 良將如收電，可見不可追 | 良將如收電，可見不可追；立如丘山，可瞻不可動。 | |
| 12 | 遠水不救近火 | 指冰室不能起喝死之熱，望炎治不能止噤凍之寒。 | 指冰室不能起喝死之熱，望炎治不能止噤凍之寒。 | |
| 13 | 諸書 | 余之抄略，譬猶摘翡翠之藻羽，脫犀象之牙角。 | 余之抄略，譬猶摘翡翠之藻羽，脫犀象之牙角。 | |
| 14 | 評文上 | 世謂王充所著文時有小疵，猶鄧林枯枝、滄海流芥，未易貶者。 | 世謂王充一代英偉，所著文時有小疵，猶鄧林枯枝、滄海流芥，未易貶者。 | 《北堂書鈔》：王充以爲一代英偉，漢興以來未有充比，若所著文時有小疵，猶鄧林之枯枝，若滄海之流芥，未易貶也已。 |
| 15 | 良將 | 良將剛則法天，可望而不可干；柔則法淵，可觀而不可入。去如收電，可見而不可追；留如丘山，可瞻而不可動。 | 良將剛則法天，可望而不可干；柔則象淵，可觀而不可入；去如收電，可見而不可得；留如山岳，可瞻而不可量。 | 《意林》：夫良將剛則法天，可望而不可干；柔則象淵，可觀而不可入；去如收電，可見而不可追；住如丘山，可觀而不可動。 |
| 16 | 分量不同 | 瓦盎木杯，比門所饒；金觴玉爵，萬家無一。 | 瓦甌木杯，比門所饒；金觴玉爵，萬家無一也。 | |

續表

| 編號 | 門類 | 《記纂淵海》 | 《太平御覽》 | 他書所引 |
|---|---|---|---|---|
| 17 | 勢力不敵 | 撮壤不能填決河，升水不能冷原火。 | 撮攘不能填決河，升水不能冷原火。 | |
| 18 | 不待矯揉 | 五玉不染而堅，寒冰不磨而朗。 | 五玉不染而堅，寒冰不磐而朗。 | |
| 19 | 漸染 | 今頭虱著身，皆稍變而白，身虱處頭，皆漸化而黑。是玄素果無定質，移易存乎所漸。 | 今頭虱著身，皆稍變而白，身虱著頭，皆漸化而黑。則玄素果無定質，移易在乎所漸也。 | |

這十九條中有十三條與《御覽》所引一字不差，[①]其餘六條雖略有出入，但《記纂淵海》之文總不出於《御覽》之外。這十九條只是零零散散見於《意林》或其他類書，唯有在《御覽》中齊齊整整、無一闕漏。所以這十九條今本《抱朴子》之佚文，應是直接取自《御覽》，當然也有極小的可能性是取自某種當時仍存有這些文本的《抱朴子》。

其餘二十條同時見於今本《抱朴子》與《御覽》者，[②] 詳見下表（表三）：

表三

| 編號 | 門類 | 《記纂淵海》 | 《太平御覽》 | 《抱朴子》 | 他書所引 |
|---|---|---|---|---|---|
| 1 | 道術 | 左慈以氣禁水，水爲逆流一二丈。禁水著中庭露之，大寒不冰。 | 左慈以氣禁水，水着逆流一二丈。禁水着中庭露之，大寒不冰。 | 近世左慈趙明等，以氘禁水，水爲之逆流一二丈。又於茅屋上然火……又禁水著中庭露之，大寒不冰。 | 《白氏六帖》：左慈以禁水，水爲之逆流一二丈，禁水著庭中，大寒不冰。《藝文類聚》：左慈以氣禁水，水爲逆流一二丈，禁水著中庭露之，大寒不冰。 |

---

[①] 即表中前十三條，不計重出實爲十一條。
[②] 不計重出實爲十八條。

## 《記纂淵海》所引《抱朴子》文本來源考

續表

| 編號 | 門類 | 《記纂淵海》 | 《太平御覽》 | 《抱朴子》 | 他書所引 |
|---|---|---|---|---|---|
| 2 | 雖有若無 | 金弧玉弦，無激矢之能。 | 金弧玉弦，無激矢之能。 | 金弧玉弦，無激矢之能。 | 《藝文類聚》：金弧玉弦，無激矢之能。 |
| 3 | 力所不及 | 歐冶不能鑄鈆錫爲干將。 | 歐冶不能鑄鉛錫爲干將。 | 歐冶不能鑄鉛錫爲干將。 | 《意林》：歐冶不能鑄鉛錫作干將。 |
| 4 | 聞見淺狹 | 寸鮪汎跡濫水之中，則謂天下無四海之廣。芒蝎宛轉菓核之内，則謂八極之界盡於兹也。 | 寸鮪汎濫啼水之中，則謂天下無四海之廣也。芒蝎宛轉菓核之内，則謂八極之界盡於兹也。 | 夫寸鮪汎迹濫水之中，則謂天下無四海之廣也。芒蝎宛轉果核之内，則謂八極之界盡於兹也。 | 《意林》：寸鮪泛濫跡水之中，則謂天下無四海之廣；芒蝎宛轉果核之内，則謂天下無八極之大。 |
| 5 | 遠水不救近火 | 大廈既燔，而運水於滄海，此無及也。 | 大廈既燔，而運水於滄海，此無及也。 | 猶大廈既燔，而運水於滄海；洪潦凌室，而造船於長洲矣。 | 《意林》：大廈既燒，取水於滄海；洪潦凌空，伐舟於長川，則不及矣。 |
| 6 | 不具眼目 | 農夫得彤弓以驅鳥，南成得衮衣以負薪。 | 農夫得彤弓以駈鳥，南成得衮衣以負薪。 | 農夫得彤弓以驅鳥，南夷得衮衣以負薪。 | 《雲笈七籤》：農夫得彤弓以驅鳥，南夷得衮衣以負薪。 |
| 7 | 鍊丹 | 九丹，仙藥之上。 | 九丹誠爲仙藥之上法。 | 九丹誠爲仙藥之上。 | |
| 8 | 鍊丹 | 合金丹之大藥，鍊八石之氣英，尤忌凡俗聞見，則仙物不成。 | 合金丹之大藥，鍊八石之氣英者，尤忌凡俗聞見，則仙物不成。 | 而合金丹之大藥，鍊八石之飛精者，尤忌利口之愚人，凡俗之聞見，明靈爲之不降，仙藥爲之不成。 | |

續表

| 編號 | 門類 | 《記纂淵海》 | 《太平御覽》 | 《抱朴子》 | 他書所引 |
|---|---|---|---|---|---|
| 9 | 鍊丹 | 丹砂服之，令人飛行長生。 | 五芝及餌丹砂、玉札、曾青、雄黃、雲母、太一禹餘糧，各可單服之，皆令人飛行長生。 | 五芝及餌丹砂、玉札、曾青、雄黃、雌黃、雲母、太乙禹餘糧，各可單服之，皆令人飛行長生。 | |
| 10 | 疑似相亂 | 白石似玉，姦佞似賢。 | 白石似玉，姦佞似賢。 | 白石似玉，姦佞似賢。 | |
| 11 | 取禍 | 蹈薄冰以待夏日，登朽枝而須勁風。 | 蹈薄冰以待夏日，登朽枝而須勁風。 | 似蹈薄冰以待夏日，登朽枝而須勁風。 | |
| 12 | 愚暗 | 蹈薄冰以待夏日也。 | | | |
| 13 | 好學 | 周公上聖，日讀百篇；仲尼天縱，韋編三絕；墨翟大賢，載文盈車；仲舒命世，不窺園圃。倪寬帶經以耘鋤，路生截蒲以寫書，黃霸桎梏以受業，甯子夙夜以倍功。 | 周公上聖，而日讀百篇；仲尼天縱，而韋編三絕。墨翟大賢，載文盈車；仲舒命世，不窺園圃。倪寬帶經以耘鋤，路生截蒲以寫書。黃霸桎梏以受業，甯子夙夜以倍功。 | 夫周公上聖，而日讀百篇；仲尼天縱，而韋編三絕。墨翟大賢，載文盈車；仲舒命世，不窺園門。倪寬帶經以芸鉏，路生截蒲以寫書，黃霸抱桎梏以受業，甯子勤夙夜以倍功。 | |
| 14 | 遠水不救近火 | 焦喉之渴，遥指滄海。 | 焦喉之渴，遥指滄海。 | 何異焦喉之渴切身，而遥指滄海於萬里之外。 | |
| 15 | 其居使然 | 眼能察天衢，而不能周項領之間。 | 眼能察天衢，而不能周項領之間。 | 譬猶眼能察天衢，而不能周項領之閒。 | |

續表

| 編號 | 門類 | 《記纂淵海》 | 《太平御覽》 | 《抱朴子》 | 他書所引 |
|---|---|---|---|---|---|
| 16 | 不才 | 凡薄之徒，懷空抱虛，有似蜀人瓠壺之喻。胸中無一紙之識，不過酒炙。所謂冒于貨賄、貪於酒食、左氏所載不才之子。 | 凡薄之徒，雖便辟流俗，而懷空抱虛，有似蜀人瓠壺之喻。胸中無一紙之識，不過酒炙。所謂冒于貨賄，貪于飲食，左生所載不才之子。 | 凡彼輕薄之徒，雖便辟偶俗，廣結伴流，更相推揚，取達速易；然率皆皮膚狡澤，而懷空抱虛，有似蜀人瓠壺之喻。胸中無一紙之誦，所識不過酒炙之事。所謂傲很明德，即聾從昧，冒于貨財，貪于飲食，左生所載不才之子也。 | |
| 17 | 不學 | 懷空抱虛，有似蜀人瓠壺之喻。胸中無一紙之識，不過酒炙。所謂冒于貨賄，貪于飲食，左氏所載不才之子。 | | | |
| 18 | 知所輕重 | 荊卿、朱亥不示小勇於怯弱之間，孟賁、馮婦不奮戈戟於豺狼之群。 | 荊卿、朱亥不示小勇於怯弱之間，孟賁、馮婦不奮戈戟於狸豹之群。 | 荊卿、朱亥，不示勇於怯弱之閒，孟賁、馮婦，不奮戈戟於俚俠之群。 | |
| 19 | 兩不相入 | 金鈎玉餌雖珍，而不能制九淵之沈鱗；顯寵豐禄雖貴，而不能致無欲之人。 | 金鈎玉餌雖珍，而不能制九淵之沉鱗；顯寵豐禄雖貴，而不能致無欲之幽人。 | 金鈎桂餌雖珍，而不能制九淵之沈鱗；顯寵豐禄雖貴，而不能致無欲之幽人。 | |
| 20 | 微小有知 | 智禽含蘆以逆網，水牛結陣而卻虎。 | 智禽銜蘆以逆網，水牛結陣而卻虎矣。 | 蜂蠆挾毒以衛身，智禽銜蘆以扞網，貛曲其穴以備徑至之鋒，水牛結陣以卻虎豹之暴。 | |

這二十條中，僅第 3、4、5 三條亦見於《意林》，第 2 條亦見於《類聚》，第 6 條亦見於《雲笈七籤》，其餘十五條均僅見於《抱朴子》與《御覽》。且《御覽》引文與今傳《抱朴子》及他書所引常有相異之處，《記纂淵海》卻往往

223

儒家典籍與思想研究（第十六輯）

與《御覽》相同。而第 1、8、14、16、17、20 六條，《記纂淵海》行文同於《御覽》而異於《抱朴子》原文，體現出繼承經《御覽》刪節的《抱朴子》文本的特徵。此外，《記纂淵海》所引第 6 則，《御覽》所引亦作"南成"，但此二字義不可解。檢《抱朴子》原書及《意林》《雲笈七籤》引文可知，此"南成"當作"南夷"，其義可通。此爲《記纂淵海》沿襲《御覽》誤字之顯例，説明雖然《記纂淵海》編者確實使用了《内篇》原書，但源出《内篇》之條目亦有可能自别處轉引。

由以上種種可知，雖然第 2、7、9、10、15 等條目中，《御覽》引文同於《抱朴子》，而《記纂淵海》之文或與二者相同，或似由二者刪節而來，因而難以斷定他們必是來自《御覽》或者《抱朴子》原書，但考慮到行文變動與誤字沿襲等情況，若《記纂淵海》用《御覽》而不用《抱朴子》，尚可以形成如今之文本面貌；但若《記纂淵海》用《抱朴子》而不用《御覽》，必不會是如今之文本面貌。

而上述《記纂淵海》標引《抱朴子》又見於《御覽》的三十九條中，還存在一種特殊現象——《御覽》引書，常以"某書曰……又曰……"之格式連引數則，而這三十九條中，即有十一條出自《御覽》連引《抱朴子》之處，約佔三分之一，詳見下表（表四）：

表四

| 編號 | 門類 | 淵海 | 御覽 |
| --- | --- | --- | --- |
| 1 | 疑似相亂 | 白石似玉，姦佞似賢。 | 抱朴子曰：白石似玉，姦佞似賢。……又曰：浮磬息音，未別於衆石。（卷五一） |
| 2 | 不遇 | 浮磬息音，未別於衆石。 | |
| 3 | 取禍 | 蹈薄冰以待夏日，登朽枝而須勁風。 | 抱朴子曰：五玉不染而堅，寒冰不礱而朗。又曰：蹈薄冰以待夏日，登朽枝而須勁風。（卷六八） |
| 4 | 愚暗 | 蹈薄冰以待夏日也。 | |
| 5 | 不待矯揉 | 五玉不染而堅，寒冰不磨而朗。 | |
| 6 | 不具眼目 | 農夫得彤弓以驅烏，南成得袞衣以負薪。 | 抱朴子曰：金弧玉弦，無激矢之能……又曰：農夫得彤弓以驅烏，南成得袞衣以負薪，猶世人得仙丹而不貴。（卷三四七） |
| 7 | 雖有若無 | 金弧玉弦，無激矢之能。 | |

續表

| 編號 | 門類 | 淵海 | 御覽 |
|---|---|---|---|
| 8 | 傳遠 | 託竹素者，爲世寶也。（上文云：孔鄭之門，耳聽口受者滅絶。） | 抱朴子曰：……又曰：孔鄭之門，耳聽口受者滅絶，而託竹素者，爲世寶也。又曰：……余之抄略，譬猶摘翡翠之藻羽，脱犀象之牙角。（卷六〇二） |
| 9 | 著書 | 余之抄略，譬猶摘翡翠之藻羽，脱犀象之牙角。 | |
| 10 | 漸染 | 今頭虱著身，皆稍變而白，身虱處頭，皆漸化而黑。是玄素果無定質，移易存乎所漸。 | 抱朴子曰：……又曰：眼能察天衢，而不能周項領之間；耳能聞雷霆，而不能周蟻虱之音也。又曰：今頭虱著身，皆稍變而白，身虱處頭，皆漸化而黑。則玄素果無定質，移易在乎所漸也。（卷九五一） |
| 11 | 其居使然 | 眼能察天衢，而不能周項領之間。 | |

類書取材他書時，常是整門、整段地取用，至於移至本書之後仍保持聚合或分散各處，則是由編者按需決定。宋本《記纂淵海》因爲門類設置别具一格，難以大段取用或移植既有類書中的内容，所以即便因襲其他類書，也鮮少體現爲同源條目的聚合。但明本《記纂淵海》的新增部分，① 由於採用了傳統類書的門類設置，所以就鮮明地體現出對前代類書的整段挪用，如"蓮花"一門中"經""史""子"三部的條目，就基本是自《御覽》照搬而來，而《御覽》本身又是取自《初學記》，如此便展現出清晰的文獻承用脈絡。

而這些於《御覽》中爲連續引用、於宋本《記纂淵海》中則散入數門的條目裏面，既包含有《抱朴子》之《内篇》與《外篇》，又包含了今本《抱朴子》中的存文與佚文。而《記纂淵海》《御覽》標引《抱朴子》條目雖多，但其篇幅比之葛洪原書仍是九牛一毛。《記纂淵海》編者從原書中鈔出數條出處零散的文句，而它們又恰好曾被《御覽》所連引，這種可能性更是微乎其微。而那些同時見於今本《抱朴子》與《御覽》的條目如"白石似玉""金弧玉弦"等，恰屬此類。因此可以推論，它們應當還是從《御覽》中鈔來的。要之，無論是僅見於《御覽》的條目，還是同時見於今本《抱朴子》與《御覽》的條目，較之直引自《抱朴子》原書，《記纂淵海》編者應該都是自《御覽》中鈔出，再分別編入合適的門類之下。

---

① （宋）潘自牧《記纂淵海》，臺北：新興書局影印明萬曆刻本，1972。

### （二）不見於《太平御覽》者十條

《記纂淵海》標引《抱朴子》而未注明篇名者的十條中，有九條見於今本《抱朴子》而不見於《御覽》，還有一條同時不見於今本《抱朴子》及《御覽》。先討論前者，列表如下（表五）：

表五

| 編號 | 門類 | 《記纂淵海》 | 《抱朴子》 | 他書所引 |
|---|---|---|---|---|
| 1 | 居邪惡正 | 直繩者，枉木之所憎。 | 夫直繩者，枉木之所憎也。 | 《意林》：直繩，枉木之所憎。《北堂書鈔》：直繩者，枉木之所憎。 |
| 2 | 尚氣 | 視泰山如彈丸。 | 視泰山如彈丸。 | 《群書治要》：視泰山如彈丸。 |
| 3 | 自相矛盾 | 斷根以續枝，割背以褌腹。 | 猶斷根以續枝，割背以褌腹。 | 《群書治要》：猶斷根以續枝，剚背以褌腹。 |
| 4 | 窒泥 | 規行矩步，不可以救焚拯溺。 | 規行矩步，不可以救火拯溺。 | 《施顧注東坡先生詩》：規行矩步，不可以救焚拯溺。 |
| 5 | 端介 | 葛稚川不以片言半字煩人。 | 洪性深不好干煩官長……終不以片言半字少累之也。 | |
| 6 | 壽考 | 人中有老彭，猶木中之有松柏。 | 人中之有老彭，猶木中之有松柏。 | |
| 7 | 愚暗 | 甘於荼蓼而不識飴蜜，酣於醨酪而不賞醇醪。 | 甘於荼蓼而不識采蜜，酣於醨酪而不賞醇醪。 | |
| 8 | 面是背非 | 口是心非，背面異辭。 | 口是心非，背向異辭。 | |
| 9 | 傾險 | 口親心疎，貌合行離。 | 口親心疎，貌合行離。 | |

這些條目中，《記纂淵海》之文或是全同今本《抱朴子》，或是僅一字之差，只有第 5 則似是《記纂淵海》自行改寫。單從文本相似性來看，這部分條目似是引自原書，且於《內篇》《外篇》皆有所取。夷考其實，仍大不然。只要比對《記纂淵海》稱引《抱朴子》與《御覽》以外之書稱引《抱朴子》的情況，便可見分曉。

## 《記纂淵海》所引《抱朴子》文本來源考

前述見於《御覽》而不見於今本《抱朴子》的十七則引文中，有八則見引於他書，皆出外篇；見於《御覽》與今本《抱朴子》的十八則引文中，只有六則見引於他書——《內篇》四則，《外篇》兩則，以上共計十四則，《內篇》四則，《外篇》十則。其中《意林》有八處引及，《初學記》《北堂書鈔》《白氏六帖》《藝文類聚》《雲笈七籤》等書，算上重複徵引同一則的例子，也有七處。而源出《外篇》的十則中見於他書的兩則，一則見於《意林》，另一見於《類聚》。上文已經證得這些條目應是轉引自《御覽》，可見《記纂淵海》引《御覽》而來的《抱朴子》條目中，無論源出《內篇》或是《外篇》，他書曾有涉及者其實不多。

但在見於今本《抱朴子》且不見於《御覽》的九則條目中，情形卻大不相同，且以條目源出《內篇》《外篇》之分為界，呈現截然不同的面貌。一方面，出自《內篇》的四則無一見引於其他類書，與《御覽》所載之條目體現出的規律一致。由於《記纂淵海》中已有相當數量實出《內篇》原書的條目，據此可以推測這四則或許同樣出自原書，只是因故沒有標注篇名。但另一方面，出自《外篇》的五則條目，除行文大異的"葛稚川"一條外，其餘四條不僅全部見引於他書，更是全部可見於《意林》之外的其他書籍，這與《御覽》所載之條目體現出的規律恰恰相反。

簡言之，《記纂淵海》未注篇名的條目中，可據今本確認為《內篇》者，若不見於《御覽》，則亦不見於幾乎所有今存早於《記纂淵海》的文獻；而可確認為《外篇》者，若不見於《御覽》，則必可見於他書。這就意味著這些源出《內篇》但不注篇名的條目更有可能來自《內篇》原書，而源出《外篇》的條目，比起引自《外篇》原書，則更有可能是從他書轉引而來。就今見文獻而言，《群書治要》《北堂書鈔》《意林》乃至《施顧注東坡先生詩》等都有可能是其來源。若這一推斷成立，那麼《記纂淵海》修纂之時或許根本沒有用到《抱朴子外篇》的原書原本。

還需要附帶說明的是，《記纂淵海》"力所不及·傳記"中標引"《意林》"，云："尺水不能卻蕭丘之熱。"此句出自《抱朴子外篇·嘉遯》而為《意林》所載，正是《記纂淵海》承用《意林》所收《抱朴子》之例。其實前文諸表所列可見於《意林》的八則條目，《記纂淵海》《御覽》《意林》之文本往往大同小異。雖然依照現有理據，這些條目成規模、成系統地取自《御覽》的解釋已能自洽，但確實不能完全排除個別條目取自《意林》的可能性，不過這一現象對本文的總體結論並不構成影響，嚴謹起見，特此說明如右。

在《記纂淵海》標引《抱朴子》而未注明篇名者的十條中，還有一條同時不見於今本《抱朴子》及《御覽》。《記纂淵海》"真不可滅·子"標引"《抱朴子》"云："荆山之玉，潛光荆石之中，雖有千仞之土，不能掩其光。"此句除《記纂淵海》外今僅見於《白帖》《五百家注韓昌黎集》及宋末陳仁子撰《牧萊脞語》。《白帖》作："《抱朴子》：'荆山之玉，潛光荆石之中，雖有千仞之土，不能掩其光。'"①《五百家注韓昌黎集》中《酬裴十六功曹巡府西驛塗中見寄》"照耀荆璞真"一句注文云："韓曰：《抱朴子》：'荆山之玉，潛光荆石之中。'"②《牧萊脞語》之《送戴石玉序》一文有云："殆如荆山之玉，潛光石中，雖千仞之土，不能掩其輝，有如葛稚川所云，而子猶退焉慊焉。"③ 雖韓愈集注之文只得半句，但四處文本幾同，《記纂淵海》更是全同《白帖》。考慮到《記纂淵海》標引《抱朴子》諸多條目中，僅有這一句既不見於今傳《抱朴子》與《御覽》，又罕見於今傳古籍，且《記纂淵海》中又確有暗用《白帖》之例，故此條極有可能亦是取自《白帖》。

（三）《記纂淵海》注文中提及《抱朴子》的兩條

在正文稱引之外，《記纂淵海》中另有兩處注文提及《抱朴子》，或注"又見《抱朴子》"，或注"事出《抱朴子》"。對於同一内容見載於不同典籍的情形，《記纂淵海》編者時有按注，那麽這兩處注文是否意味着《記纂淵海》編者曾將出自他書的内容與自己所見的《抱朴子》相比較？又是否能作爲推測《抱朴子》南宋傳本面貌或確認這些語句確實出自《抱朴子》的依據？就有待進一步考證。

第一處是《記纂淵海》"窒泥·字"標引"《莊子》"云："尾生與女子期於梁下，女子不來，水至不去，抱梁柱而死。"下注："又見《抱朴子》。"尾生抱柱的故事實如《記纂淵海》所注，出自《莊子·盜跖》，但並不見於今本《抱朴子》，不過《初學記》《御覽》引《抱朴子》卻有此句。考慮到《記纂淵海》並未標引《初學記》，目前筆者亦未見《記纂淵海》引用此書的證據，而《御覽》則是《抱朴子》相關條目的重要文獻來源，所以可以推測，或許潘自牧等也在《御覽》中看到了這一條，因此出注備考。所以，不能據此認爲《記纂淵海》編者在《抱朴子》南宋傳本中親見此句，更不能作爲《抱朴子》中實有尾

---

① （唐）白居易《白氏六帖事類集》卷二，民國景宋本。
② （唐）韓愈撰，（宋）魏仲舉集注《五百家注韓昌黎集》卷四，郝潤華、王東峰整理，北京：中華書局，2019，第272—273頁。
③ （宋）陳仁子《牧萊脞語》二稿卷七，清初景元鈔本。

生故事的證據。再考慮到《御覽》對《初學記》的因襲，其實連李昉、徐鉉等人也未必於《抱朴子》中親見此句，這裏很有可能是相因而誤。

另一處是"道術·史"標引"《東漢·徐登傳注》"，云："道士趙炳，以氣禁人，人不能起。禁虎，虎伏地，低頭閉目，便可執縛。以大釘釘柱，入尺許，以氣吹之，便可躍出射去，如弩箭之發。《異苑》云：'趙候以盆盛水，吹氣作禁，魚龍立見。'越方善禁咒也。"下注："事出《抱朴子》。"

該條目標明出自《後漢書》之注文，而《記纂淵海》暗用此注甚多。如《後漢書·蔡邕列傳》有注云："《易·豐卦》上六曰：'豐其屋，蔀其家。'王弼《注》云：'蔀，覆也。屋厚覆，闇之甚也。'蔀音部。"《記纂淵海》"得此失彼·經"標引"《易·豐卦》"，云："豐其屋，蔀其家。"下注："王弼《注》云：'蔀，覆也，闇之甚也。'"二者正文、出處、注文皆合。但《易·豐卦》上六爻辭"豐其屋，蔀其家"之注本爲"既豐其屋，又蔀其家，屋厚家覆，闇之甚也"①，"闇之甚也"是對"豐其屋，蔀其家"整句的解釋，而非對"蔀"之一字的解釋。王《注》釋"蔀"字是在前文六二爻辭"豐其蔀"之處，云："蔀，覆，曖，鄣光明之物也。"② 焦循《周易補疏》云："王氏注《老子》云：'蔽，覆蓋也。'《廣雅》：'䕱，蔽障也。'䕱與曖通，以覆、曖、鄣三字解蔀字。"③ 然則"覆""曖"乃"蔀"之同辭分訓，不宜將"覆，曖"直接改爲"覆也"。可見"蔀，覆也，闇之甚也"其實是由兩處注文整合改造而來，並且已經偏離了原文原義。如此，《記纂淵海》與《後漢書注》的一致應非巧合，此條最有可能是直接由後者刪去"屋厚覆"三字而來，而非取自《易》之原書或自行整合。

至於"道士趙炳"相關內容，《後漢書注》原作："《抱朴子》曰：'道士趙炳……'《異苑》云：'……'越方，善禁呪也。"《記纂淵海》應自《後漢書注》轉引無疑。可此段文本不見於今本《抱朴子》，他書亦無引用，只是《抱朴子內篇·至理》中有與之近似的一段，作："吳越有禁呪之法，甚有明驗，多炁耳……又能禁虎豹及蛇蜂，皆悉令伏不能起……近世左慈趙明等，以炁禁水，水爲之逆流一二丈……又以大釘釘柱，入七八寸，以炁吹之，釘即涌射而出……又禁水著中庭露之，大寒不冰。"如此，這一注文的來源便有兩種可

---

① （魏）王弼《周易注（附《周易略例》）》，樓宇烈校釋，北京：中華書局，2011，第296頁。
② 同上書，第295頁。
③ （清）焦循《周易補疏》卷下，陳居淵主編，南京：鳳凰出版社，2015，第33頁。

能性。

　　第一，取自《後漢書注》原文。《記纂淵海》條目極少以"某書曰"爲始，依其改造原文的慣例，涉及人事者常以主人公爲始，所以此處編者亦從條目正文中删去"《抱朴子》曰"字樣，但爲保存這一信息，所以補注於後。若果如此，則此注直接取自《後漢書注》原文，與編者所見《抱朴子》及其他文獻無關。

　　第二，因編者所見《抱朴子》或其他涉及《抱朴子》的文獻而來。《記纂淵海》標引"《抱朴子》"有"左慈以氣禁水，水爲逆流一二丈，禁水著中庭露之，大寒不冰"一則，亦源出《抱朴子·至理》此段，但此則條目實自《御覽》轉引，並非取自《內篇》原書。因此，《記纂淵海》雖用《內篇》原書，雖引《至理》此段文本，但這並不意味着編者於《抱朴子》原書中關注到了這段內容。何況以文本觀之，《後漢書注》所引雖不無可能是《至理》此段的異文，卻更有可能是今本《抱朴子》不存的佚文。另一方面，《記纂淵海》《御覽》所引只涉及"禁水"一事，《後漢書注》所引則涉及"禁人""禁虎""吹釘"三事，二者雖在《至理》篇中處於同一位置但內容並無重合，《記纂淵海》編者自不應根據所見《御覽》出注。因此，《記纂淵海》此注更有可能直接自《後漢書注》而來，與《記纂淵海》編者所見《抱朴子》原書或其他相關文獻無涉。

　　如此一來，《記纂淵海》中"又見《抱朴子》"與"事出《抱朴子》"兩注，其一本於《御覽》，其一取自《後漢書注》，都不能代表《記纂淵海》編者所見《抱朴子》的面貌，對於《抱朴子》一書的校勘、輯佚也並無太多參考價值。

## 四、結論

　　綜上所述，《記纂淵海》中衆多標稱出自《抱朴子》的條目，實際來源非常複雜，應包括《抱朴子內篇》原書及以《太平御覽》爲主的多種文獻，而《抱朴子外篇》應不在潘自牧等人的取材之列。雖然有些論證仍難百分之百確定，姑依本文目前的研究成果，通計正文與注文共八十三條，作《記纂淵海》所引《抱朴子》文本來源示意表如下（表六）：

表六

| 總數 | 文本類別 | 文本特徵 | 比對結果 | 條目數量 | 文本來源 |
|---|---|---|---|---|---|
| 84 | 正文 | 有《抱朴子》篇名 | 皆出《抱朴子·内篇》 | 33 | 《抱朴子·内篇》原書 |
| | | 無《抱朴子》篇名 | 見於《太平御覽》 | 39 | 《太平御覽》 |
| | | | 不見於《太平御覽》，而出自《抱朴子·内篇》 | 4 | 《抱朴子·内篇》原書 |
| | | | 不見於《太平御覽》，且不出自《抱朴子·内篇》 | 6 | 《意林》《白氏六帖》《施注蘇詩》等書 |
| | 注文 | | | 2 | 《太平御覽》與《後漢書注》 |

雖然《記纂淵海》全書明白標引《御覽》者僅有三條，但《記纂淵海》中轉引《御覽》卻"僞裝"成直引原書者，實不可勝數，甚至要比真正直引原書處還多，僅以《抱朴子》爲例便可見一斑。至於轉引《意林》及其他類書者，相對來說僅起補充作用。然而，若研究者誤以爲這些條目和信息全部出自《記纂淵海》編者所用的《抱朴子》原書，將會在認識《記纂淵海》及研究《抱朴子》時埋下極大的隱患。

更進一步說，以《記纂淵海》爲代表的私纂、坊本類書由於通常沒有官修類書那種廣泛取用一手材料的條件，暗用前代類書者比比皆是。如本文所示，其條目的來去脈絡也往往有跡可循。而它們不僅在類書體系中處於承上啓下的位置，更是正規四部文獻與後世大量通俗日用類書之間的橋樑，也是士大夫精英文化與市民文化之間的橋樑，是研究宋代以來近世社會知識的流傳與擴散問題的重要綫索。因此，釐清南宋類書中引文的實際文獻來源，進而考察其修纂方法、編纂過程，評估其作爲"百科全書"的價值，乃是很有意義的課題，仍有待於日後進一步展開研究。

（作者單位：北京大學中國語言文學系）

儒家典籍與思想研究（第十六輯）
北京大學出版社，2024年4月

·專人專書·

# 方中通年譜稿

## 胡春麗

**【内容提要】** 方中通乃方以智仲子，在清初以詩及數學、韻學、算學聞於時。本譜以方中通《陪集》《續陪集》《數度衍》《律衍》《音韻切衍》《篆隸辨從》《易經深淺説》等爲主要資料依據，旁徵其諸多親友、交遊的別集、年譜、方志、家譜編纂而成。運用文獻學與歷史學相結合的方法，將譜主生平主要事蹟、交遊、著述等繫年。

**【關鍵詞】** 方中通　年譜　清代　生平　交遊

高祖方學漸，字達卿，號本菴。精醫學，有志於洛閩之學，宗盛唐詩歌，處世以孝友爲本，人稱明善先生。著有《易蠡》《孝經繹》《桐彝續》《庸言》《心學宗》《邇訓》等。

《（康熙）桐城縣志》卷四："方學漸，字達卿，號本菴。年十三失父，即能黽勉志洛閩之道，好學善屬文。……揭性善之宗，力詆二氏。……以子貴，累封至江西道御史。所著有《易蠡》《邇訓》《桐彝續》《庸言》諸書。門人稱爲明善先生。"

曾祖方大鎮，字君靜，號魯岳。明萬曆大理寺左少卿。精《易經》《禮記》。性至孝，人稱文孝先生。

《（康熙）桐城縣志》卷四："方大鎮，字君靜，明善先生長子。萬曆己丑進士，授大名府推官。……擢御史，以疾乞歸。丁未，起巡鹽浙江。……尤尚風節，崇理學，特疏爲簡討。……尋按河南……尋遷大理丞，晉左少卿。……著有《聞斯録》《桐川講義》《易意》《詩意》《禮説》數十種，別號魯岳。……門人稱爲文孝先生。"

祖方孔炤，萬曆進士，官福寧時接觸西學。崇禎時官至湖廣巡撫。著有《全邊略記》《周易時論》《環中堂詩集》，人稱貞述先生，又稱鹿湖老人。

· 232 ·

《(道光)續修桐城縣志》卷一四:"方孔炤,字潛夫,大鎮子。萬曆間進士,初任嘉定州,調福寧,所至有清廉聲,入爲職方郎。……崇禎戊辰,復起尚寶卿,尋丁外艱,廬墓三年。……著《全邊略記》。……孔炤因以靖亂撫按表薦之,起南京尚寶寺卿,陞都御史,巡撫湖廣……甲申南歸,隱白鹿山。……門人稱爲貞述先生。"

祖母吳令儀,善書、琴、字、畫,年三十而逝。

馬其昶《桐城耆舊傳》卷一二:"吳淑人,諱令儀,字棣倩,巡撫公配,官諭應賓女也。師事清芬閣,詞翰甚美。年三十,早卒。"

父方以智,字密之,號曼公等。崇禎十二年舉人,十三年成進士,授翰林院檢討,充定王講官。明亡後,流離嶺南,備嘗艱辛,後歸桐城。晚主江西青原山禪寺。學者稱文忠先生。著述甚多,主要有《通雅》《物理小識》《藥地炮莊》《東西均》《浮山文集》《醫學會通》《諸子燔痏》等。

《(道光)續修桐城縣志》卷一四:"方以智,字密之,號曼公,又號龍眠愚者。孔炤長子。九歲即善屬文,比冠,著書數萬言,與江左諸賢備力倡大雅,以正氣名節相推尚。前己卯舉於鄉,庚辰成進士。……壬午,授翰林院簡討。賊陷都城,邏執不屈,因奔回南。值仇憝柄國,遂流離嶺表。王師牧粵後,歸桐城,勵志砥行,惟與弟子講業論道,語不及世事。……博極群書,天人、禮樂、象數、名物,以及律曆、醫藥、聲音、文字,靡不淹洽精貫。晚年出遊,卒於萬安旅邸。既歿之後,學者傾慕,稱爲文忠先生。"

母潘氏,同縣潘映履女。

錢澄之《田間文集》卷一九《方太史夫人潘太君七十初度序》:"吾里方曼公先生夫人潘太君以今年陽月七十初度……夫人與太史結髮爲婚,齎火筆硯相守者二十餘載。自通籍以來,太史未嘗有一日仕宦之樂,夫人亦未嘗一日以魚軒象服之榮耀其閭里,惟是生平患難,輒與共之,蓋有不得共而必求與之共者矣。"

兄弟二人:伯兄中德,字田伯,號依巖。精於經史,著有《古事比》《經學撮抄》。三弟中履,工考辨,著有《古今釋疑》《汗青閣集》。

《陪集》卷首郭林序:"吾師方文忠先生有三才子,先生既遭變出世,三子不析先生之財,而析先生之學。……三子所學既窮,而其詩古文詞亦各析吾師之一體，迥然不同。"《（道光）續修桐城縣志》卷一五："方中德，字田伯，號依崖。以智長子。性孝友，少侍京邸，京城陷，隨父南奔。……以智出亡，中德與其弟徒步追而從之。父沒，事母潘極盡孝養，母疾，中德年已逾六十，晝夜勤勞，目不交睫。季弟先卒，撫其孤如己出。宗人以經、史質者，尤樂與講問。所著《古事比》《易交擬論性理指歸》《經學撮鈔》。"《（道光）續修桐城縣志》卷一一："方中履，字素伯，號合山。以智少子。馬、阮銜以智刺骨，必欲殺之，以智奔嶺表，追捕不可得。中履甫七歲，代父詣獄，後以儒服從父方智崎嶇嶺嶠……父沒，扶櫬歸，隱居奉母……著有《古今釋疑》《汗青閣集》。"《陪集》卷首《文忠公垂示》注曰："德，小字升階；通，小字鍾生；履，小字符三。"

從弟中發，字有懷，號鹿湖。其義子。幼孤，侍祖歸隱白鹿山。著有《白鹿山房詩文集》。

《（道光）續修桐城縣志》卷一一："方中發，字有懷，號鹿湖。縣學生。其義子。祖孔炤撫楚日生於武昌節署，幼孤，侍祖歸隱白鹿山。……著有《白鹿山房詩文集》。"

姊二：長適李宗紀，次適馬教思。

《桐城方氏七代遺書》附鄭三俊《方貞述先生墓志銘》："孫女三，長適吏部李㮣子宗紀，次適定陶令馬之瑛子教思，三適陳名夏子鼎臣。"

按，任道斌《方以智年譜》卷首按語："故方孔炤之小孫女應為方其義所出，長、仲二孫女則為方以智所出。"

子五：正瑋、正珠、正琪、正琇、正球。

《續陪》卷三《示瑋珠琪琇球五子》。

著有《數度衍》《律衍》《音韻切衍》《篆隸辨從》《易經深淺說》《心學宗續編》《陪集》《續陪》。

《（道光）續修桐城縣志》卷一四："中通，字位伯，號陪翁。……著有《數度衍》《律衍》《音韻切衍》《篆隸辨從》《易經深淺說》。"

《（道光）續修桐城縣志》卷二一："《陪集》七卷，《續》四卷，方中通撰。"

**明思宗崇禎七年甲戌　　（1634）　　一歲**

十一月八日，生於南京。

方傳理等纂修《桐城桂林方氏家譜》（以下簡稱《家譜》）卷一四："中通，諱以智第二子，字位白，號陪翁。……生崇禎甲戌十一月八日。"

《陪詩》卷二《遠別離》："思我生長逢亂離，甲戌正當民變時。當時我母奔走逃避出兵火，直到長干始生我。"

是年，祖孔炤四十五歲，父以智二十四歲，伯兄中德三歲。

**明思宗崇禎八年乙亥　　　（1635）　　　二歲**

九月二十九日，妻陳氏生。

《家譜》卷一四："中通……配溧陽陳氏探花大學士名夏女……生崇禎乙亥九月二十九日。"

**明思宗崇禎十一年戊寅　　　（1638）　　　五歲**

六月二十七日，三弟中履生。

《家譜》卷一四："中履，字素伯，又字素北，號合山，又號小愚。……生崇禎戊寅五月初六日，卒康熙戊辰六月二十七日。"

按，《家譜》卷一四"方中履"條後按語曰："舊譜誤載公生六月二十七日，卒己巳五月初六日……今照新開更正。"知方氏新舊家譜中對於方中履的生卒有兩種不同的記載。方中通《陪詩》卷七有《哭三弟》，此詩位於《己巳同伯兄三弟于回樓故址建屋迎老母入內》後，己巳年爲康熙二十八年（1689），知康熙二十八年方中履仍在世，則方傳理新纂《家譜》所載方中履"卒康熙戊辰六月二十七日"誤。另方中發《白鹿山房詩集》卷九有《除夕哭亡兄素北兼懷伯仲兩兄》，此詩位於《己巳除夕》與《庚午元旦》之間，當作於康熙二十八年己巳除夕，亦可證方中履卒於康熙二十八年己巳。方氏舊譜所載方中履"公生六月二十七日，卒己巳五月初六日"是可信的，當以舊譜所載生卒年月爲確。

是年，始就傅讀書。

《陪古》卷二《與梅定九書》："通五歲就傅。"

**明思宗崇禎十二年己卯　　　（1639）　　　六歲**

從弟中發生於武昌。

方中發《白鹿山房詩集》卷一〇《己卯元旦》題上注曰："崇禎己卯，先祖中丞公撫楚，余生武昌幕府。"

**明思宗崇禎十五年壬午　　　（1642）　　九歲**

入都，旋遭喪亂。

《陪古》卷二《與梅定九書》："九歲入都，旋遭喪亂。"

**明思宗崇禎十六年癸未　　　（1643）　　十歲**

是年，岳父陳名夏中探花。

《（嘉慶）溧陽縣志》卷一一："陳名夏，字百史……崇禎十六年癸未科進士第一，廷試第三。"

**明思宗崇禎十七年　清世祖順治元年甲申　（1644）　十一歲**

三月，崇禎自縊，父以智因哭梓宮被逮，母攜先生南還。

《陪詩》卷二《再至前馬》詩中注曰："甲申國變，老父因哭梓宮被執拷掠。及竄歸，復避仇奸遊台宕，老母攜余兄弟南還。"

至溧陽前馬陳以元家避難，變名姓爲陳氏子，復避入金壇。

《陪古》卷二《與梅定九書》："困頓流離，變名姓爲他氏子。"

《陪詩》卷二《再至前馬》詩中注曰："南都失守，先祖命改姓名，託王實之送予至溧陽前馬陳公以元家，陳公與先岳雁行也，不令知之。……陳公夫人吕氏，金壇吕靜銘年祖族女也，無子，遂育予爲子。……時賊肆起，大索予爲奇貨，吕母攜避金壇。"

母攜弟中履隨外祖潘映履赴任，與弟中履別於江南。

《陪詩》卷二《遠別離》："遠別離，離阿弟，阿弟自小隨母萬里去。別時在江南，時年方七歲。"

《陪詩》卷二《再至前馬》詩中注曰："復攜弟隨外祖赴任，伯兄亦隨岳家他去。"

**清世祖順治四年丁亥　　　（1647）　　十四歲**

歸桐城，依祖父於龍山中，重習鄉語。

《陪古》卷二《與梅定九書》："十四歲而後歸桐，重習鄉語，依先王父龍山。"

《陪詩》卷二《再至前馬》詩中注曰："溧陽令朱公，先叔至交也，遣書通問前馬，始知予爲方氏子，予因還桐。……吕母之恩，非言可悉，惟有淚落而已。"

**清世祖順治八年辛卯　　（1651）　　十八歲**

清帥馬蛟麟協誘父以智降清，父不從，蛟麟禮敬之，隨其至梧州，遂出家。

方以智《所知錄》後序："脅之以刃，誘之以袍帽，皆不答。蛟麟乃延之坐，禮之甚恭。因請出家，許之，故隨之至梧。"

秋，往句曲，僕可罷溺死。

《陪詩》卷七《哭亡僕怎么處》詩中注曰："可罷于辛卯秋隨余往句曲，溺死。"

岳父陳名夏拜大學士。

《（嘉慶）溧陽縣志》卷一一："陳名夏，字百史……辛卯，拜大學士。"《續陪》卷三《去冬內子壽余詩今始寄至今年內子亦六十矣賦答》詩中注曰："先君與百史先生交重，指腹爲婚。……內子歸余時，正值岳父大拜，醮之來桐，甘守藜藿。"

是年，娶陳名夏女爲妻，蔣顯捷饋五十金。

《陪詩》卷一《贈遼陽蔣東英》注曰："余辛卯受室白門，東英將之任臨江，訪余，饋以五十金。"

《陪詩》卷二《遠別離》："十七爲我婦。"

**清世祖順治九年壬辰　　（1652）　　十九歲**

妻陳氏來桐城。

《陪詩》卷二《遠別離》："十八來吾桐。"

秋，父以智隨施閏章自粵北還。

施閏章《學餘堂文集》卷八《无可大師六十序》："余昔奉使經蒼梧，與師定交雲蓋寺。已而搶攘，烽火相隨，間關北歸，至匡廬，同遊五老、三疊間，旬日始別。"

冬，與伯兄中德至廬山迎父。時老母與三弟方履仍滯留嶺南。

  《陪詩》卷一《壬辰冬老父以世外度嶺北還大父遣中通與伯兄迎至匡山》中有"字傳大父書中淚，夢斷慈親嶺外音"，詩中注曰："時老母、三弟尚滯嶺南。"
  按，方以智《浮山後集》卷二《借廬語·五老峰上將中兩兒來迎》注："將改名中德，中改名中通。"知中德原名將，中通原名中。

遊廬山五老峰、三疊泉。

  《陪詩》卷一《五老峰》《三疊泉》。

父以智在凌雲舍成《瞿式耜傳》，趙延年攜之東歸。

  《陪詩》卷一《凌雲舍老父爲瞿稼軒年祖作傳趙秋屋攜之東歸》。
  按，任道斌《方以智年譜》"順治九年壬辰"條按語："疑此傳即《浮山文集前編》卷九《稼軒瞿相公傳》，在廬山或有修改。"

有詩贈干雲龍。

  《陪詩》卷一《贈干雲龍》。

母攜三弟中履自粵歸里，過臨江，蔣顯捷厚贈路費。

  《陪詩》卷一《贈遼陽蔣東英》注曰："及老母攜弟自粵北歸，道過臨江，東英爲買舟，厚贈資斧。"

冬，自廬山返里途中，逢母及三弟。

  《陪詩》卷一《母大人攜三弟亦至相遇於青山舟中》："吾母攜弟由浙、閩至兩粵，始遇老父，祖姑清芬閣爲作《萬里尋夫》文。"

在湖口縣，有詩留別王必述。

  《陪詩》卷一《湖口留別王賓明》、方以智《浮山後集》卷二《借廬語·贈王賓明》。

奉母過白鹿山莊省祖父孔炤，旋歸遠心堂。

  《陪詩》卷一《奉母過白鹿山莊旋歸遠心堂》詩中注曰："祖父中丞公時隱居白鹿。"

冒雪過姑孰，二姑父曹臺岳留宿，爲二姑母《割股圖》題詩。次日，復冒雪至鳩玆。

　　《陪詩》卷一《冒雪過姑孰曹梁甫姑父留宿次日復冒雪至鳩玆》《割股圖》。

與父省祖父於白鹿山莊，三代始得團聚。

　　《陪詩》卷一《老父歸省白鹿度歲》中有"三代同將俎豆陳"語。
　　按，《桐城方氏詩輯》卷二方孔炤《環中堂詩集·冰舍子得放還》、方以智《浮山後集》卷二《借廬語·壬辰除夕歸省白鹿度歲于海門江口》。

**清世祖順治十年癸巳　　（1653）　　二十歲**

元旦，錢謙益爲父《借廬語》作序。

　　《陪詩》卷一《趙秋屋攜老父借廬語歸海虞錢牧齋先生見而序之》。
　　按，方以智《浮山後集》卷二《借廬語》載錢謙益序，末署"癸巳元旦，海虞弟子蒙叟錢謙益題"。

是年春，清廷逼父出仕，父至南京，圓具天界寺，隨即閉關高座寺看竹軒。

　　任道斌《方以智年譜》"順治十年癸巳"條："是春，清朝官吏兩度逼迫密之出仕，因至南京，師事覺浪道盛，圓具天界寺。……隨即閉關高座寺看竹軒。"

春，省父高坐寺看竹軒。

　　《陪詩》卷一《癸巳春省親竹關》序曰："操撫李公迎老父入皖，贈以袍帽。老父斥之，直奔天界。時杖人翁主天界法席也。三省馬公又欲特薦，屬父執劉阮仙趣行。杖人翁云：'拉得去是你手段，站得定是他腳根。'藉以得免。老父于天界圓具後，閉關高座寺看竹軒。"

侍父高座寺中，初學爲詩。

　　《陪古》卷二《與梅定九書》："逮先君以世外還，閉關白門之高座，通得侍側，始知誦讀，初學詩。"

喜遇薛鳳祚，兩人曾從穆尼閣學曆算。

　　《陪詩》卷一《喜遇薛儀甫同受西洋穆先生曆算》。

黃虞稷就父受學，父以《通雅》相託。

《陪詩》卷一《黄俞邰就學竹關老父以通雅相託》。

與内兄陳掖臣、姊夫李極臣東郊射獵。

《陪詩》卷一《内兄陳心簡邀同姊壻李極臣東郊射獵》。

李中梓與父論醫學，作詩紀之。

《陪詩》卷一《李士材先生以醫學質之老父》。

遊秦淮，有雜詠詩。

《陪詩》卷一《秦淮雜詠》。

周亮工出古今字畫百餘種索老父題跋。

《陪詩》卷一《周櫟園年伯出古今字畫百餘種索老父題跋老父一朝爲書完》。

伯兄中德同姊夫馬教思省父看竹軒，馬教思賦《梅花詩》二十首，名曰"寒空影"，伯兄中德爲作序。

《陪詩》卷一《伯兄同姊壻馬嚴沖省竹關嚴沖賦梅花詩二十首名曰寒空影伯兄爲序之》。

還桐城。

《陪詩》卷一《金斗馳馬一日還桐》。

隨祖父至浮山，拜先祖母吴氏墓。

《陪詩》卷一《王父攜至浮山拜先祖母吴太淑人墓》詩中注曰："祖母棄世，老父尚幼，賴祖姑清芬閣撫育。"

**清世祖順治十一年甲午　　（1654）　　二十一歲**

春，同三弟中履省父看竹軒。

《陪詩》卷一《甲午春同三弟省親竹關》。

春，岳父陳名夏被清廷處死。

《（嘉慶）溧陽縣志》卷一一："陳名夏，字百史……後被劾論死，時甲午三月也。"

夜登雨花臺，拜方孝孺祠。

《陪詩》卷一《夜登雨花臺》《拜方正學先生祠》。

蔣顯捷執弟子禮侍父看竹軒，作詩贈之。

《陪詩》卷一《贈遼陽蔣東英》注曰："……老父閉關高座時，又值東英解組，喬寓白門，執弟子禮甚恭，朝夕供養不衰。"

張自烈與父爲鄰，同舟共濟，作詩贈之。

《陪詩》卷一《呈父執張芑山先生》題下注曰："芑山先生自《四書大全辯》毀版後，窮困特甚。一日，吳子班馳報竹關，云：'張先生絕糧二日矣，有時貴餽金求文，斥之不受。'老父爲餉米二十斛。"

張自烈初輯《字彙辯》（後改名《正字通》），時過看竹軒，取父《通雅》商榷。

《陪詩》卷一《芑山先生初輯字彙辯時過竹關取老父通雅商確》題下注曰："後改名《正字通》。"

《陪古》卷二《篆隸辯從自序》："時先君天界圓具後，閉關建初寺之竹軒，芑山先生居止數武，朝夕叩關，商略可否，日輯七字爲度，殆二十年而成。成，易名《正字通》。"

歸過樅陽蓮池，埽高祖學漸墓。

《陪詩》卷一《歸過樅陽蓮池埽先高祖明善先生墓》。

秋，再省父看竹軒，旋辭父遊楚。

《陪詩》卷一《秋日又省竹關即辭遊楚》。

自銅官、富池至武昌。

《陪詩》卷一《銅官阻風》《富池神鴉》《武昌》。

過祖父孔炤湖廣巡撫官署故址，有詩志感。

《陪詩》卷一《過王父中丞公官署故址有感》題下注曰："小子今過楚署故址，觸目摧心，用賦短章，聊當一哭。"

同胡琪、穆伯章飲周思皇寓，時有吳人度曲。

《陪詩》卷一《同胡石屋穆伯章飲周思皇寓時有吳人度曲》。

過麻城，謁檽木大師（梅之煃）。

《陪詩》卷一《麻城謁檽木大師》題下注曰："即父執梅惠連。"

### 清世祖順治十二年乙未　　　（1655）　　　二十二歲

首春，再至漢口。

　　《陪詩》卷一《乙未首春再至漢口》。

遊黃鶴樓。

　　《陪詩》卷一《黃鶴樓》。

陳子昭自金陵至，出澄泥硯相示。

　　《陪詩》卷一《陳子昭至自金陵出澄泥硯相示》。

歸過蕪湖，觀競渡。

　　《陪詩》卷一《蕪湖競渡》。

自湖廣回，赴看竹軒省父。

　　《陪詩》卷一《楚回直趨竹關省侍》。

祖父孔炤卒信至，父以智破關奔喪。

　　《陪詩》卷一《先祖訃至老父破關奔喪》。

冬，祖父歸葬合明山，父築廬墓側，顏曰"不擇地"。

　　《陪詩》卷一《先祖歸葬合明山老父築廬墓側顏曰不擇地》。

除夕，同戴移孝、伯兄中德、三弟中履於不擇地度歲。

　　《陪詩》卷一《不擇地除夕同戴無忝伯兄三弟作》。

### 清世祖順治十三年丙申　　　（1656）　　　二十三歲

父以智廬墓桐城合山，重編祖父孔炤《周易時論》，父授以《易象》。

　　《陪詩》卷一《丙申老父重編先祖貞述先生周易時論因授中通易象》。
　　《陪古》卷一《南畞記》："余少遭亂失學，長從泰西穆氏遊，好西學，及究聲音、曆律、周髀、九數諸學。顧吾中土，有過焉不遠千里，遂窮象數之奧。初覽三式五行家言，固嘗疑其不根。逮侍老父合山，始知通幾貴乎質測。老父教以《河》《洛》，為三聖之大符，而後豁然願學《易》焉。"
　　《陪古》卷一《中西算學通序》："通嘗侍先君子築廬合山，衍《易》，教以一切徵諸《河》《洛》。通因悟九數皆勾股。勾股出於《河圖》，加減乘除出於《洛書》。"

侍父過白鹿山莊，劉鴻儀請示畫法、書法。

《陪詩》卷一《隨侍過白鹿劉超宗請示畫法書法》。

孫震與父對弈。

《陪詩》卷一《父執孫魯山與老父對弈》。

李念慈、曾畹先後過桐城，與晤面。

《陪詩》卷一《李屺瞻曾庭聞先後過桐城》詩末注曰："李，秦人，曾亦家秦。"

**清世祖順治十四年丁酉　　（1657）　　二十四歲**

元旦，父示以苦治心，又教以耕讀不可荒廢。

方以智《合山欒廬詩·丁酉元旦示槲峰及三子》《示兒》。

秋八月，與南京，與戴本孝、戴移孝、麻乾齡、彭師度、陳玉璂、黃虞稷、吳孟堅、周瑄、周積賢、蔣無逸、陳維崧、陳維岳、陳宗石、劉漢系、冒丹書、宋思玉、孫中礎、石泖、梅庚、沈泌、陳堂謀、冒禾書、冒丹書、兄中德、弟中履、中發等集冒襄金陵寓館，修昆季之禮。

《陪詩》卷一《丁酉秋日父執冒樸巢大會世講于白門》題下注曰："戴務旃諱本孝，董德仲諱黃，麻天爲諱乾齡，侯研德諱玄泓，魏交讓諱允楠，鄒子大諱擬海，彭古晉諱師度，周鄰侯諱叔源，沈公浚諱洙，鄒子玉諱擬泗，陳其年諱維崧，陳虞明諱玉璂，黃俞邰諱虞稷，徐安士諱寧，周壽玉諱積賢，周式玉諱瑄，戴無忝諱移孝，儲友三諱福益，陳半雪諱維嶧，李定遠諱略，沈公理諱燮，陳弢仲諱鏦，楊震伯諱燁，蔣在箴諱無逸，夏無間諱敬，沈公□諱掄，沈方鄰諱泌，曹星蕃諱拱辰，侯彥室諱曉，戴有懷諱格孝，吳子班諱孟堅，曹錫汝諱拱極，宮允大諱開宗，冒穀梁諱禾書，宮友夢諱象宗，陳緯雲諱維岳，沈公玄諱鑑，劉王孫諱漢系，孫肖武諱中礎，陳大匡諱堂謀，沈公厚諱□，戴謀厥諱治孝，冒青若諱丹書，宋楚鴻諱思玉，梅耦長諱庚，石月川諱泖，沈孝瑟諱鏗，沈大隱諱朔，周心淵諱允潔，陳子萬諱宗石，冒無譽諱襃，蕭麗京諱一都，宋漢鷺諱思弘，冒爰及諱裔，及余兄弟田伯中德、位白中通、素北中履、有懷中發，向者戴書被災無存，記憶不全，姑録于此。"

冒襄輯《同人集》卷六沈泌《丁酉八月同戴務旟陳其年黃俞邰周式玉方田伯位伯吴子班劉王孫石月川諸君子修昆季之禮于冒老伯金陵寓館漫賦》、同書卷九冒襄《哭陳其年太史》之二詩末注云："丁酉夏，余會上下江亡友子弟九十四人于秦淮，其年首倡斯集，時應制者少，咸爲余至。"

秋，再集長干寺。

《陪詩》卷一《再集長干寺》。

孫中礎招同楊森、孫赤玉、鄧銓、左武子、陳堂謀、孫中夏小飲，讀大姑父孫臨遺稿。

《陪詩》卷一《表弟孫肖武招同楊嘉樹孫赤玉鄧田公左武子陳大匡孫威公小飲得讀姑父武公先生遺稿》。

**清世祖順治十五年戊戌　　（1658）　　二十五歲**

父以智服闋，行腳江西。

《陪詩》卷一《老父服闋行腳西江》。

過池州，同劉廷鑾過湖心寺。

《陪詩》卷一《戊戌池州同劉輿父過湖心寺》。

妹夫陳鼎臣至白鹿畢姻。

《陪詩》卷一《妹壻陳第遠至白鹿畢姻》詩中注曰："陳百史先生與家君初指腹約爲婚姻，及生心簡，與伯兄不果再指腹，始以余爲壻矣。……先叔復割襟與陳氏聯姻。"

**清世祖順治十六年己亥　　（1659）　　二十六歲**

春，至四弟白鹿山莊。

《陪詩》卷二《己亥春至白鹿用扇頭韻》。

自白鹿山莊歸，與四弟中發賦別。

《陪詩》卷二《得河字與四弟賦別》。

再至前馬，有詩抒懷。

《陪詩》卷二《再至前馬》。

同陳鼎臣由平陵入都省岳母強氏。

《陪詩》卷二《同陳第遠由平陵北上省岳母強太夫人》。

過濟寧，謁任貞野，任貞野索方孟式《紉蘭閣集》。

《陪詩》卷二《濟寧謁任貞野年伯向予索紉蘭閣集》詩中注曰："紉蘭閣，予伯祖姑也。隨姑祖父張鍾陽方伯山左，夫婦死難，著有《紉蘭閣集》。"

入都，有詩志感。

《陪詩》卷二《入都》。

父以智客江西壽昌寺，作詩憶之。

《陪詩》卷二《憶親壽昌》。

有詩寄陳掖臣，時陳远戍瀋陽。

《陪詩》卷二《寄陳愚伯瀋陽》題下注曰："即内兄陳心簡。"

同内弟陳叔英赴北寺，有詩慰周亮工。

《陪詩》卷二《同内弟陳叔英北寺慰周櫟園年伯》。

與西洋湯若望論曆法。

《陪詩》卷二《與西洋湯道未先生論曆法》詩中注曰："先生崇禎時已入中國，所刊曆法故名《崇禎曆書》，與家君交最善。家君亦精天學，出世後絕口不談。"

龔定孳贈以墨。

《陪詩》卷二《父執龔芝麓惠墨》詩末注曰："時予將著《數度衍》。"

陳台孫招飲。

《陪詩》卷二《陳階六年伯招飲》。

**清世祖順治十七年庚子　　（1660）　　二十七歲**

同四弟中發省父壽昌寺。

《陪詩》卷三《庚子同四弟省親壽昌》詩末注曰："時老父著《藥地炮莊》。"

遇揭暄，作詩贈之，兼爲其《寫天新語》作序。

> 《陪詩》卷三《贈揭子宣》詩中注曰："一見老父，即拜爲弟子……子宣著有《寫天新語》。"
> 《陪古》卷一《寫天新語序》："中通少時，偶爾好算。初訊《授時》于湯聖弘，已與薛儀甫遊穆尼閣先生所。……及遇子宣，以素所疑難者質之，子宣輒爲剖析。"

與涂斯皇、孔八桂、江一紃、鄧篆過龍湖寺。

> 《陪詩》卷三《涂宜振孔八桂江五章鄧文始諸子過龍湖寺》詩末注曰："時老父重興廬山，余與四弟捐資運木。"

伯兄中德自建昌至。

> 《陪詩》卷三《伯兄至自建昌》。

**清世祖順治十八年辛丑　　（1661）　　二十八歲**

四月，《數度衍》成，父閱後有勉勵之語。

> 《陪詩》卷三《辛丑數度衍成》。
> 按，《數度衍》卷首自序末署："辛丑餘月，位白通識於隨衍室中。"

林時益、魏禧書至，作詩答之。

> 《陪詩》卷三《林確齋魏冰叔書至賦答》。
> 按，魏禧《魏叔子文集外篇》卷五《同林確齋與桐城三方書》："昔歲己亥，丈人棲跡寒山，列兄德業便已委悉。庚子，讀三兄《省親》詩。辛丑夏，賣茶黎川，大兄、二兄所作贈遺，人見者甚衆。……辛丑月日白。"

**清聖祖康熙元年壬寅　　（1662）　　二十九歲**

同三弟中履省父盱江，相遇於許灣。

> 《陪詩》卷三《壬寅同三弟省親盱江相遇于許灣》詩中注曰："時子宣鈔《通雅》。"

遇吳雲，作詩贈之。

> 《陪詩》卷三《遇吳舫翁》。

熊人霖訊數學。

《陪詩》卷三《熊伯甘先生訊余數學》。

三弟中履《古今釋疑》成，爲作序。

《陪古》卷一《古今釋疑序》："吾昆季自幼遭難失學，逮患海歸來，余年已逾舞象矣。季弟素北，少余四歲，當是時，萬里生還，破巢重聚，莫知載籍何物。……不數年而《古今釋疑》成，時余《數度衍》已成一歲，素北爲序之。"

**清聖祖康熙二年癸卯　　（1663）　　三十歲**

侍父至章門，登陳弘緒章貢讀書樓。

《陪詩》卷三《隨侍老父至章門登陳士業先生章貢讀書樓》。

同孫中夏、王琪飲王大礽署齋。

《陪詩》卷三《同孫威公飲王其人署齋》詩中注曰："時其人隨親任江右，少參留余署中。"

春，王琪爲《數度衍》作序。

《數度衍》王琪序："自家君受知於文孝先生以來，余與方氏之交凡四世矣。位白省親旴江，侍杖履過章門，適余隨家君宦遊此地。兩家父子相聚，無異陳荀滕王之閣、澹臺之祠，殆無虛日，實爲一時盛事。……癸卯春月，姻弟王琪拜書於章門之澹臺祠。"

自章門省父樟樹。

《陪詩》卷三《癸卯自章門省親樟樹》。

三弟中履亦侍父江西，從蕭伯升處借書。

《桐城方氏七代遺書》載方中履《汗青閣集·硯鄰偶存序》："憶余初交蕭子孟昉，歲在癸卯。孟昉家多藏書，有園林之盛。時侍先公，日從孟昉借書。……亡何別去，顧未及談文事。"

熊兆行、祝應熊、黃尚賓欲留父住錫此地。

《陪詩》卷三《熊見可祝大詹黃家卿諸君欲留老父就此住錫》詩末注曰："蕭孟昉書至自首山。"

三十生日，四弟中發作詩祝壽。

  方中發《白鹿山房詩集》卷一《壽仲兄三十》。

**清聖祖康熙三年甲辰　　（1664）　　三十一歲**

揭暄募刊《通雅》，王琪輸費首倡。

  《陪詩》卷三《揭子宣有募刊老父通雅之舉王其人輸費首倡感而書此》詩末注曰："其人訂約，刊成，版歸方氏。"

過澹臺墓、徐穉墓、滕王閣，俱有詩。

  《陪詩》卷三《澹臺墓》《滕王閣》《徐孺子墓》。

徐緘、羅坤同至章門，與之晤面。

  《陪詩》卷三《徐伯調羅弘載同至章門》。

九月，省父汋林。

  《陪詩》卷三《甲辰省親汋林》詩中注曰："蕭孟昉請老父主法華庵，方丈新挂鐘版，改名'汋林'。"

父偃息汋林，蕭伯升殷勤照料，作詩贈之。

  《陪詩》卷三《文石篇》。

冬，侍父入青原山。

  《陪詩》卷三《隨侍入青原》題下注曰："于慧男，司直先生嗣君也。時令廬陵，特請老父主青原法席。老父辭之不獲，遂將汋林付笑峰和上門人無倚。甲辰之冬，始入青原方丈。"

冬，青原山中千年倒插枯荊發三枝新芽，眾僧徒香客視爲吉兆。

  《陪詩》卷三《枯荊再發》題下注曰："青原爲七祖道場，七祖倒插荊條，在塔院之右，迄今千餘年矣，挺然獨立，絕無枝葉，儼如枯朽。笑峰和上主席時曾發一枝，今老父主席，冬日更發三枝，此誠受命如響，不可思議者也。"按，《（康熙）青原志略》卷一〇載滕楫《枯荊再發》詩。

**清聖祖康熙四年乙巳　　（1665）　　三十二歲**

芝穎大師卒，作詩哭之。

《陪詩》卷三《哭芝穎大師》題下注曰："師爲笑峰和上得意門人，隨老父入青原，爲不聾務侍者，一病不起，臨終，問大衆曰：'畢竟向何處去？'中通曰：'還作囈語麼？'師點額而絕。"

侍父青原山中，成《音韻切衍》，自爲序。

《陪古》卷一《音韻切衍自序》："乙巳春，通侍青原方丈，重讀《切韻聲原》，始知老父一切徵諸《河》《洛》，無往不會其原。即此音韻一端，橫三直五，發千古所未發，而合乎天然，各具之聲，配合《圖》《書》，垂益後學，豈淺鮮哉！"

同李貞行遊待月橋。

《陪詩》卷三《乙巳待月橋同李貞行作》。

同郭林、吳雲侍坐噴雪軒。

《陪詩》卷三《同郭入閩吳舫翁噴雪軒侍坐》詩中注曰："郭善聽受，每日退書老父所語，一字不遺，已成帙矣。"

同方乘六編次父《物理小識》授梓。

《陪詩》卷三《同方乘六編次老父物理小識授梓》詩末注曰："郭太守餽予二十金，于明府餽予十金，予皆捐入刻費。"

又編成《浮山後集》。

《陪詩》卷三《又編次浮山後集》詩中注曰："伯兄、三弟編次居多。……老父新著《禪樂府》。"

左銳歸里，作詩送之。

《陪詩》卷三《送父執左藏一歸里》。

有詩懷謝文洊、宋之盛。

《陪詩》卷三《懷謝秋水宋未有兩先生》。

十月二十六日，父誕日，設齋祝壽。

《陪詩》卷三《大人誕日中通設齋請上堂》、方以智《冬灰錄》卷二《師誕日侍子中通祝壽普齋法語》。

施閏章講學吉安白鷺洲書院，作詩頌之。

《陪詩》卷三《鷺洲行》題下注曰："白鷺洲在吉安城東，舊有白鷺書院，時施愚山先生爲袁、臨、吉三郡監司，蕭孟昉捐千金，隔歲預延三郡當事紳衿民庶訂期登請先生講學于此。大會三日，不下萬人，誠盛舉也。"

冬，毛奇齡至吉安，與之定交。

毛奇齡《西河合集·排律三·定交詩爲胡以寧方中通堵鳳蒸》。

毛奇齡有詩酬先生。

毛奇齡《西河合集·七言律詩二·和方二中通韻並訓》。

與周令樹、胡以寧、毛奇齡、陳晉明、堵鳳蒸夜集蕭伯升江舟，分韻賦詩。

毛奇齡《西河合集·七言律詩二·同周司理令樹施憲使男胡大以寧方二中通陳四晉明堵三鳳蒸夜集蕭伯升江舟分韻》。

十二月六日，施閏章邀同胡以寧、毛奇齡、陳晉明、堵鳳蒸遊青又庵。

《陪詩》卷三《施愚山先生邀同胡萬咸毛大可陳康侯堵子威遊青又庵》、毛奇齡《西河合集·五言律詩一·重遊青原七首》、《(康熙)青原志略》卷一〇施閏章《乙巳嘉平月同藥公及諸子遊青又庵》。

按，施閏章《學餘堂文集》卷一四《遊青又記》曰："同遊者五人，刻石紀姓氏。康熙乙巳季冬之六日，藥地禪師弘智、胡萬咸以寧、毛大可奇齡、方位白中通、堵子威鳳蒸。"方以智《浮山文集後編》卷二《青原得瀑記》："視去年愚山與毛大可、堵子威、胡萬咸及犬子刻石處，蟲篆儼然，何分今古？……歲在兆牂，浮渡山愚者弘智記於筍參中。"

除夕，父贈以詩，敬和原韻。

《陪詩》卷三《除夕大人賜詩曰念汝隨余學環中竟左旋冬春看兩度首尾算三年風送新花雨詩將舊夢圓沖之傳曆意誰與問青天中通敬依原韻》。

**清聖祖康熙五年丙午　　　(1666)　　　三十三歲**

蕭伯升約過硯鄰。

《陪詩》卷三《丙午蕭孟昉約過硯鄰》。

過蕭伯升春浮園，作詩詠之。

《陪詩》卷三《春浮園》。

至虔州，與吳懋謙、魏祥、曾燦、曾麗天、蕭伯升、溫聞衣等集飲。

《陪詩》卷三《至虔州與吳六益魏善伯曾青藜麗天蕭孟昉溫聞衣分期集飲》。

過周令樹署齋，即席分韻。

《陪詩》卷三《周計百署齋即席分韻》。

還青原，有詩次王愈擴韻。

《陪詩》卷三《還青原次王若先韻》。

蕭伯升捐資爲父刻《藥地炮莊》。

《陪詩》卷三《蕭孟昉捐資爲老父刻藥地炮莊感賦》。

辭父歸里。

《陪詩》卷三《拜辭老父歸里》。

與梅庚、李振裕飲施閏章就亭，即席分賦。

《陪詩》卷三《臨江與梅耦長李維饒飲施愚山先生就亭即席分賦》。

**清聖祖康熙六年丁未　　（1667）　　三十四歲**

西省過章門，遇王青蓮、王琪，遂赴翟世淇芝山之招。

《陪詩》卷三《丁未西省過章門遇王青蓮其人遂赴翟湛持芝山之招》。

過芝山，有詩贈丘維屏。

《陪詩》卷三《芝山贈丘邦士》。

有書寄熊志學。

《陪古》卷一《與熊魯子書》："《周易時論》其板已刻，天界老和尚評。《莊》，老父爲收古今之藥，今爲蕭孟昉所刻。二板皆將攜來。《通雅》五十卷，五年前爲揭子宣所抄，而何觀我、李石臺、徐仲光、王願五諸先生合力倡之。……約爲五車行李，總過杉關。"

夏，父遊閩，作詩憶之。

《陪詩》卷三《憶親閩中》詩中注曰："書坊熊、鄭諸公皆皈依老父，《周易時論》《藥地炮莊》《物理小識》三種書板，游子六向寄熊叔明、熊長吉家，刷行後，揭子宣轉託鄭玉友，并寄《通雅》，板已刊十之七八矣。"

按，魏禧《魏叔子文集》卷一〇《送藥地大師遊武夷山序》："丁未閏月，師自青原遊武夷，邐路新城，招晤天峰寺中。"知方以智本年遊閩。

**清聖祖康熙七年戊申　　（1668）　　三十五歲**

冬，與伯兄中德在桐城修報親庵，欲迎父歸養。

《陪詩》卷三《戊申冬建報親庵至己酉春落成》題下注曰："浮山此藏軒，王父分授伯兄之別業也。遭亂傾頹，予兄弟于故址建報親庵，將迎老父歸養。伯兄忠孝，非通所及，敬記于此。"

**清聖祖康熙八年己酉　　（1669）　　三十六歲**

春，"報親庵"落成，四弟中發建"還庵"於蛟臺，待父返鄉。

《陪詩》卷三《四弟于蛟臺復起還庵》。

三弟中履省父青原山。

《桐城方氏七代遺書》方中履《汗青閣集》卷上《硯鄰偶存序》："己酉，省先公於青原。"

秋，雨中望江亭。

《陪詩》卷三《秋日雨中望江亭用范西漢大觀閣韻》。

夜雁，王楫留宿江栖。

《陪詩》卷三《夜雁王汾仲留宿江栖同作》。

**清聖祖康熙九年庚戌　　（1670）　　三十七歲**

元旦，弟中履侍父青原山中。

《桐城方氏詩輯》卷三〇方中履《汗青閣集·青原侍草·庚戌元旦》。

抱病垂危，妻陳氏刲股入藥，始痊愈。

《陪詩》卷三《庚戌抱病垂危內子刲股入藥余始痊可》。

五月，弟中履還桐城。

任道斌《方以智年譜》"康熙九年庚戌"條："夏五月，方中履回桐城。"

秋，同三弟中履往青原山省父，至蛟臺病作，遂入鹿湖，三弟中履獨往。

《陪詩》卷三《同三弟西省至蛟臺病作遂入鹿湖三弟獨往》。

見周南林所輯類書，載曾祖大鎮"難進易退"之節，作詩志感。

《陪詩》卷三《見周南林所輯類書載先曾祖文孝先生難進易退之節感賦》。

**清聖祖康熙十年辛亥　　（1671）　　三十八歲**

三月二十三日，三弟中履自吉州寄書至，知父"粵難"事發。

《陪詩》卷四《辛亥三月二十三日三弟家郵至自吉州聞老父粵難作》。

自矢以身代父。

《陪詩》卷四《自矢》："有以迴避相勸者，有云當赴西江，與伯、季同任者。……捐軀以報吾親，夫復何言！因集門內，自矢曰：'此身而外，不累一人！獨子自居，亦吾分内事耳！'"

四弟中發捐金營救老父。

《陪詩》卷四《四弟入邑》詩中注曰："弟捐金相助。"

三月二十七日，"桐城難"作，被繫尊經閣。

《陪詩》卷四《三月二十七日檄至繫獄》、方中發《白鹿山房詩集》卷八《辛亥春世父粵西難作仲兄繫尊經閣二首》。

母親賜食闇中。

《陪詩》卷四《母大人賜食闇中》。

具辭呈本縣辯白，尋被釋。

《陪詩》卷四《具呈本縣》。

四月二十六日，再次被繫尊經閣。

《陪詩》卷四《四月二十六日再繫尊經閣》《閣中漫書》。

有詩答妻陳氏。

《陪詩》卷四《次韻答內》《又答》。

父以智自詣吉安就監。

《陪詩》卷四《聞老父廬陵自詣飲泣書此》。

父以智被逮至南昌。

方中發《白鹿山房詩集》卷五《呈黎左嚴先生三首》詩中注曰："世父被逮至南昌。"

父將由南昌押赴嶺南，先生遣兒正珠隨侍入粵。

《陪詩》卷四《大人將度嶺遣兒正珠隨侍入粵》。

父以智寄詩相慰。

《陪詩》卷四《大人賜詩寄慰詩曰此日尊經閣應知負荷薪臂休慚九折易不厭三陳藏壁有深意舉幡難脱身門門堪立地毋只恨字貪半生數度衍不肯自言占難學隱身葉懶垂糊中簾苦瓜偏結蒂橄欖漫夸甜閣上攤黃卷殘燈也上炎悲感之餘敬次原韻》。

五月，四弟中發赴贛省父，作詩送之。

《陪詩》卷四《四弟西上》、方中發《白鹿山房詩集》卷五《世父粵西難作仲兄位白被羈里門余因西省》。

按，《陪詩》卷四《九日四弟歸里余尚未釋》有"五月西江去，淹留九日還"句。

周亮工竭力營救，事稍得寬。

《陪詩》卷四《癡醉》題下注曰："太守姚公奉臬司佟公命，遣吏屬更前詞，增'久絕往來'語。蓋周櫟園年伯意欲爲小子謀脱也。癡顧不改，遂痛哭以醉。"

《陪詩》卷四《癡感》題下注曰："佟公感予癡顧，遂將予前詞申詳撫軍張公，請諮豫章、粵中督撫取結，更於張公前極爲嘉嘆，事由此稍寬矣。"

四弟中發追父南昌舟中，相見痛哭。

方中發《白鹿山房詩集》卷五《追及世父於市汊舟中》。

諸伯叔朝夕過慰。

《陪詩》卷四《諸伯叔朝夕過慰》。

八月初一，四弟中發將歸桐城，三弟中履作詩相送。

方中發《白鹿山房詩集》卷五《八月朔日歸里叔兄賦詩爲別舟中追述六章

寄答》、《桐城方氏詩輯》載方中履《汗青閣詩集·惶恐集·送四弟歸》。

八月二十七日，父吉州病信至，欲告假省父，未果。

《陪詩》卷四《大人吉州病信至中通告假不釋》詩中注曰："姪正瑾、正瑀，兒正珠，僕不律、九鼎、宋慈、小彭、眉壽、案首、修能，俱先後遣赴西江。……予雖獨繫，昆季聞之，皆同心協力，即四弟亦不自居局外。"

九月九日，四弟中發歸里，先生尚未獲釋。

《陪詩》卷四《九日四弟歸里余尚未釋》。

四弟中發與姊夫馬教思、表弟孫中礎等同具保狀，乃得出獄。

《陪詩》卷四《四弟梅□叔祖姊壻馬嚴沖表弟孫肖武同具保狀》。

十月七日，父舟次萬安惶恐灘，病卒。

《陪詩》卷四《哀述》詩中注曰："辛亥十月七日，舟次萬安。夜分，波濤忽作，老父即逝，而風浪息云。"

方中發《白鹿山房詩集》卷五《祖德述十首·文忠公》詩中注曰："晚被蜚語，迫赴粵，舟次惶恐灘，疾卒。"

按，任道斌《方以智年譜》"康熙十年條"按語曰："美國余英時教授著《方以智晚節考》《死節新考》《晚節新證》，提出密之'自殺而死'說。拙撰《關於方以智的晚年社會活動》，與余教授商榷，見《清史論叢》第三輯。"

十月二十九日，自桐城奔喪萬安。

《陪詩》卷四《奔喪萬安》題下注曰："十月二十九日，聞大人于是月初七日舟次萬安回首。即日西上，時柩停水月山。……病中寄通字，僕今攜歸。"

遣姪正瑾、正瑀、兒正珠自水月山歸桐城慰母。

《陪詩》卷四《水月山遣姪瑾瑀兒珠歸慰母》題下注曰："水月山在萬安城外。"

三弟中履往泰和製喪服。

《陪詩》卷四《三弟往泰和製喪服》。

按，《桐城方氏七代遺書》方中履《汗青閣集》卷上《硯鄰偶存序》："辛亥，先公及於難，履守喪萬安，祥而後返葬。"

伯兄中德自南海奔喪萬安。

《陪詩》卷四《伯兄自南海奔至萬安》。

馬幼予、盛幼蓮、王琪自粵歸，過苫次慰弔。

《陪詩》卷四《馬幼予盛幼蓮王其人粵回過苫次慰弔》。

同三弟中履水月山苫次成服。

《陪詩》卷四《同三弟水月山苫次成服》中有"難中千萬慮，心只候文移"句。

彭士望、王愈擴遠唁苫次。

《陪詩》卷四《彭躬菴王若先遠唁苫次》。

除夕，有寫哀詩。

《陪詩》卷四《除夕喪次寫哀》。

除夕，與三弟中履圍於柩側，相視嗚咽。

《陪詩》卷四《與三弟》中有"除夕天涯弟與兄，相看嗚咽坐三更"句。

**清聖祖康熙十一年壬子　　（1672）　　三十九歲**

吳雲、劉岸矣、李子和、姚士堂先後過弔。

《陪詩》卷四《吳舫翁劉岸矣李子和姚佩若先後過弔》。

雨中過陶庵。

《陪詩》卷四《雨中過陶庵》。

濯樓思親。

《陪詩》卷四《濯樓思親》。

送笏、皎二禪師還青原。

《陪詩》卷四《送笏皎二禪師還青原》題下注曰："皎師與老父未謀面，客遊過此，便捐身相依。笏師慨然，被收半載。"

蕭伯升、王愈擴、賀世封時時照拂，作詩謝之。

《陪詩》卷四《謝蕭孟昉王若先賀桐意諸公》。

吉安知府郭景昌、廬陵知縣于藻爲雪冤奔走，作詩謝之。

　　《陪詩》卷四《謝吉州郭太守廬陵于明府》詩中注曰："兩公涖任之日，即先君主席之時，今俱十載。"

滌餘大師爲父建爪髮塔于首山，作詩贈之。

　　《陪詩》卷四《感贈滌餘大師》詩中注曰："滌兄獨任建父爪髮塔于首山。"

三弟中履在首山刊父《浮山集》。

　　《陪詩》卷四《憶三弟首山》注曰："時在首山刊《浮山集》。"

萬安知縣胡樞爲詳移柩歸山，以詩書謝。

　　《陪詩》卷四《萬安胡明府爲詳移柩歸山感泣書謝》。

僕歸，有詩答妻陳氏。

　　《陪詩》卷四《僕歸答内》。

《藥地老人語録》編成，跋之。

　　《陪詩》卷四《先大人語録編成》。

　　《陪古》卷一《藥地老人語録跋》："藥地老人集諸佛祖師之大成，時也，非人也。……藥地侍子方中通法名興磐百拜識。"

蠡兄破關入粵，聞訃奔至水月山上供。

　　《陪詩》卷四《蠡兄破關入粵聞訃奔至水月山上供》詩末注曰："蠡兄往返數千里，不受分毫路資，尤爲奇特。"

賴彦先、朱内章、郭然明時過慰問。

　　《陪詩》卷四《賴彦先朱内章郭然明時過慰問》詩中注曰："賴知醫，爲先君出結。……朱時省還，先過予後歸家。"

續編父《冬灰録》。

　　《陪詩》卷四《即事》詩中注曰："時又續編《冬灰録》。"

四月初十日，自諦禪師同僕江天至，聞"桐城難"作，辭柩歸里。

　　《陪詩》卷四《四月初十日自諦禪師同僕江天至聞故鄉難作辭柩歸里》。

過首山別三弟中履。

《陪詩》卷四《過首山別三弟》。

兒正璿特至首山相迎,因留守柩。

《陪詩》卷四《兒璿特至首山相迎因留守柩》、方中發《白鹿山房詩集》卷五《壬子春再罹患難群從多被繫者時仲兄奔喪萬安追捕歸里因遣璿姪西上同叔兄守柩感成三首》。

四月十六日,歸里,與伯兄中德就繫尊經閣。

《陪詩》卷四《四月十六日歸里即日自詣尊經閣》注曰:"伯兄自海陵歸,已羈閣中。"方中發《白鹿山房詩集》卷五《伯仲兩兄先後歸里赴難》。

"粵難"之冤得白,"桐城難"稍寬。

《陪詩》卷四《題結粵難文至感泣書此》。

鄧鋌入都應試,作詩送之。

《陪詩》卷四《送鄧田公入都應試》。

自諦禪師往返江西四次,奉父以智爪髮龕歸。

《陪詩》卷四《自諦禪師往返西江四次不避寒暑今奉老父爪髮龕歸應華嚴之請》。

郡牌提訊,同伯兄中德赴皖。

《陪詩》卷四《郡牌提訊同伯兄赴皖》:"太守姚公、臬司佟公皆破格相待,與同案者迥異矣。"

馬教思特至皖城相助。

《陪詩》卷四《馬嚴沖特至皖城》。

遣姪正瑤、兒正珠往吉州,扶父柩東歸。

《陪詩》卷四《遣姪瑤兒珠往吉州扶柩東歸》詩末注曰:"如不得歸,命珠兒守柩,易三弟歸里。"

月夜,迎父柩歸,與三弟中履、姪正瑤、兒正珠會于樅陽江口。

《陪詩》卷四《月夜迎先大人柩會三弟姪瑤兒珠于樅陽江口》。

扶柩至浮山,安厝報親庵中。

《陪詩》卷四《扶柩至浮山安厝報親庵中》詩末注曰："余兄弟建報親庵後，老父以西江苦留未歸，豈知今日扶櫬歸庵耶？嗚呼痛哉！"

葬父浮山枲花岡，依祖母吳氏塋之東。

《陪詩》卷四《先大人歸窆浮山遵遺命也》詩中注曰："議定爪髮付法嗣，肉身歸血子，此儒釋兩盡之道也。青原建衣缽塔，邵村叔爲題'留青'二字。首山、華嚴俱建爪髮塔。……先君墓在先祖母吳太淑人墓之青龍。"
方中發《白鹿山房詩集》卷六《浮山雜詠三十首·枲花岡·先大母吳太宜人兆此世父文忠公葬於側》。

吳雲特至浮山拜父墓。

《陪詩》卷四《吳舫翁特至浮山拜先文忠公墓》。

除夕，同伯兄中德、三弟中履守墓，有詩寫哀。

《陪詩》卷四《除夕同伯兄三弟墓側寫哀》。

**清聖祖康熙十二年癸丑　　　（1673）　　　四十歲**

元旦，拜親墓。

《陪詩》卷四《癸丑元旦拜墓》詩中注曰："後難未結，余係取保，得完葬事。"

九月初三日，"桐城難"案解。

《陪詩》卷四《九月初三日後難題結文到省釋》。

十一月，浮山華嚴寺所建父爪髮塔建成。

《（康熙）浮山志》卷二《建置·祖塔·無可禪師爪髮塔》："在華嚴寺後，吳水部道新募，程太常芳朝……吳德泳輩，於癸丑十一月朔日建。"

立營救父諸官牌位於報恩堂，焚香拜祝。

《陪詩》卷四《報恩堂》序曰："司寇姚公諱文然、兩江麻公諱勒吉、兩廣金公諱光祖、皖撫張公諱朝珍、江撫董公諱衛國、粵撫馮公諱雄鎮、粵東提督嚴公諱自明、安徽臬司佟公諱國楨、江右臬司安公諱世鼎、署臬司賈公諱如蘭、江右臬司黃公諱龍、江右驛鹽道薛公諱信辰、南昌道周公諱體觀、吉安太守郭公諱景昌、安慶太守姚公諱朗、建昌太守高公諱天爵、廬陵邑侯于公諱藻、桐城邑侯胡公諱必選、萬安邑侯胡公諱樞、新城邑侯周公諱天德，皆難中受恩之當事也。無以爲報，敬書牌位于報恩堂中，朝夕焚祝，聊盡此心而已。"

**清聖祖康熙十三年甲寅　　（1674）　　四十一歲**

遇楊森於報親庵。

《陪詩》卷五《甲寅報親庵遇楊嘉樹》。

靈泉寺遇陳良佩、還山伯。

《陪詩》卷五《靈泉寺遇陳良佩還山伯》。

過椒園，孫中夏留宿。

《陪詩》卷五《椒園孫威公留宿》。

有詩次三弟中履韻。

《陪詩》卷五《又次小愚韻》。

南畝小築落成，自爲記。

《陪詩》卷五《南畝小築初成》："賴高永泰襄事，南畝始成。"
《陪古》卷一《南畝記》。

**清聖祖康熙十四年乙卯　　（1675）　　四十二歲**

過便足樓。

《陪詩》卷五《乙卯過便足樓》。

梅文鼎新置測天諸器。

《陪詩》卷五《梅定九新置測天諸器奇絕》。

赴南京，與蕭伯升、沈泌、梅文鼎、梅庚、王愈擴、蔡塱飲長干寺寓。

《陪詩》卷五《蕭孟昉招同沈方鄴梅定九耦長王若先蔡鉉升飲長干寺寓共得秋字》。

雪後，訪三弟中履於稻花齋。

《陪詩》卷五《雪後訪小愚稻花齋》。

錢澄之過北山樓，與四弟中發留飲。

  方中發《白鹿山房詩集》卷八《田間先生畱飲北山樓與仲兄作》。

有詩和姚子莊《署中白蓮》詩。

  《陪詩》卷五《和姚六康署中白蓮詩》。

過陵陽，喜晤曾燦、沈孝瑟，同飲寓樓。

  《陪詩》卷五《陵陽喜晤曾青藜沈孝瑟飲寓樓得人字》。

同趙子儀、沈孝瑟再飲曾燦寓樓。

  《陪詩》卷五《同趙子儀沈孝瑟再飲青藜寓樓》。

同沈孝瑟夜別曾燦。

  《陪詩》卷五《夜別青藜同瑟得年字》。

有詩贈沈孝瑟。

  《陪詩》卷五《贈沈孝瑟》。

邵晃過訪旅館。

  《陪詩》卷五《邵漆夫過訪旅館》。

同楊森自陵陽歸，途中有詩。

  《陪詩》卷五《同楊嘉樹陵陽歸途作》。

小年日，與四弟中發還山。

  方中發《白鹿山房詩集》卷八《小年日偕仲兄還山寄園業師適至》。

**清聖祖康熙十五年丙辰　　　（1676）　　　四十三歲**

鄧鉎北山草堂落成，作詩賀之。

  《陪詩》卷五《丙辰鄧田公北山草堂落成》。

南郊看花。

  《陪詩》卷五《南郊看花》。

子將弟攜饌過訪南畝，偕遊是山。

儒家典籍與思想研究（第十六輯）

　　《陪詩》卷五《子將弟攜饌過訪南畝偕遊是山》。

與弟子將、李士謂飲是山。

　　《陪詩》卷五《子將招同李士謂飲是山用前韻》。

與李士謂、弟子將互有詩贈答。

　　《陪詩》卷五《答士謂用前韻》《答子將用前韻》《再答子將用前韻》。

過茲園，有詩志感。

　　《陪詩》卷五《過茲園》。

有詩寄趙箕敘。

　　《陪詩》卷五《寄趙箕敘》。

飲吳天馴疊翠樓。

　　《陪詩》卷五《飲吳天馴疊翠樓》。

同四弟中發至平陵。

　　《陪詩》卷五《同四弟至平陵》。

省岳母強氏於強埠。

　　《陪詩》卷五《省岳母強太夫人於強埠》。

在強埠，拜岳父陳名夏墓。

　　《陪詩》卷五《強埠拜先岳陳芝山先生墓》。

示內姪陳學、陳仲恪、陳以御。

　　《陪詩》卷五《示內姪陳念祖仲恪以御》。

訪董西一，兼示其子謂宸、冶成、聞源。

　　《陪詩》卷五《訪董西一兼示謂宸冶成聞源》。

過舊縣勝因寺。

　　《陪詩》卷五《舊縣勝因寺》。

費達招飲滄嶼。

　　《陪詩》卷五《費古心招飲滄嶼》。

與唐五序、董西一、陳鼎臣、陳學、弟中發遊夏林。

> 《陪詩》卷五《唐五序載酒同董西一陳第遠念祖舍弟有懷遊夏林主人彭羅生復演梨園數曲歸舟分賦》、方中發《白鹿山房詩集》卷八《瀨江唐五聚邀遊夏林主人出家僮演劇歡飲竟日同董班若及家仲兄作》。

遊白松軒，有詩志感。

> 《陪詩》卷五《白松軒有感》。

有詩寄懷內弟陳掖臣。

> 《陪詩》卷五《懷陳愚伯瀋陽》。

有詩贈唐五序。

> 《陪詩》卷五《贈唐五序先生》。

飲陳德慶曉園。

> 《陪詩》卷五《飲陳輿敬曉園值雨》。

又爲遠閣題詩。

> 《陪詩》卷五《再題遠閣》。

再過強埠，值岳母強氏卒，襄葬既畢，有詩紀哀。

> 《陪詩》卷五《再過強埠值岳母強太夫人之變中通議主與相國合墓襄葬既畢用以紀哀》詩中注曰："棺係中通向日所購。"

同沈起治、范西漢飲喻成龍四宜亭。

> 《陪詩》卷五《喻武公司馬留飲四宜亭同沈從弱范西漢》。

水災，苦雨不止。

> 《陪詩》卷五《水災苦雨不止》。

冬日，赴四明李太守之招，有詩答妻陳氏。

> 《陪詩》卷五《冬日赴四明李太守之招次韻答內》。

訪沈幼勖於嘉禾，旋別。

> 《陪詩》卷五《嘉禾訪沈幼勖以同舟迫行即別去》。

舟泊虎丘，覓曾燦寓不得。

　　《陪詩》卷五《舟泊虎丘覓曾青藜寓不得》。

遊吳山、曹娥江。

　　《陪詩》卷五《吳山》《曹娥江》。

四明署中，喜樊孟深至，同潘肖巖限韻賦詩。

　　《陪詩》卷五《四明署中喜樊孟深至同潘肖巖限韻》《續陪·陪詞》之《如夢令·雪中同樊孟深潘肖巖作》。

除夕，有詩次樊孟深韻，時樊孟深、潘肖巖將歸里。

　　《陪詩》卷五《除夕次孟深韻時孟深肖巖將歸》。

**清聖祖康熙十六年丁巳　　（1677）　　四十四歲**

將赴福建松溪，四弟中發作詩送之。

　　方中發《白鹿山房詩集》卷五《送仲兄位白赴松溪四首》。

度仙霞嶺。

　　《陪詩》卷五《丁巳度仙霞嶺》。

至福州，有詩贈高兆。

　　《陪詩》卷五《福州贈高固齋》。

同陶亮武、賀价人集會遠樓。

　　《陪詩》卷五《同陶亮武賀价人會遠樓坐雨》。

客寧化，同馬千英遊得園，有詩贈伊有之。

　　《陪詩》卷五《寧化同馬千英遊得園贈伊有之》。

過九龍灘，作文記之。

　　《陪古》卷一《九龍灘記》："丁巳秋，仲從三山泝寧陽，舟過永安，皆曰灘險，不可踰也。舍舟而陸，暮宿安沙。……是歲之冬，余復自寧陽往仙山。……九龍灘，上距汀之清流六十里，下距延之永安八十里，雖居兩郡邑中，屬汀。"

有詩柬游藝。

  《陪詩》卷五《松溪柬游子六》。

有詩答卜近魯。

  《陪詩》卷五《答卜近魯》。

有詩、書寄李世熊，李有回函。

  李世熊《寒支二集》卷二《別方位伯一十三年丁巳突接手札驚喜失聲再誦新詩意尤淒婉感憶藥地先生不覺老淚汍瀾次韻一章以當灑血》、李世熊《寒支初集》卷七《答方位伯》："別後一十三載，沉淪苦輒，無復生人之樂。肰較之藥地无妄，其甘如薺矣。初聞藥地難作，徬徨累月，莫悉根因。"
  《陪詩》卷五《柬李元仲先生》。

黃簡臣以"五音"相問，先生有答書。

  《續陪》卷二《答黃簡臣》："丁巳，通客松源，足下曾以五音見問，通以所悟隔五必合而成五音、五正二變而成七調之説奉答。"

**清聖祖康熙十七年戊午　　（1678）　　四十五歲**

識程長銘，互有詩贈答。

  《陪詩》卷五《戊午贈程銘也》《用前韻答銘也》。

程長銘將歸，以香囊易鵓鴿。

  《陪詩》卷五《銘也將歸以香囊易鵓鴿》。

馬千英新構壁舟，賦詩贈之。

  《陪詩》卷五《馬千英新構壁舟》。

秋日，歸過杭州西湖。

  《陪詩》卷五《秋日歸過西湖》。

自閩還，鄧錘過訪，爲其《北山集杜詩》作序，復爲其《栲岑集杜詩》作序。

  《陪古》卷一《北山集杜詩序》："余閩還，養疴南畝。……栲岑忽爾徒步過訪，偕余子塏輩文江、琫、珠至。……則出一帙，曰《北山集杜詩》。……

遂書以應。"

《陪古》卷一《栲岑集杜詩序》:"吾故既爲中邊之説以序《北山集杜》,復爲變化之説以序《栲岑集杜》。"

**清聖祖康熙十八年己未　　（1679）　　四十六歲**

三弟中履赴姑孰,作詩送之。

《陪詩》卷五《己未送小愚赴姑孰踐楊公梓釋疑之約》。

喜馬教思中進士。

《陪詩》卷五《喜馬嚴沖冠南宫》。

法式善《清秘述聞》卷二:"（康熙十八年己未科會試）會元馬教思,字臨公,江南桐城人。"

八月,三弟中履《古今釋疑》付梓,爲作序。

《陪古》卷一《古今釋疑序》:"而《古今釋疑》成,時余《數度衍》已成一歲,素北爲序之。……今者姑孰太守楊公,因吴子舫翁一言,爲剞劂以行于世,諸君子序之既詳。……是書告成於二十年前,忽流通于一旦,楊公、吴子遠居數千里外,忽相遇于一方,斯豈人力思量所及?"

按,方中履《古今釋疑》卷首載先生序,末署"己未壯月,仲兄中通位白氏書於南畝之隨寓"。

**清聖祖康熙十九年庚申　　（1680）　　四十七歲**

山足和尚送《天界語録》《青原語録》入嘉禾藏,作文贈之。

《陪古》卷二《送山足法兄送天界青原兩録入嘉禾藏序》:"《天界全録》成,季弟因取《浮山集》竟其工。二十年來,蒐羅散佚,伯、季功實多,而資用不繼,仍賴友生也。獨是《青原語録》,通曾拜受老人專命,故于五雲苦次編而成之。……歲庚申,山公還自吴門,云當泝洄青原,運杖人翁全録。時通養疴南畝,甫匝月,忽偕襄公過訪,且云從此赴嘉禾,兩《録》入藏之志遂矣。"

梅文鼎《中西算學通》成,爲作序。

《陪古》卷一《中西算學通序》:"當吾世而言曆算之絕學,通得交者六人:湯子聖弘、薛子儀甫、游子子六、揭子子宣、丘子邦士,與梅子定九也。

通少嗜象數，初訊《授時》於湯子，已與薛子遊泰西穆先生所，適刊其《天步真原》成，通喜而交焉。嗣入都，聞之道未湯先生，始知游子精西曆，獲讀《天經或問》，累書往復辯難，然猶迄今神交，未一見。及省親旴江，而逢揭子，《寫天新語》一書，多深湛之思。……丘子則遇於芝山。……最後得交梅子，交十五年會於金陵者四，方慨聚晤之難。……梅子探曆學之奧，造器立法，合七十餘家而著爲《曆法通考》，不惟於前人不傳之秘有所發明，能證古今之誤而改正之。"

爲父遺著《錦纏玉》傳奇作跋。

《陪古》卷二《錦纏玉跋》："昔者先君主青原時，一日，通與方乘六隨侍出祖關，入傳心堂深室。乘六請示詞曲，先君爲歌《錦纏玉》一曲，命通以簫度之。歌畢，乃教之曰：'律呂本乎數度，能達斯旨，樂府、詩餘，皆可自我作古而不背古，惟詞曲可以稱才。余有《錦纏玉》傳奇，亂中所作，亂中旋亡。惜夫！今無矣。'逮先君棄世後，忽于兄倩孫大蘇案頭見此本，爲才子，爲佳人，爲英雄，爲高士，爲風流蘊藉，爲慷慨悲歌。借此不由人之筆墨，以寫不世出之胸懷，務頭犯曲，靡不合宜；穿插安排，人情是近。即冷處亦生趣，用陳語亦爭新。讀之，知出先君手也，鈔錄藏之。……不肖男中通拜跋于南畝之隨寓。"

**清聖祖康熙二十年辛酉　　　（1681）　　　四十八歲**

夏，入都途中，過鳳陽，有詩書感。

《陪詩》卷五《辛酉鳳陽道中恭賦》。

過商丘，游花木蘭廟。

《陪詩》卷五《木蘭女廟》。

白筠心、唐木叔自邢襄至商丘，白筠心還里，唐木叔留商丘署，作詩贈別。

《陪詩》卷五《白筠心唐木叔至自邢襄筠心還里木叔留商丘署次韻贈別》。

趙熊詔歸試，作詩送之。

《陪詩》卷五《送趙侯赤歸試》。

有詩次吳長房韻。

《陪詩》卷五《次吳長房韻》。

將歸，有詩留別趙申喬、唐木叔。

《陪詩》卷五《留別趙松五》《留別唐木叔》。

長安，夜集鄧銍寓，喜遇江皋。

《陪詩》卷五《長安夜集鄧田公寓喜遇江眉瞻》。

客都，四弟中發作詩寄懷。

方中發《白鹿山房詩集》卷八《懷仲兄都門》。

遇蔣顯捷子瓛。

《陪詩》卷一《贈遼陽蔣東英》注曰："逮後辛酉，余再入燕，忽遇蔣公立，述其尊人東英向爲遼陽諸生，客游京師，老父時官太史，一旦招置門下，解贈多金，且云他日妻子相託。余然後知東英之交老父預識之，非偶然也。公立諱瓛，今家濟南。"

飲汪楫寓。

《陪詩》卷五《飲汪舟次寓》。

將歸，陳維崧有詩贈別。

陳維崧《湖海樓詩集》卷八辛酉《贈別方二位伯兼寄令弟素伯》。

馬上遇札翰臣，投宿，招飲觀妓。

《陪詩》卷五《馬上遇札翰臣投宿招飲觀妓》。

抵欒城，札翰臣復邀妓。

《陪詩》卷五《次夜抵欒城翰臣復邀妓用前韻》。

僕賽混病死欒城。

《陪詩》卷七《哭亡僕怎么處》詩中注曰："賽混于辛酉夏隨余北上，病死欒城。"

鄧銍之任唐山知縣，與之偕行。

《陪詩》卷五《偕田功之任唐山》。

按，陳維崧《湖海樓詩集》卷八辛酉《送龍眠鄧田功之任唐山》。

攜内姪陳譽、陳斯出京，復遣僕送之南歸。

《陪詩》卷五《攜內姪陳譽斯出京復遣僕送之南歸》："以御、譽斯皆關外所生。"

**清聖祖康熙二十一年壬戌　　（1682）　　四十九歲**

自堯封過關城觀春。

《陪詩》卷五《壬戌自堯封過關城觀春》。

自關城歸，有詩留別王珙。

《陪詩》卷五《留別王蒿伊》。

居南畝，作詩自嘲。

《陪詩》卷五《南畝自嘲》。

遊潘江河墅。

《陪詩》卷五《遊潘木厓河墅》。

弟東來招飲石門山房。

《陪詩》卷五《東來弟招飲石門山房》。

十月，母潘氏七十，錢澄之作文祝壽。

錢澄之《田間文集》卷一九《方太史夫人潘太君七十初度序》："吾里方曼公先生夫人潘太君以今年陽月七十初度，舊從先生遊者檄徵四方詩文爲夫人壽。"

冬，居南畝，作《詠史詩》四十八首。

《陪詩》卷六《詠史詩》題下注曰："壬戌之冬，南畝無事，因鄉人演梨園《烏江》一齣，偶爾賦詩，自此日思一題詠之，既無倫次，又無確識，何足以存？聊記一時興會云爾。嗣以事阻，故復不多。"

**清聖祖康熙二十二年癸亥　　（1683）　　五十歲**

佟世思過舍，邀先生入粵。

《續陪》卷四《留別何季璋高益侯趙玉立閏又立佟木齋就學諸子》詩中注曰："癸亥歲，佟儼若過舍，邀余偕令弟偉夫入粵。"

秋，將赴粵，有詩留別南畝諸田家。

《陪詩》卷七《癸亥將有粵行留別南畝諸田家》。

爲六和尚《大藏一轉語》題辭。

《陪古》卷一《六和上大藏一轉語題詞》："今者萬松之藏，始于完公，成于六和尚。諸君序之既詳……通侍和上酬唱有年，一字一句，皆寓轉世之意，願力不淺。癸亥秋，通有粵東之役，于其別也，出《大藏一轉語》見示，更屬爲轉一語。"

與佟世思定交，作詩贈之。

《陪詩》卷七《論交篇贈佟儼若》。

佟世思過宿約室，即送其入都。

《陪詩》卷七《儼若過宿約室即送入都》。

爲佟世思《槐石堂圖》題辭。

《陪古》卷一《槐石堂圖題辭》："及佟子儼若出《槐石堂圖》命題，適與余論有合焉。槐石堂者，尊甫中丞公宦遊歸京，鬻第假居之堂也。堂爲范眉山先生有，兩公中表戚，不以爲己有而讓之中丞公。堂前有槐，槐下有石，槐石故舊有，因以顏之堂。"

過源莊，有詩示姪正璿。

《陪詩》卷七《過源莊示兄子璿》。

爲陳度《風枝立鳥逐蟲圖》題詩。

《陪詩》卷七《爲陳官儀題風枝立鳥逐蟲圖》。

與兒正珠、甥李東續、姪正璿、正琯冒雨遊鹿湖。

《陪詩》卷七《鹿湖連陰不得泛月兒珠同甥李東續至因偕姪璿琯冒雨一遊》。

八月十五夜，又與弟中履、姪正璿、正琯泛鹿湖。

《陪詩》卷七《十五夜再同有懷姪璿琯泛湖即舟拈韻》。

爲蔣瑤芝題像。

《陪詩》卷七《爲蔣素書題像》。

過海門，有詩答佘茹穎。

《陪詩》卷七《海門次韻答佘仲遂》。

過小孤山、鄱陽湖，俱有詩。

《陪詩》卷七《小孤山》《鄱湖行》。

過吉安，望青原山。

《陪詩》卷七《吉州望青原》。

過首山，埽父爪髮塔。

《陪詩》卷七《首山埽先君爪髮塔》。

有詩哭蕭伯升。

《陪詩》卷七《哭硯鄰》。
按，蕭伯升卒於康熙十七年冬。

過萬安，有詩抒懷。

《陪詩》卷七《萬安》。

虔州道中，有詩哭亡友。

《陪詩》卷七《虔州道中哭亡友》。

經大庾嶺、飛來寺，至恩州。

《陪詩》卷七《大庾嶺》《飛來寺》《至恩州》。

**清聖祖康熙二十三年甲子　　（1684）　　五十一歲**

遊七星巖。

《陪詩》卷七《甲子遊七星巖》。

謁石濂和尚於長壽庵，返恩州後寄以詩。

《陪詩》卷七《長壽庵謁石濂和上旋恩卻寄》。

有詩贈佟銘。

《陪詩》卷七《贈佟偉夫時兼攝海安》。

### 清聖祖康熙二十四年乙丑　　（1685）　　五十二歲

客陽江，倪百先過訪。

《陪詩》卷七《乙丑陽江客館倪百先月夜過訪》。

有詩和石濂和尚長壽庵十二觀詩。

《陪詩》卷七《和長壽十二觀詩》。

聽舒奕蕃吹葉。

《陪詩》卷七《聽舒奕蕃吹葉》。

再至延壽庵，庶母馮氏月印師已圓寂，設奠寫哀。

《陪詩》卷七《再至延壽庵馮庶母月印師已圓寂矣設奠寫哀》。

與楊蘭森夜對琵琶。

《陪詩》卷七《與楊蘭森夜對琵琶》。

邵玉符自無錫至。

《陪詩》卷七《邵玉符至自錫山》。

喜遇胡以寧，即送其歸里。

《陪詩》卷七《喜遇胡萬咸即送歸里》。

汪震元招飲，作詩贈之。

《陪詩》卷七《汪交臣招飲賦贈》。

次韻答姊夫馬教思，時甥馬籲亦至。

《陪詩》卷七《次韻答姊壻馬嚴沖時甥千仞亦至》。

佟世思至恩州，又將別去。

《陪詩》卷七《佟儼若至恩州又將別去》。

爲佟世思《人在六朝山水中圖》題詩。

《陪詩》卷七《爲儼若題人在六朝山水中圖》。

佟世思由廣西過恩州北歸，送至端州，又至三水，作詩贈別。

《陪詩》卷七《儼若由西粵過恩北歸奉送至端州又至三水賦別》。

寄三十金爲父墓費，貯母處。

《續陪》卷三《母大人遺命葬浮山連珠穴》題下注曰："乙丑歲，通自恩州寄文忠公墓費三十金，貯老母處。"

**清聖祖康熙二十五年丙寅　　（1686）　　五十三歲**

四月七日，家被災。

《陪詩》卷七《訊內》詩中注曰："丙寅四月七日，家被災，是日，余在恩州，因有躍卵之異，占得《旅》之三爻'焚次，喪僕'，俱驗。"

有詩贈吳樹臣。

《陪詩》卷七《丙寅贈吳鶴亭》。

有詩和《十美人詩》。

《陪詩》卷七《和十美人詩》。

男僕怎麼處卒，作詩哭之。

《陪詩》卷七《哭亡僕怎麼處》詩中注曰："余診視無敗脈，奈恩州無藥無醫，遂致不救。"

冬，婿胡文江自桐城至。

《陪詩》卷七《冬日壻胡文江自故鄉至》。

**清聖祖康熙二十六年丁卯　　（1687）　　五十四歲**

夏初，聞家中去夏火災，家所藏書、字畫俱化爲灰燼。

《陪詩》卷七《丁卯夏初始聞家中去夏被災》詩中注曰："先祖字、先君字畫、先叔字及清芬閣字畫，俱燬。……先祖分授，及余續購藏書，凡三萬餘卷，余手錄書高三尺，皆付一炬。"

於偶亭小飲，遇孫雨田。

《陪詩》卷七《偶亭小飲遇孫雨田》。

有詩贈楊千頃。

《陪詩》卷七《贈楊千頃》。

讀陳恭尹《獨漉堂集》。

《陪詩》卷七《讀陳元孝獨漉堂集》。

有書寄梅文鼎。

《陪古》卷二《與梅定九書》："方中通自粵之恩州，再拜致書定九先生足下：通心思無晷刻去足下，而目不睹足下者，十年于茲矣。曩辱書，今年始得見，向所爲序，無文又不能盡萬一，何獎借若是！……幸今通所著《數度衍》得梓于粵，特寄覽觀，以塞知己之望，并請大序，垂諸不朽。……時丁卯章月望日也。"

**清聖祖康熙二十七年戊辰　　　（1688）　　　五十五歲**

喜費石飲至恩州。

《陪詩》卷七《戊辰喜費石飲至恩州》。

楊森卒，作詩哭之。

《陪詩》卷七《哭楊嘉樹》。

飲高兆端江寓樓，兼晤王煐、甘表。

《陪詩》卷七《飲高固齋端江寓樓兼晤王紫罏甘中素》。

梓《數度衍》。

《陪詩》卷七《訊內》詩中注曰："余梓《數度衍》將半，始聞災信，不能中止，故待事竣始還。"

自粵歸里，妻及子女尚居書室。

《陪詩》卷七《歸里》。

《陪詩》卷七《訊內》詩中注曰："余歸時，內子同子女尚居書室。"

有詩慰母慰妻。

《陪詩》卷七《慰母》《訊內》。

四弟中發梓祖父方孔炤《環中堂文集》十二卷成，捧而讀之，爲作跋。

《陪古》卷二《環中堂文集跋》："中通客粵六載，于其歸也，四弟中發梓《環中堂文集》適成，捧而讀之，不禁淚落。……四弟憂祖德之不垂于後也，慨然改宅爲明善公崇實會館。于是捐資，次第刊先世遺書貯館中。既梓大父《環中堂詩集》，復梓《環中堂文集》十有二卷。通嘉弟志……敬述先大父之文章，主乎經濟，而理學即在其中，以待天下後世之知貞述先生者。不肖孫中通拜跋于南畝之隨寓。"

有詩贈謝遠村。

《陪詩》卷七《贈謝遠村》。

有詩寄楊磊。

《陪詩》卷七《寄楊嘉玉》。

趙助國園亭落成，鄧銍、左扶子、胡亦武皆賦詩索飲。

《陪詩》卷七《趙以匡園亭落成鄧田公左扶子胡亦武皆賦詩索飲》。

**清聖祖康熙二十八年己巳　　（1689）　　五十六歲**

同伯兄中德、三弟中履於廻樓故址建屋，迎老母入住。

《陪詩》卷七《己巳同伯兄三弟於廻樓故址建屋迎老母入內》。

將赴粵，辭母別內。

《陪詩》卷七《辭母赴粵》《別內》。

過白鹿山莊，有詩贈四弟中發。

《陪詩》卷七《過白鹿示四弟》。

夏，再至恩平，適值移墟入城。

《陪詩》卷七《再至恩平適值移墟入城》。

爲佟銘鐫章，作文記之。

《陪古》卷二《爲佟偉夫鐫章記》："己巳之夏，余再至恩州，偉夫出所購壽山凍石示余。……余少時，習篆籀，好摹印。……先叔孝節先生始教以章法。……迨後先君文忠先生復教以刀法。"

與甘表論文。

《陪詩》卷七《與甘中素論文》。

甘表歸里，作詩送之。

《陪詩》卷七《送中素行》。

有詩答蔣瑶芝。

《陪詩》卷七《次韻答蔣素書臨賀》。

費琰次卒於臨賀，旅櫬移歸，書此哭之。

《陪詩》卷七《費琰次卒於臨賀旅櫬移歸書此哭之》。

六月二十七日，三弟中履卒，作詩哭之。

《陪詩》卷七《哭三弟》注曰："伯兄客秦，余復客粵。……四弟經理喪事，安亡撫存，各盡其道。……三弟半生偏執醫藥，苦勸不省。……四弟贈麻山一穴，三弟夫婦合葬。"

楚亂後，邵之萊由臨賀再至恩州。

《陪詩》卷七《楚亂後邵之萊由臨賀再至恩州》。

黃景雲有《夜泊甘竹灘》詩，次韻和之。

《陪詩》卷七《次黃景雲夜泊甘竹灘韻》。

有詩贈王耳公。

《陪詩》卷七《贈王耳公》。

讀《天潮閣集》，有懷劉坊。

《陪詩》卷七《讀天潮閣集感懷劉鰲石》。

除夕，客粵，四弟中發作詩寄懷。

方中發《白鹿山房詩集》卷九《除夕哭亡兄素北兼懷伯仲兩兄》。

**清聖祖康熙二十九年庚午　　（1690）　　五十七歲**

遊粵中諸景。

《陪詩》卷七《羚羊峽》《七星巖》《海珠寺》《浴日亭》《朝漢臺》《五層樓》。

有詩贈馬克起。

《陪詩》卷七《贈馬克起》。

長壽和尚招集離六堂。

《陪詩》卷七《長壽和上招集離六堂分賦》。

夜泊珠江，有詩志感。

《陪詩》卷七《珠江夜泊》。

讀曾畹集，有詩懷之。

《陪詩》卷七《讀曾庭聞集有懷》。

**清聖祖康熙三十年辛未　　　（1691）　　　五十八歲**

客廣州，有詩答易偉績。

《續陪》卷一《辛未廣州答易偉績次韻》。

觀宋元人畫。

《續陪》卷一《觀宋元人畫》。

佟銘邀同諸人夜泛鐙船。

《續陪》卷一《佟偉夫邀同諸子夜泛鐙船》。

以詩銘硯，寄胡亦武、鄧鉒、左扶子、張引大。

《續陪》卷一《銘硯寄胡亦武》《銘硯寄鄧田功》《銘硯寄左扶子》《銘硯寄張引大》。

爲佟同江銘四圍天然硯。

《續陪》卷一《爲佟同江銘四圍天然硯》。

爲顧漢宸銘方竹杖。

《續陪》卷一《爲顧漢宸銘方竹杖》。

有書寄張引大、佟世思。

《續陪》卷一《寄張引大》《寄佟儼若》。

除夕，同壻胡文江、四子正璒在恩州，有懷甥馬仙軔、姪子正瑤客廣州。

《續陪》卷一《恩州除夕同壻胡文江四子正璒懷甥馬仙軔兄子正瑤五羊》。

**清聖祖康熙三十一年壬申　　　（1692）　　　五十九歲**

過雲松寺。

　　《續陪》卷一《壬申過雲松寺》。

楊客亭還廣西，作詩送之。

　　《續陪》卷一《送楊客亭還西粵》。

李恕北歸，作詩送之。

　　《續陪》卷一《送李元振北歸》。

爲佟同江諸像題詞。

　　《續陪》卷一《佟同江諸像題詞》《再題同江偕諸子及余觀海小照》。

七夕，將返家祝母八十壽，於珠江留別龔翔麟、秦望庵、陳生洲、梁佩蘭及姪子正瑤等。

　　《續陪》卷一《七夕珠江留別龔蘅圃秦望庵陳生洲梁藥亭及兄子正瑤》。
　　按，《續陪》卷二《物理小識編録縁起》："去歲歸祝老母壽。"《續陪》卷四《留別何季璋高益侯趙玉立閭又立佟木齋就學諸子》："慶老母八十壽。"

過虔州，命兒正瑢訪郭林七里村，邀其過舟一宿。

　　《續陪》卷一《虔州命兒瑢訪郭入門七里村兼邀過舟一宿》。

過章門，與弟又申同舟，互有詩贈答。

　　《續陪》卷一《章門與又申廿三弟同舟次韻賦答》詩中注曰："今始識面……讀弟《南巡賦》及《遊草》百首。"

還家，築復樓，四弟中發賦詩記事。

　　《續陪》卷一《還家特起復樓》《名復樓説》、方中發《白鹿山房詩集》卷六《復樓落成仲兄命賦五言》。

有詩答伯兄中德、四弟中發及諸姪。

　　《續陪》卷一《答伯季及諸姪》。

與范宋、何牧五、左扶子、胡亦武、伯兄中德相約小飲。

　　《續陪》卷一《與范一范何牧五左扶子胡亦武家伯兄相約小飲》。

冬，爲伯兄中德《事比》作序。

《續陪》卷一《事比序》："壬申冬，一夕，伯兄呼通小飲，偶及伯兄所著《尚論三編》《事比》二書……隨出《事比》繙閱，俾爲之序。"

有書與左扶子、高永太。

《續陪》卷一《與扶子》《與高永太》。

**清聖祖康熙三十二年癸酉　　（1693）　　六十歲**

兒正瑴設帳荷薪館。

《續陪》卷二《癸酉喜兒瑴設帳荷薪館》。

合山、浮山埽墓後，阻雨華巖寺，與法姪宗六拈韻。

《續陪》卷二《合山浮山埽墓後雨阻華巖與宗六法姪拈韻》。

王浩生客石溪，作詩懷之。

《續陪》卷二《懷王浩生石溪》。

與胡東湖、陳北溪、伯兄中德、即席分賦。

方中發《白鹿山房詩集》卷九《胡東湖招集陳北溪暨家伯仲兩兄即席分賦時北溪宦遊初歸家仲兄又將適粵撫今追昔悵然於懷》。

三月，姪正瑢自龍山至皖送別，因訪石樓禪師，并爲正瑢《管見錄》作序。

《續陪》卷二《兄子瑢自龍山至皖送別因訪石樓禪師》。

《續陪》卷二《管見錄序》："癸酉三月之三日，余至宜城，覓舟南發。兄子玫士來自龍山送別，偕宿旅館，玫士出《管見錄》一帙，俾爲其序。《錄》凡百有餘篇，皆今春所著。"

再赴粵，渡鄱湖。

《續陪》卷二《赴粵》《渡鄱湖》。

再至恩州，有書寄陳毅庵、趙光先。

《續陪》卷二《恩州寄陳毅庵》《寄趙光先》。

作《浮居詩》贈佟銘。

《續陪》卷二《浮居詩爲佟偉夫作》。

乃人禪師歸羊城，作詩送之。

  《續陪》卷二《送乃人禪師歸羊城》。

曾先慎客虔州，作詩寄懷。

  《續陪》卷二《懷曾君有虔州》。

作《物理小識編錄緣起》。

  《續陪》卷二《物理小識編錄緣起》題下注曰："丙寅夏，余家被災，凡先人書及余三十年鈔纂，并所著《周易深淺說》《四藝略揭方問答》《重學解》《今韻詩》文稿盡付之灰燼矣。《數度衍》《律衍》《篆隸辯從》《音韻切衍》幸于簏中相隨入粵，故余詩文記憶不全，《陪集》中僅得十之三四。去歲歸祝老母壽，復得此篇，又忘之未攜，兒輩今始郵寄。信乎，物之存亡，時之後無，俱不可強也。"

有書與郭林論《詩》非叶韻。

  《續陪》卷二《與郭入門論詩非叶韻書》《又與入門》。

有書寄黎延祖、陳臣張。

  《續陪》卷二《寄黎方回陳臣張》。

有詩寄齊青雷。

  《續陪》卷二《寄齊青雷》。

連雙河書至，云返楚後將遊皖。

  《續陪》卷二《連雙河書至云返楚後將遊皖》。

有書答黃簡臣問簫笛諸孔尺寸。

  《續陪》卷二《答黃簡臣》："丁巳客松源……至今忽忽十七年矣。今得足下向所寄書，復以簫笛諸孔尺寸見問，敢以所悟寄答。"

有詩寄懷廖南暐。

  《續陪》卷二《懷廖南暐》詩中注曰："去歲兄子正瑤遊粵，追隨甚久。"

讀《徧行堂集》，追憶澹歸大師。

  《續陪》卷二《讀徧行堂集追憶澹歸大師》。

見吳省菴山水畫。

《續陪》卷二《見吳省庵山水》詩中注曰："戴務旃、梅耦長皆得先文忠公筆意。"

見鄭簠八分書。

《續陪》卷二《鄭汝器八分書》。

讀陳子升《西江嘆逝賦》并哭先君詩。

《續陪》卷二《讀父執陳喬生西江嘆逝賦并哭先君詩》。

有詩答陳臣張。

《續陪》卷二《答陳臣張》。

有詩贈王隼。

《續陪》卷二《贈王蒲衣》。

訪陳生洲。

《續陪》卷二《訪陳生洲》。

梅文鼎書至，值其六十一生日，作詩寄祝。

《續陪》卷二《梅定九書至作此寄祝》詩有有"聞君去年已六十，我之六十今如及"語。

黎延祖贈以其父黎美周《蓮鬚閣集》。

《續陪》卷二《父執黎美周蓮鬚閣集方回持以見贈感而賦此》。

冬，爲長壽和尚《直劈雷楔》作序。

《續陪》卷二《直劈雷楔後序》："癸酉冬，偶過五羊，長壽和上以《直劈》見示，屬爲序之，不敢不勉爲數語應命。"

有詩答余凌若。

《續陪》卷二《次韻答余凌若》。

有詩懷十一舅潘杜孫。

《續陪》卷二《懷十一舅氏潘杜孫》。

余淩若、都允文、施暨遠以筆硯見贈。

《續陪》卷二《余淩若都允文施暨遠以筆硯見贈》。

冬，六十生日，妻陳氏寄詩賀壽。

《續陪》卷三《去冬内子壽余詩今始寄至今年内子亦六十矣賦答》。

**清聖祖康熙三十三年甲戌　　（1694）　　六十一歲**

爲佟同江小照題詩。

《續陪》卷三《甲戌題同江小照》。

又爲佟禾堂、佟木齋小照題詩。

《續陪》卷三《題佟禾堂小照》《題佟木齋小照》。

爲胡東湖《雙溪草堂詩》題辭。

《續陪》卷三《胡東湖雙溪草堂詩題辭》。

作《陪榻記》。

《續陪》卷三《陪榻記》："諸子偕遊恩州既久，甲戌之春，屬書劉青田《連珠》各一二，則別爲一體。……會刻工楊氏子至，請勒諸石。"

聞甥馬彤虞至廣州。

《續陪》卷三《聞甥馬彤虞至五羊》。

妻陳氏六十，作詩答賀。

《續陪》卷三《去冬内子壽余詩今始寄至今年内子亦六十矣賦答》詩中注曰："余遭先君大難被繫，及奔喪萬安，内子悉心經理，矢共死生。"

有詩示子正瑆、正珠、正琪、正璓、正球。

《續陪》卷三《示瑆珠琪璓球五子》。

有詩答姪子正璩。

《續陪》卷三《答兄子璩》。

閱季子正球近詩，作詩寄勉。

《續陪》卷三《閱球兒近詩寄勉》。

聞仲子正珠由中州往山東，作詩勵之。

《續陪》卷三《聞珠兒由中州往山左書此勵之》。

李凟公扶父櫬歸蜀，以其父李長祥《天問閣集》、母姚淑《海棠居集》相贈。

《續陪》卷三《李凟公扶尊公硯齋先生櫬歸蜀有書相聞并以先生天問閣集尊堂姚夫人海棠居集見遺》詩中注曰："金道隱年伯留先生於丹霞，因病去世。"

蔣萊衣歸皖，作詩送之。

《續陪》卷三《送蔣萊衣歸皖》。

佟銘又搆精室，與同人爲題詩。

《續陪》卷三《偉夫又搆精室同人題之》。

九月九日，諸同人登石神山比射，未得與，因和其詩。

《續陪》卷三《九日登石神山比射余未得與因和其詩》。

自序《心學宗續編》。

《續陪》卷三《心學宗續編自序》。

爲佟越雋《如是游草》題辭。

《續陪》卷三《如是游草題辭》："佟子越雋偶過恩州，出《如是游草》見示。"

有詩詠粤諸特產。

《續陪》卷三《粤產》。

聽人話廣西山川之勝，作詩志之。

《續陪》卷三《聽人話西粤山川》。

見徐枋畫。

《續陪》卷三《見徐昭法先生畫》。

茹鉉輯《王會新編》，先生四世俱荷表彰。

《續陪》卷三《茹仔蒼輯王會新編先斷事及先高祖至先君四世俱荷表彰》。

有書答馮志士。

《續陪》卷三《答馮志士》。

爲吴丕烈題《柳陰挾彈看馬圖》。

《續陪》卷三《爲吴彥長題柳陰挾彈看馬圖》。

### 清聖祖康熙三十四年乙亥　　　（1695）　　　六十二歲

母潘氏卒，聞訃奔喪。

《續陪》卷三《乙亥聞訃奔喪》。

舟次虔州，再晤郭林、曾先慎。

《續陪》卷三《舟次虔州再晤郭入門曾遂五》。

過惶恐灘，感念亡父。

《續陪》卷三《過惶恐灘》題下注曰："辛亥冬，先君以粵難赴粵，舟次惶恐灘下，因病棄世，棺停萬安之水月山，時通被覊故里，聞訃踰禁奔喪。今以糊口恩州，復聞母訃，奔喪過此，痛腸觸痛，哀何能已！"

母遺命葬浮山連珠穴。

《續陪》卷三《母大人遺命葬浮山連珠穴》詩中注曰："先王母墓下田分授伯兄，今遵父母遺命，俱葬祖墓青龍。伯兄至孝，依行，通惟慚感而已。"

有詩寄答丁德明。

《續陪》卷三《寄答丁在三歷城》題下注曰："向余夫婦六十賤辰，蒙贈長聯。……通何敢？不勝慚感。"

聞姪正璐自招遠渡遼海訪陳掖臣，有詩志感。

《續陪》卷三《聞兄子璐自招遠渡遼海因訪陳愚伯感而賦此》。

有詩和吴任庵《蘆中吟》。

《續陪》卷三《和吴任庵先生蘆中吟次唐太常原韻》。

伯兄中德移居紹修堂，招同四弟中發小飲漚室。

《續陪》卷三《伯兄移居紹修堂招同四弟小飲漚室》、方中發《白鹿山房詩集》卷一〇《伯兄移居紹修堂顔其書室曰漚招同仲兄小飲命題以詩》。

四弟中發歸鹿湖山莊，同伯兄中德作詩送之。

《續陪》卷三《同伯兄送四弟歸鹿湖》、方中發《白鹿山房詩集》卷一〇《別仲兄還山》。

留四弟中發一日，同伯兄中德小飲陪居。

《續陪》卷三《留四弟一日同伯兄小飲陪居》。

爲仇俊公題像。

《續陪》卷三《爲仇俊公題像》。

有書與潘天成。

《續陪》卷三《與潘錫疇》。

二十四叔書巢以新什見示，作詩贈之。

《續陪》卷三《書巢二十四叔以新什見示賦贈》。

除夕，廬墓浮山。

《續陪》卷三《浮山墓廬度歲》。

**清聖祖康熙三十五年丙子　　（1696）　　六十三歲**

元旦，同伯兄中德赴浮山拜墓。

《續陪》卷四《丙子元旦浮山拜墓同伯兄作》。

讀戴名世《孑遺録》。

《續陪》卷四《讀戴田有孑遺録》。

促四弟中發刊詩集。

《續陪》卷四《促四弟刊詩集》。

爲范宋《濯簪文集》作序。

《續陪》卷四《濯簪文集序》："吾友范子一范嘗與余論文甚合……別又三年，而范子往矣，悲不自勝。……實穎昆仲能讀父書，出其《濯簪文集》俾爲之序。"

爲馬教思《寒空影》作跋。

《續陪》卷四《寒空影跋》："甲午春，吾姊壻馬嚴沖省先君于竹關，賦《寒空影》二十首。蓋傷先君之苦節，而託之于比興。……且今四十餘年矣，嚴沖賫志而没，吾甥彤虡、仙軔不忘先人之業，檢篋笥，得是篇。"

浮山父母雙墓工竣，同伯兄中德設奠。

《續陪》卷四《浮山雙墓工竣同伯兄設奠》。

爲梅文鼎《飲酒讀書圖》題詩。

《續陪》卷四《題梅勿庵飲酒讀書圖》。

定崖法姪屬書還菴額，因題其後。

《續陪》卷四《定崖法姪屬書還菴額因題其後》。

夏，再赴恩州，七弟譽子賦詩送別，作詩答之。

《續陪》卷四《譽子七弟賦詩送別答此》詩中注曰："弟亦客粵數載。"按，《續陪》卷四《留别何季璋高益侯趙玉立閆又立佟木齋就學諸子》："去夏復來恩州。"

議用牲、醴合祭父母，有書寄伯兄中德。

《續陪》卷四《上大兄議用牲醴合祭二親書》。

爲張瑞、佟武公小照題詩。

《續陪》卷四《題張維四小照》《題佟武公小照》。

爲張瑞所畫瘦牡丹題詩。

《續陪》卷四《題維四畫瘦牡丹》。

佟居那新什成，爲文評之。

《續陪》卷四《評佟居那新什》："居那别余十有四年，忽見其新什。……倘異日者，全篇驚人，是又非余之所敢論矣。"

與張瑞屢有書往還。

《續陪》卷四《與張維四》《又與維四》。

有詩寄答陳鼎臣，時聞内兄陳掖臣將歸溧陽。

《續陪》卷四《寄答妹壻陳第遠》題下注曰："即余内弟。"詩中注曰："聞内兄愚伯將歸溧陽。"

郭林卒，作詩哭之。

《續陪》卷四《哭郭入門》。

有書答陳小韓、費厚蕃。

《續陪》卷四《答陳小韓》《答費厚蕃》。

題佟蒼海《攜書觀荷圖》。

《續陪》卷四《題佟蒼海攜書觀荷圖》。

聞有寶石鶴、磨墨猴，因爲之說。

《續陪》卷四《聞有寶石鶴磨墨猴因爲之說》。

**清聖祖康熙三十六年丁丑　　（1697）　　六十四歲**

春，周在浚遊廣州，互有詩贈答，兼爲周在浚《南行集》作序。

《續陪》卷四《丁丑春羊城答周雪客》中有"江湖放浪日無休，一別重逢十八秋"語。

《續陪》卷四《南行集序》："周子雪客生平著述三十餘種，不僅詩也，而《南行集》又其詩之一也。當櫟園年伯與先君主詞壇，交殊厚。……雪客能世其家學，余愧不逮，今讀《南行集》，以性靈爲風，以真老爲雅，與余所論無往不合。……雪客別余十有八年，忽遇于羊城，相對白頭，足胼同病，至不能拜揖，握手泣下，竟無一語……雪客賦詩贈余，余歌而和之，既書諸冊，復出是集屬爲序。……時丁丑穀日也。"

題周亮工《崇祀鄉賢錄》後。

《續陪》卷四《題司農周公崇祀鄉賢錄後》："丁丑春，五羊遇雪客，殷殷以表揚先人爲志，賢矣哉！通得伏讀《金谿崇祀錄》，敬附數語於後。"

陳臣張、廖南暐約遊黎延祖茆園不果，黎延祖見招，復以事阻。

《續陪》卷四《陳臣張廖南暐約遊黎方回茆園不果方回見招復以事阻》。

過周在浚寓齋。

《續陪》卷四《過周黎莊寓齋》詩中注曰："時黎莊刊《南行集》，託王蒲衣爲較發。"

有詩留別陳臣張、廖南暐、周在浚。

> 《續陪》卷四《留別陳臣張》《次韻留別廖南韋》《次韻留別周雪客》。

將歸里，有詩留別何季璋、高益侯、趙玉立、閆又立、佟木齋。

> 《續陪》卷四《留別何季璋高益侯趙玉立閆又立佟木齋就學諸子》詩中注曰："余初至恩尚壯，今足病艱於步履，臂痛不便屈伸，上齒全落，鬚鬢皓狀。……諸子就學恩州久矣，依依不舍。"

王原解組後，刊《過嶺集》相贈，讀罷分手。

> 《續陪》卷四《王令貽解組後刊過嶺集見遺讀罷分手》。

將返里，至信豐，五姪正玉遣僕至南海相迎。

> 《續陪》卷四《至信豐》："五姪遣僕至南海相迎。"

和二姪正瑪《渾漫興》詩。

> 《續陪》卷四《和二姪玫士渾漫興六首》題下注曰："詩窮而後工，信狀矣。玫士喪妻喪子，又復不第，賦詩極苦。"

有詩慰二姪正瑪，又爲其詩作序。

> 《續陪》卷四《又慰二姪》。

> 《續陪》卷四《二姪寓安詩序》："吾姪寓安所遭不偶，年來偃蹇，益不堪述，而能不辜負其才，信足遨遊，縱心吟詠，真可謂感天意、透世情者矣。"

林竹灣歸南海，作詩送之。

> 《續陪》卷四《送林竹灣歸南海》。

讀二姪正瑪《百結鶉》，有題詩。

> 《續陪》卷四《讀二姪百結鶉書此》。

有詩和《梅花村》詩。

> 《續陪》卷四《和梅花村詩》題下注曰："城東數里，梅花千樹，向隱不知，五姪葆羽從簿書餘閒，偕同人往遊，席地飲酒賦詩，因名其地曰'梅花村'，士人駭觀。玫士有'不愛看花只愛官'之句，陪翁因笑而和之。"

閏三月，在香山署中，見《仁山焚餘》書中一條評語有錯，因爲文辯之。

《續陪》卷四《郭龍孫錯書辯》："丁丑三月，香山署中，見《仁山焚餘》一書，內有《讀歸去來辭》一段，後載評語，書'癸未探花門人桐城方某謹識'，則先君名也。駭甚。仁山者，泰和郭中節先生也，諱懋祚，號仁山，諡中節，文定公青螺先生之曾孫，以世蔭選侍青宮，國變後遯跡，不知所終。嗣君龍孫刊其遺書行世。夫中節先生行高，歸其門，亦無所辱。顧先君與郭氏無交，實無此事。且癸未探花係妻父溧陽陳芝山先生也，先君庚辰通籍在先，書'癸未探花'即不應書'桐城方某'，書'桐城方某'即不應書'癸未探花'，不知龍孫何所據，而直書'門人'，又何疎忽若此而自相矛盾也？癸未非庚辰，溧陽非桐城，陳氏非方氏，總之非門人，是不中無辯。"

爲何莘野《學餘集》作序。

《續陪》卷四《何莘野學餘集引》。

過冰潔堂，有詩示五姪正玉。

《續陪》卷四《冰潔堂示五姪》詩中注曰"十一姪述訓在幕裏事"。

有詩和姚時蓼《試新茶》。

《續陪》卷四《和姚時蓼試新茶詩》。

臨行前一夕，偕兒正瑗登舟，五姪正玉攜尊同二姪正瑈、十一姪及姪孫根梓舟中賦別。

《續陪》卷四《臨行前一夕偕兒瑗登舟五姪攜尊同二姪十一姪及姪孫根梓舟中賦別》。

過西昌，有詩志感。

《續陪》卷四《過西昌有感》。

舟泊永和，擬入青原山禮父衣缽塔。足痛，覓輿不得，遣兒正瑗代行。

《續陪》卷四《舟泊永和擬入青原禮先老人衣缽塔》《足痛覓輿不得遣兒瑗代行》。

有詩呈再堂和尚。

《續陪》卷四《呈再堂法兄和尚》。

過還庵，有詩題山足像。

《續陪》卷四《過還庵題山足法兄像》。

還陪居，題坐處曰"易信"。

《續陪》卷四《還陪居題坐處曰易信》。

**清聖祖康熙三十七年戊寅　　（1698）　　六十五歲**

八月初三，卒於家。

《家譜》卷一四："中通……卒康熙戊寅八月初三日。"

四弟中發作詩哭之。

方中發《白鹿山房詩集》卷一〇《哭仲兄陪翁》。

（作者單位：復旦大學出版社）

儒家典籍與思想研究（第十六輯）
北京大學出版社，2024年4月

·儒學新論·

# 荀子對孔子正名論的邏輯化發展

## 甘祥滿

**【內容提要】** 不同於孔子的正名論僅限於對社會性名號的思考和單向的正實以正名的實踐主張，荀子對"名"有深入、廣泛的研究和思考，並且富有邏輯分類、邏輯辨析等內涵和特點。其別名、共名對舉，單名、兼名相別等説法，不僅於單純的語言哲學研究極有意義，對於社會現實如何實現名實相副的理想也有直接的指導意義。其對宜名、實名、善名概念的闡釋，同樣兼有社會學和邏輯學的思考維度。至於對名實相亂"三惑"的批判，雖然其學術目的旨在維繫社會人倫之秩序，但其以語言批判語言的學術方法卻是值得高度崇揚的。

**【關鍵詞】** 正名　共名　別名　名實

"聖王没，名守慢，奇辭起，名實亂"，這是《荀子·正名篇》裏的話。無論是從名實不當從而引起的名實相亂這一語言問題來説，還是從名實關係之於聖王之治的重要性角度説，荀子的這一説法都與孔子答子路"名不正則言不順"一段話有着相同的思路和立場。名實亂，不僅公共言説難以有效開展，思想情感難以順利交流，政治措施也難以普遍有效地貫徹實施，"雖守法之吏、誦數之儒，亦皆亂也"。這正如孔子所謂"名不正，則言不順；言不順，則事不成；事不成，則禮樂不興；禮樂不興，則刑罰不中；刑罰不中，則民無所措手足"（《論語·子路》）。但孔子所謂"正名"，主要侷限於社會性的名位、名號，而非普遍性的名，因而對於名何以産生、名之功用如何，以及名實關係中具體而複雜的諸多情況如何處理，孔子都還没有深入地思考。更關鍵的是，孔子對正名問題所採取的解決辦法，實際是正實，是對社會現實的改造，因而他的正名主義幾乎没有對"名"做實質性的探討。荀子的立場當然與孔子是相同的，都主張以明王、聖王的權威來徹底解決名不正的問題。正名之所以重要，在孔子和荀子看來，主要是因爲它是一個重大的政治問題、社會問題，而不是單純的語言問題。但荀子受名學思維影響至深，他對正名問題有更深刻的思考，並且儘量採取了邏輯化的方法去證明他的觀點和主張，這拓展和深化了儒家的思想體系，可謂功莫大焉。

## 一、名之種類

《正名》篇首先給出名之種種：刑名，爵名，文名，散名。前三種專指社會制度相關之名，刑名即法律領域的各種制度、概念和術語，爵名指人在社會政治領域的各種身份性名稱，文名即禮儀、文化領域中的各種規範之名。散名即各種雜名，是其他所有事物具體的名。荀子重點對人作爲社會性生物所具有的各種名一一做出了解釋，對物的散名則幾乎没有列舉和解釋。這顯然是荀子的儒者立場所致，重人輕物、重人倫輕物理，這是儒家思想普遍且根本的特點。

> 散名之在人者，生之所以然者謂之性。性之和所生，精合感應，不事而自然謂之性。性之好、惡、喜、怒、樂謂之情。情然而心爲之擇謂之慮。心慮而能爲之動謂之僞。慮積焉能習焉而後成謂之僞。正利而爲謂之事，正義而爲謂之行。所以知之在人者謂之知，知有所合謂之智。所以能之在人者謂之能，能有所合謂之能。性傷謂之病。節遇謂之命。①

在荀子這裏，"名"不限於指自然界中的各種實際存在之物，還包括社會領域的文化、制度等現象，甚至還對人的性情知慮這些生理狀態和精神活動都一一有所界定，但總的來看，這些名仍然都是具體的，即便是"性"這種看似很抽象的概念，荀子的解釋仍然是從生理的角度理解的，並不抽象。至於像純粹觀念性、思想性的現象之名，如"真""美""道""理"這些名，都還没有提及，因爲這些名很難做出具體性的界定。這只能説，在荀子以及先秦時代，還没有對"具體"與"抽象"相互分別這一思維原則有自覺的意識。

但我們能夠確信的是，在荀子那裏，"名"早已不單是一個實際事物的名稱，而是指可以用語言來界定其内容、性質的各種實體、制度、觀念、過程等的概念。除了自然界裏的事物有名，社會領域裏的事物也有名，對人而言，人

---

① 《荀子·正名》（據王先謙《荀子集解》，北京：中華書局，1988），以下引此篇文字，不再注明。

## 荀子對孔子正名論的邏輯化發展

的本質、性情、理智等都有相應的名。但這裏對名的列舉，還不是邏輯的分類，因爲分類必須提出明確的分類依據。但荀子接下來的這句話，就展現了明確的分類意識："單足以喻則單，單不足以喻則兼。"單、兼，即單名、兼名。單名、兼名實際是從語言形式即所用語詞數量的多寡來對名分類和概括。當然，"單"並不是單獨、唯一的意思，因而單名也不是單字之名，而是指用一個名稱命名一個或一種事物，所以"孔丘"之"丘"是單名，"司寇"也是單名，"大司寇"仍是單名。單物或一物之單一方面用語詞命名，即謂之單名。兩個及以上之物或物之某些方面用語詞命名，則謂之兼名。"兄""弟"都是單名，"兄弟"則是兼名。荀子在下文中又補充說，"單與兼無所相避則共，雖共，不爲害矣"。即是説，單名與兼名可以不衝突地與共名關聯在一起。例如"馬"是單名，"白馬"是兼名，同時"馬"也是共名，是白馬、黄馬之共名，"白馬"也是共名，即所有不同大小的白色之馬的共名。所以説，單名和兼名都可以作共名，二者雖共，而互不相妨。從語言形式以及它與所指之實的關係來給名分類，荀子是首創，這對於現代語言學關於單詞、複合詞等詞的分類研究有着歷史的意義。

荀子對名最富邏輯性的分類，是提出了"共名"與"別名"這一組概念。

> 故萬物雖衆，有時而欲遍舉之，故謂之物。物也者，大共名也。推而共之，共則有共，至於無共然後止。有時而欲偏舉之，故謂之鳥獸。鳥獸也者，大別名也。推而別之，別則有別，至於無別然後止。

"共則有共"，按王念孫校"有"讀爲"又"。顧名思義，"共名"即諸多事物共有之名；"別名"即此物或此類物區别於它物之名。荀子告訴我們區别共名與別名的方法：遍舉之則得共名，偏舉之則得別名。前者向上推其同，後者是向下別其異。遍舉是概括的方法，從具體中不斷抽取共性，歸納出其"屬"性，進而找到更上一級的"種"性，因而它是沿着共則又共的路徑不斷產生"共名"。偏舉是相反的過程，是分析的方法，它通過增加內涵、縮小外延，不斷具體化，不斷別則又別，從而逐級往下生出"別名"。"至於無共然後止"，即相共之同類者，與另一個"共"之類不再有同一性，不能再共於上一個集合，也就是二者不再有相同的上位概念，這時候的共名就是最大的共名。"至於無別然後止"則是從相同事物中不斷找差別，不斷別出不同者，別到最後，無再可拆分之不同，就是邏輯上最小單元的物或實。鳥獸是大別名，但並非最大的別名，因爲鳥獸之下還有更多的別名。"物"其實也不是最大的共名，在"物"之外，把所有的存在實體都概括起來的名，是"有"，反之一切不存在的

儒家典籍與思想研究（第十六輯）

實體可以概括爲"無"，所以"有""無"才是最大的共名。共名和別名，是從反映事物一般性和特殊性的不同性質上對名的分類。它們的區分是相對的。因爲共性與個性，是相對而言的；遍舉和偏舉也只是兩種相對的方法。好比同一條道路，從一端出發，左右可確定無疑；從另一端出發，左右也可確定無疑，但此"左"此"右"同時即是彼"右"彼"左"，它們只是一個相對的言謂結果。又如對"動物"而言，"馬"是別名；對"白馬"而言，"馬"又是共名。所以共名、別名的提出，不是一種經驗的列舉，而是邏輯的分類。這是荀子對名的思考中最富有價值的地方。

## 二、名之同異

世界上的事物多至不可勝數，從每一個單個事物來説，則天下没有兩片相同的樹葉，可謂至異。而從較大的範圍看，或從荀子所謂遍舉的角度看，則有些事物與另一些事物之間的差異非常明顯，而兩類事物内部的差異性則不那麼明顯，可見異有大小程度之異，因而同也有大小程度的同。此正所謂共則有共，別則有別。共則同，別則異。a1、a2、a3 各有異，b1、b2、b3 也各有異，而 a1a2a3 與 b1b2b3 相較也有異，而其時 a1、a2、a3 及 b1、b2、b3 又各自是相同的。所以，同中有異，異中有同。那麼，無論是出於認知的需要，還是出於社會秩序穩定的維繫，甚或市場交易之必須，明辨其中之同異，都是十分必要的。故荀子説：

> 貴賤不明，同異不別。如是，則志必有不喻之患，而事必有困廢之禍。故知者爲之分別，制名以指實，上以明貴賤，下以辨同異。貴賤明，同異別。如是，則志無不喻之患，事無困廢之禍，此所爲有名也。

明貴賤、別同異，最終要達到的目的是"名定而實辨"。爲達此目的，制名或用名必須遵守的第一原則就是"同則同之，異則異之"，也就是："知異實者之異名也，故使異實者莫不異名也，不可亂也。猶使異[同]實者莫不同名也。"① 異實則異名，同實則同名。實之同異不僅有静態上異中有同、同中有異等各種複雜性，須一一辨明並予以相應準確的名，而且還有動態地變化着的實

---

① "猶使異實者莫不同名也"中的"異"字，據王念孫校當作"同"，參見王先謙《荀子集解》（下），第 419 頁。

## 荀子對孔子正名論的邏輯化發展

以及變化之不同程度等情況,而荀子主張的原則是實變則名變,但變的程度取決於變化前後是否有實質性的差異。

> 物有同狀而異所者,有異狀而同所者,可別也。狀同而為異所者,雖可合,謂之二實。狀變而實無別而為異者,謂之化。有化而無別,謂之一實。

第一種情況,是不同個體有共同性質。它們雖然可以合用同一個普遍概念,但畢竟是同一類屬之下的不同個體。如孔子和孟子都是"儒者",但畢竟是兩個不同的"儒者"。孔子是儒者的第一個代表人物,孟子是第二個代表人物,他們有共同點,也有不同點,不能混同。這就是同中有異。第二種情況,是同一個體在不同階段有不同性質,這種情況叫做"化"(變化)。雖有變化而實體仍是同一個,就應該用同一個單獨概念。如"青年孔子""中年孔子""老年孔子",儘管情況有所變化,但畢竟還是同一個"孔子",不能看做不同個體。這就是有化而無別。如果注意這兩種情況的區別,就要根據實際情況來決定名稱的數量。同屬,不同種,是為二,這是依據"別"的原則賦名。不同處境,不同階段,而為同一實體的不同時空狀態,仍為一,這是依據"共"的原則賦名。顯然,在名以指實的問題上,荀子考慮得更複雜、更深入,他不是簡單地思考一個名機械地指一個實的問題,而是結合了時間、空間乃至社會情況等變化,認識到名的豐富性、具體性。既化且狀異,則顯然已不同於原貌,則實不可謂同一,按照異實異名的原則,應有二名。如水之三態而有三名。重要的不是保持一個名、一個實,而是如何用更準確的名來指謂其本為同一而其狀有不同的情況。實變了而名不能與之而變,則名落後於實,指謂不當,這會導致一系列矛盾和問題,因此"若有王者起,必將有循於舊名,有作於新名"。舊名之可用者循之,不可用者棄之、改之。名不是固定不變的,條文律典也不是一成不變的,只要實變了,他們就要與"實"俱進,"所為有名,與所緣以同異,與制名之樞要,不可不察也"。這表明,荀子絕不是迂腐守舊的儒者,他對於現實有特別的尊重。

現代語言學之父索緒爾(Ferdinand de Saussure)曾說過:"思想本身好像一團星雲,其中沒有必然劃定的界限,預先確定的觀念是沒有的。在語言出現之前,一切都是模糊不清的。"[①] 先秦名家以及後期墨家、荀子對名的反復辨

---

① 〔瑞士〕費爾迪南・德・索緒爾《普通語言學教程》,岑麒祥、葉蜚聲、高名凱譯,北京:商務印書館,1980,第157頁。

析，從根本上説都是在從事使語言更清晰從而讓人更清晰地看世界的工作。但不同於公孫龍和墨家側重於邏輯和語言本身的釐清工作，荀子更把制名指實、名定實辨當做社會安定、天下太平的必要手段和目的。這又體現出荀子語用學的思想特質。《正名篇》又説："名定而實辨，道行而志通，則慎率民而一焉。"把名定實辨與道行志通並列起來，作爲社會穩定的標誌，這是荀子的獨特思想。德國哲學家卡西爾（Ernst Cassirer）認爲，語言與世界的關係，跟人類的社會活動也是密切相關的："事物的界限必須首先借助於語言媒介才能得以設定，事物的輪廓必須首先借助於語言媒介才能得以規劃；而人類活動之從内部組織起來，他關於存在的概念之獲得相應的明瞭而確定的結構，則是隨着所有這一切的完成而完成的。"[1] 界限、輪廓，正是一物區別於他物的特質，唯有通過語言才能使事物之界限、輪廓得以準確、清晰地界定。這與荀子"名定而實辨"的觀念一致。

按照荀子的思想，聖賢創名之初是制名以指實，但並不是説名規定實，名只是根據實而制定出來，並儘量如實地反映實。在名與實之間，實是第一位的。而且，實是多樣的、變化的，名也就相應地是多樣的、變化的。名和實之間，一定有距離，所以難免有名不副實的情況。實可能是變化着的，尤其是社會性内容的實。而名是相對固定的，或者説名的變化相對實而言是延遲的。孔子的正名，是針對實在變化而名無變化的情形，要求實回到原初的狀態。荀子則主張實變則名亦相應地變。

> 故知者爲之分別，制名以指實，上以明貴賤，下以辨同異。貴賤明，同異別，如是，則志無不喻之患，事無困廢之禍，此所爲有名也。

制名以指實，"名"即具有"指"的功能。制名指實之所以可能，前提是"知者爲之分別"。知即知分別，分別即是知。公孫龍《指物論》認爲"天下無指，物無可以謂物"，這是重名輕物，突出名（語言）的重要性：沒有名（指），人們根本無法指物，也就無法進行交流。荀子則進一步以名爲工具或手段，其目的是別同異、明貴賤，其語用論目的是十分明顯的。上以明貴賤，強調名稱、語詞在建立社會秩序中的政治功能。但在我看來，更重要的是緊隨其後的"下以辨同異"這個表達，因爲這意味着在更廣闊的領域裏，在更經常的時間中，辨別事物的類屬，把握事物的類型特徵，乃至確定事物的文化價值，

---

[1] 〔德〕恩斯特·卡西爾《語言與神話》，于曉等譯，北京：生活·讀書·新知三聯書店，1988，第63頁。

無不基於對"名"的辨同別異。

"共其約名以相期",不只是運用既有的約名相期以交流,還會相期以造新詞。語言系統自其被創造出來之後即有了自己的生命,它既是固定的、穩定的,也是常新的、發展的、鮮活的。它的不斷豐富源於自身所具的生發力,即語言系統及其規則是一套具有創造力、衍生力的編碼,它經由人而生發出新的語詞。人被拋入世界,首先是被拋入一套既定的語言系統,不是他去拾取語言工具爲其所用,而是語言擁抱了他、塑造了他,即他的成長世界是被語言規定着的:他不得不如此言說,不得不以如此言說的語法、句法邏輯而思維、而表達……按照維特根斯坦的語言遊戲論,語詞的意義是由生活實踐中事物所處的關係而決定的。我們也可以設想把某種語言系統下的個體當成一個物品或某種遊戲中的一顆棋子,那麼,同樣地,這個個體的意義也是在這些社會關係中被賦予的,而這種賦予,必然依賴語言或通過語言來進行。一個個體來到一個語言系統中,首先被語言賦予一個符號(名字),然後在社會活動中,他每獲得一個社會身份,都被語言指謂着,也可以說,他首先是被他的社會身份(如開始是嬰兒,然後是幼兒、少年、小學生、中學生、大學生,然後是律師、教師、處長、經理,然後是丈夫/妻子、父親/母親、領導、下屬……)所具有的語言稱謂所規定着的,他也始終由忠誠、勇敢、有責任心、聰明、能幹、善良等等社會評價塑造着、規定着。社會語言就是他人生的一張網,他的一生所留下的,就是在這張網上留下的印跡,每一個印跡都可以被言說。所以,人在社會中,就是"共其約名以相期"的。

"同則同之,異則異之"的制名原則,要求保持語言符號指謂對象的確定性,相當於形式邏輯的同一律。所以,荀子的"正名"其實是同實用同名,異實用異名,此則此,彼則彼。很顯然,這與公孫龍和《墨經》對於辨別名之同異的基本主張是完全一致的。公孫龍所謂正名以正實,"彼此唯乎彼此"的原則,或者如《墨經》總結的"彼止於彼""此止於此""彼此止於彼此"的原則,在邏輯形式上都可以簡化爲荀子的"同則同之,異則異之"的原則。我們把"彼""此"兩個詞,分別置換爲英文字母 AB,則公孫龍、《墨經》和荀子的原則可以表示爲:A=A,B=B,AB=AB。這就是同一律的表達形式。

如果說我們的制名、用名原則上必須根據"實"的同異而同則同之、異則異之是一種邏輯的要求,那麼在現實中,人有沒有辨別這些同異的能力?我們每個人的感知都是不一樣的,爲何彼此之間還可以進行交流呢?我們如何知道,你說的"這個"就是我理解的"這個"呢?荀子意識到了這個問題,他認爲事物的同異、貴賤之別，是經由人的理性辨析而確知的。在中國古代的思想發展歷程上，荀子是第一個自覺地思考客觀世界與作爲認知主體的人之間的關係的。

  然則何緣而以同異？曰：緣天官。凡同類同情者，其天官之意物也同；故比方之，疑似而通。是所以共其約名以相期也。

"同類同情"的説法當然還是粗略的、樸素的認識，是一種約略而並不精確的判斷。荀子只看到了人皆有情、有知、有感，而沒有看到所知、所感、所慮的不同。對於同一對象，不僅未免每個人在不同時間、不同角度有不同感覺，而且人與人之間的感覺也有不同，由這些種種的不同到用同一個名稱、同一個語句去陳述，中間需要經過理性的加工、主體間的約定，不能簡單地認爲在開端處即是同類同情、同情同意的。這裏不是缺乏精細的、分析的思維的問題，而是關閉了通向精細辨析探討的通道。

  形體、色理，以目異；聲音、清濁、調竽、奇聲以耳異；甘苦、鹹淡、辛酸、奇味以口異；香臭、芬鬱、腥臊、灑酸、奇臭以鼻異；疾養、凔熱、滑鈹、輕重以形體異；説故、喜怒、哀樂、愛惡、欲以心異。心有徵知。徵知則緣耳而知聲可也，緣目而知形可也，然而征徵知必將待天官之當簿其類然後可也。五官簿之而不知，心徵之而無説，則人莫不（然）謂之不知①，此所緣而以同異也。

天官，眼、耳、口、鼻、身、心。心包括了喜、怒、哀、樂、愛、惡、欲之心，也就是情，而作爲思考和理性能力的心，荀子則主要以"徵知"或"心知"這個名來描述。天官能意物，而心有徵知，所以心能緣耳而知聲，能緣目而知形。心知根據感覺進行理智化思考而將感覺進行概念化、進而形成判斷、進行推理等活動。沒有天官帶來的感覺，心知則無緣、無徵，沒有心知，則感覺停留於混沌狀態。由於天官之異，所以心知賴以加工的感知材料是不同的；又由於五官與心官的不同，所以心知之情不同於感知之實，心知能對感知進行抽象化處理，能抽象其共性，區別其異性。名之有同異，在荀子看來正緣於主體之身心有以上種種同異。荀子的獨到之處還在於，他進一步指出，"五官簿之而不知，心徵之而無説，則人莫不（然）謂之不知"，五官不能知，心官知之而不能説，則人視爲不知。可見，心知而不能用語言表達出來，猶如單有感

---

① "然"字，王念孫以爲衍字，可從。王先謙《荀子集解》，第418頁。

覺而没有經過心的徵知一樣，可以說是無知。不能用語言表達出來的任何所謂感覺、概念、觀念，不能爲他人所知、不能進行共享、交流，則他人無從知道其感覺和思想，無從知道的知即是無知。自我的感知以及内心活動，無論多麽豐富，只要它没有或不能經由語言言説出來，都不能稱爲知，即夠不上知識。所以語言是知識的基本形態。

總之，對於人的理性能力，荀子是充滿自信的。人類通過心知的辨析和抽象能力，理解"實"的複雜性、豐富性，然後又用"名"來指謂它們，又用"名"來實現人與人之間的交流。荀子總結説："異形離心交喻，異物名實互紐。"異形，即不同形象的事物，跟下句"異物"同，側重角度不一樣而已。《尹文子·大道上》説："名也者，正形者也。……有形者必有名，有名者未必有形。形而不名，未必失其方圓白黑之實。名而不可，不尋名以檢其差。故亦有名以檢形，形以定名。名以定事，事以檢名。察其所以然，則形名之與事物，無所隱其理矣。"離心，相互不同、分離的人心；交喻，相互交流而彼此領會對方。①《淮南子·説林訓》有言："異形者，不可合於一體。"異形即表示不同之物、不同之人。人心雖各不相同，但仍然可以通過語言的交流達成一致、相互理解。爲什麽？荀子在下文給出了答案："凡同類同情者，其天官之意物也同。"名實互紐，物有名、有實，名實是相互連接、相互對應的，有此實則有此名。所以"異形離心交喻，異物名實互紐"這兩句話的意思是説，儘管世界萬物紛紛，各不相同，但由於人有心知，物有名實，所以人和人之間可以對不同的事物獲得相同的認知。荀子對語言充滿信心，對人的理智充滿信心。所以，下文緊接着説，要明貴賤、別同異，就必須制名以指實，這樣才能名實互紐，才能對異形、異物做出精確、細微的分別。不能别同異，則甲誤成乙，乙誤成丙，甲乙誤成甲或乙……制名之必要，其實就是爲了察物，爲了明貴賤、别同異，這樣不僅對事物有精確的把握，對社會的秩序與和諧也同樣起到積極的作用，而後者是荀子全部思想理論的目的所在。從這一點説，荀子的思想主旨是儒家的，而其方法則是名家的。荀子的思想學説，不是要構建什麽道德形而上學，也不是簡單的道德説教，他是用邏輯的、科學的分析和推理來建構社會和人倫之道。

---

① 關於《荀子·正名》篇"異形離心交喻，異物名實互紐"一句的文義，舊注多不得其解。杜辛可《關於"異形離心交喻，異物名實玄紐"注釋的探討——讀荀況〈正名〉劄記》一文對此有很好的梳理和辨析。該文載《陝西師範大學學報（哲學社會科學版）》1984 年第 1 期，第 25—29 頁。

荀子的意義和貢獻在於，他發現或重視心知對於感官經驗的作用，心知對感覺經驗進行辨别、分類、綜合，然後分别爲之命名。命名活動，或者說名的本質，是用語言爲心知的工作進行表達。心知的對象是感性經驗，感性的對象是世界（物）。所以，世界之紛繁複雜、認識對象之同異錯綜，皆可經由人的理智（心知）爲之一一辨别，並通過語言的形式表達出來，人與人之間的交流因此而得以實現。

## 三、名之好壞：宜、實、善

既然實有同異，那麽按照同則同之、異則異之的原則而爲之賦名，則名實關係就會得到合理的安排了。然而荀子認爲，正名還有更高的要求：

> 名無固宜，約之以命，約定俗成謂之宜，異於約則謂之不宜。名無固實，約之以命①，約定俗成謂之實名。名有（無）固善②，徑易而不拂，謂之善名。

第一句講適宜與否，取決於社會的共約；第二句講有無確定的"實"即對象、物，也同樣取決於社會的共約。這都是在講"名"的制定和確定，不單只根據名與實的純邏輯關係，更要考慮名作爲人類社會的文明形式所具有的社會性，在社會文化系統下來確定宜名、實名甚至善名。

對於天下之物事，人如何爲它取名，即如何用語言稱謂它，原則上是某個範圍內的社會團體約定俗成的結果，並没有先天固有的、確定的名稱。宜，即合適。名稱是否合適，並没有一個先天的、抽象的原則規定，完全由使用它的人共同約定。約定即是共同認可，並相應地給出規則。規則一旦確定，則不能輕易改變。"異於約則謂之不宜"，在一套語言規則已經確立穩定地位且被使用者所習慣後，突兀地另起一套語言名稱，則徒增紛擾，不合時宜。

在宜名、實名的基礎上，經過時間和社會檢驗，能够持久地存在而無需改易的名，就是"善名"。"名有（無）固善，徑易而不拂，謂之善名。"因爲按

---

① "命"下，原本有"實"字，據王念孫校以爲係涉上下文而衍，今從之刪。見王先謙《荀子集解》，第420頁。

② "名有固善"，據上文曰"名無固宜"，又曰"名無固實"，連三句爲同一句式，都是講名本來没有所謂適宜、充實、好壞之說，但是符合某種規則或需要即可確定之，故此"有"字當做"無"字。

約定俗成的原則而給事物取了名，這個名雖然合法合規，但可能很不合適，在使用中會帶來不便，這便不是善名。比如一個人的私名，它本來可以按照個人的喜好來定，但實際上名是用於社會的，它如果違背了社會的公共規則，就會很不適宜。《尹文子·大道下》篇有一則這樣的故事：有一位老漢給大兒子取名叫"盜"、二兒子取名叫"毆"。生活多年，倒也平安無事。後來的某天，大兒子外出，老漢在後邊追著喊："盜！盜！"此時正巧有一小吏在旁邊聽到，以爲老漢家被盜了，正在追盜，於是便把他的大兒子抓了起來。老漢一時不知如何是好，便想着叫二兒子去向小吏解釋，於是慌忙中道："毆！毆！"這名小吏一心維護社會秩序、懲治犯罪，於是就揮起手中的棒子毆打他的大兒子。一個任性的名字，差點害他兒子丟了性命。

善名，並非先天地有某種標準，它是社會性行爲的結果，它的善與不善，取決於社會文化的共識。荀子從語用學的角度看到了名的社會性，並以此作爲實現其正名理想的重要內容，這無疑是正確而且極有價值的思想。不過，名的社會約定性這一方面也不能過分誇大和強調，否則又容易走向極端。因爲所謂"約定俗成"，是專從語言的使用者（我們在下文中暫時使用"主體"一詞）而言，而把所命名的對象擱置在一邊，完全由主體去決定。那麼，這種約定論必須先自我反思：是一切語詞都由主體約定而成嗎？還是只有部分語詞？在何種範圍內，這種社會約定力是有效的，何時是無效的或不起決定作用的？這些問題都需要仔細而審慎的思考。我們可以想象並接受這樣的情形：在文字創造之初，主體的約定起着唯一的、決定性的作用——即便事實上某些文字是個別有能力的人創造的，但接受它仍然是社會性的約定。這個約定，不單只約定某物的名稱，也約定不同名稱與其他事物之關係不同而具有相應不同的關係規則，進而也就有了約定的造字的規則、語法和句法的規則。當這些規則逐漸建立和完善起來，語言系統就確立了，這時它自身就成爲一個能指系統，並由其內部規則而具有生命，即自我繁殖、演繹的能力。語言、文字的確立，可以說是人類最早創造的人工智能（AI）。雖然這個 AI 的初始符號和初始規則都是人創造並設定的，但只要人類還繼續使用它，並且正如荀子所說的"徑易而不拂"，那麼它就擁有了自己的生命，並擁有了相對獨立的自我生成能力。這就意味着，原初純主體的約定能力已經讓步於語言系統的自我制約、自我生成能力，不再能任意、隨意地主宰他們所創造的語言，相反，人在一定程度上受制於語言。凡不能熟悉並正確使用這套 AI 系統規則的人，都將不爲社會所接受，他的語言都將是不合法的、無法正常溝通的語言。

漢字之宜、善與否，固然有社會約定而成的性質，但字詞一旦被創造出來，在它自身的系統裹就總是有一套規則和邏輯，也就是說，它不得不如此。漢字是表意文字，而非表音文字。我們可以用"S"和"E"來表示"天""地"，也可以用别的符號，只要大家約定就好了。但漢字用"天""地"來表示天、地，大概就只能用這種固定的字形，而不可用别的，這就是說它們不是隨意的約定，它們有不被約定的性質。又如漢字一、二、三，阿拉伯數字1、2、3，英文數字 one、two、three，漢字是可以直觀其義的，不可能有任何人會把"二"當作"一"來理解，也不可能有任何人把"一"當作"二"或"三"來理解。這是漢字的特殊性。就是說，作爲一種符號，很多漢字的字義，與它自身的形式有密切的關聯，這是别的非象形文字所不具有的性質。也許可以說，漢字更多地保留了人類語言的圖畫性質。《易經》八卦及卦名的關係，很能說明這種特點。《易》本觀天而取象，用陰陽符號━ ━━來描摹卜筮所觀察到的形象，經過規整化而形成八卦、六十四卦的卦象，由卦象、後來又從其卦體和性質而直接用文字概括它，於是有了卦名，如☰、乾。這是一個由圖畫到符號再到文字的演變過程，這個演變是由其内在所有的關聯性驅動的，而不是由人約定的。衆所周知，漢字的製作和生成，主要有六種方法，即所謂"六書"："一曰指事：指事者，視而可識，察而可見，'上''下'是也。二曰象形：象形者，畫成其物，隨體詰詘，'日''月'是也。三曰形聲：形聲者，以事爲名，取譬相成，'江''河'是也。四曰會意：會意者，比類合誼，以見指撝，'武''信'是也。"（《説文解字序》）萬變不離其宗，全部漢字的基礎都在象形。象形的本質是用圖畫、線條的形式比擬天地間萬物。在象形的基礎上，再做一些其他方式的組合、演化，進而造"意"，進而假借。總而言之，漢字的生成和演化有其特定的内在規律，單用主體的約定性原則進行解釋是不能準確概括的。

## 四、對名實相亂現象的批判

相較於孟子對淫辭、遁辭等的心理式批評，荀子對語言濫用尤其是對擅長名辯思維而提出一些反常識性命題的語言現象的批判，則似乎更側重於邏輯層面。但仔細分析後即可發現，這種批判的背後邏輯仍是立足於如何有利於社會穩定，有利於君王權威的政治目的，或者說荀子的語義學批判是服從於他的語用學目標的。荀子把這些悖離正道的觀點，歸於對名實關係的錯誤認識，並將它們概括爲"三惑",即用名以亂實,用實以亂名,用名以亂名。雖然這"三惑"皆以"名"概括,但實質上並不限於作爲名稱、概念的"名",而是還包括"辭"以及其他表達思想意義的語言形式。這也表明,荀子的正名論拓展了孔子正名說的範圍,已非名稱、名號、名位之"名"所限定。

需要說明的是,荀子對此"三惑"的批判,文本上存在兩大缺點。其一,對所列舉的批判對象即那些"邪說辟言"未給出具體的說明,而僅僅列出簡短的判詞(如"見侮不辱""山淵平"),讓讀者不明其詳,甚至不知其所指。這相當於學術研究中不規範、不嚴謹的斷章取義,出處不明。其二,荀子對這些斷章取義的判詞的批判也沒有給出充足的理由,缺少必要的論證或論辯過程,這也讓讀者莫名其"妙",即不知他是從哪個方面進行批判或反駁的,不知他的批判是否有的放矢或擊中了要害。這相當於在學術研究中只給出觀點,不給出證明,只給出結果,不給出過程,是失於武斷,令人失望的。正因如此,現代學者對荀子所批對象的觀點爲何以及荀子對他們的批判又是如何,只能充斥着各種猜測,不得不以己心度荀子之腹。這些猜測正如荀子本文一樣,終究是無根據的,按理說,既然是猜測,就應該出現多種多樣、不同角度、不同理據的猜測版本,然而讓我不能理解的是,學界流行的猜測卻似乎只有那麽一兩種,它們不斷被沿習,不斷被重複,久而久之,就被默認爲唯一的、官方的版本了。由於這些猜測的觀點普遍地流行在荀學研究中,因此我也不準備注明其出處。

荀子對"三惑"的批判,見於《正名篇》:

> "見侮不辱","聖人不愛己","殺盜非殺人也",此惑於用名以亂名者也。驗之所以爲有名,而觀其孰行,則能禁之矣。"山淵平","情欲寡","芻豢不加甘,大鍾不加樂",此惑於用實以亂名者也。驗之所緣無以同異,而觀其孰調,則能禁之矣。"非而謁楹","有牛馬非馬也",此惑於用名以亂實者也。驗之名約,以其所受悖其所辭,則能禁之矣。凡邪說辟言之離正道而擅作者,無不類於三惑者矣。故明君知其分而不與辨也。

正如我們已經看到的,荀子把名實之亂歸爲三個方面,也就是名實不正常的三種關係。邏輯上說,在"名"和"實"之間,有四種相互擾亂的關係,即名亂實,實亂名,名亂名,實亂實。但荀子很清楚,其中的"實亂實"與"名"無關,也就是說,在現實經驗世界裏,可能存在大量以實亂實的情況,比如僭越、戰爭、犯罪、欺詐、瀆職、濫權等等,但它們不是"名",即不屬名言領域。所以,從語言的角度說,有且只有三種惑亂——以名亂實,以實亂名，以名亂名。荀子的概括是嚴謹的。但此三種語言領域的惑亂，究竟是什麼意思，則荀子語焉而不詳。因此我們必須先真正理解這三種"惑"的涵義，然後才能進一步瞭解荀子爲這三種"惑"所舉的實例是否允當，以及荀子爲此提出的解決方案是否行之有效。

所謂"用名以亂名"，顯然與"實"無關，而只涉及"名"與"名"之間不適當的對應關係。要想知道名與名之間關係何爲不當，邏輯上須先知道名與名之關係何爲當。名與名關係當的標準，我們不必猜測，因爲在《荀子·正名篇》以及在公孫龍的《名實論》和《墨經》那裏，都有明確而一致的説明。就荀子本身所述而言，則在名的分類上，有共名、别名以及相應等級的區分，有單名、兼名的分别，最重要的總原則是"同則同之，異則異之"。我們可以依據其中任意一項標準來判别用名是否準確、恰當。由於這一種用名之惑是"用名以亂名"，其中藴含兩個"名"，所以待判别的内容非常明確，就是有兩個"名"，比如 A 和 B，我們需要考察、辨别二者應有的關係是怎樣的，誤用者在表達中實際表現出來的關係又是怎樣的，兩相比較，自然知其同異，知其當否。

針對以名亂名的錯誤，荀子舉出三個例證："見侮不辱"，"聖人不愛己"，"殺盜非殺人也"。這三則語言表達式或命題，都能追溯其明確的出處，因而其涵義是清晰的。"見侮不辱"是宋鈃的的觀點，在《莊子·天下》篇有記載。宋鈃以爲侮由人施，辱由己生，若以人己不相干，内外不相涉，則人侮無辱於己，由此即可"救民之鬥"。意思是遇到欺侮，心理上不感到恥辱，就不會產生鬥爭的意念、發生鬥爭的行爲，於是就能天下太平。顯然，荀子批判"見侮不辱"的觀點是因爲宋鈃把"侮"和"辱"這兩個名之間本該有的内在關係消除了，也就是把它們之間既相異又相關的關係説成彼此不相干的關係。這可以説是違背了荀子"同則同之，異則異之"的原則。用荀子"所以爲有名"的理論衡量，説"見侮則辱"是行得通的，因爲實際情況是受到欺侮勢必感到羞辱；而説"見侮不辱"則是行不通的。"侮"之爲名，乃指對他人實施了某種傷害性的言語或行爲；而"辱"之爲名，乃是由侮而引起的心理感受。侮則必辱，辱由侮起。若見侮不辱，則"辱"名不生，這是對一固名之義進行空化處理，是以名亂名。宋鈃的這個觀點，不僅在語言上是以名亂名，而且作爲一種主張也還是錯誤的、有害的。受侮而辱乃是人性使然，唯其能感到辱，才有動力和勇氣去反抗這種侮。一個民族在遭到異族侵略時，必是那些深切地感受到屈辱的人才有站出來挺身反抗的勇氣和精神，唯有如此，這個民族才有希望，才能受他人敬重。文王一怒安天下，若見侮不辱，如何能怒？如何能安天下？

"殺盜非殺人"的命題,見於《墨子·小取》:"盜者人也,殺盜非殺人也。"這是《小取》篇"是而不然"的"侔"式推理中的一例。爲論證"殺盜非殺人"的命題,墨家提供了許多同類事例作爲類比的證據,從而總結出"是而不然"這種新的侔式推類規則,當然這是一個錯誤的推理形式。《墨經》採用這種侔式來論證"殺盜非殺人",主要目的在於表達這個判斷的倫理主張或倫理意義。它們採用了一種邏輯推理的形式來證明和表達它們的觀點,雖然其論證過程和形式是錯誤的、無效的,但這種做法本身的意義卻是值得充分肯定的。相對而言,荀子對墨家的這個觀點的批判,雖然結果上是對的,但缺少論證的過程,缺少言必有理、持必有據的學術嚴謹態度,這一點卻是遜色的。荀子究竟如何批駁墨家的這個觀點,我們實不得而知,只能猜測或推測。有"猜測"認爲,荀子是從生物學的意義著眼,認爲盜是人,殺盜即是殺人。這當然只能是猜測,是沒有根據的。我認爲可以這樣推測,按照荀子對於名的分類,一般而言,共名相對別名而言,前者是邏輯的屬名,後者是種名。由屬種關係可知,屬包含種,而種不包含屬,簡單地說,屬名是上位概念,種名是下位概念。如果兩個具有屬種關係的名放在同一個句子中,那麼,屬名可以用作謂詞,而種名只能做主詞,不能做謂詞。因此,我們能說"白馬是馬",而不能說"馬是白馬";我們能說"盜是人",而不能說"人是盜"。既然"盜是人",那麼按照《墨經》"是而然"的侔式即可推出"殺盜是殺人"的結論。所以,用荀子的共名、別名分類思想,即可知"殺盜非殺人"是把"人"和"盜"這兩個名的邏輯關係搞混亂了。若"a 是 b"爲真,則"a 不是 b"必爲假。如此理解荀子對"殺盜非殺人"的批判,雖然也是"推測",但屬取於荀子而用於荀子,是用荀子解荀子。

"用實以亂名",即根據作爲名之所指的"實"的實際情況反過來否定或淆亂"名"的原有含義。嚴格來說,如果"名"只是作爲一個事物的名稱或單個語詞,那麼"用實以亂名"的情況是不可能存在的,因而這種說法也不會出現。因爲作爲名稱、名詞的名並不表達涵義,而只有指稱。山有"山"之名,淵有"淵"之名,絕沒有哪個詭辯家無聊到用別的事物來反證"山"不是指山、"淵"不是指淵。從荀子所舉的三個實例來看,所謂的以實亂名之"名"應做"說法""觀點"等表達意義的語言形式來理解。例如"山淵平"是講的山與淵的關係,"情欲寡"是講情欲之多少,這裏都不是在擾亂某一個名,而是在表述一個錯誤的關係判斷或性質判斷。也就是說,在這種"惑"中,"山""淵""情欲""芻豢""大鐘"以及"平""寡""甘""樂"都是作爲"實"而非作爲"名"存在。那麼這裏的"名"是什麼呢？或者説這些"實"亂的是什麼"名"呢？——亂的是對這些實的關係、性質所作出的判斷、説法，這些判斷、説法即是命題（辭），他們屬於廣義的"名"。

那麼這些説法或命題的問題在哪裏呢？荀子是怎樣批評的？一種流行的"猜測"是，這裏所舉的三例命題都是用個別的、特殊的或例外的"實"來否定普遍的、一般的"實"，用少數的特例、反例來反駁一般常識，在邏輯上犯了以偏概全的錯誤。於是，這種"猜測"又繼續猜測荀子所採取的針鋒相對的辦法，那就是荀子也主張用經驗的方法去驗證一番，看看究竟哪種據"實"得來的經驗判斷更符合實際情況，更能在生活實踐中運行得當。必須承認，這種猜測是説得通的，但仍然只是猜測，因爲它沒有提供根據。而且根據這種猜測的説法，則相當於説，對方是用少數經驗否定多數情況，用特殊否定一般，而荀子是用多數經驗反駁少數情況或證明普遍情況。前者是以偏概全，後者是有限歸納，似乎雙方都是在經驗的立場上爭論，而爭論的關鍵只在經驗的多與少上。然而我們知道，歸納法所得的真理只具有或然性，不具有必然性。儘管如此，這種猜測仍可能是最能自圓其説的解釋，因爲荀子的確把所批判的觀點界定爲"用實以亂名"，儼然這幾個命題都是從個別感官經驗而得來的；而且荀子又的確只提出了"驗之所緣以同異"這種付諸實際經驗的反駁方法。

在沒有充分的文獻證據和充足的理論根據下，我不準備提出新的"猜測"方案，以免徒增煩擾。但我會提出兩點質疑。一、我質疑"山淵平""情欲寡"和"芻豢不加甘，大鍾不加樂"這些命題是來自個人經驗。我們知道，"山淵平"的觀點出自名家，按《莊子·天下》篇的説法，屬惠施"十事"。而就我們對名家之風格和特點的一般瞭解，他們是長於形名和邏輯，而疏於經驗和事實的。就像公孫龍，他明知道，在世人的經驗裏，在日常的語言實踐中，白馬就是馬，可他偏偏標新立異地提出"白馬非馬"，而"白馬非馬"之説又完全不是從經驗中得來的，而純粹是出於公孫龍的邏輯思維。因此可以想見，惠施這個學富五車的名辯之徒，絕對不會這樣來論證"山與澤平"或"山淵平"：我在江淮之地所見之山，不如我在秦隴所見之澤高；我在羌地見一淵，其高與某山平，所以"山與淵平"。如此之論，只見得惠施思想之淺薄平庸罷了。天高地卑，山高澤平，這是經驗事實，是綜合命題。而惠施、公孫龍作爲名家，其思想命題都是分析命題，絕非綜合命題。從惠施"十事"來看，他擅於從相對的角度分析問題，因此"山淵平"也最適宜從相對的角度來理解。因爲山之高，是山相對於某個平面而言，即確定一個測量點作爲基礎，則山具有某種相

## 荀子對孔子正名論的邏輯化發展

對高度；同樣，如果我們測量一個湖、一個淵，也必須先確定一個基礎面，再測出湖、淵的相對高度。兩個"高度"在經驗上可能山高、淵低，但從邏輯上說，山有"高"，淵也有"高"，兩個"高"完全有可能是相等的，甚或淵之高大於山之高。從這個角度說，山與淵一樣，都高，也都平。這大概就是惠施"山淵平"命題的理據和内容。如此，則"山淵平"就不是以實亂名，頂多只是以名亂實而已。另外兩個命題也可作如是觀。此爲第一個質疑。質疑二，不管"山淵平"是以實亂名，還是以名亂實，荀子用以批判的最好的理論武器，不應該是訴諸感官經驗，而應該用他自己在《正名篇》裏提出的有關"名"的理論。因爲荀子自己在《正名篇》裏也説過，耳、目、口、鼻、形五官所獲得的感知是因人而異的，惟有心知能發揮理性的抽象能力，能真正地判別同異，辨明真假。因此付諸感官經驗的驗證方法本來就不是荀子所看重和依賴的。對於"山淵平"這樣的命題，荀子完全可以運用"所爲有名"的理論予以批判。因爲名之所以爲名，正在於它是指實的，有實之異，故有異之名。"山"之爲名，即用以指高於地平面之地貌；"淵"之爲名，正用以指低於周邊地形之地貌。如此則一高一低，自不相同。或者用"驗之名約"的方法批評之，也不失有效。因爲"名無固宜，約定俗成謂之宜"，"名無固實，約定俗成謂之實名"。"山""淵"乃至"高""低"之名，皆係社會群體出於生活實踐之便而約定爲名，故"山"則約之以"高"，"淵"則約之以"低"。"名定而實辨"，"則慎率民而一焉"，這樣才不會亂名起。故荀子對"用實以亂名"的批判，其所用之理論不夠敏鋭，不夠高明。此爲第二個質疑。

所謂"用名以亂實"，當指由純粹的概念辨析産生出來的一些説法有悖於百姓日用之常識，會對百姓的實際生活産生混亂或消極的作用。前此所批評的"用名以亂名"之錯誤在於對名與名或概念與概念的語義關係做了不合邏輯的解釋，這與"實"的關係不大或與"實"無關。相較而言，"用名以亂實"的問題或錯誤當在"名"與"實"的不當關係上。但究竟這裏的名實關係不當是怎樣的，我們依然不能從文本上獲知。據荀子和《墨經》的名實關係之論，則不當的名實關係無外乎如下三組六種：名同實異，名異實同，名存實亡，名亡實存；名一實多，名多實一。換言之，用公孫龍或墨家的術語説，就是彼不唯乎彼，此不唯乎此，彼此不唯乎彼此。用荀子自己的話説，則是同而異之，異而同之；單而兼之，兼而單之；別而共之，共而別之。捨此無它。

那麽，根據荀子所列舉的錯誤用名之例看，究竟是哪種或哪幾種名實錯亂的情形呢？這裏的困難主要來自荀子本文，其原文本做："非而謁楹有牛馬非馬也。"此文無論是字詞還是斷句都殊難理解，各家的校讀結果也大不相同，莫衷一是。比較有共識性的猜測有兩種，其一認爲這裏包含了《墨經》的"牛馬非馬"說，其二認爲這裏列舉了公孫龍的"（白）馬非馬"論。本文認爲這兩種解讀都有可能，因爲從某個角度説，"牛馬非馬"和"白馬非馬"有着相同的邏輯，如果從荀子的立場看，它們的問題也可能是相同的。所以我準備對這兩個命題都做一簡略分析。

《墨經》所謂"牛馬非馬"，意謂"牛馬"乃集合概念，合牛與馬而言，也就是説"牛馬"是一個複合詞，一個兼名，它指稱的是兩個實即牛和馬。作爲兼名的"牛馬"不同於單名之"牛"和單名之"馬"，它也不是"牛"和"馬"兩個單名的相加，而還是指"牛與馬"這個整體。所以說，牛馬者牛與馬也，牛馬者非牛、非馬。就指實而言，北山有一群牛，南山有一群馬，則只能分別用"牛""馬"這樣的單名稱謂。而如果西山有數匹馬和數頭牛混合在某處，則只能用"牛馬"這個兼名稱謂。其"實"有多寡，則其"名"有單兼。此本荀子單名、兼名概念的題中之義。至於公孫龍的"白馬非馬"，只不過换成了以"白"之性或形與"馬"之實體合而言之，本質上仍是兼名，因而是二，而不是一。按照公孫龍子《通變論》中"二無一"的原則，則白馬非白，白馬也非馬。這也符合荀子單名、兼名的定義。因此，無論作"牛馬非馬"還是作"白馬非馬"，這兩個命題在概念論和邏輯上都是正確的表述，它們不屬名實不當關係中任意一種情況。

荀子自知對此種類型命題的批判，不能從邏輯上與之較量，也不能用他的單名、兼名理論予以反駁。因此他選擇了"驗之名約"的方案，也就是如上文所述的，按照制名的約定論進行批評。而所謂的約定論，在某種意義上就是少數服從多數的主體決定論，用大白話説就是：大家都是這麼説的。因此，按照約定俗成的原則，大家説"白馬"一詞的時候是同時承認它也是"馬"的，大家説"牛馬"一詞的時候也都認爲其中有"馬"、其中有"牛"，所以説"牛馬非馬"或"白馬非馬"，這是以自己的所受悖大衆之所不受（辭），也就是違背了日常語言在普通大衆生活中習慣、穩定的通行規則。顯然，荀子採取的是以社會學對抗邏輯學、以語用學對抗語義學的策略。

因此，荀子對語言表述"三惑"的批判，從其方法和目的來説，都主要不是爲了語言本身，而是爲了維護社會秩序的穩定，爲了實用的目的。不過，荀子對"三惑"的批判這一學術行爲，可以說是第一次比較集中、深入而且概括較爲全面的對當時流行的學説從語言的層面所進行的一次大清算。他至少在學術上起到了這樣的積極意義,即學術的問題要用學術的方式解決,思想的問題可以經由對語言反思而得到澄清。就荀子在《正名》篇中對"三惑"的批評而言,其中所舉諸多命題或說法,有的是倫理主張或倫理命題,有的屬心靈修養問題,有的是純粹的概念之爭、思維之辨,它們或來自墨家,或代表道家,或出自名家,而荀子以學者的身份和學術的方法,試圖用正名的方式在語言領域裏徹底解決這些不同觀點、不同立場之間的意識形態紛爭,期望通過矯正一切語詞使用不當、語言表述不規範的問題,讓那些宏大的、玄奧的、偏離正道的學說自動遁形、渙然冰釋。這種努力和做法,有點像20世紀初期維也納學派如石里克和卡爾納普通過語言和邏輯分析來清除形而上學的混亂和錯誤那樣一場學術行動,雖然荀子在主觀上並没有這樣純粹的動機。

## 五、正名之保障

奇辭起則名實亂,奇辭之亂,足以惑民,足以悖法,足以壞道。荀子辨同析異的目的,正在於"名定而實辨,道行而志通"。而當時的社會正處於新舊文明交替之際,聖王没,名守慢,禮崩樂壞。跟孔子一樣,荀子也認爲名實不正的問題,是現實問題的根源之一,而正名是解決此問題的途徑。

當荀子把正名當做一項社會措施時,他提出的方案是:聖人制禮,凡人踐行;明王正名,凡人服從。"夫民易一以道而不可與共故,故明君臨之以勢,道之以道,申之以命,章之以論,禁之以刑。"正名與正道、正統一樣居於同樣重要的地位,對於如上節所列舉諸種亂名之辭,務必辟之,乃至從政治、刑罰上進行處理。這與孟子辟邪説、異端之言論和主張極其相似。不過,在今天看來,把純粹名理、思想上的辨析探討,上升到政治、倫理層面,並定於一尊、歸於一統,這種做法未免過於專制,對於學術自由起到了極大的阻礙作用。荀子跟孔子一樣,他們的主要問題在於試圖一勞永逸地解決社會人倫問題,用固定的、先前的標準(禮樂制度)來修正社會現狀。正名問題也是一樣,如荀子所説,名無固宜,約定而俗成,但"約成"不是荀子的目的,他的目的恰恰是要通過明王的權威把現有的名及其正確用法都統一起來、確定下來,這樣社會就不會混亂,不會動盪。其功效如此:

其民莫敢託爲奇辭以亂正名,故其民慤,慤則易使,易使則公。其民莫敢託爲奇辭以亂正名,故壹於道法而謹於循令矣,如是則其跡長矣。跡長功成,治之極也,是謹於守名約之功也。

對於孔子等儒家來說，"問題就是如何在新的形勢下獲得一個穩定的不變的（當局）權威。孔子或荀子能夠給出的唯一答案就是：固名以固勢。荀子試圖通過君主絕對的權威用刑罰、固名來穩固社會形勢，從而阻止新辨說的出現"①。孔子和荀子，他們無視一個事實，那就是從自然的天，到社會的種種思想觀念和制度，一切都是在變化着的，"實"總是在變化着，相比較而言，"名"卻是滯後於"實"的。他們不同意、不希望如老莊所說的，一切都在變化，他們希望一切都穩定下來，不要變。可是，唯一不變就是變，企望"名"不變，企望"實"去應合"名"，這當然是不現實的，是保守的。歷史主義或保守主義的錯誤不在於它尊重歷史，而在於它固守歷史。歸根結底，決定着"名"是否變化以及如何變化的，不是某些特殊的人，而是自然和社會的現實。聰明如荀子，認知上早就知道名以謂實，但他還是太急於社會政治的實用目的，求真意識淹沒在求善之心裏。荀子所謂"所爲有名""循舊名，制新名"，最終目的只是爲了建立起一個可以永遠不再紛亂變化的宜名、善名的社會秩序，再用刑法和權勢強制維護這個社會秩序。從這個角度說，他的目的不是爲了科學的真理，而是爲了政治真理或道德真理。

對於荀子的終極目的來說，不管使用者如何不同，相同的名有着相同的實，這就足夠了。荀子當然知道，名本質上只是一個事物的標記或符號，辨明名與實的對稱關係，目的是爲了準確地反映實，區別實。但荀子不僅僅尋求不同事物之間的區分，也尋求在相同事物之間做出價值判斷，即所謂高低貴賤。自孔子開始，儒家看重的"名"是社會人倫的"名"，即人被賦予的社會名號（稱號）。名號區別於姓名的關鍵在於名號具有價值評判的性質。因名號賦有價值，所以有貴賤："故知者爲之分別，制名以指實，上以明貴賤，下以辨同異，貴賤明，同異別。如是，則志無不喻之患，事無困廢之禍，此所爲有名也。"君、臣、父、子都是名號，不是姓名。姓名沒有任何社會倫理的內涵，名號則有。有時候，比起實際行爲的懲罰給當事人帶來更大痛苦的是社會給他的名號——一種語言的評價。所謂"桀""紂"、所謂"老而不死是爲賊""聞誅一獨夫，未聞弑君""無君""無父""禽獸"，這些都是給予不同人以蘊涵着負面價值評判的名號。正面、肯定的評價也是有的，如"文王"之"文"，"聖人""貞女"之"聖""貞"等。名號不同於名字，它主要不是指稱實體的人，而是評判、

---

① Homer H. Dubs, Hsüntze, *the Moulder of Ancient Confucianism*. London：Arthur Probsthain, 1927，p226.

言謂這個人，起到社會的、倫理的、價值的褒貶作用。

對於荀子來說，辯是不得已而爲，因爲聖王權力衰落了，所以需要賢人通過辯論來維持名的原有秩序。確定是非的最高標準是明君，其次才是辯。"君子無執以臨之，無刑以禁之，故辨說也。"這意味着，不是真理次於權力，而是權力就是最終的真理。權力就是真理，又意味着法律高於真理，百姓不需要知道真相，只需要服從權力："故明君知其分而不與辨也。夫民易一以道而不可與共故，故明君臨之以勢，道之以道，申之以命，章之以論，禁之以刑。故其民之化道也如神，辨說惡用矣哉！"有現代學者指出，在荀子的論證中，"'恐嚇'的成分多，'說理'的成分少。"[①] 這並非戲言。《荀子·天論篇》還說："無用之辨，不急之察，棄而不治。若夫君臣之義，夫子之親，夫婦之別，則日切磋而不舍也。"顯然，對於荀子而言，沒有任何問題能比得上社會人倫更重要；也可以説，一切科學、思想，若不能對社會人倫起到積極的作用，不僅可以不重視，甚至可以廢棄。其正名思想的目的，是不言而喻的。荀子雖然較之孔子、孟子更多地從語言本身及其邏輯問題著手解決正名問題，但他的動機並不是爲語言而語言、爲邏輯而邏輯，而是爲了社會政治的秩序，而其目的是建立一套自上而下以法律和禮制爲保障的語言制度和體系。

荀子的這些理想，最終通過他的學生李斯輔佐秦王而得以"實現"，"實現"的結果之一就是"焚書坑儒"。後儒之所以不推崇荀子，甚至極力批評荀子，這大概是重要的原因之一，因爲正是荀子的思想主張反用於儒家自身而導致儒學遭到了歷史上最大的打擊。不過，具有諷刺意味的是，一百年後，歷史出現了反轉，漢武帝採納了董仲舒提出的"推明孔氏，抑黜百家"的主張。董仲舒成爲荀子的歷史鏡像。

（作者單位：北京大學《儒藏》編纂與研究中心）

---

① 陳波《荀子的名稱理論：詮釋與比較》，《社會科學戰線》2008年第12期，第37頁。

# 張居正與講學[*]

〔日〕中純夫 撰　廖明飛、王　玉 譯

**【内容提要】**　張居正對書院、學校採取的一系列強化管理政策，發端於隆慶四年三月禮科給事中胡檟的上言，繼又在萬曆三年五月《請申舊章飭學政以振興人才疏》（即"萬曆三年換給提學官敕諭"）中提出了更爲具體的措施：禁止創建書院、聚徒空談；嚴格遵奉卧碑，禁止生員直言；減少生員額數；排斥異端邪說等。此後，萬曆五年閏八月，重申兩京國子監及各省學校必須嚴格遵守學規、敕諭。至萬曆七年一月，下詔廢毀天下書院。居正斷然實行這一系列政策的目的，主要是爲了封堵書院、學校成爲地方言論活動乃至政治批判勢力集結的據點。居正的"痛恨講學"，很大部分原因即在於此，而且，他本就厭惡脱離經世濟民的虚談空言，另一方面，也是對講學之徒奪情批判的一種反擊與報復。

**【關鍵詞】**　張居正　講學　書院　胡檟　羅汝芳

在追蹤明代後期思想界的動向時，張居正（1525—1582）是無法繞開的人物之一。自萬曆元年（1573）至十年位居首輔（首席内閣大學士）的張居正被目爲"痛恨講學"（"最惡（憎）講學"）之人，他果斷採取廢毁書院等行動，

---

[*] 本文爲 2022 年度福建省社科基金基地重大項目"《正誼堂全書·楊龜山集》的整理與研究"（項目批准號：FJ2022JDZ026）成果之一。日文原題《張居正と講學》，原載於《富山大學教養部紀要（人文·社會科學篇）》第 25 卷 1 號，1992 年 7 月，第 290—261 頁。作者中純夫（Sumio Naka），文學博士，京都府立大學文學部名譽教授。早年研究朱子思想、明代的思想與政治，繼專攻朝鮮陽明學、朝鮮實學、朝鮮朱子學，近年復以探索朱子思想爲重心。本文即爲早年（三十四歲）研究明代思想文化史的作品。代表著作《朝鮮の陽明學——初期江華學派の研究——》（東京：汲古書院，2013），編有《朱子語類譯注》卷一四—卷一八（東京：汲古書院，2013、2015、2018、2020、2022）等。

確實打擊了諸子的講學活動。① 相反，在張居正之前，同樣位居首輔的徐階（號少湖、存齋，1503—1583），作爲王陽明的再傳弟子，則屢屢親主講會。考慮到這樣的事實，從徐階到張居正的政權推移，可謂是從講學興盛時代到講學暗黑時代的一大轉變。②

關於張居正，以小野和子氏的諸論考爲代表，學界業已積累許多出色的研究成果，對其鎮壓講學、廢毀書院的問題亦時有論及。拙文祇不過是在這些先行研究的基礎上，稍微做了一些資料性的整理。

另外，本文引用張居正集，以《張文忠公全集》四十五卷附錄二卷（京都：中文出版社，1980）爲底本。③

一

縱然通覽《全集》，也幾乎找不到反映張居正思想立場的資料。雖然集中有零星資料顯示，張居正曾就"未發之涵養"受教於聶豹（號雙江，1487—1563），④ 在與胡直（字正甫，號廬山，1517—1585）的往來書信中圍繞"虛寂"展開了若干探討，⑤ 似乎對胡直之師羅洪先（號念菴，1504—1564）的思想產生過共鳴，⑥ 關心同年進士陸光祖（號五臺，1521—1597）刊刻《華嚴合論》〔（唐）李通玄撰〕之事業，酬以俸金以爲助工之費等，⑦ 但據以上信息論

---

① 言及張居正"痛恨講學"的資料，可參考（明）沈德符《萬曆野獲編》卷八《嫉諂》《邵芳》、卷一四《祀典》《四賢從祀》、卷二四《書院》等。

② 關於徐階，參考拙稿《徐階研究》，《富山大學教養部紀要（人文・社會科學篇）》第 24 卷 1 號，1991 年 7 月，第 250—201 頁。

③ 《張文忠公全集》四十五卷由《奏疏》十三卷、《書牘》十五卷、《文集》十一卷、《詩》六卷組成。以下引用該書以諸如"《奏疏》一""《書牘》一"的形式加以標記。此外，還分別參考了《張太嶽集》四十七卷（上海：上海古籍出版社，1984）、《張居正集》第一册《奏疏》十三卷（武漢：荊楚書社，1987）。譯者按：中文出版社出版《張文忠公全集》爲影印本，其底本蓋爲一九三五年商務印書館排印的《萬有文庫》本（或《國學基本叢書》本），而商務本的底本又爲清光緒二十七年（1901）紅藤碧樹山館刻本。

④ 《書牘》一五/29《啓聶司馬雙江》。阿拉伯數字"29"表示此書在該卷中的次第，下同。

⑤ 《書牘》二/5《答楚學道胡廬山論學》、（明）胡直《衡廬精舍藏稿》卷二〇《上江陵張相公》。另參〔日〕荒木見悟《陽明學の開展と佛教》（東京：研文出版，1984）第 61 頁。

⑥ 《文集》一〇《書胡氏先訓卷》："余與正甫論學最契，謂其出於羅念菴先生，余素所傾向者。"

⑦ 《書牘》三/30《答奉常陸五臺》、《書牘》四/5《答奉常陸五臺論禪》。

儒家典籍與思想研究（第十六輯）

述張居正的思想傾向都嫌過於片斷化。徵之於現存資料，是無法描繪出張居正作爲"思想家"的側面的。張居正到底還是徹頭徹尾的政治家。

儘管具體的思想内容無從得知，但可稱之爲張居正的"學問觀"的論述卻俯拾即是。而且，其内容與後來斷然實行的廢毁書院等政策亦不無關係。

> 羅子惟德，被命爲寧國守，將之郡。諸同舍謁予，贈之言。予聞惟德雅志嚮學者，請以學論。……行千里于一日，駢驥誠力矣。逸而弗庸，力無從見也。斷蛟龍，剸犀革，遇磐錯而無厚，干將誠利矣。匣而弗試，利無從見也。是故士不徒學，而惟適用之貴。……學之利用也，誠難哉。三代亡論已。先漢人才，瓌瑋卓犖，彬彬鮮與爲儷。後世諸儒，或謂不學無術，或謂適道之難，且猶慊然少之。假令今膚言闊論之士，誠得際會操柄，其所興發建竪，視彼何如？大都任本實者，誠以達材；騖空言者，辨而無當。此其大較，不可明見耶。（《文集》八《贈羅惟德擢守寧國敍》）

羅汝芳（字惟德，號近溪，1515—1588）由刑部郎中改任寧國府（南直隸，今安徽省）知府，時在嘉靖四十一年（1562），① 張居正時任右春坊右中允，管國子監司業事。在上文中，張居正的立場旗幟鮮明：祇有在現實的經世濟民中，學問纔能發揮它真正的價值。不以實際應用爲導向的學問，不過是脱韁之駿馬、束之高閣的寶劍罷了，不具有任何實質意義。在這裹，爲學問而學問（"徒學"）遭到否定。那些不具備承擔實際政治責任能力的人的學問論述，祇是毫無意義的"空言"而已。

對已經赴任寧國府的羅汝芳，張居正又曾修答書一通（"宛陵"爲寧國府的雅稱），其中有云：

> 學問既知頭腦，須窺實際。欲見實際，非至瑣細、至猥俗、至紛糾處，不得穩貼。如火力猛迫，金體乃現。僕每自恨優游散局，不曾得做外官。今于人情物理，雖妄謂本覺可以照了，然終是紗窗裏看花；不如公等，只從花中看也。……人情物理不悉，便是學問不透。孔子云："道不

---

① （明）王時槐《近溪羅先生傳》："擢刑部主事，歷郎中，出守寧國。"（明）楊起元《羅近溪先生墓誌銘》："壬戌（嘉靖四十一年），出守寧國。"（皆據《羅近溪先生全集》卷一〇所收，底本爲日本尊經閣文庫藏萬曆四十六年刊本）此外，關於羅汝芳的思想与事跡，各詳〔日〕荒木見悟《羅近溪の思想》（《明代思想研究》，東京：創文社，1972，第100—148頁）以及同氏《羅近溪》（《陽明學大系》第六卷，東京：明德出版社，1973）。

遠人。"(《中庸章句》第十三章)今之以虛見爲默證者，僕不信也。(《書牘》一五/37附録翰林時書牘《答羅近溪宛陵尹》①)

没有具體體驗所證明的觀念性知識（"虛見"），終如隔窗看花。祇有上前靠近，近距離地用眼觀察花的形狀，鼻聞花香，手觸花瓣，方能對花獲得準確的認識。同理，正是在現實的地方政治環境下，在一一應對各種紛繁複雜事態的過程中，纔能夠真切體認"人情物理"。鑒於"自恨不曾得做外官"云云所在的語境，是要鼓舞激勵新任地方官的羅汝芳，有必要注意在多大程度上可以按照字面意思去理解其意義。這一點暫且不論，我們可以清楚看到的是，張居正重視切合"實際"的學問取向。

僕以爲近時學者，皆不務實得於己，而獨於言語名色中求之。故其説屢變而愈淆。(《書牘》二/5《答楚學道胡廬山論學》)

對於觀念性的學問論述，張居正始終持否定態度。

通過以上討論，我們已經瞭解了張居正學問觀的大概。張居正嚮往的是在現實政治舞臺中體認到的，進而又靈活運用並且反映於實際政績的學問。紙上談兵，是他所深惡痛絕的。

## 二

張居正對羅汝芳坦陳如上學問觀後，後者卻在任職地寧國府展開了活躍的講學活動。

壬戌（嘉靖四十一年），出守寧國。……乃聯合鄉村，各興講會。……建志學書院②。與郡之鄉先生及諸生沈子懋學（寧國府宣城縣，萬曆五年進士）、徐子大任（宣城縣，隆慶二年進士）、蕭子彦（寧國府涇縣，隆慶五年進士）、詹子沂（宣城縣，隆慶五年進士）、趙子士登（涇縣，萬曆八

---

① 朱東潤《張居正大傳》第四章，臺北：臺灣開明書店，1968，第48頁。〔日〕岩城秀夫《湯顯祖研究》，《中國戲曲演劇研究》所收，東京：創文社，1973，第21頁。譯者按：據《明世宗實録》卷五一五，嘉靖四十一年十一月戊子，居正由右春坊右中允陞任右諭德，兼翰林院侍讀。

② 《（乾隆）江南通志》卷九〇《學校志·書院·寧國府》："志學書院，在府治北景德寺後。明嘉靖四十三年，提學耿定向、知府羅汝芳建。有會講堂，左右號舍四十楹。"

年進士）、戚子恢（不詳）、郭子忠信（宣城縣，諸生）、梅子鼎祚（宣城縣，諸生）等，講學不倦。……築涇縣、南陵、太平城及羅公圩（均屬寧國府），修水西書院①。（楊起元《羅近溪先生墓誌銘》，《羅近溪先生全集》卷一〇）

迨守寧國，教化益行，郡堂無鞭扑聲，日惟講學水西、志學二處，以崇學術、育人才爲功課。宛陵（寧國府）六邑一時有三代風。（詹事講《近溪羅夫子墓碣》，《羅近溪先生全集》卷一〇）

羅汝芳在寧國府主持的講會，還曾邀請王畿（號龍溪，1498—1583）等人參與。②

不僅如此，嘉靖四十四年（1565），正值三年一度的朝覲考察，來京的羅汝芳勸首輔徐階舉辦講學之會。徐階採納了他的建議，於靈濟宮大開講會。汝芳乃嘉靖三十二年進士，與徐階是門生和座主的關係。

乙丑（嘉靖四十四年）入覲，徐存齋翁詢以時務，對曰："人才爲急。欲成人才，其必由講學乎。"翁是之，遂合同志，大會靈濟宮。（楊起元《羅近溪先生墓誌銘》）

入覲，勸徐階聚四方計吏講學。階遂大會於靈濟宮，聽者數千人。（張廷玉等《明史》卷二八三《羅汝芳傳》）

靈濟宮是一座道觀，始建於永樂年間，位於京師宛平縣。自嘉靖後半期至隆慶間，徐階多次在靈濟宮舉行講會。③ 在天啓年間首善書院興建以前，京師並無

---

① 《王文成公全書》卷三五《附錄四·年譜四》："（嘉靖）三十三年甲寅，巡按直隸監察御史聞東、寧國知府劉起宗建水西書院，祀先生。水西在涇縣大溪之西。"

② （明）王畿《龍溪王先生全集》卷一四《壽近溪羅侯五表序》："嘉靖甲子（四十三年）春暮，予赴近溪使君之期，相會於宛陵，晨夕證悟，頗盡交修。……浹辰，復過水西，與諸友爲信宿之處。"同書卷一六《書顧海陽卷》："（嘉靖）甲子暮春，予赴寧國近溪羅侯之會。"

③ 前揭拙稿《徐階研究》論及嘉靖三十二年、三十三年、三十七年、四十四年徐階在靈濟宮舉行的講會。在此再補充一條相關資料。鄒元標《謹陳共學之原疏》："記得隆慶丁卯（元年）、戊辰（二年）間，徐階當國，集諸部臣，手書《識仁》《定性》二書，與諸士商度。"（《春明夢餘錄》卷五六《首善書院》。又《明熹宗實錄》"天啓二年九月壬寅"條）王畿《跋徐存齋師相教言》（《龍溪王先生全集》卷一五）提到嘉靖四十四年講會的內容，同樣言及程顥（明道）《定性書》《識仁篇》，因此鄒元標所言雖未必發生在靈濟宮的講會上，但無妨視爲徐階在京師主持講學的一段記錄。

书院之设，故常假佛寺道观举办讲会。①

在此对张居正与徐阶的关系略作说明：张居正嘉靖二十六年（1547）登进士，选庶吉士，读书中秘，时徐阶为吏部左侍郎兼翰林院学士，掌教习庶吉士。也就是说，张居正乃徐阶之门生。嘉靖四十五年，世宗驾崩，徐阶草遗诏，撇开李春芳、郭朴、高拱等内阁大臣，独与翰林院侍讲学士张居正密商共谋，其倚重信任之深厚于焉可见。② 隆庆元年（1567）二月张居正得以入阁，或谓全赖徐阶荐拔。③ 徐阶致仕（隆庆二年七月）后，在二次入阁并任首辅的高拱治下，苏松常镇兵备蔡国熙（隆庆五年七月任）逢迎拱意，在松江以专横之名治罪徐阶三子，张居正从中斡旋调停，不遗余力为徐家平息事态。④ 万历十年（1582）九月，张居正在垂死的病榻之上，仍力疾自草徐阶八十岁颂寿序文及乞请特恩遣官存问之疏。⑤ 至少从表面上来看，张居正终生以师礼事徐阶唯谨，不曾改变。

张居正如何看待作为"讲学主持者"的徐阶，关于这一点，没有留下直接资料。由于张居正先于徐阶下世，即使对徐阶心有不满，他的"真心话"必定至死都无以表露。不过，综合考虑万历五年罗汝芳因讲学而被勒令致仕（详后述）等情况，可以充分预想他对徐阶、罗汝芳的一系列讲学活动颇感不快。张居正书中反复强调要摒弃"空言"、崇尚"实际"，罗汝芳则完全反其道而行之，热衷于书院讲学活动，劝徐阶在灵济宫大开讲会等，无一不是促使后来张居正下定决心镇压讲学的伏笔。

---

① （清）孙承泽《春明梦馀录》卷五六《首善书院》："京师首善之地，玄宫梵宇，鸱吻相望，而独无学者敬业乐群之所。往年罗念菴先生（洪先）、徐华亭相国（阶）同志讲学，率借僧舍，诚大缺事也。"此外，同书所载叶向高《首善书院记》云："于是通都大邑，所在皆有书院，而京师独缺。欲讲学者，率寄迹于琳宫梵宇、黄冠缁流之所居，而无一敬业乐群之地，盖二百余年于兹矣。"

② （清）张廷玉等《明史》卷二一三《郭朴传》《张居正传》，《书牍》一四/1《答上师相徐存斋（第一书）》。

③ 朱东润《张居正大传》第五章，第67—68页。

④ 《书牍》一四/17《答松江兵宪蔡春臺（讳国熙）》、19《答应天抚院》。译者按：相传蔡国熙乃徐阶门人，阶以讲学重之。《穀山笔麈》卷四："广平蔡国熙者，故华亭门下士也。以讲学事华亭，号为入室。"《万历野获编》卷八"华亭故相被胁"条："隆庆间，高新郑（拱）再起，以首揆领铨，修怨华亭故相。时海忠介（瑞）抚江南，以翦抑豪强为己任，而前苏州知府蔡国熙，故有才名，以讲学受知于华亭，称弟子，至是入新郑幕，愿治徐事自效。遂起为苏松兵备，大开告讦，徐三子俱论戍为氓。"

⑤ 《文集》七《少师存斋徐相公八十寿序》、《奏疏》一一《请乞优礼耆硕以光圣治疏》。

## 三

　　隆慶二年（1568）八月，張居正上《陳六事疏》，提出六條建言："省議論""振紀綱""重詔令""覈名實""固邦本""飭武備"。剛過去的七月徐階致仕，此時的閣臣陣容爲首輔李春芳，次輔陳以勤，三輔張居正。隨着徐階政權的終結，政界迎來嶄新的局面。這六條疏陳，可以說是張居正不失時機宣示的施政方針。其中第一條"省議論"有云：

　　臣竊以爲：事無全利，亦無全害；人有所長，亦有所短。要在權利害之多寡，酌長短之所宜，委任責成，庶克有濟。今始則計慮未詳，既以人言而遽行；終則執守靡定，又以人言而遽止。……伏望皇上，自今以後，……掃無用之虛詞，求躬行之實效。……再乞天語，丁寧部院等衙門，今後各宜仰體朝廷省事尚實之意，一切章奏，務從簡切，是非可否，明白直陳，毋得彼此推諉，徒託空言。（《奏疏》一《陳六事疏》，又見《明穆宗實錄》"隆慶二年八月丙午"條）

　　張居正在此提出的主張之一，是主政者應當具備堅定的主導性。無論施行怎樣的政策，任用何等人物，對該政策、人物產生贊成與反對的兩種對立意見，都是無可避免的。每當出現這樣的爭議就遊移不定，因而政策一變再變，頻繁更換當事官員，結果自然無法取得預期成效。一旦堅定信念，確立方針，任用其人，就不要拘泥於一時的僵局或細微的失誤，更不要輕易爲隨時而來的非議與彈劾所動搖，而是應該始終按照既定方針親任其人，靜待其取得實效。這樣的政治態度，要求所有部門——從最頂端的天子到機構最基層——的負責人都必須具備，更應是張居正賦予自己的信念。張居正不時感慨，若不能不恤衆怨，不顧毀譽褒貶，則天下事不可爲也。[①]

　　然而，在上者的這種政治態度，另一方面，也必然意味着對言論的無視，甚至是對言論的封殺。既然已經懷着堅定的信念行事，那麼外界對此加以責難

---

① 《書牘》二/6《答薊鎮督撫計邊鎮臺工》："任事者，真見其事理之當爲，而置是非毀譽於不顧。"《書牘》八/5《答奉常陸五臺論治體用剛》："吾但欲安國家、定社稷耳。怨仇何足恤乎？"《書牘》一〇/39《答少宰楊二山》："不肖身當重任，誼不得不棄家以殉國、忘身而徇主。悠悠之談，豈遑顧恤？"《書牘》一二/58《答南學院李公言得失毀譽》："得失毀譽關頭，若打不破，天下事無一可爲者。"

攻擊的諸般議論，就祇能是"無用之虛詞""空言"。在上疏後不久所作之書中，張居正經常不無自負地説，自己的上疏令士風開始出現改善的跡象，① 而在同樣的語境中，有如下一段表述：

> 數月以來，覺士習人情少異於昔。實意潛孚，浮言漸熄。來教所謂"牽制譏讒"者，自今可毋慮矣。（《書牘》一/17《答薊撫劉北川》）

如果説張居正上疏後"浮言漸熄"，即便祇是暫時的，這無疑是覺察到閣臣意圖的諸士自我約束的結果。可以説，"省議論"的主張企圖控制與審查言論，由此暴露無遺。

隆慶四年（1570）三月，以禮科給事中胡檟之言，有詔禁提學御史"聚徒講學"。

> 禮科給事中胡檟言："督學憲臣聚徒講學，本爲儒者之事。乃其徒遂緣是而詭辭飾貌，以獵進取。至有一語相合以爲曾唯而優之廩餼，一見如愚以爲顏子而貢之大廷者。徒以長競進之風，而其中實無所得也。夫孔孟聚徒，彼其時固未有賞罰予奪之柄也。操賞罰予奪之柄而立爲門户，破其藩籬，豈持憲執法之體哉。"部覆："請如檟言，戒諭督學憲臣，務敦崇實行，毋倡爲浮説以滋奸僞。"從之。（《明穆宗實録》"隆慶四年三月庚午"條②）

胡檟（字士重，號玉吾）與張居正同爲湖廣（襄陽府宜城縣）人，嘉靖四十一年進士。在後來的張居正奪情事件（萬曆五年九月—）中，胡檟時爲南京右僉都御史，奉勅提督操江，他嚴厲鎮壓因批判奪情而觸怒張居正的沈懋學（寧國

---

① 《書牘》一/14《答中丞梁鳴泉》："近來士習人情，似覺稍異於昔。浮議漸省，實意漸孚。鄙人疏發其端，而太宰公（楊博）力助之。"同 26《答奉常羅月巖》："近來士習人情，紀綱法度，似覺稍異於昔，實自小疏發之。然忌我者，亦自此始矣。"同 27《答憲長宋陽山》："近來士習人情，紀綱法度，似覺稍異於昔，實自小疏發之。"參考朱東潤《張居正大傳》第五章，第 82—83 頁。又及，雖然目前尚未能對這些書信逐一排比繫年，不過可以確定《書牘》一至一三基本按照撰寫順序排列（《書牘》一四收録與徐階、高拱及其相關的書信，《書牘》一五收録知己諸公並附録翰林院時期的書信），其中《書牘》一/16《答馬總兵》提及馬芳的戰功（隆慶二年十一月壬子），21《與薊遼總督譚二華》言及戚繼光的降職（隆慶三年一月乙卯），22《又（與薊遼總督譚二華）》提及譚綸請增築敵臺之疏（隆慶三年二月癸未），因此可以認爲上引諸書大致作於隆慶二年八月至隆慶三年之間。

② 參考〔日〕森紀子《何心隱論——名教逸脱の構圖——》，《史林》第 60 卷 5 號，1977 年 9 月，第 655 頁。

府宣城縣人，羅汝芳門人，詳後述）、吳仕期（宣城縣人），尤其是致吳仕期慘死獄中，不妨認爲他是張居正的"私人"。① 關於胡檟的這次上言與張居正的關係，雖然缺乏直接的證據，但從上述狀況來看，似乎可以判斷他是在張居正的授意下採取行動的。就其內容而言，也的確提前表達了後述萬曆三年五月張居正上疏（特別是其中的第一條）的主旨的一部分。

正如《萬曆野獲編》（卷二四《書院》）亦曾指出的，在徐階政權當時講學興盛的態勢下，地方官爲了取悦當路，紛紛在任職地創立書院，鳩集生徒。然則不難想象在一些地方確實存在着胡檟所指出的弊端。徐階致仕（隆慶二年七月）後，張居正逐漸強化對講學的鎮壓，這次事件也可以看作是其部署之一。

又，隆慶六年六月，高拱失勢下臺後，張居正繼爲首輔，於翌年萬曆元年十一月，推行考成法②。所謂考成法，是對有關官僚"考成"（政績考核）的責任歸屬加以明確化、法制化，具體而言，巡撫、按察官負責管轄下的地方官的考成，六部、都察院負責撫按官的考成，六科給事中負責六部、都察院的考成，內閣負責六科給事中的考成。通過"內閣—六科—部院—撫按"的序列化，確立並強化了官僚管理體制，尤其是在法制上保證了位於機構頂端的內閣

---

① 《（嘉慶）寧國府志》卷二六《人物志·名臣·宣城》："沈懋學，……會輔臣張居正以母（引者注：底本作作'母'）喪奪情，臺省希旨保留。懋學奮然與同列趙用賢、吳中行輩約各上疏論列。……居正聞之，恚甚，將圖中之。偶同邑生吳仕期爲擬上執政書，中丞胡檟以誹謗下之獄，脅使連懋學，吳死不承。"同卷《人物志·忠節·宣城》："吳仕期，字德望，諸生。……萬曆初，張江陵奪情，期憤然擬上江陵書千餘言，稿傳於外。南操院胡檟，江陵私人也。太平同知龍宗武，檟里人，相比捕期置獄。訊之曰：'必有授爾者，舉其人，當爾貸。'蓋指沈修撰懋學也。期……榜掠無完膚，卒無一語他及。宗武命獄卒囊沙撲其面，痿死。"另參《明史》卷二二七《孫維城傳》及《書牘》一一/2《答操江胡玉吾》。又，胡檟自萬曆六年二月至八年閏四月任南京都察院右僉都御史，奉命提督操江，兼管巡江（《明實錄》"萬曆六年二月丙戌"條、"萬曆八年閏四月庚子"條）。【補注一】據上引資料，胡檟與龍宗武勾結刑訊吳仕期，企圖迫使仕期指認事件的主謀爲沈懋學，而仕期寧死不肯攀扯。但是，另外的資料則顯示，龍宗武與沈懋學爲舊識，對於胡檟爲逢迎居正謀劃陷害沈懋學的做法，堅決不從，懋學始得無事（《萬曆野獲編》卷二二《龍君楊少參》、《湯顯祖詩文集》卷四〇《澄源龍公墓誌銘》）。雖然這些資料與本文將胡檟看作張居正陣營的人物這一論旨不存在直接矛盾，但也足以説明，輕易地依據地方誌的傳記資料立論，時有誤判史實的危險。〔日〕三浦秀一《『真誥』俞安期本成立的時代的狀況——万曆の知識人と道教——》（京都大學人文科學研究所研究報告《中國古道教史研究》，京都：同朋舍出版，1992）提示了上述兩種資料。譯者按："補注"原置於文末，今移入相應"原注"之後，下同。

② 關於考成法，詳參〔日〕小野和子《東林黨と張居正——考成法を中心に——》，小野和子編《明清時代の政治と社會》，京都：京都大學人文科學研究所，1983，第63—102頁。

對言官（六科）的監督權。於是，在這種封殺言路的體制走向確立的過程中，張居正斷然實施了鎮壓講學、廢毀書院等一系列政策。

## 四

雖然由張居正推動的廢毀天下書院的詔書下達於萬曆七年一月，但他在萬曆三年五月所上的《請申舊章飭學政以振興人才疏》（《奏疏》四、《（萬曆）大明會典》卷七八、《明神宗實錄》"萬曆三年五月庚子"條）中早已訂立禁創書院的條款。正如疏題字面所示，該疏標榜兩京、各省通過革新學政以振興人才，正文前的序言總論性地闡述了其宗旨，繼而列舉了提學官、教官、生員、地方官員等主體必須遵守的十八條具體事項（《實錄》僅錄序言，《會典》則未載序言）。以下摘錄其中的數條內容，嘗試考察張居正的企圖所在。[①]

　　○聖賢以經術垂訓，國家以經術作人。若能體認經書，便是講明學問。何必又別標門户，聚黨空譚。今後各提學官督率教官、生儒，務將平日所習經書義理，著實講求，躬行實踐，以需他日之用。不許別創書院，群聚徒黨，及號招他方遊食無行之徒，空譚廢業，因而啓奔競之門，開請託之路。（第一條）

如果在地知識人、不滿分子群聚書院，展開活躍激烈的探討、議論，書院也就必然成爲當地言論活動乃至政治批判勢力的據點，不待舉後來的東林書院爲証而知其然也。即使假設"書院淪爲遊食無行之徒的聚集地"這一弊端實際存在，這項書院創建的禁令顯然是以消除該弊端爲藉口，企圖封殺地方社會的不穩定的言論。

　　○我聖祖（太祖朱元璋）設立臥碑，天下利病，諸人皆許直言，惟生員不許。今後生員務遵明禁，除本身切己事情許家人抱告，有司從公審問，倘有冤抑，即爲昭雪。其事不干己，輒便出入衙門，陳説民情，議論官員賢否者，許該管有司申呈提學官，以行止有虧革退。若糾衆扛幫，聚至十人以上，罵詈官長，肆行無禮，爲首者照例問遣，其餘不分人數多少，盡行黜退爲民。（第三條）

---

① 朱東潤《張居正大傳》第九章，第 191—195 頁。另外，前揭小野論文《東林黨と張居正——考成法を中心に——》之《五、學生と書院に對する彈壓》已有詳細介紹，第 84—87 頁。

洪武十五年（1382）五月，太祖朱元璋頒禁例於天下學校，爲昭示後人永爲遵守，立臥碑鐫刻其文，置明倫堂左側。觀其内容，確實是從官吏、在野賢人到農夫、商人、工匠都被允許對天下利病提出建言，唯生員不許。① 凛遵以臥碑爲代表的祖宗以來的學規，是張居正夙所主張的。② 他此次上疏也將臥碑作爲金科玉律導入禁止條款，防止府州縣學等學校成爲當地言論活動的中心。其企圖與上述第一條相同。

　　　　○國家明經（＝進士科③）取士，説書者以宋儒傳注爲宗，行文者以典實純正爲尚。今後務將頒降《四書·五經·性理大全》《資治通鑑綱目》《大學衍義》《歷代名臣奏議》《文章正宗》及當代誥、律、典、制等書，課令生員，誦習講解，俾其通曉古今，適於世用。其有剽竊異端邪説、炫奇立異者，文雖工弗録。（第四條）

即便不提永樂三《大全》的編纂，明朝官方的立場自然是以朱子學爲正統。在此之前，如嘉靖元年（1522）十月及嘉靖八年二月，以王守仁學術爲"異學""邪説"，各有詔禁絶，同時，在嘉靖二年的會試中，也以暗中批判王守仁思想的内容命題試士。④ 雖無法明確上引"異端邪説"所指爲何，但張居正藉此機會重申朱子學一尊的立場，並將朱學以外的學術當作異端予以排斥，謀求進行思想控制，則是明白無疑的。

　　　　○童生必擇三場俱通者，始收入學。大府不得過二十人，大州縣不得過十五人。如地方乏才，即四五名亦不爲少。（第八條）

萬曆八年至九年間屢次下詔裁撤内外冗官，而這種方針早在萬曆三年前後即已初現端倪。⑤ 因此，此處提到的生員減額一方面可能也屬於一系列財政緊縮政策的一環，但如果結合前述第三條企圖封殺生員的言論活動來看，這裏也不妨

---

① 《（萬曆）大明會典》卷七八《學校》："（洪武）十五年，頒禁例於天下學校，鐫勒臥碑，置於明倫堂之左，永爲遵守。……一、軍民一切利病，並不許生員建言。果有一切軍民利病之事，許當該有司、在野賢人、有志壯士、質樸農夫、商賈技藝，皆可言之，諸人毋得阻當。惟生員不許。"又參（明）王圻《續文獻通考》卷六〇《學校考·學規》"洪武十五年五月"條。

② 《書牘》三/29《答南學院周乾明》："本朝監規及臥碑所載，凛若冰霜。"

③ （明）顧炎武《日知録》卷一六《明經》："當時以詩賦取者，謂之進士；以經義取者，謂之明經。今罷詩賦而用經義，則今之進士，乃唐之明經也。"

④ 參考前揭拙稿《徐階研究》，第235頁。

⑤ （清）張廷玉等《明史》卷二〇《神宗本紀》："萬曆三年二月辛巳，詔南京職務清簡，官不必備。""八年十月辛丑，汰内外冗官。""九年正月辛未，裁諸司冗官；辛巳，裁南京冗官。"

認爲是基於同樣的宗旨，含有削弱生員階層勢力的意圖。而且，這一生員減額政策事實上似乎得到了嚴格貫徹。①

綜上，可以確定此次張居正上疏的企圖在於，將可能成爲地方上言論活動、政治活動據點的書院、學校置於嚴厲的行政監督之下，在朱子學一尊的思想控制下，確立禁絕異學、封殺言論的體制。如果已在實施中的考成法能夠有效發揮功能，那麼，在"内閣—六科—部院—撫按—提學官"這一管理體制下，首輔的意圖應該可以傳達至機構最基層。

## 五

在這種體制逐漸確立的狀況下，張居正具體是以怎樣的形式"鎮壓講學"的呢？以下列舉幾個事例，並探究其背景與意義。

**（一）饒州知府陳吾德**

陳吾德，廣東歸善人，嘉靖四十四年（1565）進士，本傳見《明史》卷二一五。萬曆五年（1577），以曾在饒州知府任上違制講學遭劾，削籍爲民。但在此之前他與張居正之間的爭執，可以説爲此番論劾除名埋下了伏筆（以下敘述事實的經過大致依據《明史》本傳。括號内的年月日據《實錄》補入）。

萬曆元年，陳吾德擢兵科右給事中，位列諫垣。當時諫官言事，必先請示首輔張居正，獨吾德不然。時禮部主事宋儒（隆慶五年進士，張居正門生）與兵部主事熊敦朴（同爲隆慶五年進士，張居正門生）不合，乃誣告後者"欲劾居正"，致其罷官落職（萬曆元年七月己卯朔）。後來確認是誣告，陳吾德遂劾宋儒，宋儒亦遭貶（七月丁亥九日）。張居正對陳吾德事先不白於己，懷恨在心。

已故成國公朱希忠（萬曆元年九月丁未没）被追贈爲定襄王之際（十月丁巳），陳吾德提出異議，益忤居正意；後來陳吾德又以慈寧宮火災爲機，請停追封朱希忠王爵（十一月丁酉），結果被謫爲江西饒州府知府。陳吾德受命出任饒州知府是在次年萬曆二年二月（葉春及《陳公吾德行狀》，《國朝獻徵錄》

---

① （清）張廷玉等《明史》卷六九《選舉志一》："萬曆時，張居正當國，遂核減天下生員。督學官奉行太過，童生入學，有一州縣僅錄一人者。其科舉減殺可推而知也。"《明史》卷二二〇《趙世卿傳》："居正當國，政尚嚴，州縣學取士不得過十五人。"《明史》卷二四三《鄒元標傳》："如州縣入學，限以十五六人。有司希指，更損其數。是進賢未廣也。"

卷八八）。

在任饒州知府期間，發生了建昌王印章被盜事件，張居正追究其失職之責，將他貶爲馬邑縣（山西大同府朔州）典史（萬曆四年四月庚寅）。爲了進一步打擊陳吾德，又通過御史予以彈劾。

>謫馬邑典史。御史又劾其蒞饒時違制講學、用庫金市學田，遂除名爲民。（《明史》卷二一五《陳吾德傳》）

根據《行狀》的記述，陳吾德被削籍似在萬曆五年大計之際。①

以上内容稍顯瑣碎，在此首先值得注意的是上引"違制講學"云云的表達。從"市學田"的記載來看，這裏所說的"講學"應該也是在書院或學校進行的。在書院、學校中荒廢本業而耽於"空譚"，乃是上引《請申舊章飭學政以振興人才疏》（萬曆三年五月）第一條所明令禁止的。陳吾德因"違制講學"劾罷除名，不妨視爲適用該禁止條款遭到處罰的實例之一。同時值得關注的還有兩點：此次彈劾及後續的削籍，以及前兩次的貶謫，無一不是按照張居正的意志進行的；這一系列措施，可以看作是張居正對陳吾德在兵科右給事中任上屢屢違忤自己而採取的一種報復性人事安排。雖然陳吾德在饒州"講學"的實態無從得知，②但無論實際情況如何，事實就是不合首輔之意的人因"講學"而獲罪了。可以說，這是體現張居正"鎮壓講學"實態的一個典型事例。③

（二）雲南參政羅汝芳

萬曆五年閏八月，刑部尚書劉應節與雲南參政羅汝芳因"談禪"論劾致仕。這一案例或可爲探究張居正"痛恨講學"的實質提供線索，接下來重新簡單回顧此前羅汝芳的講學活動（以下敘述大致依據楊起元《羅近溪先生墓誌銘》，載《羅近溪先生全集》卷一〇。括號内的年月日據《實錄》補入）。

---

① （明）葉春及《陳公吾德行狀》："公坐謫馬邑典史。……馳至鄭州。御史某又劾公在郡時違禁講學，擅用庫金，指買學田，亦俸金耳。移疾蘇門。明年大計，江陵遂欲以此黜公，考功郎鄭某不可。竟削籍。"此段引文有難解之處。

② 《（康熙）饒州府志》卷二一《名宦·陳吾德》在提及其知饒州府的政績部分有云"鄉紳中嚴重、史桂芳，召諸生講學歌詩課藝，相與若家人父子"（史桂芳有傳見《明儒學案》卷六《白沙學案下》），同時《（光緒）惠州府志》卷三二《人物·政績·陳吾德》傳末謂其"學行一以白沙爲宗"，可見陳吾德追求的大概是鄉里先學陳獻章（號白沙，廣州府新會縣人，1428—1500）系統的學問，這是目前可考而知的。

③ 後來南京吏部尚書趙錦也因"講學談禪，妄議朝政"遭劾致仕（《明史》卷二一〇《趙錦傳》、《明實錄》"萬曆八年閏四月辛亥"條）。在張居正奪情風波中，南京諸大臣擬疏請居正留任，而趙錦曾阻止上疏，是早有違忤居正之行動。

正如前述，嘉靖四十一年赴任寧國府的羅汝芳在志學書院、水西書院講學，嘉靖四十四年入覲之際，又勸徐階在京師靈濟宮舉行講會。其後，因父、母先後去世（嘉靖四十四年、隆慶三年），他回鄉守制，暫時退出官場。即便在此期間，他也爲繫獄南京的泰州學派的顔鈞（山農）減輕罪行而奔走（隆慶二年），在母喪服闋後又周遊天下，遍訪同志（隆慶五年），其行動十分活躍。萬曆元年，起復爲東昌府（山東）知府，創建見泰書院，勤於與同志講學討論。① 未幾，遷雲南按察副使（萬曆元年十月己巳），政務之暇，亦召同志相與講學。② 萬曆五年，轉雲南參政（五年一月辛亥）。

就在萬曆五年（丁丑）入京期間，他因在京師舉行講會，最終被迫致仕。

> 丁丑，齎捧入京。禮成，請告出城，同志留集廣慧寺③論學。江陵惡之，嗾言官疏劾致仕。（周汝登《聖學宗傳》卷一八《羅汝芳》。今據《羅近溪先生全集》卷一〇所載）

雖然無法斷定此處所云"齎捧入京"的具體所指，汝芳此番或是爲慶賀萬曆帝的聖節（生日＝八月十七日）而來。④ 不管怎樣，遭到言官的彈劾是在下一個月即閏八月。

> 刑科都給事中周良寅劾：刑部尚書劉應節不考察恤刑屬官，雲南參政羅汝芳進表事完，出城潛住。應節往與談禪，輒坐移日。宜罷斥，以爲人臣玩旨廢職之戒。上命應節自陳，汝芳既已辭朝，又潛住城外何爲，吏部查參以聞。及應節疏上，遂令致仕。部覆汝芳先移病乞休，亦令致仕。（《明神宗實錄》"萬曆五年閏八月辛亥二十七日"條⑤）

---

① （清）張廷玉等《明史》卷二八三《儒林傳·張後覺傳》："張後覺，字志仁，茌平（東昌府茌平縣）人。……東昌知府羅汝芳、提學副使鄒善皆宗守仁學，與後覺同志。善爲建願學書院，俾六郡士師事焉。汝芳亦建見泰書院，時相討論。"

② （明）詹事講《近溪羅夫子墓碣》："開水利，墊城壕，省徭役，大布朝廷德化。暇則召同志講學，如永昌諸處，信從尤衆。"《羅近溪先生全集》卷一〇。

③ 《大明一統志》卷一《京師·寺觀》："廣惠寺，在府西三十五里，舊名五華寺，正統七年改建。"

④ 順便一提，楊起元撰《墓誌銘》則云："捧賀入京。起元受業焉。賀典既成，曰：'吾今則可以乞休矣。'遂具告吏部。出城，諸同志留會廣慧寺。忌者有言，於是得致仕之命而歸。"《羅近溪先生全集》卷一〇。

⑤ （清）張廷玉等《明史》卷二二〇《劉應節傳》亦有記載："會雲南參政羅汝芳奉表至京，應節出郭與談禪。給事中周良寅疏論之，遂偕汝芳劾罷。"

此前不久，大理寺卿嚴清請求處死有旨免死的罪犯，遭到斥責"一人而生死互異，使人何所遵奉"，大理寺全體官員因此被罰，奪俸三月（《明神宗實錄》"萬曆五年閏八月乙未十一日"條）。"考察恤刑屬官"云云指的即是此事。劉應節任刑部尚書在是年四月，也就是說他在任上不到半年就被罷免。也許張居正早就認定應節並非刑書的合適人選。儘管存在這樣的伏筆，但此次處分的著眼點無疑是譴責羅汝芳。正如上文之所概述，羅汝芳每到一地任職，就在當地孜孜不倦地開展講學活動。張居正應該一直在尋找機會，對久已感到礙眼的羅汝芳予以致命一擊。發生在自己身邊（京師）的這次事件，對張居正來說，不啻天賜良機。順便一提，發起彈劾的刑科都給事中周良寅爲隆慶五年進士，乃張居正門生。誠如周汝登的記述，彈劾明顯出於張居正的唆使。

根據現存資料，可以大致推知羅汝芳主持的講會討論的內容與面對的群體。在羅汝芳的講會上，上自縉紳士大夫，下至鄉村父老子弟，不同階層的人們不分貴賤，齊聚一堂。① 羅汝芳以"赤子之心"來形容良知人人具足，他熱情洋溢地向在場的每一個人講述這一點。② 據說在羅汝芳的講會上，日暮天黑後，人們依然不忍散去。③ 就現實中眼前的每一個人闡發良知的具足，這種做法可以說與禪門有相通之處。④ 不過，如果"談禪"衹是用來彈劾"僞學"的藉口，在此追究講會的具體內容或許並沒有什麼意義。要之，若"聚徒講學"這一講會形式本身，能夠爲當地提供同志集結的場域，甚至提供言論活動的據點，那麼，對政治批判十分敏感的當局者來說，就足以構成鎮壓打擊的理由。

此外，根據其他資料的記載，當時張居正一面教唆言官彈劾羅汝芳等人，

---

① 《羅近溪全集·庭訓紀下》："子立講會，甚覺寬平。上自縉紳大夫，下至父老子弟，統作一會。故他郡有同志、不同志之分，吾郡獨能免此。"（日本九州大學藏萬曆序刊本。今據前揭《陽明學大系》第六卷，第485頁上。下同）

② 《羅近溪全集·一貫編·孟子下》："且問天下之人，誰人無心，誰人之心不是赤子原日的心。"（《陽明學大系》第六卷，第459頁上）《羅近溪全集·近溪子集·書》："且觀此時堂上堂下人數將近千百，誰不曾做過孩提赤子來。"（《陽明學大系》第六卷，第476頁下）

③ 《羅近溪全集·庭訓紀下》："子在會，見天色將暝，而少長戀戀不忍散去。"（《陽明學大系》第六卷，第485頁上）

④ 《羅近溪全集·一貫編·四書總論》："今日諸君欲見如何爲顏冉家邦天下之人，只此堂便是。如何爲魯衛先勞教養之政，只此堂便是。如何爲君子三樂，只此堂便是。如何爲唐虞堯舜與人爲善禽然大同，亦只此堂便是。蓋此個性善，平平地鋪在滿堂，……只各各在於當人，人人在於當處。"（《陽明學大系》第六卷，第455頁下）《臨濟錄·示眾》："你欲得識祖佛麼。衹你面前聽法底是。"（〔日〕入矢義高譯注，東京：岩波書店，1989，第33頁）

一面傳喚翰林院修撰沈懋學、編修曾朝節等羅汝芳的門人，嚴加斥責。① 在上引楊起元撰《墓誌銘》中已經提到過沈懋學，時任寧國知府的羅汝芳在志學書院舉行講會之際，他的名字出現在聽講者的名單中。關於曾朝節（號植齋，湖廣臨武人），雖然目前還不能確定他與羅汝芳的關係，但《墓表》敘述他登進士前曾師從王艮（心齋，泰州人）的高弟程天津②，或許他也曾參加過羅汝芳的講會。且説在萬曆五年的進士科中，狀元爲沈懋學，榜眼是張居正的次子張嗣修，探花乃曾朝節。張居正希望嗣修能夠進士及第，拉攏海内名士，攬入麾下，特召頗負才名的湯顯祖與沈懋學，但湯顯祖堅執不往，遂在萬曆五年的會試中下第。這似乎是當時著名的軼事。在接下來的萬曆八年的會試，湯顯祖也因不應張居正之召而下第，結果湯顯祖直到張居正去世後的萬曆十一年纔得以登第。需要指出，湯顯祖也是羅汝芳的門人。③ 至於沈懋學，在此後不久發生的張居正奪情事件（萬曆五年九月—）中，他曾上疏營救因批判奪情而觸怒張居正的吳中行等人，也是不屈服於張居正威勢的耿介之士。④ 而且，正如前述，在此期間，依附於張居正的南京操江都御史胡檟圖謀將沈懋學論罪下獄。順便一提，與沈懋學一同名列羅汝芳志學書院講會聽講者名單的詹沂（隆慶五年進士，張居正門生），在張居正奪情事件中，也拒絕在同僚乞留疏上署名，且翌年萬曆六年張居正回江陵治喪葬父，他又拒絕疏促居正還朝，頗爲居正所憾。⑤

雖然現在還未能充分闡明張居正"痛恨講學"的實態，但張居正在耳聞口

---

① （明）詹事講《近溪羅夫子墓碣》："齋捧入京，禮成，偕同志大會廣慧諸刹，諸大老咸傾蓋焉。時江陵柄國，喜操切，惡正學，諷附勢者言之。已，又召諸從游修撰沈君懋學、編修曾君朝節輩，切責之。師（羅汝芳）喟然曰：'時事若此，道復奚望？'遂具告天官，浩然歸矣。"《羅近溪先生全集》卷一〇。

② （明）朱賡《植齋曾公墓表》："聞徽有程天津者，王泰州高弟也。往學焉，相與究格物致知之旨。"《朱文懿公文集》卷八。

③ 以上，關於湯顯祖與張居正、羅汝芳的關係，詳參前揭〔日〕岩城秀夫《湯顯祖研究》。

④ （清）張廷玉等《明史》卷二一六《田一儁傳》："萬曆五年，吳中行攻張居正奪情，趙用賢等繼之，居正怒不測。一儁偕侍講趙志皋、修撰沈懋學等疏救，格不入。"同卷《沈懋學傳》："懋學少有才名，舉萬曆五年進士第一，授修撰。居正子嗣修，其同年生也。疏既格不入，乃三貽書勸嗣修諫，嗣修不能用。"

⑤ 《(嘉慶)寧國府志》卷二六《人物志・名臣・宣城》："詹沂，字浴之，隆慶辛未（五年）進士。……徵拜南吏科給事中。……沂，宰臣張居正所取士也。奪情議起，南省臣希旨乞留，疏具，沂不肯署，曰：'事繫綱常，吾不能媚宰相取詬後世。'及居正給假治喪畢，南中疏趣還朝，沂曰：'彼未有終喪意，趣之何爲？'居正頗憾之。"

説"講學"之時，他的腦海中總是浮現羅汝芳及其門人的身影，則是毋庸置疑的。講學活動本身孕育了強化當地同志團結的機會，再加上圍繞次子嗣修應舉的私人恩怨，以及門人諸子的奪情批判（參照文末附錄《（嘉慶）寧國府志》"志學書院、宛陵精舍"條）等諸種因素的混合，纔形成了世人所説的"痛恨講學"的實質。

### （三）南京國子監祭酒屠羲英

屠羲英（寧國府人，號平石，嘉靖三十五年進士）於萬曆五年閏八月任南京國子監祭酒，翌年萬曆六年二月革職。與上述二人不同，屠羲英未必是因講學而遭到鎮壓。不過，有跡象表明，當時南京國子監風氣不正，紀律敗壞，可能是張居正對書院、學校採取一系列管制政策的背景之一。

屠羲英是繼前任殷邁致仕後，出任南京國子監祭酒的，而《實錄》記載殷邁致仕的經過如下：

> 南京禮部右侍郎管國子監祭酒事殷邁，以病乞休。時邁家僮爲監生茅迪吉等痛毆重傷，及堂官牌諭，仍復抗拒，久之方解。南京科道以聞。上諭吏部："殷邁既有疾，准致仕。近年監規頹壞已極，生徒兇惡無禮，何以風示四方？員缺，以有才望、能振作者任之。"復諭禮部："申飭兩京國子監及各省提學官，都照監規、勅諭，嚴率生徒，振興法紀。"下茅迪吉等于南京都察院問擬，俱遣戍。（《明神宗實錄》"萬曆五年閏八月戊子四日"條）

僅憑這條材料，當然無法瞭解"事件"的實態，據此推測當時的學校普遍風氣敗壞，或許也過於武斷。但至少發生這種事件，既會成爲加速強化對學校、書院等管理的要因，也會成爲其藉口，實際上以此爲機，兩京國子監及各省府州縣學再次被要求徹底遵守學規、敕諭。對書院、學校等採取的管制政策，儘管首先是爲了封殺地方的言論與政治批判而施行的，但另一方面，如果部分書院、學校確實存在紀律廢弛的情形，那麼它們必定會互爲因果，導致一系列政策不斷推進的結果。上述聖諭，想必也是出自首輔張居正的票擬。

張居正在給殷邁的繼任者屠羲英（閏八月辛卯七日任）的答書中有云：

> 孔子……以"生今反古"爲戒，以"爲下不倍"爲準①。……假令孔子生今之時，爲國子司成，則必遵奉我聖祖學規以教胄，而不敢失墜；爲

---

① （宋）朱熹《中庸章句》第二十七章："是故居上不驕，爲下不倍。"同書第二十八章："子曰：'愚而好自用，賤而好自專，生乎今之世，反古之道。如此者，災及其身者也。'"

張居正與講學

提學憲臣，則必遵奉皇上勅諭以造士，而不敢失墜；必不舍其本業而別開一門，以自蹈於"反古"之罪也。……僕願今之學者，以足踏實地爲功，以崇尚本質爲行，以遵守成憲爲準，以誠心順上爲忠。……毋以前輩爲不足學，而輕事詆毀；毋相與造爲虛談，逞其胸臆，以撓上之法也。（《書牘》九/49《答南司成屠平石論爲學》①）

與閏八月戊子的諭旨一樣，在這裏也反復主張對學規、敕諭的絕對遵守。大約同一時期在給湖廣提學官的答書中，張居正同樣提出要以"生今反古"爲戒，強調"遵敕諭""遵祖宗之典""爲下不倍"的態度的重要性。② 嚴斥"生今反古"（＝"是古非今"），強調對上意的絕對服從，這些論調有可能直接導向嚴禁監生、生員的政治批判。

順便一提，張居正對"法後王"的荀子的評價遠高於"法先王"的孟子，③並直言不諱地宣稱"富國强兵"纔是自己終極的政治目標。④ 有人評價張居正的政治手腕，把他比作法家者流，不是沒有原因的。⑤

然而，屠羲英也僅在任半年餘就遭劾解任，而解任的事由尚不明確。

南京户科給事中王蔚參論：南京太常寺卿管國子監祭酒事屠羲英乖謬有虧師範。部覆：本官任成均以來，振飭改觀，未免生徒叢怨。既經論劾，暫且回籍聽用。（《明神宗實錄》"萬曆六年二月壬午朔"條⑥）

張居正在給屠羲英的繼任者許國（二月戊子七日拜任）的答書中也寫道："南中士習，偷窳久矣。往屠公銳意振刷，雖若少驟，然其意未爲不善。"⑦ 綜合這

---

① 自此書後的第二通書51《答總憲高鳳翥》以下，寫於接聞父喪訃報以後（即萬曆五年九月二十五日以後），因此，該書大約作於萬曆五年閏八月至九月之間。
② 《書牘》九/37《答楚學道金省吾論學政》："至注厝所宜，不外乎華翰'遵敕諭'三字而已。夫以孔子之聖，平生所志，惟在東周；'生今反古'，深用爲戒。……今世俗皆曰'願學孔子'，乃不務遵祖宗之典，……而好言上古久遠之事，……此豈聖人所謂'爲下不倍'哉。"
③ 《文集》三《辛未會試程策・二》（隆慶五年辛未）。
④ 《書牘》一一/28《答福建巡撫耿楚侗談王霸之辯》（萬曆七年）。
⑤ （明）張元忭《張陽和先生不二齋文選》卷三《復查毅齋》："昔日之荆公（王安石）與今之荆州（張居正），其平生所學者，管商之富强而已耳，申韓之刑名而已耳。"又參〔日〕荒木見悟《明儒張陽和論——良知現成論の一屈折——》，前揭《明代思想研究》所收，第205頁。
⑥ 今據《明實錄校勘記》對部分文字進行了改訂。又《國榷》同年月日作"南京太常寺卿署國子祭酒屠羲英劾罷"。
⑦ 《書牘》一〇/35《答南司成許海嶽》。

· 329 ·

兩條材料可以推測，屠羲英雖然遵從居正之意，屬行整頓南監的不良風氣，但手段欠妥，加劇了監生的不滿，最終遭到言官彈劾。但是，似乎還有其他的因素，導致他最終被罷職。

> 改太常寺，轉祭酒。……訓飭有條，士風丕變。……無何，居正禁講學。英曰："官可一日便棄，學不可一日不講，毋爲僞學則可耳。"與同志士大夫會講不輟。居正丁母憂，廷議奪情起復，南北部寺卿貳連牘保留，請署名。英曰："今日朝廷可無江陵，江陵不可無母。朝廷無江陵，天下之綱常在。江陵無母，天下之綱常亡。"悠然擲筆出。（《（嘉慶）寧國府志》卷二六《人物志・名臣・寧國》"屠羲英"條）

不消說，文中的"母"是"父"字之譌，就憑這一點，在很大程度上讓人懷疑這一資料的可靠性。不過，在上引《答南司成屠平石論爲學》接近開頭的部分亦有"往聞公好譚理學"云云，綜合分析，這段記載也未必不可信，沒有必要無視它。結合前後的情況來看，屠羲英必然是被期待能夠強化對國子監的管理監督而獲任用的。而且，徵之於《實錄》與張居正答許國書，屠羲英也確實致力於此，並取得了一定的成效，祇是其手段不無問題，以致遭到彈劾。這是表面上的理由。另一方面，屠羲英與同志士大夫相與講學，又不願苟同奪情起復，這些事由也足夠遭到罷黜了。① 如果同時考慮張居正特意在答屠羲英書中嚴誡"舍其本業而別開一門""相與造爲虛談"的做法，居正在這一方面的期待簡直就是十二分地被辜負了。穿鑿言之，也許正因爲對方是以講學爲事之人，爲了預先牽制屠羲英，張居正纔在答書中特地向他闡述"學問"爲何。這種推測，放在羅汝芳的身上應該也完全妥當。不管怎樣，屠羲英最後被言官劾罷。彈劾屠羲英的南京戶科給事中王蔚乃隆慶五年進士，果然他也是張居正的門生。

# 六

在張居正的故里江陵一帶，地方官爲了取媚居正，不惜大興土木，諸如在衙門旁建造表彰居正的坊門，用公帑擴建居正的私宅等。居正屢屢移書湖廣巡

---

① 譯者按：《明神宗實錄》卷五三八"萬曆四十三年十月庚申"條錄有羲英小傳，其中有云"改南太常，管祭酒事。值故相張居正父艱，不與保留公疏，旋被劾歸"，似乎暗示遭劾與反對奪情直接相關。

撫與按察使、荆州知府等官員,謝絶他們的相關提議,① 但此類工役興作仍然在與他本人意願無關的情況下頻繁進行。② 在這些書信中,有如下一條言及禁止創建書院的資料。

> 承示買田玉泉（荆門州當陽縣）事,……據其圖樣,結構不小,費當不下千金,一縣豈能辦? 渠必申請上司,按撫諸公聞之,亦必動支公帑。紛紛多事,徒增煩擾。且孤近日嚴禁各處創造書院,聚徒冗食,乃身犯之,何以率人? 煩爲謝胡令,亟爲停止,庶於鄙心爲安也。(《書牘》十/25《答棘卿劉小魯言止創山勝事》)

萬曆五年九月遭父憂的張居正,奉神宗命奪情起復,不得不"在官守制"("在京守制"＝居官守喪),待神宗大婚之禮畢（萬曆六年二月）,總算獲准歸鄉葬父。三月十三日張居正啓程離京還鄉,在江陵舉行完父親的葬禮後,六月十五日回到京師。③ 此書即是他回京後不久所作,從開頭"老母舟行,……計九月初可到矣"的記述可以推測,當作於萬曆六年六月至八月間。因在三年（二十七個月）之喪中,故書中自稱"孤"。自萬曆三年五月居正上《請申舊章飭學政以振興人才疏》以來,推進了兩京國子監與各省學校的管理强化,這一點從《實録》有關南京國子監祭酒殷邁致仕的記載（萬曆五年閏八月戊子）等也可以得到佐證。雖然關於書院的管理强化,直到萬曆七年一月纔再次下詔,不過根據作於此前的上引答書,可知萬曆三年五月上疏的宗旨在其後仍然得到貫徹,持續有效。④

與此同時,張居正將大規模的別墅建造與書院創設等而視之,可謂意味深長。無論是坊門、私宅還是書院,大規模的土木工程都需要投入相應的財力與

---

① 《書牘》三/32《答楚按院陳燕野辭表聞》、《書牘》四/3《答荆州道府辭兩院建坊》、《書牘》四/4《答楚撫院汪南明辭建坊》、《書牘》五/8《與楚中撫臺辭建第助工》、《書牘》五/67《與楚撫趙汝泉言嚴家範禁請託》、《書牘》一二/44《答湖廣巡按朱謹吾辭建亭》、《書牘》一三/28《答鄖陽巡撫楊本菴》。又參朱東潤《張居正大傳》第十章,第225—227頁。

② 《書牘》四/4《答楚撫院汪南明辭建坊》:"且僕前已有二坊。"《書牘》一三/28《答鄖陽巡撫楊本菴》:"但數年以來,愚父子表坊,已六七座。"

③ 《奏疏》七《歸葬事畢謝恩疏》《謝兩宫遣使郊勞疏》等。

④ 譯者按:明廷曾於正統元年、天順六年、萬曆三年三次頒給提學官敕諭,作爲督學條例。居正萬曆三年五月所上《請申舊章飭學政以振興人才疏》的内容即成爲"萬曆三年換給提學官敕諭"（見《（萬曆）大明會典》卷七八）,從而具有了相當於行政法規的約束力。

勢力。這勢必成爲當地居民的勞役負擔，① 有時還會成爲官府瘋狂收斂的起因。對書院的鎮壓首先是企圖封殺言論，這一點無可置疑，但如果書院建設會給當地居民帶來沉重負擔，那麼其中也就包含若干單純革除該弊端的因素。抑或毋寧說，這一冠冕堂皇的理由祇是藉口，實質上是對講學言論的鎮壓，如此理解也許更接近事情的實態。

萬曆七年一月，詔毀天下書院。

> 命毀天下書院。原任常州知府施觀民，以科斂民財私創書院坐罪，著革職閒住，並其所創書院及各省私建者，俱改爲公廨衙門，糧田查歸里甲，不許聚集遊食、擾害地方。仍勅各巡按御史、提學官查訪奏聞。（《明神宗實錄》"萬曆七年正月戊辰"條）

施觀民（福建福清人，嘉靖四十四年進士）於隆慶末至萬曆初任常州（屬南直隸）知府。② 他到任不久便創建龍城書院，選拔當地俊秀之士講業其中，有三十餘人在萬曆元年中式應天鄉試，其中孫繼皋更在次年萬曆二年進士科中以第一甲第一名及第，可見他對諸生的教育殊爲熱心。③ 與前述《答棘卿劉小魯言止創山勝事》一樣，在這裏，禁毀書院的表面理由也是"科斂民財""聚集遊食""擾害地方"云云。

既然是"命毀天下書院"，施觀民的龍城書院自然首當其衝，最先被毀，④

---

① 《書牘》四/3《答荆州道府辭兩院建坊》："敝郡連年水患，民不聊生，乃又重之以工役，使萬姓睍睍，口詛祝而心咨怨，將使僕爲榮乎？辱乎？"《書牘》四/4《答楚撫院汪南明辭建坊》："敝郡連年水旱，民不聊生，僕方欲拯之而未能，而敢爲大役以賈衆怨？"《書牘》一二/44《答湖廣巡按朱謹吾辭建亭》："但數年以來，建坊營作，損上儲，勞鄉民。……乃無端又興此大役，是重困鄉人，益吾不德也。"

② 《（萬曆）常州府志》卷九上《職官·常州府知府》："隆慶五年，施觀民。萬曆三年，陳應薦。"

③ 《（同治）福建通志》卷二〇八《明良吏·福州府福清縣》"施觀民"："始下車，首闢龍城書院，拔士之秀者講業其中，置田爲資。與其選者，人以爲榮。萬曆元年秋，舉於鄉者三十餘人。明年，禮部侍郎孫繼皋廷對第一。……常州人言，施使君什一爲吏，什九爲諸生師。"又，關於施觀民及其所建龍城書院等，〔日〕小野和子《『万曆邸鈔』と『万曆疏鈔』》（《東洋史研究》39卷4號，1981年3月，第684頁）一文注（6）（7）（8）已有詳細介紹。根據其注（6）所引資料（葉向高《龍岡施公偕配何恭人墓誌銘》，《皇明文海》卷一一四），施觀民在從常州赴下一任職地後，有人爲了逢迎當路者，以常州知府任上事論罷其官。然則施觀民在常州的事跡，也不過是作爲廢毀書院的藉口罷了。

④ 《（萬曆）常州府志》卷二《疆域·常州府武進縣》："先賢祠。原雜造局舊基。萬曆初，知府施觀民改創龍城書院。旋奉旨拆毀，鬻其地於民。三十一年，知府歐陽東鳳贖地建祠。"

儘管如此，實際上這一嚴令似乎並未如字面意思得到徹底執行。① 據記載，至萬曆九年十月，合計有六十四處書院成爲改毁的對象。

> 稽查應天等府書院，先後共六十四處或改公署，或給原主，或行毁廢。其紫陽、崇正、金山、石門、天泉五書院，存留如故。（《明神宗實錄》"萬曆九年十月戊申"條②）

其中，紫陽書院（南直隸徽州府）是南宋理宗淳祐六年（1246）時任郡守爲祀朱子而建，由理宗下賜"紫陽書院"之敕額，石門書院（浙江省處州府青田縣）則是爲緬懷朱子提舉浙東時期的政績，興建於元至正（1341—1367）年間，二者皆爲與朱子有關的書院（以上據戴銑《朱子實紀》卷七）。此外，如杭州府的萬松書院，由於御史、提學疏稱其爲祀周程張朱五子而建，不宜毁棄，又如因朱子重建而聞名的南康府的白鹿洞書院，都御史上疏稱其乃敕額書院，不應毁損，遂得以免於毁撤。但另一方面，也有如廣信府的懷玉書院、饒州府的東山書院等，儘管都與朱子淵源頗深，卻仍遭毁撤（以上參照文末附錄）。在《請申舊章飭學政以振興人才疏》（萬曆三年五月）的第四條中，雖然重申了以朱子學爲正統而排斥異端的立場，但在廢毁書院之際，似乎並未嚴格區分"正統"與"異端"。

另外，正如上引《實錄》"命毁天下書院"條的末尾所述，實際在當地鎮壓書院的應該是巡按御史、提學官，乃至知府、知縣等地方官。

> 承示查改書院併田糧事，一一明悉。必如是，而後爲芟草除根，他日亦不得議復矣。（《書牘》一一/47《答陝西提學李翼軒》，萬曆七年八月以降③）

---

① （明）王圻《續文獻通考》卷六一《學校考·書院》："萬曆十（底本確作'十'）年，閣臣張居正以言官之請，概行京省查革，士論紛然不平。然竟亦不能盡撤。"

② （明）談遷《國榷》同年月日："蹙南畿書院六十有四，並改毁。惟留紫陽、崇正、金山、石門、天泉五書院。"（清）夏燮《明通鑑》卷六七"萬曆七年正月戊辰"條："詔毁天下書院。先是原任常州知府施觀民，以科斂民財、私創書院坐罪褫職。而是時士大夫競講學，張居正特惡之，盡改各省書院爲公廨。凡先後毁應天等府書院六十四處。"

③ 書中有云"小兒得附榜末"，蓋作於三子張懋修（萬曆七年舉人，《（民國）湖北通志》卷一二七《選舉表》）中湖北鄉試後。鄉試通常於八月舉行。

目前還無法具體確定李翼軒爲何許人也,① 但此前張居正給他的答書中有云:

> 頃亦聞關中人以執事爲太嚴者。然不如是,不足以見執事之能以師道自任也。幸益堅雅志,以副所期。(《書牘》一〇/29《答陝西學道李翼軒》,萬曆六年冬)

> 頃有人以執事爲太嚴者。然不如是,焉能振頹綱而正士習乎。世俗之所非議,不穀之所深喜也。願益堅雅操,以副鄙望。(《書牘》一一/24

---

① 《明神宗實錄》"萬曆五年八月丁卯"條有"陞陝西右參議李維楨爲本省(按察)副使,提督學政",或者李翼軒即此李維楨(湖廣京山人,隆慶二年進士)歟?此書中有"令弟高掇,小兒得附榜末"云云,而張懋修同榜有"李維極,京山人"(《(民國)湖北通志》卷一二七《選舉表》),亦可相互印證。在萬曆八年八月陞任河南參政之前,李維楨在陝西提學副使任上(《明實錄》"萬曆八年八月甲辰"條)。【補注二】以上筆者推定陝西學道李翼軒爲李維楨(1547—1626,本傳見《明史》卷二八八),他的文集《大泌山房集》卷一三四《公移·陝西學政》,是其在陝西提學副使任上對所管轄的學校等下達的公文,由前言及其後的九條遵守條款組成,部分內容沿襲了張居正《請申舊章飭學政以振興人才疏》(《奏疏》四,萬曆三年五月)的趣旨。"學校督以憲司,謂其執法也。無法守,如此官何。本道不能執法狗人,亦欲人皆奉法。況新例甚嚴,其可犯乎。"(第一條)"臥碑禁生員建言訴訟。……今後一切事情,生員不得條陳,即所言是,亦以行劣黜。"(第四條)"勅云'童生通三場,始入學',見在學者,胡爲不然。今後欽頒《四書·五經·性理大全》、司馬公《通鑑》、朱子《綱目》,內如程、朱、蔡、陳、左、胡傳注,《太極》《西銘》《通書》《正蒙》《治安》《天人》斷章發明之類,並通篇全記。次則各家訓釋議論、歷代分合興亡、人之賢否、事之得失,與《大學衍義》《名臣奏議》《文章正宗》、我朝誥、律、典、制等書,並須原始要終,會文析理,不得涉獵鹵莽。"(第五條)上引第四條、第五條分別相當於《振興人才疏》的第三條、第四條,關於名宦鄉賢的入祀、孝子順孫義夫節婦的表彰、鄉飲酒之禮等的第九條,則相當於《振興人才疏》的第十七條。同時,第一條暗示這次發出的公文原本即是遵照中央的嚴令("新例甚嚴")而行。但在後來的回憶中,李維楨斷定張居正廢毀書院是對奪情批判的一種報復性措施。"維揚有書院久矣。至萬曆而毀爲客館。……往者執政私其子弟,不爲親持服,布衣文學士譏非之,則書院所由毀已。"(《大泌山房集》卷五三《維揚書院記》)另外,《大泌山房集》卷首《校刻名氏》載有"弟:維極"。譯者按:作者推測甚是,翼軒實爲維楨之別號。《(康熙)安陸府志》卷二〇《文學列傳》:"李維楨,字本寧,號翼軒,京山人。隆慶戊辰(二年)進士,選庶吉士,授編修。數載,中忌者,出,督學陝西。"清人丁宿章輯《湖北詩徵傳略》卷二六《京山·李維楨傳》云:"李維楨,字本寧,號翼軒,隆慶進士。官侍郎,贈少保。有《大泌山房集》。……初授編修,《穆宗實錄》成,進修撰。出爲陝西右參議,遷提學副使。"又按:李維楨集中所載督學陝西時所訂九條規則,是根據萬曆三年提學敕諭(文中之"新例",內容即居正之《請申舊章飭學政以振興人才疏》)結合當地儒學實際撰成的督學"教條",是新任提學官的通常做法,其前言中所謂"歷觀往牒,率布新章"是也。

《答陝西學道李翼軒》，萬曆七年①）

從如上的敘述中，不難想象，他承居正之意，以相當强硬的態度取締書院。雖然暫未找到陝西廢毀書院的事例，但可以肯定的是，根據當事地方官等的處置方法或者對首輔的迎合程度的不同，各地鎮壓書院的實態亦有所不同。同時，從張居正的自述中也可以證實，世人對他有"痛恨講學"（"不喜講學"）、"講學鎮壓者"的風評。他特意辯解説，自己所憎惡的是"似是而非"的僞學與"虛談"，絶不是否定學問與講學本身。②

順便一提，泰州學派的何心隱被逮捕（三月），後遭杖殺（九月），與詔毀天下書院同在萬曆七年。③

## 七

萬曆十年六月張居正去世後，出於對其强權政治的反彈與反動，政界展開了肅清張居正及其影響的行動，並且重新審視他所主導推行的一系列政策，甚或直接予以撤廢。首先，重新起用了因抗議奪情而獲罪的諸臣（萬曆十年十二月），其後追奪張居正的贈官（"上柱國、太師兼太子太師"，萬曆十一年三月）、再奪謚號（"文忠"，萬曆十一年八月），繼而籍没江陵家財（萬曆十二年四月），最後榜其罪於兩京一十三省（萬曆十二年八月）。在政策方面，被裁革的兩京各省的官員職位得到恢復（萬曆十一年七月），考成法則廢止於首輔申時行在任時期（萬曆十四年一月——）。④ 針對學校、書院的一系列管理强化政

---

① 如正文之所述，《書牘》一〇/25《答棘卿劉小魯言止創山勝事》作於萬曆六年六月至八月間，同 29《答陝西學道李翼軒》有"前承疏揭，……遂淹至冬初，乃得題覆"云云，則自此書以降爲同年冬所作；《書牘》一一/8《答豫所吕相公》有云"别來條忽改歲"，則此書前後爲萬曆七年所作（大學士吕調陽於萬曆六年七月以病回籍）。

② 《書牘》一〇/32《答憲長周友山明講學》："今人妄謂孤不喜講學者，實爲大誣。……但孤所爲，皆欲身體力行，以是虛談者無容耳。"（與上引同卷 29《答陝西學道李翼軒》同爲萬曆六年冬前後所作）《書牘》一一/40《答憲長周友山講學》："吾의所惡者，惡紫之奪朱也、莠之亂苗也、鄭聲之亂雅也、作僞之亂學也。……凡今之人，不如正（居正自稱）之實好學者矣。"（同卷下一通書 41《答河道潘印川》有"入夏以來""諗伏秋已過"等字眼，則亦萬曆七年秋前後所作也）

③ 參考〔日〕島田虔次《中國における近代思惟の挫折》（東京：築摩書房，1970）第 121 頁以下，以及前揭〔日〕森紀子《何心隱論——名教逸脱の構圖——》，第 656 頁。

④ 參考前揭〔日〕小野和子《東林黨と張居正——考成法を中心に——》，第 95 頁。

策，至此也有所調整：萬曆十年十月，增加了府州縣學童生入學的額數；① 因批判奪情被貶，萬曆十一年八月特除吏科給事中的鄒元標（號南皋）於是年十月上疏，主張應修復被毀書院與先賢遺跡，神宗雖然同意禮部"不必概復"的擬議，實際上基本支持了鄒疏的主張。②

　　張居正對書院、學校等採取的一系列強化管理政策，發端於隆慶四年三月禮科給事中胡檟的上言，繼又在萬曆三年五月的《請申舊章飭學政以振興人才疏》中提出了更爲具體的措施：禁止創建書院、聚徒空談；要求嚴格遵奉臥碑，禁止生員"直言"；減少生員額數；排斥異端邪說等。關於胡檟的上言，雖然未必出於居正之意，但考慮到牽制督學憲臣聚徒講學等主張，在內容上提前表述了《請申舊章飭學政以振興人才疏》的部分宗旨，同時，胡檟也是張居正陣營的官員，因此其上言也可視爲張居正施政的一環。此後，萬曆五年閏八月，重申兩京國子監及各省學校必須嚴格遵守學規、敕諭，而且，同年又發生多起因"講學""談禪"等原因導致削籍或致仕的事例。至萬曆七年一月，終於下詔廢毀天下書院。但從張居正給陝西學道李翼軒（李維楨）的一系列書信

---

① 《明實錄》"萬曆十年十月甲午"條："申增進學額數：通三年內，大府務足六十，大州縣四十五，以地方爲差。科第多者，仍量增。"《國榷》卷七一則云："增郡縣童生入學額，視地大小有差。"

② 《明實錄》"萬曆十一年十月壬戌"條："吏科給事中鄒元標疏陳五事。……（其四）一、崇儒術。言私創書院，毀之誠是，乃將先賢遺蹤，一概拆廢，宜勅禮部令郡邑或概議修復，或量爲調停。……上是其言，謂事關朕躬，知道了，餘下所司。○禮部覆吏科給事中鄒元標、兵科給事中王亮各言書院一事：人情向背，視上指揮。若不辨公私毀之，未幾而復之，旋繼又滋地方一番騷擾。私創書院已經拆毀者，不必概復。如果有先賢所遺，或係本朝勅建者曾經拆毀，量爲查復。其天真書院，既云先臣王守仁專祠，仍行撫按查先年奉何明文蓋造，動支何項錢糧，所稱書院學田是否學徒置買，應否歸入里甲。俱議擬前來，以憑斟酌覆奏。其各省學田原額不一，今書院拆毀之後，田歸何處，一併查明到部，請旨處分。上曰：'重道崇儒，原無講學之禁，亦不係書院有無。若近年私創，已經拆毀變賣的，不必一概議復，以費財擾民。'"又《萬曆邸鈔》十一年九月條載有鄒元標疏而文加詳，引此以便參考："常州知府施觀民糜費民財，私創書院，毀之誠是也。酒概將先賢遺跡，一概拆廢，臣不知其解矣。天啓聖明，將宋儒白鹿、石鼓等書院，不許概棄，是陛下且欲衛先聖之道，以詔來茲。雖然，豈謂我朝人物出宋下哉。如薛瑄、陳憲〔獻〕章、羅倫、王守仁等，先後以理學名者，不下數十人。提躬垂訓，宛然濂洛家法，未可謂國無真儒也。今儒風不振久矣。上之所禁，下之所避也；上之所作，下之所效也。士不鼓不趨，教不振不從。臣愚以爲，凡所拆過書院、先賢遺跡，宜勅禮部令郡邑或概議修復，或量爲調停。雖未必真儒輩出，然使天下曉然知陛下崇儒重道盛心，學術從此而正，士習從此而端，未可知也。此儒術之當崇也。"譯者按：鄒疏原題《條議光聖德奠民生疏》，全文見《鄒南皋集選》卷一。若《萬曆邸鈔》所繫不誤，則鄒疏實上於九月，《實錄》將其繫於十月，蓋以禮部覆文於十月故也。

中可以推測，在七年一月之前，似乎就已經命令各地提學官管制書院。

**斷然**實行這一系列政策的目的，首先是爲了封殺言論。在隆慶二年八月所上《陳六事疏》第一項"省議論"中，已經有無視或者抹殺批判當局者的言論的內容。爲了封堵學校、書院成爲地方言論活動的據點，下令減少生員額數，禁止生員建言，嚴命遵守學規、敕諭，禁止創建書院，甚至廢毀天下書院，這些政策在萬曆元年十一月開始施行的考成法的作用下，通過兩京國子監祭酒及各省提學官傳達至機構最基層，力圖得到徹底的貫徹執行。

就"痛恨講學"而言，張居正本來就厭惡脫離實際經世濟民的虛談空言，加之以學校、書院爲舞臺的講學活動，增強了聚集在那裏的人們的同志性團結，乃至成爲當地反政府言論活動的溫床；以羅汝芳門下諸子爲代表的講學之徒，在政治層面或私人層面上，屢屢出現不屈服於自己威勢的言行，張居正對他們厭惡至極，尤其是對他們的奪情批判具有報復性意味。

此外，將講學當作獵官之具的風氣（胡檟的上言），國子監的紀律敗壞（《明實錄》殷邁致仕條），書院的創建、修復成爲當地居民的沉重負擔（《答棘卿劉小魯言止創山勝事》）等因素，也是鎮壓學校、書院的背景之一端。當然，即使不難想象確實存在諸如此類的弊端，但實際上，恰好爲消除這些弊端提供了最合適的名義，從而展開了封殺言論、鎮壓講學，甚至清除政治上的異己的行動。

地方上各個講學活動的具體內容爲何，在多大程度上帶有政治色彩，同時，在張居正禁止講學的形勢下，這些講會遭到怎樣的鎮壓，講學主持者又是如何應對相關事態的呢？而且，如果良知心學不受既有價值觀的束縛，蘊含着在自己的主體性上確立新價值的可能性，那麼，其應該與張居正以"生今反古"爲戒，以"爲下不倍"爲準則的立場完全相悖。從隆慶末至萬曆十年，王門諸子都是抱着怎樣的想法度過的呢？① 如果仔細地對以上問題進行檢討，相信可以更加立體地呈現出張居正"鎮壓講學"的實態，且將之作爲今後研究的課題。

---

① 〔日〕荒木見悟《明儒張陽和論——良知現成論の一屈折——》（前揭《明代思想研究》所收）通過比較張元忭（號陽和）與王畿圍繞天真書院（浙江）存廢的態度等，驗證張元忭思想上良知現成論的"挫折"。

## 【附錄】各省通志所載張居正禁毀書院相關資料

《(光緒)畿輔通志》卷一一五《經政略二十二·學校二》

※恒陽書院（＝崇正書院）（真定府）

舊爲天王寺。明嘉靖初，知府王騰改建；三十年，知府孫續改名恒陽書院。萬曆間，改爲遊擊署。（原注：明趙南星記略："自江陵相國持權，其鄉之士譏之，遂遷怒，盡毀天下之書院。正定（引者注：即明真定府）故有恒陽書院，至是廢。壬午（萬曆十年），遂改爲遊擊署。"）

《(光緒)安徽通志》卷九二《學校志·書院》

〇芝山書院（廬州府無爲州）

宋時建於紫芝山。明萬曆中，詔罷書院地，此山與焉。知州事查志文贖隸儒學。

《(嘉慶)寧國府志》卷一九《學校志·廟學下·書院附》

〇志學書院、宛陵精舍（宣城縣）

萬曆中，時相江陵以奪情事議者多講學人，傳檄禁之。知府鄭繼之、知縣詹事講遂改書院爲理刑公署。其田賣值二百五十兩，以充築北門壩公費。其地租一十四兩四錢，仍歸於府。

〇水西書院（涇縣）

萬曆初毀。丁亥（十五年），知縣張堯文復建。

《(崇禎)山西通志》卷一三《學校（附書院）》

〇河汾書院（太原府）

萬曆初，張江陵奏毀，其院遂廢。

〇河東書院（平陽府）

嘉靖十四年，御使余光建。……萬曆八年，朝議毀之。御使李廷觀不果行，改爲三聖廟。

《(民國)山東通志》卷八九《學校志第六》

※松林書院（青州府）

明成化間，知府李昂建。……旋以江陵當軸，議毀天下書院，遂廢。

《(乾隆)浙江通志》卷二五《學校一（書院附）》

※萬松書院（＝敷文書院）（杭州府）

明弘治十一年，浙江右參政周木廢寺建萬松書院。……萬曆五年，巡鹽御史馬應夢……祀周程張朱五先生。八年，毀各書院。巡按御史謝師啓、提學僉事喬因阜謂萬松書院祀先聖，不當毀，具疏得存。

《(光緒)江西通志》卷八一《建置略六·書院一》、卷八二《建置略六·書院二》

　　※筠陽書院（瑞州府）

　　明正德八年，知府鄺璠改建書院。……萬曆初，奉文毀賣。邑人傅孟春捐白金抵直。（原注：傅孟春《記》："至萬曆初載，秉政者喜紛更，議毀書院，筠亦在革中。予……遂捐貲二百餘金抵其值。越五年，歸於郡邑，置原值不問。"）

　　※仁文書院（吉安府）

　　初……爲文江書院舊阯。明萬曆十一年，知縣徐學聚建。（原注：鄒元標《記》："萬曆庚辰（八年），江陵盡毀天下書院，市地歸民間。……癸未（十一年），余濫塵省垣，以復書院請。上報曰可。……名曰'仁文書院'。"）

　　※復古書院（吉安府）

　　明嘉靖十五年，知縣程文德即儒學舊基建。……萬曆九年，毀書院，易名三賢祠。

　　※懷玉書院（廣信府）

　　淳熙間，朱子與陸九淵、汪應辰諸賢講學其間。有司及門人拓建書院，置田以供四方來學者。……萬曆初……九年，詔革天下書院，遂廢。

　　○端明書院（廣信府）

　　宋端明殿學士汪應辰講學所。元至正十年，監縣壽安就其地建書院，置學田。……萬曆間，詔革天下書院，遂廢。

　　※象山書院（廣信府）

　　宋陸九淵嘗結廬講學，……紹定四年，江東提刑袁甫請於朝，……賜額"象山書院"。……萬曆八年，詔廢天下書院，祭亦裁。知縣伍袁萃捐資贖還，避書院名，改爲象山祠。尋詔復，仍編祭。

　　○東山書院（饒州府）

　　宋趙汝愚暨從弟汝靚建。汝愚子崇憲師事朱子，於此講學。汝愚卒，朱子來弔，復館焉。……萬曆八年，議革天下書院，遂廢。尋修復。

　　※白鹿書院（南康府）

　　宋初置書院。……萬曆七年，大學士張居正請禁僞學，詔毀天下書院，鬻田以充邊需。都御史邵鋭以白鹿書院有敕額，不便拆毀，量留田三百畝，備祭祀。（原注：陳文燭《復洞田記》："萬曆八年，江陵柄政，嚴禁僞學，詔毀書院。江西多創建，悉在毀中，白鹿洞巋然獨存。……萬曆十二年，廟堂議復書院，江西復者半。"）

○經歸書院（南康府）

元儒陳澔……號雲住師，因名其書院曰"雲住"。……萬曆七年，改爲經歸祠。

○綿江書院（贛州府）

在瑞金縣城西隅……隆慶三年，知縣呂若愚修復，增建號舍，祀巡撫王守仁，……額曰"綿江"。萬曆八年，毀天下書院，知縣黃起先易爲社學，尋復。

《（嘉慶）四川通志》卷七九《學校志·書院》

※大益書院（成都府）

正德十三年，提學王廷相創建，嘉靖五年落成。……萬曆五年，張江陵議毀。

《（同治）福建通志》卷六三

※涵江書院（興化府）

唐貞元、太和間，先聖四十一世孫孔仲良爲莆令，卒於莆。子孫因家涵江。淳祐間，知軍楊棟、涵江鎮官鄭雄飛作書院並夫子廟，給田以供祀事。……萬曆八年，毀賣天下書院。於是將涵江書院祀田只留三百畝，餘俱官賣。

○壽澤書院（興化府）

明嘉靖間，知府朱袞建，祀先聖。萬曆八年，奉例毀賣。諸生林重休贖還。

《（光緒）廣西通志》卷一三六《建置略十一·學校四》、卷一三七《建置略十二·學校五》

○修文書院（思恩府武緣縣）

明知縣劉誥建。萬曆八年廢。

○三元書院（梧州府藤縣）

宋馮京讀書處。明景泰元年，僉事湯性方創。……萬曆九年，奉勘鬻爲民居。

　　○友仁書院（梧州府藤縣）

　　明隆慶元年，同知攝縣事何文紹建。萬曆九年，奉勘爲民居。

　　○橘園書院（梧州府岑溪縣）

　　明嘉靖間教諭李時講學處。（謹案：各舊志及府縣誌不載橘園書院。蓋明萬曆十年復申毀書院之令，是以廢而無傳耳。）

標記"※"者爲班書閣《明季毀書院考》（《睿湖》1930 年第 2 期，第 133—141 頁）中已提及介紹過的內容。另外，如果仔細翻閱各省的府、縣誌等，理應可以搜集到更加翔實的資料。如上所引，在正文中提到的與羅汝芳有關的志學書院與水西書院，《安徽通志》沒有記載萬曆初的改廢情況，《寧國府志》則保存了相關記錄。在此不過是爲了呈現大致情況而選取了各省通志的記載。


（譯者單位：廖明飛，福建省社科研究基地福建師範大學中華文化傳承發展研究中心；王玉，日本北海道大學大學院文學研究院）

# 《越刊八行本注疏考》校注

〔日〕長澤規矩也　著
王　瑞、董岑仕、張　良　譯注

## 弁言

　　長澤規矩也《越刊八行本注疏考》先於 1935 年 5 月發表在《書誌學》第四卷第五號（後文稱"先行稿"），基本觀點已在上一年面世的《〈十三經注疏〉版本略説》（見《〈十三經注疏〉影譜》）中略具雛形。其後在全面調查足利學校所藏八行本刻工的基礎上，參酌加藤虎之亮研究成果及其家藏《周禮》殘本，調整了行文次序，覆核刻工名目，删繁補闕，修訂《注疏考》及《略説》對應部分，同樣以《越刊八行本注疏考》《〈十三經注疏〉版本略説》之名，分别彙於 1937 年出版的《［安井先生頌壽記念］書誌學論考》當中。作者去世後編入《長澤規矩也著作集》，惟文字略有修訂。

　　細繹諸篇可知，長澤前後觀點大體一致，如前人多將《周禮》視作注疏合刻之濫觴，而《〈十三經注疏〉影譜》、先行稿及修訂稿對此均持審慎態度，認爲不宜遽下斷語；《影譜》、先行稿但稱《周易》《周禮》《尚書》三經刊刻時間接近，修訂稿進一步推斷《尚書》鎸板稍後。兹不一一，祈請讀者留意。

　　本文即《越刊八行本注疏考》修訂稿之譯文與校注，底本以《著作集》爲準，通校《書誌學論考》單行本是正文字，並參酌《〈十三經注疏〉版本略説》的兩個版本及《越刊八行本注疏考》先行稿，疏通長澤立論依據及前後觀點變化。校注附於每段之後，旨在梳理立論基礎，回應學術進展，務求言之有物。同時編制參考文獻，綴於篇末，方便稽覈。本文校注過程中，承蒙北京師範大學文學院董婧宸老師多方教示並協助核對文獻，謹致謝忱。

　　宋刊注疏本中，有八行大字本，[一]稱爲越刊八行本，[二]或兩浙東路

## 《越刊八行本注疏考》校注

茶鹽司刊本，亦俗稱三山黃唐本，近藤正齋著録爲浙江官書刻本（《正齋書籍考》卷一）。[三] 何以稱三山黃唐本，蓋因其中最負盛名之《禮記正義》，[四] 檢書末有紹熙壬子秋八月三山黃唐跋，曰：

> 六經疏義，自京、監、蜀本皆省正文及注，又篇章散亂，覽者病焉。本司舊刊《易》《書》《周禮》，正經注疏，萃見一書，便於披繹。它經獨闕。紹熙辛亥仲冬，唐備員司庾，遂取《毛詩》《禮記》疏義，如前三經編彙，精加雠正，用鋟諸木，庶廣前人之所未備。乃若《春秋》一經，顧力未暇，姑以貽同志云。壬子秋八月，三山黃唐謹識。

此跋屢見前人徵引，可據以廓清越刊八行本注疏剞劂之顛末。依跋文所述，紹熙二年（辛亥），[五] 黃唐於提舉兩浙東路任上著手刊刻《毛詩》《禮記》二經之注疏本，其年代瞭然。《周易》《尚書》《周禮》三經無疑刊於紹熙之前，就此跋亦可明確，惟具體時間不得而知。

（一）傅增湘《藏園訂補郘亭知見傳本書目》卷一：“宋代群經注疏合刻，以光宗時兩浙東路茶鹽司所刊八行本爲最古，傳世者以日本足（立）［利］學校藏本爲最著。”又稱：“八行本宋時似亦有翻刊本，張文襄家所藏《尚書》是也。明永樂時亦有翻八行本，余所見《周易》《書經》是也。”南皮張氏所藏並非翻刻，或指國圖《尚書注疏》八行早印本，詳下。沅叔所謂“永樂翻八行本”今藏靜嘉堂，爲皕宋樓故物。陸心源《皕宋樓藏書志》卷四著録“《尚書注疏》二十卷，明覆宋八行大字本”。傅增湘《静嘉堂文庫觀書記》載：“《尚書注疏》二十卷：明覆宋本，半葉八行，每行十五字，注雙行二十二字，黑口，左右雙闌。此與抱經樓藏本同。余別見《周易兼義》兩部，亦同此行格。左闌外下方有‘永樂元年刊’小字一行，則次本亦爲永樂刊無疑矣。”《藏園群書經眼録》卷一略同，末署：“日本静嘉堂文庫藏，己巳（1929）十一月十三日觀。”按沈德壽《抱經樓藏書志》卷三著録“《尚書注疏》二十卷，東洋覆宋本”。另張鈞衡藏有一部明翻八行本《尚書注疏》，刻入《適園叢書》。藏本行款與皕宋樓（静嘉堂）本微異。《適園藏書志》卷一著録“《書經注疏》二十卷，宋刊本”，解題稱：“每半葉八行，行大十八字，小二十五字，高八寸二分，廣五寸三分，白口雙邊，口上作‘尚注疏卷幾’，又作‘尚書注疏卷幾’，葉數在下魚尾下。阮文達所未見，真驚人祕籍也。余影摹刊行，札記一卷，佳處悉爲標出。天一閣藏書。”《天一閣書目》卷一之二有“《尚書疏》

二十卷，宋刊本"，蓋即此本。傅增湘《藏園群書經眼錄》卷一："《尚書注疏》二十卷：元翻宋本，八行十八字，注疏雙行二十字。版心不記字數及刊工人名。按：此與余所見南皮張氏藏本行格同而字體不類，當是翻刻本也（四明范氏天一閣佚書，爲南潯劉承幹翰怡嘉業堂所藏）。"適園舊藏永樂翻宋本由其後人售予"中央"圖書館，傅氏殆有誤記。《"中央"圖書館善本書目（1957）》尚誤標爲"明覆刊宋浙東茶鹽司本"，1986年修訂版已改爲"明初期刊本"。王國維《宋越州本〈禮記正義〉跋》云："宋、元間別有一種注疏，與越本行款略同，如日本森立之《留真譜》所摹《周易兼義》，烏程張氏所藏《尚書注疏》，吾鄉陳氏士鄉堂所藏《毛詩注疏》，皆半葉八行，行大十八字，小二十五字，板心大小亦同越本。然張氏《尚書疏》分卷與建本同。陳氏《毛詩疏》並附釋音，疑用越本行款重刊建本者，不知刊於何時何地也，附記於此。"杜澤遜《明永樂本〈尚書注疏〉跋》云："孔穎達《尚書正義序》……'見異彼前儒'至'通直郎行四門博士'二百五十四字脱，……恰爲十行本第三版一整版。蓋寫樣時底本少此一葉，經辦者渾然不覺也。則永樂本《尚書注疏》乃重刻元刊十行本無疑。永樂本較之十行本，行款版式皆異，體例亦稍變，内容則一脈相沿。"

（二）《相臺書塾九經三傳沿革例》"書本"條："越中舊本注疏、建本有音釋注疏，蜀注疏，合二十三本，專屬本經名士，反覆參訂，始命良工入梓。"長澤規矩也《〈十三經注疏〉版本略説》："越刊八行本，兩浙東路茶鹽司刻。……而因刊者非一，故從《九經三傳沿革例》'越中舊本注疏'之名，採其刊行地，稱'越刊八行本'。"

（三）近藤守重《正齋書籍考》卷一"五經注疏薈本"條，版本著録爲"浙江官書刻本"，彙録足利學校藏宋板《周易注疏》《尚書正義》《禮記正義》。

（四）此本《禮記》現藏日本**足利學校遺蹟圖書館**，卷三三至四〇爲室町時期補寫（《阿部隆一遺稿集》第1卷，第305頁）。長澤規矩也《關東現存宋元版書目（第二稿）》著録"《禮記正義》七十卷三十五册"，題"宋紹熙刊本（卷三十三至四十鈔補）"。汲古書院曾於1973年影印出版；2014年北京大學出版社影印出版，配以潘宗周本，題《影印南宋越刊八行本禮記正義》；2021年全彩影印，收入《日本足利學校藏國寶及珍稀漢籍十四種》，北京大學出版社出版。

（五）阮元《毛詩注疏校勘記》稱："正義原書與經注別行，後來合併，實始於南宋紹興間三山黄唐所編彙，此本又在其後。事載《左傳考文》。"又《春秋左傳正義校勘記》："諸經正義既刻於倉臺，而此書復刊於郡治，合五爲六，炳乎相輝。是經傳集解義疏萃見一書，始於中賓。他經如《易》《書》《周禮》，則三山黄唐合經注疏三者刻於紹興以前，《毛詩》《禮記》刻於紹興辛亥間。"何稱"紹興以前"？按山井鼎《七經孟子考文·左傳》："足利所藏《五經正義》者，上杉安房守藤原憲實所捐也。今閱《周易》《尚書》《禮記》文字甚佳，宋板無疑。……其《禮記》有三山黃唐跋，其言云（引文略，惟"紹熙"誤作"紹興"）據是觀之，則《春秋》獨闕，而其所謂《毛詩》亦非今所存者。"細川利和稱："阮元謂注疏合刻《易》《書》等當在北宋之末。按山井鼎《左傳考文》引《禮記》黃跋，'紹熙'作'紹興'。阮元不知其爲誤，故有是説。"〔見日本弘化四年（1847）覆刻八行本《尚書正義》書前《例言》〕錢大昕《十駕齋養新錄》卷三"舊注疏本"條："日本人山井鼎云……所云'本司'者，不知爲何司。然即是可證北宋時正義未嘗合于經注，即南渡初尚有單行本不盡合刻矣。紹興初所刻注疏初未附入陸氏《釋文》，則今所傳附釋音之注疏，大約光、寧以後刊本耳。"云"南渡初""紹興初"，則立論亦因襲《考文》之誤。

以上三經當中，傳存於今者：《周易》有足利學校遺蹟圖書館藏本，雖無序跋，然大致爲初印本，(一) 瞿氏《鐵琴銅劍樓藏書目錄》《鐵琴銅劍樓書影》著錄者屬後印本，(二)《周易》闕筆至"構"字，"慎"字不闕；(三)《尚書》則有松崎慊堂之覆刻本廣爲人知，(四) 其底本亦在足利學校，(五) 闕筆至"構"字，明顯有整葉或局部之補刻，(六) 據傳李盛鐸藏有一部《尚書》無補刻本，然未得見；(七)《周禮》則有"故宮博物院"圖書館藏明修本五十卷三十二冊。(八)

（一）此本《周易》現藏**足利學校遺蹟圖書館**，爲未經修補之原版印本，卷首無《五經正義表》及《周易正義序》。《關東現存宋元版書目（第二稿）》著錄"《周易注疏》十三卷（卷首缺）十三冊"，題"宋孝宗頃（時期）刊本"。汲古書院曾於1973年影印出版，長澤規矩也爲之撰寫《解題》；2017年同傅增湘舊藏單疏本合併影印，題《影印南宋官版〈周易正義〉》，北京大學出版社出版；2021年《日本足利學校藏國寶及珍稀漢籍十四種》影印。澀江全善、森立之等《經籍訪古志》卷一著錄"《周易注疏》十三卷，南宋槧本，足利學藏"，解題云："每册首署'上杉右京亮藤原憲忠寄進'，下有花押。末録宋人標閱年月，云：'端平改元冬十二月廿三日，陸子遹三山寫易東牕標閱。'每卷文少異。十三卷末書：'端平二年正月十日，鏡湖嗣陸子遹遵先君手標，以朱點傳之，時大雪始晴，謹記。'字體行楷，筆力遒勁。句讀及段落批點皆用朱筆，其塗抹文字則用雌黃，亦具見謹嚴。攷陸子遹乃放翁第六子，先君指放翁也。近藤守重云：'三山在山陰縣鏡湖中，放翁中年卜居地。東廂，翁詩中數見，所謂"東偏得山多"者是也。'蓋此本以宋槧，經宋人手校，最可貴重者矣。"山井鼎《七經孟子考文·左傳》："謹按，足利所藏《五經正義》者，上杉安房守藤原憲實所捐也。……憲實，應永年間人，當明初洪武、永樂之際。"

（二）此本《周易》現藏中國國家圖書館，爲宋元遞修本，非《鐵琴銅劍樓藏書目錄》及《鐵琴銅劍樓書影》所謂"宋時印本"。其《五經正義表》《周易正義序》及卷一據陳氏士鄉堂影宋抄本補錄。卷首過錄錢孫保題記、顧炎武跋文，並有陳鱣手澤三則附於錢、顧題識之後；末又有陳鱣跋語，詳述得書本末："今年秋，從吳買得宋刻大字本十三卷，每半葉八行，行十九字，皆頂格，經下夾行注，有'注云'二字，注下作大字陰文'疏'字，仍夾行，先整釋經文，然後釋注，再接大字經文，與日本山井鼎《七經孟子考文》所據宋本一一符合。書中避敬、恒、貞、桓等字，而不避慎字，間有避慎字者，審係修版，疑即《沿革例》所謂紹興初監本，其刷印則在乾道、淳熙間也。楮墨精良，古香可愛。每葉楮背有'習說書院'長印，是宋印之徵。每卷首有'孫修景芳'印，侶係明人。其經文……尤可證俗間傳刻之失。其注疏中可以勘今本之脫誤者更復不少，即如《咸》象傳疏一段，凡一百一字，今本全脫。宋本之足寶貴如此。惜缺其首卷，復從吳中周猗唐明經借影宋鈔十三卷本，前有《五經正義表》，係錢求赤手校，覓善書者補全，自謂生平幸事。錢校本題識並錄諸首焉。嘉慶十五年秋九月，海寧陳鱣跋。"《古逸叢書三編》《續修四庫全書》《中華再造善本》影印。《鐵琴銅劍樓藏書目錄》卷一收錄"《周易注疏》十三卷，宋刊本"，解題云："首題'《周易注疏》卷一'，次題'國子祭酒上護軍曲阜縣開國子臣孔穎達奉勅撰'，餘卷並同此式，不題'王弼注'，《繫辭》亦不題'韓康伯注'。其分卷則乾一、坤二、師三、大有四、復五、咸六、損七、鼎八、旅九、《繫辭上》十、《繫辭上》第六章十一、《繫辭下》十二、《說卦》十三，蓋猶是孔氏舊第，與《直齋書錄解題》合。《序》稱十四卷者，殆併《略例》計之也。經文與前單注本多同，惟'可與幾也'，'與'下無'言'字；'吾與爾靡之'，不作'縻'；'物不可以終動，止之'，無'動必'二字，三處爲異。餘詳陳仲魚《經籍跋文》。……攷十三卷本，此外惟錢求赤鈔宋本（求赤，邑人，名孫保）、山井鼎《考文》所引宋本而已。錢本悉與此同，蓋即此所自出，但轉寫不無譌脫（案：錢校蓋據明監本，故失校處每同監本。所影亦未是宋式。載《群書拾補》，可證也）。《考文》本上下經皆同，而《繫辭》正義則散在各節注下，漸改舊觀；惟不似十行本，以釋一章大義者分列每章之首，猶爲差勝，是此實爲注疏合刻最初本也。此本之異於他本而足正其譌者，已備載《考文》，而盧氏《群書拾補》、阮氏《校勘記》又引之。……每半葉八行，行十九字，皆頂格。經下夾行注皆有'注云'二字。疏上則作陰文大'疏'字。疏仍夾行，行亦十九字。遇敬、殷、匡、恒、貞、桓、構字皆闕筆，而'愼'字不闕。陳仲魚謂即《九經沿革例》中所稱紹興初監本也。每葉楮背有'習說書院'長方印，知出宋時印本，惜首卷失去。仲魚於周漪塘家借錢本補全。首有《進五經正義表》，亦各本所無。盧抱經據以載入《群書拾補》中。惟後無《略例》《釋文》，今以明翻八行本補之。卷末有仲魚題識，已刻入《經籍跋文》，茲不復錄（卷中有"陳鱣所藏"朱記）。"《鐵琴銅劍樓書影》識語有所刪略。《藏園群書經眼錄》卷一"《周易注疏》十三卷"，解題云："宋刊本，半葉八行，行十九字，注雙行同，匡版高六寸二分，闊四寸八分，白口，左右雙闌，版心上記字數，下記刊工姓名。有陳鱣跋，已刊。按：此與袁抱存（克文）藏《禮記》、張香濤（之洞）藏《書經》、李木齋（盛鐸）藏《周禮》同，皆紹熙黃唐刻本也。〔瞿氏鐵琴銅劍樓藏書。乙卯（1915）八月三十日訪書虞山，見於罟里瞿宅，盡一日之力，閱七八十種，記其尤者四十餘種。〕"《藏園訂補邵亭知見傳本書目》卷一："海虞瞿氏藏南宋初兩浙東路茶鹽司刊本，八行十九字，注雙行同，白口，左右雙闌，有補版，然其初版刊工多散見於紹興間浙本。此爲《周易》正文、注、疏合刻第一本。日本足（立）〔利〕學校亦藏有一帙。"王文進《文祿堂訪書記》卷一亦著錄此本："《周易注疏》十三卷。宋紹熙浙東庚司刻本。半葉八行，行十九字，注雙行。白口，板心上記字數，下記刊工姓名（包端、徐亮、王禧、范堅、李實、梁文、洪新、章文、孫中、丁璋）。'疏'字作白文。宋諱避至'敦'字。楮背有'習說書院'長方印。卷中配明覆本五十五葉，陳仲魚補鈔五十六葉，計四百八十六葉。……有'孫脩景芳''汪士鐘''陳鱣攷藏''仲魚''鐵琴銅劍樓'印。"

（三）長澤規矩也《〈周易注疏〉解題》："以其宋諱'構'字缺筆，'愼'字不缺筆，可以推測爲高宗時期，或最晚孝宗初年以前所刊。"

（四）此本《尚書》爲日本弘化四年（丁未，1847）據松崎氏影寫本覆刻。書前有細川利和所撰《例言》，稱："此書原本南宋初所刻，現藏足利學校。室町氏之時，鐮府宰安房守上杉憲實所捐。松崎明復病其無副本，影寫一通。明復本貫係我宗國，因以進呈，筆畫精審，不違毫釐。今取雕鎸，務加精校。其黑闕漫滅，零字缺誤，並仍舊樣，意在存宋版面目也。"《尚書正義定本序》："景鈔八行本。景宋鈔本，亦出自兩浙東路茶鹽司本，而與足利宋本時有異同，蓋其所據之本較爲早印，補版少也。又足利宋本闕頁，此皆完具。古梓堂文庫所藏舊林氏讀耕齋書。"林鵞峰，江戶前期儒學者，京都人，林羅山第三子。"讀耕齋"爲其齋號。

（五）日文原文爲"原本"，覈長澤規矩也自編《圖書學辭典·テキスト篇》，"原本"有"祖本""真本""宗本"之意（第112頁）；又同書《寫本篇》，"原本"

又可等同於"底本",意即"所依據的本子",惟實際操作中,"這個本子可以是刊本,也可以是寫本,此外,亦可是校勘所依據的本子"(第 34 頁)。此處譯作"底本",與足利本、弘化本《尚書》之關係相符。

(六)此本《尚書》現藏足利學校遺蹟圖書館,爲宋刻宋元遞修本,刷印晚於中國國家圖書館藏本。《關東現存宋元版書目(第二稿)》著錄"《尚書注疏》二十卷八册,宋孝宗頃刊元修本"。其補版情況,據細川利和稱:"原本脱紙凡十五葉(第一卷第七葉,第二卷第四十葉,第十卷第十八葉、第十九葉、第廿二葉、第廿四葉、第廿五葉、第廿七葉、第廿八葉、第廿九葉、第卅葉、第卅一葉、第卅二葉、第卅六葉,第十一卷第一葉),後人以別本補足。山井鼎作《考文》時猶有,謂之補本。今止存一紙,因刻'原補'二字於版心。"見日本弘化四年(丁未,1847)覆刻八行本《尚書注疏》卷端《例言》。《經籍訪古志》著錄"《尚書注疏》二十卷,宋槧本,足利學藏",解題云:"前有端拱元年孔維等上表、永徽四年無忌等《上五經正義表》及孔穎達《尚書正義序》。卷首題'尚書正義卷第一''國子祭酒上護軍曲阜縣開國子臣孔穎達等奉敕撰',二卷以下題云'尚書注疏卷第幾'。卷末記云云(引文略,惟"紹熙"誤作"紹興",與《七經孟子考文》同)每半版八行,行十七八字。注雙行,行十九字。界長七寸一分,幅五寸四分。卷首有'松竹清風'印。欄外有'此書不許出學校閫外,憲實(花押)'及'足利學校公用'數字,又行間題'上杉安房守藤原憲實寄進',俱係憲實真跡。"《尚書正義定本序》:"八行本,宋兩浙東路茶鹽司刊本,每半葉八行。足利學校遺蹟圖書館所藏。即山井氏《考文》所謂'宋板'也。有弘化四年熊本細川氏景刊本。"《藏園訂補邵亭知見傳本書目》卷一:"宋兩浙東路茶鹽司刊本,八行十九字,注雙行同,白口,左右雙闌。正文、注、疏合刻第一本。日本足利學校藏,已印入《四部叢刊三編》。南皮張文襄家有一帙,行款版式與足利本同,兩刊工人名不合。"2021 年《日本足利學校藏國寶及珍稀漢籍十四種》影印。

(七)查《木犀軒藏書目録》,未見著録此本《尚書》。李氏藏有一部南宋坊刻本,十三卷,僅有經傳而無疏文,卷七末佚去《微子之命》一篇。《尚書注疏彙校據校各本目録》稱次本爲"宋刻經注本之僅存者,修版與原版雜配,俗字訛文頗多"。北京大學圖書館藏,《中華再造善本》影印。今中國國家圖書館藏有一部《尚書》八行本,較足利學校本早印,由楊守敬自日本攜回,計十册,其卷七、八、一九、二〇配日本影宋抄本。《古逸叢書三編》《中華再造善本》《影印南宋官版〈尚書正義〉》(北京大學出版社 2014 年出版,闕葉配以足利本,並與單疏本對照)影印。書前有楊守敬跋:"宋槧《尚書注疏》廿卷,末有紹熙壬子三山黄唐題識,稱……是合注於疏,自此本始,十行本又在其後。惟十行本板至明猶存,世

· 348 ·

多傳本，此則中土久亡，唯日本山井鼎得見之，載入《七經孟子考文》。顧其原書在海外，經師徵引，疑信參半。余至日本，見森立之《訪古志》有此書，竭力搜訪，久之，乃聞在西京大坂人家。囑書估信致求之，往返數四，議價不成。及余差滿歸國，道出神户，親乘輪車至大坂物色之，其人仍居奇不出。余以爲日本古書，有所見則必得，況此宋槧正經正注爲海内孤本，交臂失之，留此遺恨。幸歸裝尚有餘金，迺破慳得之。同行者皆待于神户，方詫余獨自入大坂。及攜書歸來，蒼皇登舟，莫不竊笑癖而且癡，而余不顧也。書凡裝十册，缺二册，鈔補亦是以原書影摹，字體行款，毫無改易，固不害爲全書也。光緒甲申四月廿五日，神户舟中挑鐙記。宜都楊守敬。"楊氏又附識云："黃唐跋是紹熙壬子，《七經孟子考文》於《禮記》後載此跋，誤'熙'爲'興'，阮氏《校刊記》遂謂合疏於注在南北宋之間，又爲山井鼎所誤。此附訂於此。"《日本訪書志》卷一略同。其説或本自細川利和。楊守敬曾自藏一部日本弘化覆刻本（國家圖書館藏，索書號：64027），細川《例言》不闕。《鄰蘇園藏書目録》著録有"影北宋本《尚書正義》，十本"，天頭題曰："日本古刻本"，即此本。據樊長遠目驗，其書扉頁粘附楊守敬"星吾七十歲小像"一幀，有楊守敬墨筆跋云："此北宋本《尚書注疏》，即日本山井鼎所稱宋本者。中土注疏自十行本附釋音外，不見他宋本，遂多以山井鼎之説爲不足據。不知彼固一字無假也。守敬（末鈐'楊守敬印'回文印）。"又："此本日本亦只一部，誠天壤間孤本也。"其書下落，據楊守敬《日本訪書志》卷一："此書今歸南皮張制府。"傅增湘《藏園群書題記》卷一《校金刊本〈尚書注疏〉跋》："《書疏》自來傳世者以十行本爲最古，然其版多出覆刊，又經正德修補，差失滋多，以致注、疏錯雜紛亂，爲世訾警。自日本足利學校八行本出，始得盡袪其弊，惜流傳絕少，乾、嘉諸儒未見其書。余昔年曾見南皮張文襄家有宋刊全帙，與足利本行格正同，而非一刻，未知其孰爲先後也。……丁丑（1937）嘉平月，東坡生日記。"其後此本由張文襄後人售出（《藝風堂友朋書札》增訂本載傅增湘致繆荃孫書，第721頁），輾轉歸於北京圖書館。《文禄堂訪書記》卷一著録此本："《尚書注疏》二十卷。唐孔穎達撰。宋紹熙浙東庚司刻本。半葉八行，行十九字，注雙行。白口。板心上記字數，下記刊工姓名（陳俊、王林、陳錫、陳安、陳仁、洪先、朱明、梁文、丁璋、許中、李寒、徐茂、毛昌、陳仲、李詢、包端、徐亮）。宋諱避至'敦'字。補鈔卷七、八、卷一三（第六至二十九葉）、卷一四（第十四至二十五葉）、卷二〇（下半卷）。楊守敬跋見《訪書志》。又'楊星吾東瀛所得秘笈''飛青閣藏書記'印。"

（八）此本《周禮》現藏**臺北"故宮博物院"**。《"故宮博物院"善本舊籍總目·經部》著録有"《周禮注疏》五十卷"，解題云："宋紹熙間兩浙東路茶鹽司刊元明遞修本，三十二冊。"《故宮善本書影初編》著錄"《周禮疏》五十卷"，解題云："漢鄭玄注，唐賈公彥疏。宋兩浙東路茶鹽司所刊注疏之一……分卷與今本不同，尚仍單疏之舊。標題'周禮疏'、賈公彥序不作大字，猶是單疏之式。由宋迄明，遞有修補，疑明初版入南廱。元西湖書院有《周禮注疏》書版，殆即此本。無收藏印記，原藏齋宮。"《藏園群書經眼錄》卷一："《周禮疏》五十卷"，解題云："宋浙東茶鹽司刊本，八行十五字，注雙行二十二字，白口，左右雙闌。卷帙完整，紙幅寬展，惟間有元代補刊之葉〔故宮藏書，丁卯（1927）七月〕。"《藏園訂補郘亭知見傳本書目》卷一略同。加藤虎之亮《周禮經注疏音義校勘記・引據各本書目解說》："浙東轉運司本：或稱茶鹽司本，無序跋，不詳刊刻年時。黃唐本《禮記注疏跋》云……其稱舊刊果在幾年前，不可知。學者多爲紹興中刊，然書中諱字止高宗'構'，不及孝宗'慎'，注疏中二三字闕'慎'字末筆，然是係補刻頁，外之'慎'字不諱，乃知爲孝宗朝刻。檢《尚書正義》及《禮記正義》刻工，亙兩書者及四十人云。紹熙壬子距紹興末年實三十年，其間見同一刻工四十人，蓋屬絕無之事。故余欲斷孝宗朝。昭和二年（1927），余於故宮博物館觀之，刻板鮮明，墨色如漆，真稀世之珍矣。蔣軍離燕京時攜去，不知今安在。"《中國版刻圖錄》著錄（相關研究參見張允亮《故宮善本書志》、昌彼得《跋宋浙東茶鹽司本〈周禮注疏〉》）。1976 年臺北"故宮博物院"影印。另有**北京大學圖書館**藏本（Ⅰ，索書號：LSB9074），存 27 卷（存卷一至二，一三至一四，二七至四七，四九至五〇，有闕葉），計 2 函 15 冊（《北京大學圖書館藏古籍善本書目・經部》）；有少量宋代中期補版，刷印時間不出宋代，較存世其他諸本爲早。明袁忠徹、王世貞，清宋筠、民國李盛鐸遞藏（參見張麗娟《八行本〈周禮疏〉不同印本的文字差異》）。傅增湘約在 1913 年舊曆 12 月 20 日得觀於李木齋處，稱"紹熙本大字《周禮》，八行，十五至十九字不等，與盛藏《禮記》同"（《張元濟傅增湘論書尺牘》，第 37 頁）。《藏園群書經眼錄》卷一"《周禮疏》五十卷"，解題云："宋刊元明遞修本，半葉八行，行十五字至十九字不等，注雙行二十二三字不等，白口，左右雙闌，版心記字數及刊工人名。鈐有袁忠徹、宋筠藏印，又有'貞元'（李木齋先生藏書）。"《藏園訂補郘亭知見傳本書目》卷一略同。《中國版刻圖錄》《中國古籍善本書目》《第一批國家珍貴古籍名錄》均著錄。**中國國家圖書館**藏全本（Ⅳ，索書號：4921），計 30 冊，爲配本。其主體部分爲宋刻宋元明遞修本，刷印時間稍早於臺北"故宮"版，首冊鈐"安樂堂藏書記"，屬清怡府藏書印；卷一八、二一、二二鈐"君子堂圖書記""沈彥忠章""風流八詠之家""晉府書畫之印""敬德堂圖書記"等印，無明補版，刷印時間與他冊不同，可能爲流傳過程中配補（張麗娟《宋兩浙東路茶鹽司刻八行本〈周禮疏〉傳本考——兼論董康影印、影刻《周禮疏》卷四十八"虛構宋本"問題》，第 71 頁）。朱學勤《結一廬書目》卷一著錄"《周禮注疏》五十卷"，解題曰："宋慶元間吳興沈［作］賓之校刊本，每半葉八行，每行大十六字至十九字，小二十二字至二十七字不等，不附音釋。明晉府藏書。"此處所謂"晉府藏書"不確，乃就卷一八、二一、二二而言，以偏概全。又別本《結一廬書目·宋版》著錄"《周禮注疏》五十卷"，解題作："宋慶元間沈中賓刊，三十六冊。"《朱修伯批本四庫簡明目錄》"《周禮注疏》"條批曰："有錢保孫所藏宋本，春夏冬，是余本，天地二官一別宋本，秋官以俗本抄補。"又云："臧拜經曾見錢保孫所藏宋刊注本，凡經中古字，注皆今字。殘宋大字注本，每半頁八行，行大十六字，小廿一字。"《中華再造善本》《國學基本典籍叢刊》影印。此外尚有殘卷從內閣大庫散出，源出兩帙。其一爲元君子堂、明晉府舊藏本（Ⅱ），有宋元兩代補版，約刷印於元代。此帙中卷一八、二一、二二已配入結一廬舊藏。覈存世諸本並文獻記載，可確定屬此帙者，包括：（一）**"中央"研究院歷史語言研究所傅斯年圖書館**藏殘本，《傅斯年圖書館善本書志·經部》著錄"《周禮疏》殘葉一冊"，題"南宋兩浙東路茶鹽司刊宋元遞修本"，解題云："蝴蝶裝。版框高 21.4 公分，寬 15.5 公分。左右雙邊，半葉 8 行，小字雙行，字不等。版心白口，單魚尾，魚尾上方刻字數，下刻書名、卷第、葉次及刻工。全書 50 卷，殘存 30 葉。卷前序文存葉 5—8；卷 1 存葉 1、3、5—11；卷 31 存末 2 葉殘紙；卷 32 存首 2 葉殘紙；卷 36 共存 11 葉，間有殘缺不全，以致無法辨識葉次者；卷 39 存首 2 葉。計 30 葉。刻工：余、鄭埜、何壆、徐亮、何、堅、太初等。"又："書中鈐有'晉府書畫之印'朱文方印、'風流八詠之家勗誼彥忠書記'朱文方印、'吳興沈氏以萬書世家作文鼎'朱文鼎形印（"以""作"二字原本誤作"師""占"，今徑改）、'吳興沈氏勗義彥忠章'朱文方印、'君子堂圖書記'朱文長方印、'君子堂'朱文橢圓印、'賈道'朱文方圓交疊形印、'賈慧子'朱文亞字形印、'東方文化事業總委員會所藏圖書印'白文方印、'東方文化事業總委員會所藏圖書印'朱文方印。"（二）**《舊京書影》**收錄《周禮》序文葉 4（編號 064、065），提要云："宋刻零葉……舊清內閣書，見藏大連圖書館（亦見《宋元書式》《故宮書影初編》）。"按日本東京大學東洋文化研究所所藏稿本《〈舊京書影〉總目》著錄爲"臨邛楊氏"，《〈舊京書影〉提要》稿本及刊本均作"大連圖書館"，蓋所有權前後更易。此本今下落不明。又收錄卷二五葉 2 上半（066）、葉 3 上半（067），提要云："宋刻殘本，與前部同舊清內閣書，見藏京師圖書館。"覈圖像，與國圖全本、故宮本同版，惟斷板情況較輕微，應屬早印本。今下落不明。（三）**傅增湘藏《大司樂》一葉**。《宋越州本〈禮記正義〉跋》謂"余又見江安傅氏所藏《周禮注疏》，僅存《春官·大司樂》職一葉"，《兩浙古刊本考》卷下："《周禮》未見，僅見江安傅氏所藏殘葉一紙，每半葉八行，大十七八字，小廿二字。"與《舊京書影》066、067號同屬《大司樂》章，或同出一源。今下落不明。另一種內閣大庫散出本（Ⅲ），無鈐印，經宋、元、明遞修，目前可確定屬此帙者，包括：（一）**北京大學圖書館**藏殘卷（索書號：LSB4977），存卷七，李盛鐸舊藏。（二）**中國國家圖書館**藏殘卷（索書號：17809），存卷四七第2—14葉、卷四八第23葉。（三）**日本無窮會天淵文庫**藏本，存卷四七第17—33葉、卷四八第1—12、14、15、21葉，爲加藤虎之亮舊藏（阿部隆一《日本國見在宋元版本志經部》）。《天淵文庫藏書目錄》收録"《周禮疏·考工記下》"，題"轉運司本，宋版明修本"。加藤虎之亮："余藏宋刊修補本殘卷，第四十七、第四十八，計三十三葉。"《文禄堂訪書記》卷一："《周禮疏》五十卷。唐賈公彦疏。宋紹熙浙東庚司刻本。存卷七，卷四十七、八。每半葉八行，行十五六七字，注雙行二十二字至二十六字。白口。板心上記字數，下記刊工姓名（劉仁、徐亮、范堅、李寔、陳錫、孫中、章文、梁文、李祥、洪新、洪乘、朱明、鄭埜、朱允升、潘佑）。宋諱避至'敦'字。有'晋府書畫''君子堂圖書記''君子堂''風流八詠之家勗誼彦忠書記''吴興沈氏（助）[勗]義彦忠章'各印。"其書宜分售予李盛鐸（卷七）、加藤虎之亮（卷四七、四八）之本，今分藏於北京大學圖書館、日本無窮會天淵文庫。《文禄堂書影》收録卷四八第13葉寫真，而今下落不明。惟《文禄堂訪書記》所記鈐印情況與各本不合，據張麗娟推測，或爲混淆另本所致。又有來源存疑，或屬此帙者。如《舊京書影》收録《周禮》卷四八之二十三（編號：068），解題云："刊本，與前部同舊清内閣書。"稿本《〈舊京書影〉總目》稱出自"北平某氏"，《提要》稿本並刊本則略去來源。今下落不明。《宋元書式》收録卷四七首葉書影，刻工"潘佑"，屬元代補版葉。長澤規矩也《〈十三經注疏〉影譜》收録《周禮疏》卷四六首葉書影，解題云："越刊八行本《周禮》，宋淳熙頃，卷四十六首，單疏本ノ體裁レリ宋刊明印本，此ハ原刻部分ナリ。"未述來源，或屬長澤藏本，然不見其自編《關東現存宋元版書目》及關西大學圖書館編《長澤文庫リスト》著録，今下落不明。綜上，目前可知的《周禮疏》傳本包括如下數部（見表一）：

表一

| | 遞藏 | 現藏 | 存卷/葉 | 備注 |
|---|---|---|---|---|
| Ⅰ | 袁忠徹、王世貞、宋筠、李盛鐸 | 北大 | 存27卷：卷一至二，卷一三至一四，卷二七至四七，卷四九至五〇 | 少量宋中期補版，宋印 |

352

續表

| | 遞藏 | 現藏 | 存卷/葉 | 備注 |
|---|---|---|---|---|
| Ⅱ | 元君子堂、明晉府、内閣大庫 | 傅圖 | 序文葉5—8；卷一葉1、3、5—11；卷三一末2葉殘；卷三二首2葉殘；卷三六共11葉；卷三九首2葉 | 宋、元遞修，元印 |
| | | 舊京 | 序文葉4；卷二五葉2上半、葉3上半 | |
| | | 藏園 | 傅增湘藏《大司樂》一葉 | |
| | | 國圖 | 卷一八、二一、二二（配入結一廬藏本） | |
| Ⅲ | 内閣大庫 | 北大 | 卷七 | 宋、元、明遞修，明印 |
| | | 國圖 | 存卷四七葉2—14、卷四八葉23 | |
| | | 無窮會 | 存卷四七葉17—33、卷四八葉1—12、14、15、21 | |
| | | 文禄 | 卷四八葉13 | |
| | | 存疑 | 卷四六葉1（《〈十三經注疏〉影譜》）；卷四七葉1（《宋元書式》）；卷四八葉16（董康影印本，詳下）；卷四八葉22（《舊京書影》） | |
| Ⅳ | 怡府、朱氏結一廬 | 國圖 | 全本，卷一八、二一、二二以元君子堂、明晉府本配補 | |
| Ⅴ | 故宫 | 故宫 | 全本 | |

此三經均有刻工姓名，以其較以刊年明確之《禮記》，可考察四部書關係之一端。《周禮疏》予往年曾得展觀，然彼時未及細審刻工，[一]職是之故，除《故宫善本書影初編》及加藤虎之亮篋藏明修零本以外，[二]尚無資料可資是證。[三]對比潘明訓藏《禮記》之影印及覆刻本，[四]足利本雖刷印時間更早，然有補修，恂屬憾事。[五]

（一）長澤規矩也目驗之"故宮"版《周禮》刻工參見阿部隆一《"故宮博物院"藏北平圖書館宋金元版解題：中國訪書志二》（1974）；《"故宮博物院"宋本圖録》（1977）。

（二）原文作"書影"，對照先行稿（《書誌學》第4卷第5·6號）及長澤規矩也所據材料，應爲《故宮善本書影初編》，不包括《舊京書影》。《初編》收録賈公彦疏首葉（刻工"胡之"）、卷四六第一（刻工"朱明"）、第二葉。先行稿云："《故宮善本書影初編》所載三葉中，當爲原刻刻工之朱明，除在上述《周易注疏》之外，亦見於淳熙中嚴州刊本《通鑑紀事本末》、嘉祐刊南宋修本《新唐書》、南宋刊本《外臺秘要方》、南宋刊本《後漢書》等，故是本亦或刊於《周易注疏》前後，爲乾道、淳熙時刊本，而非紹興刊本。刻工胡之見於下述《禮記正義》補修本。"另《舊京書影》亦收八行本《周禮疏》殘葉若干，然刻工姓名無一可識。

（三）本文修訂於1937。1940年，董康誦芬室珂羅版影印《周禮疏》，上海大東書局印行。《藏園訂補郘亭知見傳本書目》卷一："李木齋先生有殘本二十七卷，鈐有明袁忠徹藏印，此本涉園陶氏已影印行世，余有一帙。"珂羅版卷端牌記題"歲次庚辰孟春董氏誦芬室用宋槧影印"，以李氏木犀軒本（北大本）爲底本，缺卷、缺葉以"故宮"本配補，惟卷四八在攝製時漏拍，後又無法再借"故宮"本，影印本此卷，除葉16似據内閣大庫本殘葉翻拍外，餘皆出自向壁虛構（參見柳向春《董康刊行〈周禮疏〉之相關書函解讀》、張麗娟《宋兩浙東路茶鹽司刻八行本〈周禮疏〉傳本考——兼論董康影印、影刻〈周禮疏〉卷四十八"虛構宋本"問題》）。先是，加藤虎之亮已窺其端倪，《周禮經注疏音義校勘記·引據各本書目解說》云："李盛鐸藏不全本，昭和十四年（1939）付影印，補刻處似據聞人詮本。余對校二書，然後知之。余藏宋刊修補本殘卷，第四十七、第四十八，計三十三葉，與影印本互有異同。"此珂羅版2020年由重慶師顧堂影印。在此前後，董康亦著手翻刻此書。加藤虎之亮稱："近有董康刻本，余未對校。"即此本。今見覆刻本書後跋文稱："原書間有配葉，知是刻明季即鮮覯完本。德化木齋先生曾得《周禮》殘本，審其筆劃，知與兹刻同出一源。取校缺葉，往往而在。鼎革後内府所藏悉歸'故宮博物院'，爰商得主者，假得原書，付諸影刻，並以李氏舊藏參互校補，俾黃唐精槧頓復舊觀。""此書開雕於丙子春（1936），殺青於庚辰嘉平（1940），閱時五年，靡費三萬有奇。以浙中殷某、池某、王某，河北高某、張某諸君醵資居其強半，餘則斥賣舊藏珍笈若干種，以足成之。助余校勘者，則同邑陶某、閩中黃某也。"

（四）潘宗周（字明訓）舊藏八行本《禮記正義》現藏**中國國家圖書館**，計四十册，有惠棟、李盛鐸、袁克文跋。惠棟跋曰："拙菴行人購得宋槧《禮記正義》示余，余案《唐·藝文志》，書凡七十卷，此本卷次正同，字體仿石經，蓋北宋本也。……今以北宋本挍毛本，訛字四千七百有四，脫字一千一百四十有五，闕文二千二百一十有七，文字異者二千六百二十有五，羨文九百七十有一。……拙菴家世藏書，嗣君博士企晋，嘗許余造璜川書屋，盡讀所藏。余病未能，息壤在彼，請俟他日。因校此書，並識於後云。己巳秋日松崖惠棟（下鈐"惠棟"白文方印、"定宇"朱文方印）。"李盛鐸跋："諸經疏義本自單行，注疏合刻始自何時，前人無能詳言之者。今注疏流傳僅有南宋十行本，其卷袠與單疏本不合。乾嘉諸老搜獲錢孫保景鈔《周易注疏》十三卷，沈中賓刻《左傳正義》三十六卷，已悟十行本改移卷第之非。咸、同中，仁和朱氏得五十卷本《周禮注疏》，而日本景刻《尚書正義》亦流傳中土。獨惠松崖先生所校七十卷本之《禮記正義》，相傳由璜川吳氏轉徙歸曲阜孔氏者，沈晦百餘年，耆古者幾疑秘帙已不存天壤。光緒丁、戊之交，頗聞此書復出，爲鬱華閣所收，珍秘不肯眎人。余歸自東瀛，伯羲前輩已歸道山。簽册塵封，無由得見。壬子（1912）之夏，鬱華書籍散出，是書展轉，遂歸三琴趣齋插架，可謂得所歸矣。按黃唐跋……是紹興庾司爲注疏第一合刻之地。《詩》《禮》二疏，因即爲唐所合編，故它經後僅坿唐跋，此經獨列校正諸官銜名。於是注疏合刻之地與時，無如此明白者。是此刻爲《禮記》注疏合刻第一祖本，又爲海內第一孤本，安得假瞿氏之《易》、朱氏之《周禮》，並此本景寫付刊，俾注疏祖刻復得流傳宇內，不亦藝林快事耶。丙辰（1916）驚蟄後二日，盛鐸識（鈐"李氏木齋"朱文方印）。"袁克文跋："黃唐刊《禮記正義》七十号，久著聲于人寰。陳鱣《跋文》曾詳記之，且校訂異同。盛昱藏書散出，即歸其戚景賢。懸重值求沽，議者皆不諧。是時，予居天津，亦欲購而未果。旋作南遊，遂絶消息。比移都下，知尚在景家。因丐庚樓妹倩代爲論值。遂以萬金，兼得《纂圖互注周禮》、小字本《春秋胡傳》《黃注杜詩》、黃善夫刻《王注蘇詩》《于湖居士文集》五書，皆娜嬛秘寶，因結佞宋之癖。經年所獲，已可盈百，爰辟一廬以貯之，而以此書冠焉。洪憲紀元（1915）三月十三日，寒雲記於雲合樓。"盛氏書甫一散出，傅增湘已於盛宅得見此本，1912年舊曆5月14日致函張元濟云："《禮記正義》乃南宋紹熙辛亥仲冬浙江庾司三山黃唐刊本，末葉有跋八行，述刊書始末。惠《跋》稱爲北宋本，誤矣。卷尾有校正官進士傅作膺等八行銜名。刊式古樸，猶有北宋榘範。亦間有補刊之葉（亦非一次，不避諱），補鈔亦見二葉，然皆精善。印刷清朗，真蕘夫所謂字大悅目者，皮紙潔白如新。不意七百年來經兵燹滄桑者數次，而完整若未觸手。……每半葉八行，行十五字，注雙行二十二字。分訂四十册，紙本闊大，長約一尺零，闊約七寸。藝風來書謂千金不貴，吾無間然。"

（第18頁）《藏園群書經眼錄》卷一"《禮記正義》七十卷"，解題云："宋刊本，半葉八行，行十五字，注雙行二十二字，白口，左右雙闌。間有補版，然亦精。末葉黃唐識語錄後……後有進士傅伯膺、主簿高似孫等八行銜名。空一行又宣教郎兩浙東路提舉常平司幹辦公事李深等銜名三行。有惠棟長跋。每卷鈐季滄葦藏印。又有'秋壑圖書'僞印（長白盛昱伯羲鬱華閣藏書，壬子歲（1912）見）。"《藏園訂補郘亭知見傳本書目》卷二："卷末有紹熙壬子三山黃唐刊書跋，稱……則已刊《易》《書》《周禮》《毛詩》《禮記》五經矣。至慶元六年沈作賓知府事，復刊《春秋左傳正義》，是爲越州八行本六經。後有惠棟長跋。盛昱鬱華閣舊藏，歸袁克文，轉入潘明訓，至以寶禮名其堂。潘氏已覆刻並影印行世，傳世《禮記》恐莫善於此本矣。"張元濟代潘宗周作《寶禮堂宋本書錄》有"《禮記正義》七十卷，四十册"條："往余校刊是書時，以惠定宇所校宋本與《考文》多有不合，定爲兩本，嘗以所見跋附卷末。按《考文》所據宋刊《禮記正義》藏日本足利學，至今猶存。余友張君菊生曾往展閱，歸後語余，確爲黃唐刊本。其與是本有不合者，爲原版、補版之別，即同一補版亦有先後之殊。其書法端凝、筆意渾厚者，當爲最初刊本。補刊較早者，字體雖尚方嚴，而鐫法已露稜角。再後則用筆纖弱，鋟刻粗率，與初版相較，截然不同。余詳加檢校，原刊之葉，版心均記刻工姓名，而記字數者甚少。補刊之葉則刻工姓名與字數互有完闕。因以所記刻工姓名區爲兩類，不能謂一無混淆，然大致當不誤也。阮文達《挍勘記》謂是七十卷本，爲惠氏校汲古閣所據，先爲吳中吳泰來家所藏，後歸於曲阜孔氏，陳仲魚亦有是言。其後由孔氏入於意園盛氏，盛氏書多爲景樸孫所攫，卷内有'孔繼涵'及'小如庵'印記，其授受本末甚明，惟絶無'璜川書屋'印記。吳志忠《璜川吳氏經學叢書緣起》有云：'是時載酒問奇而來者，如惠松崖徵君輩，盡吳下知名士。'又云：'書籍之散佚，若北宋本《禮記》單疏，今歸曲阜孔氏。'然則惠跋所謂北宋本者，或即志忠所云之單疏，而非此經注合刻之《正義》。《禮記》單疏殘本近由涵芬樓覆印行世，余取與惠校對勘，亦有合有不合。惟僅存最後八卷，窺豹一斑，難概其全，豈此之八卷與吳氏所藏亦有原版、補版之別耶？姑識於此，以待後之讀者。"又："版式：每卷首行題'禮記正義卷第幾'，獨第二十六卷作'禮記注疏'。次三兩行題'國子祭酒上護軍曲阜縣開國子臣孔穎達奉敕撰'。半葉八行，行十六字，間有少至十四字、多至二十一字者。小注雙行，行二十一二字，多或至二十六七字。卷首孔穎達序，半葉十二行，行二十字。左右雙闌，版心白口，單魚尾。書名題'禮記義幾'，有若干葉作'禮記正義''禮記幾'，惟第二十六卷前四葉作'禮疏'耳。卷二第十一二葉、卷三第二十葉、卷十九第十八葉、卷二十八第八葉、卷四十一第二十一葉、卷四十六第三葉均鈔配。又卷四十六第十三葉闕，誤以他葉配入。刻工姓名（略）。宋諱（略）。藏印：季振宜／字詵兮／號滄葦；季印／振宜；滄／葦；御史／之章；北平／孫氏；孔繼涵；誧／孟。"《宋越州本〈禮記正義〉跋》："南海潘氏藏《禮記正義》七十卷，每半葉八行，行大十五六字，小二十二字，卷末有紹熙壬子三山黃唐跋，并校正官銜名十二行。其黃唐結銜，爲朝請郎提舉兩浙東路茶鹽常平公事，餘亦多浙東官屬，乃浙東漕司所刊，即岳倦翁所謂'越中舊本注疏'也。此書舊藏吳中吳企晉舍人家，惠定宇先生曾取以校汲古閣本，一時頗多傳錄，阮文達《挍勘記》所據即是也。然惠氏校本未錄黃唐跋及校正諸人銜名。日本人所撰《七經孟子考文》並《經籍訪古志》雖載黃跋，而未錄銜名，故世無知爲越本者。案黃跋云：……又慶元庚申越帥沈作賓作《春秋正義後序》云：'諸經正義既刊於倉臺，而此書復刊於郡治，合五爲六，炳乎相輝。'余曩讀黃、沈二跋，見沈跋倉臺五經云云，與黃跋語合。又檢寶慶《會稽續志》提舉題名，知黃唐以紹熙二年十一月任浙東提舉，因定黃唐所刊書爲'越州本'。今見此本校正銜名，足證余說之不謬矣。……其書皆每半葉八行，用監中經注本行款，分卷則從單疏本，與建十行本絕不相同。目錄家知有越本注疏自今日始，然非此本題跋、銜名具存，亦無以推知之矣。"內藤湖南《宋板禮記正義に就いて》稱："前些年吳興劉翰怡先生翻刻單疏殘本時，提到有宋板七十卷本《正義》曾在盛伯熙祭酒那裏，而今不知下落，無法對校爲憾。這次出版的就是盛伯熙舊藏本。盛伯熙是清朝宗室，名字叫盛昱，肅親王的分支，光緒二十五年去世，是位著名學者，也是藏書家。盛伯熙去世後二十年而藏書流散，這部七十卷本《禮記正義》好像爲同樣是'滿洲'人的著名收藏家完顏景賢先生所有。景賢先生是前年去世的，其藏書又流散，現在歸關東收藏家潘明訓先生。潘先生現在避兵亂來居上海，據云其藏書及書畫等，都寄存在英國工部局的警察。曾任大理院長及財務總長的董康（授經）先生借出過這本來，付玻璃版影印。董先生是當代中國出版界數一數二的大人物，以刻書非常精善而有名，手下始終都有數十名刻工。偶爾也做玻璃版，而他的玻璃版不同於中國的普通版，從用紙到裝訂都精益求精，做出來的是曠古精本，只有殿本差可媲美。這次新印的《禮記正義》，用紙等皆極其精美，而且僅僅印出二十部，就破毀了其版。所以說，這種影印本的珍貴，僅次原書一籌。聽說賣價二百五十圓左右，但往日本只能出售十部。"此本有潘氏寶禮堂玻璃版影印本及民國十六年（1927）影刻本，不附惠棟跋，文字有所改易，另附潘宗周、張元濟所撰《校勘記》。《古逸叢書三編》《續修四庫全書》《中華再造善本》亦予影印。另有一帙，明晉藩舊藏，從內閣大庫散出後分藏於各處。**中國國家圖書館**藏殘本一部，存二十八卷（卷三至四、一一至一八、二四至二五、三七至四二、四五至四八、五五至六〇），爲晉府本存世之大宗。《涵芬樓爐餘書錄》收錄此本。有張元濟跋云："余曩居京邸，聞沈子培先生言，盛伯熙嘗得曲阜孔氏所藏惠氏據校之宋刻《禮記正義》，秘不示人。余心識之。清社既屋，盛書星散，大半歸於景樸孫。樸孫以是書售之袁寒雲。吾友潘明訓復得之袁氏。至是余始得寓目焉，而子陪先已下世矣。越數年，余又得此殘本於海昌孫氏，存者爲卷三、四，卷十一至十八，卷二十四、五，卷三十七至四十二，卷四十五至四十八，卷五十五至六十，只二十有八卷。明訓既得是書，覆刻行世。兩本舊出一版，取新本互校，乃有三葉行字微異，詢知原版抄補，因以攝影貽之。明訓重付手民，嗜古如子培，昔欲求一覽而不可得，而余乃得從容假觀，既見其全，又獲其半，且可以是不全之帙補彼全而偶缺之憾，豈不快歟。檢閱既竟，將以儲之涵芬樓中，因書數語，以示來者。庚午（1930）春海鹽張元濟識。"**上海圖書館藏**殘卷（存卷五第六葉左半至第二十葉），劉體智舊藏，於1952年購入。此外尚有零卷散存者，多由王文進經手。《文禄堂訪書記》卷一："《禮記正義》七十卷。唐孔穎達撰。宋紹熙浙東庾司刻本。存序、卷一、卷二、卷六十三至六十六。半葉八行，行十六七字，注雙行二十二字。白口。板心下記刊工姓名（施俊、王茂、魏奇、王六、徐賓、友、山、應俊、蔣伸、趙愚春、朱子文）。宋諱避至'敦'字。有'君子堂''敬德堂圖書''勗誼彥忠書記''吳興沈氏'印。"**北京大學圖書館**藏殘本，存序（第三葉）、卷一、二，《北京大學圖書館善本書錄·宋刻本》（1948）著錄"《禮記正義》存一卷（宋紹熙間兩浙東路茶鹽司刻元補修本，一册）"，解題云："此本俗稱越州本，又稱八行本，合疏於注，自此本始。有元人'君子堂''風流八詠之家勗誼彥忠書記''吳興沈氏以萬書世家作文（□）[鼎]'三印，及明晉府'敬德堂（藏）[圖]書印''子子孫孫永寶用'二印。蝶裝。內閣大庫書。"《北京大學圖書館藏古籍善本書目·經部》（1999）著錄"《禮記正義》七十卷（存卷一至二共三十三葉）"，題"宋刻本（有跋語，蝶裝）"。喬秀岩《影印南宋越刊八行本〈禮記正義〉編後記》："有關諸目皆云'共三十三葉'。然八行本卷一共十三葉，卷二共十九葉，兩卷共三十二葉。今檢膠卷乃知卷一之前尚有《序》第三葉，故多一葉。"**東京大學東洋文化研究所**藏殘本，存卷六三。《關東現存宋元版書目〔第二稿〕》著錄東方文化學院藏"零本一卷（卷六十三）一册，同明修本"。**京都大學附屬圖書館谷村文庫**藏殘本，存卷六四。**關西大學圖書館長澤文庫**藏本，存卷六五。長澤規矩也舊藏，《長澤文庫リスト》（2013）著錄。《關東現存宋元版書目〔第二稿〕》著錄自藏《禮記正義》"零本一卷〔卷六十五〕一册"。卷六五首葉（宋版後印）及第三葉（明代補版）收入《〈十三經注疏〉影譜》。**"中央"研究院歷史語言研究所傅斯年圖書館**藏殘本，存卷六六。《傅斯年圖書館善本書志·經部》著錄"《禮記正義》存一卷，一册，南宋紹熙三年兩浙東路茶鹽司刊宋元遞修本"。解題云："版框高 20.7 公分，寬 15.7 公分。左右雙邊，半葉 8 行 16 字，小字雙行 22 字。版心白口，單花魚尾，魚尾下方刻書名、卷第、葉次及刻工。全書 70 卷，存卷 66。刻工：陳又、翁祐、吳寶、應俊、金彥、金昇、張暉、章文一、徐良、馬祐、楊昌、王茂、吳宗、蔣伸、鄭復。""本書避諱讓、殷、匡、恒、慎、敦、玄、敬等字。""書中鈐有'東方文化事業總委員會所藏圖書印'朱文方印、'東方文化事業總委員會所藏圖書印'白文方印。"常盤井賢十《宋紹熙板禮記正義に就いて》："又聞世間偶有零本，如東方文化學院東京研究所藏第六十三卷，東京長澤規矩也先生藏第六十五卷，北平東方文化圖書籌備處藏第六十六卷等，今皆未見。"

（五）長澤規矩也《足利學校貴重特別書目解題》"《禮記正義》"條："三十五冊。卷三十三至四十，僧人一華據附釋音本補抄。缺筆至'敦'字，補刻亦不少。然據影印本考屬於同版之上海潘明訓氏藏本，則潘氏藏本更晚於此本。至若近年出現於北平坊肆之零本，似爲清內閣大庫藏本，則已經明代補修。一華，文明、永祿間（1469—1569）豐後萬壽寺僧。"

對照諸書可知：《周易》與《禮記》竟無共通之刻工，頗不可思議。

《周易》與《尚書》共通之刻工有：丁璋；毛昌；王琮；朱明；孫中；徐亮；徐茂；梁文。(一)

《尚書》與《禮記》共通之刻工有：方堅；毛祖；毛端；王恭；朱渙；徐仁；△馬松；△高文；張昇；張謙；楊昌；楊潤；劉昭。(二)

《尚書》與《禮記》均爲補修本，標△之輩尚有疑問，大概並非元朝補修時之刻工，而應斷於南宋中葉以前。

《周禮》原刻葉之刻工"朱明""徐亮"見於《周易》《尚書》；"方中吳"見於《周易》；"李寔""徐顏""劉仁"見於《尚書》。(三)僅以上述刻工推定，果如黃唐跋語所云，《周易》《尚書》《周禮》三種先於他經剞劂，三者中《尚書》當於最後付梓。(四)

（一）覈長澤規矩也《宋刊本刻工名表》，八行本《周易》（足利學校）、《尚書》（足利學校·日本覆刻本）刻工互見者八人："丁璋；毛昌；王琮；朱明；孫中；徐亮；徐茂；梁文。"

（二）《尚書》《禮記》刻工互見情況，見表二：

表二

| 書名 | 版本 | 刻工互見 |
|---|---|---|
| 尚書正義 | 越刊元修八行本（宋刻部分），足利學校，日本覆刻本 | 初刻：方堅；毛祖；毛端；朱渙；徐仁；馬松；張昇；張謙；楊潤；劉昭。補刻：王恭；高文（《宋刊本刻工名表》） |
| 禮記正義 | 紹熙刊慶元以後修八行本，足利學校 | 初刻：方堅；毛端；王恭；朱渙；徐仁；馬松；張昇；張謙；楊昌；楊潤；劉昭。補刻：毛祖；高文（同上） |

（三）《周禮》《周易》《尚書》刻工互見情況，見表二：

表三

| 書名 | 版本 | 刻工互見 |
|---|---|---|
| 周禮疏 | 南宋初兩浙東路茶鹽司刊，宋元明遞修本（原刻部分），臺北故宮 | 徐亮；朱明；徐顔；李寔。第一次宋修：方中吳；劉仁（阿部隆一《中國訪書志》） |
| 周易注疏 | 越刊八行本，足利學校 | 朱明；徐亮（《宋刊本刻工名表》） |
| 尚書正義 | 越刊元修八行本（宋刻部分），日本覆刻本 | 方中吳；朱明；李寔；徐亮；徐顔；劉仁（？）（同上） |

（四）《〈十三經注疏〉影譜》、先行稿但稱《周易》《周禮》《尚書》三經刊刻時間接近，修訂稿於此進一步推斷《尚書》刊刻稍後。

以《周易》之刻工與八行本以外他書比較，其與約刊於孝宗朝之《廣韻》（靜嘉堂）互見者有七（丁珪、王琛、徐茂、梁濟、許明、陳錫、顧忠）；[一]與定爲光宗朝刊本之《論衡》（圖書寮）互見者有四（毛昌、王琛、梁濟、陳明）。[二]諸如此類，可知該本《周易》非舊説之紹興刊本，而當付梓於孝宗朝乾道、淳熙年間。私忖《周禮》亦刊於此時前後，换言之，並非紹興年間上板。然《周禮》卷端題"周禮疏"，賈公彦序鑴以小字，均屬注疏合刻沿襲早先單疏本體例之徵。值得注意的是，河又正司通過追繹注疏配合之次第，又以其每行字數與其他八行本

· 360 ·

相較甚不統一，遂推測《周禮》在注疏合刻本中或屬最早編刊者（《注疏分合の問題》，《東洋文化》第一〇七號），亦與此觀點相呼應。且河又正司論本書刻工與《尚書正義》幾乎一致，愈足以否定紹興說。(三) 然就刻工考證而言，現存諸本（見藏於北平圖書館、北京人文科學研究所、大連圖書館、加藤虎之亮宅等處，均屬殘本，爲清內閣大庫舊藏）皆爲明代修補，(四) 在目驗初印本、或至少是宋代補修本之前，難以遽下斷語。此外，朱氏《結一廬書目》著録"《周禮注疏》五十卷，宋慶元間沈中賓刊，三十六册"，可能是由下述《左傳》而致之誤解。(五)

（一）覈《宋刊本刻工名表》，八行本《周易注疏》（足利學校）、紹興中浙刊本《廣韻》（靜嘉堂・北京圖書館）互見之刻工除"丁珪、王琜、徐茂、梁濟、許明、陳錫、顧忠"外尚有"陳明"一人。有關靜嘉堂藏本《廣韻》刊年的推定，參見長澤規矩也《宋刊本廣韻刻年の推定——宋刊本刻工名表應用の一例》（《書誌學》第二卷第三號，1934年，第10—14頁），其中枚舉同足利學校藏《周禮注疏》互見之刻工六人："王琜、陳錫、顧忠、許明、梁濟、徐茂。"本文先行稿（《書誌學》第4卷第5・6號）同。收入《書誌學論考》後補"丁珪"。

（二）覈《宋刊本刻工名表》，八行本《周易注疏》同《論衡》（宮內省）共通之刻工有四人："毛昌、王琜、梁濟、陳明。"島田翰《古文舊書考》卷二著録"《論衡》二十五卷"，題"殘，宋光宗時刻本"。《圖書寮漢籍善本書目》卷三著録"《論衡》三十卷十二册"，解題云："宋刊本，左右雙邊，每半葉十行，行十九字至二十一字不等，界長七寸二分，幅五寸，版心記刻工姓名，字體端正，有魯公遺意。宋諱完、愼、貞、桓、徵、懲、匡、筐、胤、朗、竟、境、恒、讓、墻、玄、鉉、弦、殷、弘、煦、構、敬、驚、樹等字，皆闕末畫，蓋光宗時刻本也。"長澤規矩也《宋刊本刻工名表初稿》作"光宗浙刊本"；《宋刊本刻工名表》則標爲"孝宗以後刊本"。

（三）此處長澤依據河又正司《注疏分合の問題》立論。惟河又之前，張允亮已提出此說。張允亮《故宮善本書志・周禮疏》解題："三經雖同刊於庾司，而《周禮》體例乃與二經小異。《易》《書》通例，以注接經，以疏按注，每節之下以一陰文大'疏'字爲識，先標經之起止，以釋經之疏繫之，此下再標注之起止，以釋注之疏繫之。此經則釋經之疏轉列注前，而下以大'注'字別之，其注接經文者，則以小'注'字別之。殆出注疏初合，以疏爲主，故不復見'疏'字也。意三經之刻，以此爲最先，草創難工，體例未密，《易》《書》繼作，變而遂通，

・361・

乃成定式。"《注疏分合の問題》:"《周禮注疏》,有藏於北平故宫圖書館者之五十卷全本及藏於東方文化事業部圖書館者之殘本。檢東方圖書館本及《故宫書影》所見故宫圖書館本之刻工姓名,與《尚書正義》幾乎一致,故可斷其爲《尚書正義》同時之刻本,即紹興末年刊本。而且,《周禮注疏》正文與注疏配合之次第及每行字數等,與其他八行本注疏之版式行款相較甚不統一,蓋屬八行本注疏中最早刊行者。"(王瑞、董岑仕譯)《影印國藏善本叢刊樣本》著録國立北平故宫博物院所藏《周禮疏》,提要稱:"(行款、題識、分卷)皆仍單疏之舊。注疏編次之法,亦與後來不同。考北宋時,群經注與疏本各單行,南宋初,越中始合而梓之。此本自宋歷明,遞有補板,爲明初入南監時所印。元板'桓'字闕筆,而'慎'字不減,顯是高宗朝刻。蓋注疏合刻始於越本,此又合刻之最初一種也。"(商務印書館,1937年)昌彼得《跋宋浙東茶鹽司本〈周禮注疏〉》、阿部隆一《"故宫博物院"藏北平圖書館宋金元版解題:中國訪書志二》全同其説。

(四)先行稿"現存の諸本"惟枚舉"北平圖書館、東方文化事業圖書籌備處、大連圖書館"三處藏本,均爲《舊京書影》收録,卷數與今存《周禮》殘卷不同。收入《書誌學論考》時,長澤始獲覯加藤虎之亮博士論文,並於此處補入"加藤虎之亮宅"所藏《周禮》殘本。

(五)別本《結一廬書目·宋版》著録"《周禮注疏》五十卷",解題作:"宋慶元間沈中賓刊,三十六册。"蓋混淆爲八行本《左傳》之刊人而誤題"沈中賓刊"。

按黃唐跋文,《毛詩》與《禮記》同時刊刻,然其傳本未見。《留真譜》收録多福文庫舊藏本,(一)曾於"故宫博物院"圖書館一見,(二)乃森立之《經籍訪古志》著録之舊鈔零本。(三)

(一)楊守敬《留真譜初編》收録"詩譜序"首葉、"毛詩注疏卷第一上"首葉兩幅,"詩譜序"卷端右下有"多福文庫"長印。《鄰蘇園藏書目録》著録"影宋黄唐《毛詩注疏》殘本,五本",天頭題曰:"日本古鈔本。"全書有朱筆校點及識語,卷四下末有楊守敬識語:"辛巳八月六日校一過,守敬。"(阿部隆一《"故宫博物院"藏楊氏觀海堂善本解題》)

(二)此本今藏臺北"故宫博物院"。《"故宫博物院"善本舊籍總目·經部》著録有"《毛詩注疏》存五卷",解題云:"日本室町末期鈔配江户中期鈔本,五册,存卷一上、卷四、五、六、十二。"阿部隆一《"故宫博物院"藏楊氏觀海堂善本解題》標著爲"近世初寫本"。李霖稱:"檢此書内夾圓珠筆字紙一枚,記録'日本室町極末期寫本,第一册末江户中補寫',並解釋'多福文庫'(印記)是江户初期收藏很多善本的禪宗寺院。末署'辛亥十月十三日/川瀨'。疑此川瀨氏即川瀨一馬，1971年赴臺北'故宮'鑒定此書。"（《宋本群經義疏的編校與刊印》，第 242 頁）

（三）其書爲狩谷望之（求古樓）舊藏，《經籍訪古志》著錄"《毛詩注疏》零本八卷，舊鈔本，求古樓藏"，解題云："原二十卷，今存卷一上、卷四上下、卷五、卷六上下、卷十二上下，凡五册。有'多福文庫'朱印。此本係影寫宋本，其體裁正與足利學所藏宋本《易》《書》《禮記》注疏符。山井鼎作《七經考文》日，未得此種本，故於《詩》《春秋》唯以南宋附釋音本校之耳。則此本雖曰殘缺，亦最可貴珍也。"

黃氏力有不逮，未能版行《左傳》。慶元中，乃由吳興沈中賓編刻之，㈠阮元《校勘記》亦著錄"宋本《春秋正義》三十六卷，宋慶元間吳興沈中賓所刊"。㈡此書見於《竹汀先生日記抄》卷一，㈢錢大昕《十駕齋養新餘錄》卷上亦有"《春秋正義》宋槧本"條，云：

> 吳門朱文游家藏宋槧《春秋正義》三十六卷，云宋淳化元年本，實則慶元六年重刊本也。每葉前後各八行，行十六字，卷末有馮嗣祖、趙彥秾等校勘字。今通行本哀公卷首正義全闕，獨此本有之。文游嘗許予借校，會予北上，未果。今文游久逝，此書不知轉徙何氏矣。

若謂爲淳化本之重刊本，應係單疏本；然揆諸八行十六字之行款，則宜爲注疏合刻本。未聞此本傳存於世。㈣（著者於天頭寫入"涵芬樓藏"）[編者補記：北京圖書館現藏]。㈤

（一）《著作集》援單行本作"沈中賓"，宜爲"沈作賓"之訛。此誤由來有自，誌版本者陳陳相因，而長澤終未審其誤。南宋慶元本《春秋左傳正義》卷末原有慶元六年二月沈氏跋文，今存世印本脫去，賴張金吾《愛日精廬藏書志》卷五"春秋左傳正義"條轉錄陳樹華跋文得以存世，《藏書志》於沈氏之名取"中賓"二字，注云："'中'字，宋本甚模糊，或是'作'字，姑以意定。"（此據清道光七年刻本，嘉慶二十五年活字印本未收）又云此一節臨自"金壇段氏挍宋慶元本"，則"沈中賓"之名或出段玉裁按斷，而"校宋慶元本"恰與阮元新刊《十三經》密切相關。阮氏《春秋左氏傳注疏校勘記序》有云"慶元間吳興沈中賓分繫諸經注本合刻之"，或依段氏之説而定。後世多從"中"，影響深遠。按《宋史》卷二〇四《藝文志三》著録"沈作賓、趙不迹《會稽志》二十卷"，即嘉泰《會稽志》，今可見傳本。又《宋史》卷三九〇《沈作賓傳》云："沈作賓字賓王，世爲吴興歸安人。""慶元初，歷官至淮南轉運判官，以治辦聞。直華文閣，因其任。擢太府少卿，總領淮東軍馬錢糧，繼升爲卿。尋除直龍圖閣，帥浙東，知紹興府。"考嘉泰《會稽志》卷二："沈作賓，慶元五年十一月，以朝請大夫試太府卿，淮東總領，除直龍圖閣，知（紹興府）。六年二月，轉朝議大夫。三月，除兩浙路轉運副使。"仕履歲月與跋文題署相符。故此處當以"沈作賓"爲是。

（二）《春秋左傳注疏校勘記序·引據各本目録》有"宋本《春秋正義》三十六卷"，解題云："宋慶元間吴興沈中賓所刊。案，《新唐書·經籍志》載《春秋正義》三十六卷，與此合。宋王堯臣《崇文總目》、晁公武《郡齋讀書志》、陳振孫《書録解題》並同，分卷、行款與俗本亦異……與唐石經合。無附釋音字，無俗體，是宋刻《正義》中之第一善本。每半頁八行，經、傳每行十六字，注及正義每格雙行，行廿二字，經、傳下載注，不標注字，正義總歸篇末。真舊式也。今《挍勘記》依此分卷。"

（三）錢大昕《竹汀先生日記鈔》卷一《所見古書》："晤段懋堂，云曾見《春秋正義》淳化本於朱文游家。今哀公疏南、北監本，俱載《釋文》而缺《正義》，但於疏下注'同上'。唯淳化本有之，與予所校説略同。"

（四）此本《春秋左傳正義》現藏**中國國家圖書館**，爲宋慶元六年紹興府刻宋元遞修本。《孔子文化大全》《續修四庫全書》《中華再造善本》影印。張金吾《愛日精廬藏書志》卷五著録爲"《春秋左傳正義》三十六卷，臨金壇段氏校宋慶元本"。此書原有序一篇，今本不存，有賴陳樹華識語全録此序云："中賓（"中"字宋本甚模糊，或是"作"字，姑以意定）叨蒙異恩，分閫浙左。仰體聖天子崇尚經學之意，惟恐弗稱。訪諸僚吏，則聞給事中汪公之爲帥也，嘗取國子監《春秋經傳集解》正義，參以閩、蜀諸本，俾其屬及里居之彦相與校讎，毋敢不恪。又自取而觀之，小有訛謬，無不訂正。以故此書純全，獨冠他本，不憚廣費鳩工集事，方殷而遽去。今檢正俞公以提點刑獄兼攝府事，亦嘗加意是書，未畢而又去。中賓竊惟《春秋》一經，褒善貶惡，正名定分，萬世之權衡也。筆削淵奧，雖未易測知，然而左氏《傳》、杜氏《集解》、孔氏《義疏》，發揮聖經，功亦不細，萃爲一書，則得失盛衰之蹟，與夫諸儒之説，是非異同，昭然具見。此前人雅志，繼其後者，庸可已乎？遂卒成之。諸經《正義》既刊於倉臺，而此書復刊於郡治，合五爲六，炳乎相輝，有補後學，有裨教化，遂爲東州盛事。昔熙、豐大臣疑是經非聖哲之書，不列於學官，識者痛之。中興以來，抑邪謟，尊聖經，乃復大顯，以至於今。世道所關，不可以無述也，於是乎書。慶元庚申二月既望，吳興沈中賓謹題。"陳樹華附識云："杜氏後序并淳化元年勘校官姓名，及慶元庚申吳興沈中賓重刻題跋一篇，依宋本抄補於後。戊子三月，借得朱君文游滋蘭堂藏本及《石經》，詳細手校，凡宋本有疑誤者悉書於本字之旁，經傳文兼從《石經》增正一二。七月三十日校畢，冶泉樹華記。"《愛日精廬藏書志》同卷又過錄段玉裁識語："南宋翻刻北宋本，無陸氏《音義》，復以《釋文》并借得金梧亭、惠松崖兩先生從南宋本手校者互勘一過。八月廿五日。此宋淳化庚寅官本，慶元庚申摹刻者也。凡宋本佳處，此本盡有。凡今日所存宋本，未有能善於此者也。爲滋蘭堂朱丈文游物，陳君芳林於乾隆戊子借校一部。陳君既没，嘉慶壬戌，予借諸令嗣，命長孫美中細意臨校，次子髹倅而終之。吾父有《左傳》之癖，此本當同吾父手寫本，子孫永遠寶愛。文游名奐，藏書最精，今皆散。《左傳》今在歙金修撰輔之家。芳林著《春秋内外傳考證》《宋庠補音考證》，東原師甚重之。癸亥五月，段玉裁記。"《藏園群書經眼錄》卷一著錄"《春秋左傳正義》三十六卷"，解題云："宋刊本，八行十五六字，注雙行二十二字，白口，雙闌，版心下記字數，下記人名。各卷注有修職郎新差婺州州學教授趙彦稷點勘一行，序後記如下：……收藏鈐有：'秋壑圖書'（朱）、'季振宜印'（朱回文）、'滄葦'（白）、'北平孫氏'（朱）、'季振宜字詵兮號滄葦'（朱）、'徐健菴'（白）、'乾學'（朱）各印〔上海涵芬樓藏書，辛未（1931）二月初九見〕。"相關研究，參見野間文史《〈十三經注疏〉の研究——その語法と傳承の形》第四篇《春秋正義の版本》第一節《宋慶元刊『春秋正義』について》（第289—328頁）、張麗娟《八行本〈春秋左傳正義〉版刻辨析》、張麗娟《阮元〈春秋左傳注疏校勘記〉與八行本〈春秋左傳正義〉》。

（五）兩條括注文字爲《著作集》編者所加。張元濟《涵芬樓燼餘書錄》著錄此書，後歸北京圖書館，即今中國國家圖書館。天頭，原文作"上欄"。揆諸編者本意，或以二段本之上欄同天頭類比。又按《圖書學辭典》，"欄上"意即"天頭"（第95頁），則原文"上欄"亦或"欄上"之誤。

近人所稱之八行本，尚有《論語》[一]及《孟子》。[二]二者寫真皆載《舊京書影》。《孟子》並見收於《故宮善本書影初編》，《寒雲手寫所藏宋本提要廿九種》亦有著錄。據《故宮書影目錄》解題，該部《孟子》屬明修本，題"孟子注疏解經"，孫奭序作大字。《故宮善本書影初編》所載書葉之刻工模糊不清。[三]袁寒雲《提要》著錄爲殘本兩卷，存卷三、卷四，稱此本八行，行十六字，注疏雙行，行二十二字，白口，左右雙

闌，宋諱至"擴"字多缺避，爲宋刊宋印，并附記卷中刻工。可據以考訂刊年。[四]

（一）此本《論語》現藏**臺北"故宮博物院"**。由"國立"歷史博物館轉來（參見黃燕生、李靜《"國立"歷史博物館舊藏八種宋元版書敘錄》）。《"國立"故宮博物院善本舊籍總目·經部》著錄有"《論語注疏解經》存十卷"，題"宋嘉泰間兩浙東路刊本，一册（存卷十一至二十）"。《舊京書影提要》："《論語注疏解經》二十卷：宋邢昺撰。宋刻殘本，亦兩浙東路茶鹽司刊本，刊版又在《毛詩》《禮記》之後，與《孟子注疏解經》同時。世亦稱黃唐本。舊清內閣書。"《"故宮博物院"宋本圖錄》解題云："宋紹熙間兩浙東路刊元明遞修本。包背裝。板匡高21.7公分，寬17.4公分。半葉八行，行十六字，小注夾行，行二十二字。左右雙欄，版心白口，單魚尾（其中第十二卷第八葉版心小黑口，雙魚尾），中縫上方偶記大小字數，中載論語注疏幾，下標葉次，再下署刻工姓名：毛俊、李林明、符彥、施思□、徐仁、許詠、張亨、李斌、丁之才、沈思忠、李用、王祐、沈仁舉、李彥、金潛、宋瑜、李□、吴宥、德潤、許文、洪坦、壽、符君、祝明、顧祜（以上爲原刻板刻工）、徐困、齊、張明、石寶、沈珍、徐榮、李寶、何亶、王百九、陶、文昌、徐友山（或友山）、楊明、費、金、仇、陳松、俞榮、永、婁正、阿、任阿伴、章文、王□、力（濮或力）、公、王桂、曹德新（以上爲修補版刻工）。宋諱玄、匡、恒、完、構、慎諸字偶缺末筆，蓋避宋諱不甚嚴（僅）[謹]。是本前半部亡佚，僅存卷十一至二十卷，而卷十一之第一葉及第二葉正面、卷二○第六葉陰面以後各葉均亡失。又卷十一第四至十葉倒置於二十卷之後，緣裝定時，未加細審。……原爲'中央'博物館所收藏，書中無鈐記。"《藏園訂補邵亭知見傳本書目》卷三"《論語注疏解經》二十卷"條："宋刊元明遞修本，八行十六字，注雙行二十二字，白口，左右雙闌。見殘卷。"此書另有**重慶圖書館**藏一部兩册，存卷一一至二〇，《中國古籍善本書目》卷三著錄。**上海圖書館**藏殘本，存卷一一至卷二〇，《中國古籍善本書目》卷三著錄。全書無鈐印，爲內閣大庫舊藏。《文祿堂訪書記》卷一著錄此本："《論語注疏解經》二十卷。魏何晏注，宋邢昺疏。宋紹熙浙東庚司刻本。存卷十一至二十。半葉八行，行十六字，注雙行二十二三字。白口。板心下記刊工姓名（李林明、張亨、符彥、許文、沈思忠、沈仁舉）。'疏'字作白文。宋補刻板心上記大小字數，下記刊工姓名（楊明、王桂、沈珍、婁正、德潤、陳松、徐榮、祝明）。卷中明補作白口。又卷十二第八葉黑口。宋諱避至'敦'字。"（參見楊新勛《宋八行本〈論語注疏解經〉析論》第一節《宋八行本〈論語注疏解經〉的版本性質》，第62—63頁）

（二）此本《孟子》現藏**南京博物院**，存卷一、二（計88葉，前後闕葉），卷三、四（計72葉），卷五、六（計65葉），卷一一、一二（計66葉），卷一三、一四（計69葉），共五册。其留散及入藏南京博物院始末，參見黄燕生、李静《"國立"歷史博物館舊藏八種宋元版書敍録》，《舊京書影提要》："《孟子注疏解經》十四卷：宋孫奭疏。宋刻殘本，亦茶鹽司刊本。《故宫善本書影初編》云：'孫奭序作大字，宋諱避至"擴"字。'舊清内閣書（亦見《宋元書式》《故宫善本書影初編》）。"

（三）《故宫善本書影初編》解題作"明初印，有補版"。此本《孟子》現藏**臺北"故宫博物院"**。古董房舊藏。《"國立"故宫博物院善本舊籍總目·經部》著録有"《孟子》十四卷"，解題云："宋嘉泰間兩浙東路茶鹽司刊元明遞修本，五册。"《故宫善本書影初編》著録"《孟子注疏解經》十四卷"，解題云："漢趙岐注，宋孫奭疏，亦宋兩浙東路茶鹽司刊本。款式與《周禮》同，惟標題不用單疏之式，孫奭序作大字。宋諱避至'擴'字，刊版又在《毛詩》《禮記》之後。世亦稱黄唐本。明初印，有補版，無收藏印記。原藏古董房。"張允亮《故宫善本書志（續）》："《孟子注疏解經》十四卷，此亦宋兩浙東路刊，修補本。……宋諱'擴'字減筆，當爲寧宗時刻。攷兩浙東路茶鹽司刊本《禮記正義》紹熙壬子黄唐跋，歷數本司前後所刊諸經疏義，有《易》《書》《詩》《周禮》《禮記》五種，而紹興郡齋刊本《春秋左傳正義》，慶元庚申沈作賓跋，則謂庚司所刊五經，合《左傳》而六，亦不及《孟子》，是鋟梓又後於《左傳》，其在庚司抑在郡治，不可知矣。……本書屢經修補，紙墨與《周禮》無殊，必一時所印。卷中無收藏印記，原藏古董房，《天禄琳琅書目》未著録。"《藏園羣書經眼録》卷二"《孟子注疏解經》十四卷"條："宋刊本，八行十六字，注雙行二十二字，白口，左右雙闌。版心上記字數，下記人名。間有元刊之葉，與北京圖書館所藏同，此獨完全，極可珍貴〔丁卯（1927）七月見，故宫藏書〕。"

（四）此本《孟子》現藏**中國國家圖書館**，原内閣大庫書（索書號：8649）。今存卷三、四、一三、一四。其中，卷三、四綫裝。此二卷，由曹元忠竊自内閣大庫，後經袁克文、潘宗周遞藏，歸國家圖書館；卷一三、一四爲蝶裝，無鈐印，殘蝕較多，當後來配入此帙。此帙修補情况與臺北"故宫"本接近。卷四下末尾有繆荃孫題識："避諱至'擴'字，是南宋寧宗以後本。向舉佳處'一豪'不作'一毫'，'塞于'不作'塞乎'，'吾聞之也'無'也'字，而'泰山''惟恐'兩處已同今本矣。字大悦目，紙墨精緻，可寶之至。惜止存四卷耳。繆荃孫識（鈐"雲自在龕"朱文方印）。"〔繆荃孫《庚戌日記》宣統二年（1910）七月五日載："揆一（曹元忠）回，秉衡同來。早飯，看字畫舊書。揆一代友購書，得十元二角。……題《孟子》宋本，與揆一、秉衡便飯。看字畫舊書。"〕後經曹元忠、袁克文、潘宗周遞藏，歸國家圖書館。按，卷三、四各分上下，各分上下，故繆荃孫稱之爲"四卷"。袁克文跋識有二則，其一曰："藝風於板本中號稱博識，甯於鬱華閣之《禮記》、木齋師之《周禮》、鐵琴銅劍廎之《周易》、南皮張氏之《尚書》，俱未一見耶，何不知八行十六字者爲黄唐本耶？此殘本當出自內閣庫中，與宋刊《水經注》同尋自曹君直，毛印即其僞製，蓋有所避也（下鈐"克文"朱文方印）。"又曰："《孟子注疏》殘本，存弖三、弖四兩弖，與三山黄唐所刻《禮記》無殊，故斷爲黄氏刊本。黄氏刊書跋見於《禮記》弖尾，祇謂刻有《易》《書》《詩》《周禮》《禮記》《春秋》六經。各家著錄於《孟子注疏》縱勘宋刊，剡爲黄唐本乎？《讀書敏求記》所錄乃'叢書堂鈔本'，'以監本、建本校對'。監、建皆十行本也。可知《孟疏》之難尋，不獨近今始耳。丙辰（1916）三月，寒雲（下鈐"尅文之鉨"白文方印）。"寒雲另撰提要一篇（見《寒雲手寫所藏宋本提要廿九種》）："《孟子注疏解經》，卷三上下、卷四上下，宋刊宋印，二冊。漢趙岐注，宋孫奭疏。卷第三上，次行標'公孫丑章句上（凡九章），孫奭疏'；三行標'趙氏注'，下有小字注。其下三卷趙氏注標在小題下，孫奭疏上。半葉十（"十"當作"八"）行，行十六字。注疏雙行，行二十二字，疏前一黑釘白文'疏'字，大視經文，白口，單魚尾，下標'孟子注疏'，及卷次。宋諱至'擴'字多缺避，左右雙闌。刊工：仁、許貴、許成之、徐仁、顧祐、毛俊、詠、丁之才、許詠、李彥、鄭、吳宥、張亨、楊昌、宋瑜、沈思忠、金潛、洪坦、李信、許文、李林明。藏印：曹元忠印、君直手痕、篯經室所藏宋槧（卷三上首）；句吳曹氏攷藏金石書畫之印。字體方斲，白厚羅紋紙印，墨色淡古，完潔如新。《孟子注疏》殘本，四卷，宋紹熙三山黄唐刊本也。予藏有黄刊《禮記正義》七十卷，與此無殊。《孟疏》雖有謂爲僞託，而刊本絕罕，即十行本亦不易覯。自朱注流布，趙注本遂渺。斯雖殘帙，亦宜連城視之。清宣統間曹元忠理內閣大庫藏書，得此帙，懷之出，恐爲人詰難，因鈐以毛晉僞印，冀亂鑒攷。蓋庫書皆自明初搜藏，不應有明末人藏印也。予得自曹氏，知之者爲予言其源。"《藏園群書經眼錄》卷二著錄"《孟子注疏解經》十四卷"，解題云："存卷三、四，卷各爲上下//宋刊本，半葉八行，行十六字，注雙行二十二字，白口，左右雙闌。版心下記刊工姓名，有許貴、許成之、許詠、徐仁、顧祐、毛俊、丁之才、李彥、李信、吳宥、張亨、楊昌、宋瑜、沈思忠、金潛、洪坦、毛、鄭、詠、仁等。避宋諱至'擴'字止。鈐有'毛晉之印'小朱文印。按：此與盛意園昱所藏黄唐本《禮記》同〔袁寒雲藏書，乙卯（1915）〕。"其後寒雲將《孟子》卷三、卷四殘本讓予潘宗周寶禮堂。張元濟代潘宗周作《寶禮堂宋本書錄》有"《孟子注疏解經殘本》二册"條："是疏爲後人僞託，世之不重。此爲浙東所刻，尚是最初刊本，與余所藏黄唐刊本《禮記正義》

行款相合，刻工姓名同者亦多。《禮記》刻於紹熙二年，成於三年，此避'擴''廓'等字，必爲寧宗繼位以後所刻。然余嘗見沈作賓所刊《春秋正義》，刻工亦有相同者，則不能定其爲誰氏所刻矣。惜僅存卷三、四，上下俱全。版式：卷之首行題'孟子注疏解卷第幾上下'，次行'公孫丑章句上下''孫奭疏'，三行低二格'趙氏注'，此唯卷第三上爲然，餘三卷均列第二行'章句'下。半葉八行，行十六字。小注雙行，行二十二字。左右雙闌，版心白口，單魚尾。書名題'孟子注疏幾上、幾下'，下記刻工姓名。刻工姓名：許貴、許成之、徐仁、顧祐、毛俊、丁之才、許詠、李彥、吳宥、張亨、楊昌、宋瑜、沈思忠、金潛、洪坦、李信、許文、李林明。又有毛、鄭、詠、仁數單字。宋諱：此二卷中玄、懸、匡、讓、戌、桓、慎、敦、擴、廓等字闕筆。"此書另有**北京大學圖書館**藏本，存卷三、四、一三、一四，計三冊：其中卷三、四包背裝一冊，爲較早印本，未經後代修補；卷一三、一四二冊綫裝，經元明修補，鈐"周暹"小印。據張麗娟老師最新未刊研究，指出此帙各冊印次，均與臺北"故宮"本接近。《藏園群書經眼錄》卷二："《孟子注疏解經》十四卷：存卷十三、十四，卷各爲上下//刊工姓名，有丁銓、李信、毛俊、許貴、徐、王榮、徐仁、丁之才、許詠、占讓、許成之、何建、任阿伴、茂五、曹榮、董用、吳玉、范華、章文、吳洪（仿宋體皆宋代補刻，別有元補數葉，無刊工名）。宋諱匡、貞、恒、桓、慎、慤、敦皆缺末筆。每卷次行頂格某章句上下、凡若干章。下空一格題孫奭疏。三行低一格趙氏注。篇中疏以大字陰文'疏'字冠之，各章皆連接而下，疏首章旨某句至某句監本以後皆删去，此猶存舊式。余筦教育部時，清理大庫殘牘，得宋刻八行本《孟子注疏》八卷，已付圖書館收藏。兹於文德堂復見此二卷，爲館藏所無者，因併校於殿本上，文字粗有訂正。若館中能收此殘卷，則所缺只四卷，異時或有補完之望也。丙寅（1926）九月初四日沅叔記。"《藏園訂補郘亭知見傳本書目》卷三"《孟子注疏解經》十四卷"條："宋刊元修本，八行十六字，注雙行二十二字，白口，左右雙闌。故宮有全帙。北京圖書館有内閣大庫舊儲殘本八卷。袁克文有二卷，文德堂見二卷，後均歸李木齋先生。"傅增湘所見八卷本今不知去向，寒雲藏卷三、卷四後歸南海潘氏，非《藏園訂補》所謂"均歸李木齋先生"。《文禄堂訪書記》卷一著録"《孟子注疏解經》十四卷"，解題云："宋紹熙浙東庚司刻本。存卷三、卷四、卷十三、卷十四、均分上下。半葉八行，行十六字，注雙行二十二字。白口。板心上記大小字數，下記刊工姓名（吳玉、吳洪、吳宥、李信、李彥、許成之、許貴、許詠、許文、毛食、毛俊、丁之才、丁銓、余阿平、茂五、曹榮、董用、范華、立子文、王榮、徐仁、祐圭、顧祐、張亨、楊昌、宋瑜、沈思忠、金潛、李林明）。'疏'字作白文。宋諱避至'敦'字。"唯文禄堂經眼各卷，後是否分拆

儒家典籍與思想研究（第十六輯）

等，難以確考。另《宋元書式》影印此書卷一四下第十二葉，來源不明。按，國圖藏本此帙卷一四下闕葉十三，或爲脱佚之葉，今此葉下落不明。

以《孟子》刻工較之其他八行本，與《禮記》互見者七人（毛俊、宋瑜、李信、徐仁、許貴、許詠、楊昌）；(一)與《尚書》互見者三人（丁之才、徐仁、顧祐）。(二)較之八行本以外他書，如宋刊元修本《皇朝文鑑》，與宋刻部分互見者亦有三人（李彦、沈思忠、徐仁）。(三)或以此爲據，將《孟子》斷爲稍後於紹熙之刊本。(四)然而正如上文所云，宋諱避至"擴"字，若不從當朝天子御名闕筆之説，無外三種可能：第一，自光宗紹熙年間迄於理宗寶慶以後，此六七名刻工連續從業三十餘年；第二，袁氏著録本《孟子》刊於寧宗朝，在理宗朝續有修補；第三，既知《禮記》有補刻，與《孟子》刻工互見之紙葉若屬其補刻部分，則益可説明《孟子》爲理宗朝刊本。(五)予以爲，當朝天子御名需避諱之説實難信從，慶元前後尤其如此（參見《宋版の形態上の特徴》一章）。(六)若權衡上述三端：第一種情況，姑且不論此六七刻工同名異人之可能，就此數人連續從業三十餘年觀之，已略感不可思議；至於第三種情況，《禮記》足利本凡有此七人之紙葉，潘本與之對應者多屬補版，(七)因此推論較第二種亦屬牽强。即便如此，在親炙《孟子》初印本之前，實難遽下斷語，姑且定爲寧宗初年原刻本。據《舊京書影》，《論語》題"論語注疏解經"，行款版式與《孟子》類似，書影第一一九之刻工似爲"宋瑜"，亦見於《孟子》，故《論語》或與《孟子》前後刊行，惟不確定其屬官刻本抑或私刻本。

（一）先行稿（《書誌學》第4卷第5·6號）標識《孟子》《禮記》互見之刻工"毛俊、李信、許貴、許詠、楊昌"，計五人。覈《宋刊本刻工名表》，八行本《孟子》（刻工據潘宗周《寶禮堂宋本書録》）、八行本《禮記》（初刻部分，足利學校）刻工互見者七人："毛俊、宋瑜、李信、徐仁、許詠、許貴、楊昌。"
（二）先行稿標識《孟子》《陳書》〔静嘉堂〕互見刻工"沈思忠、楊昌"，計二人，修訂稿刪去，補《孟子》《尚書》互見情況，覈《宋刊本刻工名表》爲"丁之才、徐仁、顧祐"三人。
（三）先行稿標識《孟子》《皇朝文鑑》互見刻工"李彦、沈思忠、徐仁"，計

· 370 ·

三人。《孟子》《皇朝文鑑》刻工互見情況，見表四：

表四

| 書名 | 版本 | 刻工互見 |
|---|---|---|
| 孟子注疏解經 | 越刊八行本，潘宗周《寶禮堂宋本書錄》 | 李彥；沈思忠；徐仁（《宋刊本刻工名表》） |
| 皇朝文鑑 | 南宋寧宗朝刻端平元年補刻元明遞修本，靜嘉堂文庫 | 沈思忠；徐仁（《靜嘉堂文庫宋元版圖錄》） |

（四）此外，先行稿還對照《孟子》刻工在其他刻年明瞭刊本中的互見情況，見表五：

表五

| 姓名 | 書名 | 版本 |
|---|---|---|
| 徐仁 | 遊宦紀聞 | 淳熙中嚴州刊端平淳祐修本・紹定刊本 |
| 李彥 | 文選 | 淳熙刊本 |
| 宋瑜 | 三蘇先生文粹 | 理宗朝刊本 |
| 沈思忠 | 大廣益會玉篇 |  |
| | 廣韻 | 寧宗朝刊本 |
| 洪坦 | 史記 | 淳熙刊補修本 |
| 李信 | 麗澤論說集錄 | 寧宗頃刊本 |
| | 東萊呂太史外集 | 嘉泰以後刊本 |
| | 南華真經注疏 | 理宗頃刊本 |

（五）有關八行本《孟子》的刊刻時間存兩說：第一，理宗朝刻本，這樣一來，與《禮記》《尚書》《宋文鑑》互見之刻工，其生命及職業歷程毋寧要橫跨三十多年；第二，寧宗朝刻理宗朝補修本。先行稿："由是觀之，若存在與淳熙刊本一致之刻工，則八行本《孟子》不當爲理宗朝刊本。且據黃唐跋文，《孟子》之刊刻難以上溯至紹熙。於是，若以之爲寧宗朝刊本，寧宗諱'擴'字又闕筆，又有與理宗朝刊本一致之刻工，則是寒雲藏本當有補刻；否則，與淳熙乃至嘉定刊本

所一致之刻工，並非該書原刻刻工，而是補刻時刻工。真相不外以上二説之一。換言之，不外乎以下二説：其一，《孟子》爲寧宗朝刊理宗朝補修本；其二，該書爲理宗朝刊本。然而，潘氏藏本多經修補，與《禮記正義》互見之刻工，見於其中補刻紙葉；又考慮刻工壽命長度，似當以第一種説法稍勝。即便如此，在親炙《孟子》初印本之前，實難遽下斷語。"（王瑞、董岑仕譯）

（六）長澤在《宋版の形態上の特徵》一章中指出："一直以來被奉爲判定宋版時代最高標準尺度之闕筆，僅可爲大體考察提供便利，而不可以之爲絶對準繩。若以在位天子諱闕筆爲準，則諸書雖有判之過古之嫌，然大致相差不遠。然亦有嚴守法律，於後印之時削去諱字，正如上述《通鑑紀事本末》之例，此種實例既在，則判定時自當格外注意。蓋自古中國，若拘於法文以判斷事實情況，則常誤也。"（王瑞譯）另參考長澤規矩也《宋刊本の闕筆について仁井田博士の教を乞ふ》。

（七）覈《宋刊本刻工名表》，"毛俊、宋瑜、李信、徐仁、許貴、許詠、楊昌"七人潘本均係初刻。

覼言之，若考察越刊注疏本之刊行者，據黃唐跋識，則當爲兩浙東路茶鹽司刊本。然黃唐所主持刊刻者止《毛詩》《禮記》二經，則統稱"黃唐本"固屬不妥。至於"浙江官書刻本"又失之氾濫。岳珂《九經三傳沿革例》"書本"條名之曰"越中舊本注疏"。王國維《宋越州本〈禮記正義〉跋》定作"越州本"，[一] 又《兩浙古刊本考》卷下"紹興府刊板"一節，於"浙東轉運司本"下臚列《周易》《尚書》《毛詩》《周禮》《禮記》之名，並將《論語》《孟子》劃歸"刊於慶元後者"。[二] 故略言之，以"越刊本"加八行之行數，定名爲"越刊八行本"，最爲簡便。縱使《論語》《孟子》或非官府出資刊刻，此一名稱亦於理無礙。

（一）參見王國維《宋越州本〈禮記正義〉跋》。
（二）王國維《兩浙古刊本考》卷下"浙東轉運司本"臚列"《周易正義》十三卷，《尚書正義》二十卷，《毛詩正義》四十卷，《周禮正義》五十卷，《禮記正義》七十卷〔紹熙三年〕"，解題云："此即岳倦翁所謂越州舊本注疏也，現存《尚書》《周禮》《禮記》三疏。《尚書》藏日本足利學校，《周禮》藏江右李氏，《禮記》藏南海潘氏。《尚書》每半葉八行，行大十七八字，小十九字，《禮記》每半葉八行，行大十五字，小廿二字，《周禮》未見，僅見江安傅氏所藏殘葉一紙，每半葉

《越刊八行本注疏考》校注

八行，大十七八字，小廿二字。"後又臚列"《論語注疏解經》十卷，《孟子注疏解經》十四卷"，解題云："行款與前同。《論語疏》，京師圖書館藏殘葉；《孟子疏》，南海潘氏藏卷三、卷四二卷，此刊於慶元後者。"《宋越州本〈禮記正義〉跋》："卷末有紹熙壬子三山黃唐跋，并校正官銜名十二行。其黃唐結銜，爲朝請郎提舉兩浙東路茶鹽常平公事，餘亦多浙東官屬，乃浙東漕司所刊，即岳倦翁所謂'越中舊本注疏'也。"又，王國維"浙東轉運司本"之説不確，宜稱兩浙東路茶鹽司本。

行文至此，本應表彰八行本之價值。然《周易》可寶之處，瞿《目》所論已詳；《左傳》縱未親炙，上述錢氏之文亦已闡明；至於《周易》《尚書》《禮記》則備述於《七經孟子考文》。故今從略。

如前所述，八行本之版木傳於後世，履經修補印行。茲略作收束。從足利本《尚書》《禮記》可知，其書版在宋代已有補刻，《尚書》中可見數行之補修（如卷四第六葉）。當屬隨壞隨修，旋加印行。細繹足利本《尚書》之刻工，"何建""何慶""周鼎""鄭埜"等亦見於元延祐年間饒州路學刊本《文獻通考》，[一]則此書可斷爲元修。更爲有趣的是八行本《禮記》，在常盤井賢十之調查基礎上（《宋紹熙板禮記正義に就いて》，收入《東方學報》京都第四册）推考可知，潘氏藏本補刻紙葉之刻工，與宋刊元修本各書中元修部分有共通者，如宋刊元修本《宋文鑑》七人（王全、王壽三、胡昶、章文、楊采、趙遇春、鄭埜）；[二]宋刊元修本《漢書》六人（王文、王全、沈昇、章文、德潤、鄭埜）；[三]宋刊元修本《陳書》五人（毛文、王全、胡昶、章文、詹德潤）；[四]宋刊元修本《説文解字》《南齊書》各四人（略）。[五]可見潘氏所藏之《禮記》亦屬元修本。如此，則八行本入元後亦有補刻。

（一）此本《文獻通考》爲静嘉堂文庫藏本，陸氏皕宋樓舊藏。長澤此處稱作"元延祐年間饒州路學刊本"，不確。長澤枚舉雕工四人，其中何建、周鼎、鄭埜分明屬元末明初西湖書院刻手：何建至正年間參與雕造了《金史》《宋史》，鄭埜之名見於《金史》《宋史》《通鑑前編》，周鼎入明後參與了《元史》初修及續纂階段的刊刻工作。陸氏《皕宋樓藏書志》卷三五著録此書，題"元刊元印本"，其後臚列至治二年《饒州路總管府下樂平州刊印通考指揮》、後至元五年江浙等處儒學提舉余謙《敍紀》，述其泰定元年刊於西湖書院，並元末修補諸端甚詳。《静嘉堂祕籍志》《静嘉堂文庫漢籍分類目録》均因襲《藏書志》之説，徑題"元刊"本。

· 373 ·

儒家典籍與思想研究（第十六輯）

《静嘉堂文庫宋元版圖録》則斷爲"元泰定元年刊（西湖書院），元後至元五年余謙修，明遞修"。

（二）先行稿（《書誌學》第4卷第5·6號）同。

（三）先行稿同。

（四）先行稿僅列舉"毛文、王全、占德潤、章文"四人。

（五）先行稿列舉《説文解字》四人："占德潤、茅化、陳琇、陳新。"四人；《南齊書》四人："王全、胡昶、陳琇、趙遇春。"上述五種之外，先行稿亦列舉"朱文"互見於十行本注疏，"友山"互見於至大刊本《書學正韻》，"鄭埜"互見於元延祐間饒州路學刊本（實西湖書院刻本）《文獻通考》。

據王國維考證，八行本之版木傳至明朝南京國子監。《南雍志·經籍考》中亦記録了部分書版。[一]上述"故宫博物院"之《周禮》《孟子》，自清内閣大庫散出之《周禮》《禮記》，均爲南監印本。其中清内閣大庫本《禮記》零册（卷六五）有明中期補版（《〈十三經注疏〉影譜》收録）。[二]

（一）此句先行稿（《書誌學》第4卷第5·6號）作"此板は更に明に入りて南監に入りしこと、王氏の考證の如くにして、南雍志經籍考にも一部分見ゆ（據王國維氏考證，此版入明後更入南監，《南雍志·經籍考》中亦記録了部分書板）"，至《書誌學論考》及著作集中，則作"八行本の板木は、明の南監に傳はりしこと、王國維の考證の如く、南雍志經籍考にも一部分見ゆ"，揆諸上文，先行稿"此板"蓋指其前文所謂十行本注疏、至大刊本《書學正韻》，延祐中饒州路刊本（實爲西湖書院刊本）《文獻通考》，以及宋刊元修本《説文解字》《漢書》《南齊書》《陳書》《宋文鑑》諸書，傳至南京國子監，且爲《南雍志·經籍考》著録者，而非特指"八行本"書板。覈《兩浙古刊本考序》："北宋監本刊於杭者，殆居泰半。南渡以後，臨安爲行都，胄監在焉，板書之所萃集。宋亡，廢爲西湖書院，而書庫未燬。明初，移入南京國子監，吾浙之寶藏俄空焉。"與先行稿文意相符。修訂稿誤改"此板"作"八行本の板木"，由此背離王氏原意。惟現存八行本書板多有西湖書院、南京國子監刻工修補之跡，稱"八行本之版木傳至明朝南京國子監"宜無問題。此乃長澤新見，修訂時誤綴於静安名下耳。

（二）此本爲長澤規矩也自藏本。先行稿云："家藏之《禮記》零本（卷六五）中，存明顯爲後來補刻之一葉（葉三，《〈十三經注疏〉影譜》所收），故知刊版直至明代中葉左右，仍在補修印行。"（董岑仕譯）

《越刊八行本注疏考》校注

綜上所述，以見存諸本觀之，越刊八行本注疏最先由兩浙東路茶鹽司雕版。乾道、淳熙年間，先刻《周易》《周禮》，繼以《尚書》；(一)紹熙中，梓行《禮記》《毛詩》。迄慶元年間，沈中賓刊刻《左傳》。而在此前後，《論語》《孟子》亦告付梓，惟其屬官刻、私刻尚不明確。歷宋、元、明三朝，諸書迭有補修印行。

王國維《〈禮記正義〉跋》稱："是越本殆具十三經矣。"(二)然據予考察，《儀禮》以其遠離實用，二《傳》（《穀梁》當有單疏本，然現存情況不明）、(三)《爾雅》則因不甚流行，實未刊行注疏合刻本，僅將單疏本補修刷印。《孝經》册薄而傳本不存，然未可斷言其不曾刊刻。

(一) 李霖《南宋越刊〈易〉〈書〉〈周禮〉八行本小考》推測："南宋越刊八行本中最早的《易》《書》《周禮》三書，刊於何時，次第如何，迄今尚無定論。舊説《周禮疏》爲越刊第一本，竊以爲並無實據。至於三書的刊刻時間，素有紹興後期至乾道、乾道至淳熙兩説。拙見以爲其成書皆在紹興時期。若然，則《易》《書》兩書的單疏覆刻本，竟晚於其注疏萃刻本。"相較而言，更傾向於認爲《尚書》在三經中刊刻時間最早，然無確據。

(二) 王國維《宋越州本〈禮記正義〉跋》："據黃、沈二跋，則越本注疏首刊《易》《書》《周禮》三種，黃唐益以《毛詩》《禮記》二疏，沈氏又益以《左傳疏》，共得六種。而黃刊《禮記》與沈刊《左傳》行款全同。今傳世宋刊注疏本與此本同行款者，如常熟瞿氏所藏《周易注疏》十三卷，日本足利學校所藏《尚書注疏》二十卷，皆即越本。余又見江安傅氏所藏《周禮注疏》，僅存《春官・大司樂》職一葉，行款亦與此同，其經文大字下接以釋經之疏，小字雙行，乃以一大'注'字間之，其下爲注文，亦小字雙行，注文後空一格，乃爲釋注之疏，其體例與他注疏異，亦與越本他經注疏異，而行款則同，蓋亦越州本也（聞江右李氏有全書，惜未見）。京師圖書館藏《論語注疏解經》殘卷，潘氏又藏《孟子注疏解經》殘卷，存卷二、卷三，行款全與此本同，此又在六經之外，蓋刊于慶元庚申以後，是越本殆具十三經矣。"

(三) 顧廣圻代汪士鐘作《重刻宋本〈儀禮疏〉序》："《儀禮》合疏於經注而併其卷第，始自明正德陳鳳梧，迨李元陽以下皆因之，從事校讐者多言其譌，而宋景德官刊賈公彦元分五十卷不合經注之疏與唐舊、新志同者，則均未得見也。"（《顧千里集》卷八）

# 附　記

本文在調查足利學校遺蹟圖書館所藏八行本之刻工基礎上，參考加藤虎之亮博士之博士論文補訂而成。〔一〕

〔一〕先行稿（《書誌學》第 4 卷第 5・6 號）主要參考文獻目錄：
1. 長澤規矩也編《〈十三經注疏〉影譜》〔昭和九年（1934）日本書誌學會刊〕；
2. 近藤守重《正齋書籍考》卷一（文政六年刊本、《近藤正齋全集》第二册本）；
3. 近藤守重《右文故事餘錄》卷二《五經正義刻板》（《近藤正齋全集》第二册本）；
4. 王國維《兩浙古刊本考》（《王忠慤公遺書》第二集本）；
5. 王國維《宋越州本〈禮記正義〉跋》（《觀堂集林》卷二一）；
6. 内藤虎次郎《宋板禮記正義に就いて》〔《書物禮讚》第六號，昭和二年（1927）四月〕；
7. 河又正司《注疏分合の問題》〔《東洋文化》第百七號，昭和八年（1933）五月〕；
8. 常盤井賢十《宋紹熙板禮記正義に就いて》（《東方學報》京都第四册）；
9. 長澤規矩也《宋刊本刻工名表初稿》《書誌學》第二卷第二號之增訂第二稿（未公表）；
10. 長澤規矩也《元刊本刻工名表初稿》（《書誌學》第二卷第四號）之增訂第二稿（未公表）；
11. 近藤守重《右文故事附錄》卷四《足利學校》（《近藤正齋全集》第二册本）；
12. 長澤規矩也《足利學校祕本書目》（昭和八年日本書誌學會刊）；
13. 長澤規矩也《足利學校貴重特別書目解題》（稿本、待印）；
14. 清瞿鏞《鐵琴銅劍樓藏書目錄》卷一（董氏刊本、瞿氏刊本）；
15. 《故宫善本書影初編》（民國十八年故宫博物院圖書館編印本）；
16. 橋川時雄等《舊京書影》〔昭和六年（1931）攝影〕；
17. 梅鷟《南雍志・經籍考》（《觀古堂書目叢刻》本）。

# 譯本參考文獻

1. 山井鼎《七經孟子考文》，日本享保十一年（1726）寫本，京都大學附屬圖書館藏。
2. 近藤守重《正齋書籍考》，日本文政六年（1823）刻本。
3. 張金吾《愛日精廬藏書志》，柳向春整理，吳格審定，上海古籍出版社，2014年。
4. 陳鱣《經籍跋文》，清道光十七年（1837）海昌蔣光煦刻《別下齋叢書》本。
5. 沈德壽《抱經樓藏書志》，中華書局，1990年。
6. 朱學勤《結一廬書目》，清光緒二十一年（1895）葉氏觀古堂刻本。
7. 朱學勤《結一廬書目》（別本），清光緒二十八年（1902）葉氏觀古堂刻本。
8. 楊守敬《鄰蘇園藏書目錄》，上海辭書出版社，2009年。
9. 楊守敬《日本訪書志》，清光緒二十三年（1897）鄰蘇園刻本。
10. 瞿鏞《鐵琴銅劍樓藏書目錄》，上海古籍出版社，2000年。
11. 瞿啓甲《鐵琴銅劍樓書影》，北京圖書館出版社，2003年。
12. 島田翰《古文舊書考》，上海古籍出版社，2014年。
13. 和田羆《靜嘉堂秘籍志》，靜嘉堂文庫，1917年。
14. 内藤虎次郎《宋板禮記正義に就いて》，《書物禮讚》第6號，1927年4月，第1—4頁；後收錄於《目睹書譚》，弘文堂，1948年；又收入《内藤湖南全集》第12卷，筑摩書房，1970年。譯文題《閒談宋板〈禮記正義〉》，《影印南宋越刊八行本禮記正義》附錄，北京大學出版社，2014年，第1720—1722頁。
15. 《故宮善本書影初編》，故宮博物院，1929年。
16. 倉石武四郎編《舊京書影提要》，《文字同盟》第24、25號合刊，文字同盟社，1929年。
17. 橋川時雄等《舊京書影》，1931攝影。
18. 張允亮《故宮善本書志》，《圖書館學季刊》第4卷第3、4合期，1930年。
19. 張允亮《故宮善本書志（續）》，《圖書館學季刊》第5卷第3、4合期，1930年。
20. 傅增湘《靜嘉堂文庫觀書記（藏園東遊別錄之一）》，《國聞週報》第7卷第13—20期，1930年。
21. 傅增湘《藏園群書經眼錄》，中華書局，2009年。
22. 莫友芝《藏園訂補邵亭知見傳本書目》，傅增湘補，傅熹年整理，中華書局，2009年。

23. 王國維《宋越州本〈禮記正義〉跋》《舊刊本〈毛詩注疏〉殘葉跋》,《觀堂集林》卷二一,中華書局,2004年。
24. 王國維《觀堂集林》,民國十二年烏程蔣氏密韻樓排印本。
25. 王國維《兩浙古刊本考》,《王國維遺書》,上海書店出版社,2011年。
26. 王國維《傳書堂藏書志》,王亮整理,上海古籍出版社,2014年。
27. 河又正司《注疏分合の問題》,《東洋文化》第107號,1933年5月,第54—58頁;郭島亞、朱華譯,題《注疏分合的問題》,《中國文哲研究通訊》第10卷第4期,2000年12月,第31—34頁。本文注釋依據王瑞、董岑仕譯本。
28. 袁克文《寒雲手寫所藏宋本提要廿九種》,《宋版書考錄》,北京圖書館出版社,2003年。
29. 長澤規矩也《足利學校祕本書目》,日本書誌學會,1933年。
30. 長澤規矩也《宋刊本廣韻刻年の推定——宋刊本刻工名表應用の一例》,《書誌學》第2卷第3號,1934年3月,第10—14頁;收入《長澤規矩也著作集》,汲古書院,1983年,第3冊,第197—201頁。
31. 長澤規矩也、川瀨一馬《足利學校貴重特別書目解題》,足利學校遺蹟圖書館,1937年。
32. 常盤井賢十《宋紹熙板禮記正義に就いて——足利本と潘氏本との比較》,《東方學報》京都第四冊,1933年12月;譯文題《宋紹熙板〈禮記正義〉略說——比較足利本與潘氏本》,《影印南宋越刊八行本禮記正義》附錄,北京大學出版社,2014年,第1722—1730頁。
33. 常盤井賢十《宋本〈禮記疏〉校記》,《東方文化學院京都研究所研究報告》第11冊,東方文化學院京都研究所,1937年。
34. 長澤規矩也《宋刊本の闕筆について仁井田博士の教を乞ふ》,《書誌學》第10卷第2號,1938年2月。
35. 長澤規矩也《關西現存宋元版書目(未定稿)》,《書誌學》第10卷第3號,1938年3月。
36. 長澤規矩也《關東現存宋元版書目(第二稿)》,日本書誌學會,1938年8月。
37. 《北京大學五十週年紀念:北京大學圖書館善本書錄》,北京大學圖書館,1948年。
38. 張元濟《涵芬樓燼餘書錄》,陳先行整理,商務印書館,2018年。
39. 無窮會編《天淵文庫藏書目錄》,無窮會,1964年。
40. 長澤規矩也《〈周易注疏〉解題》,影印足利學校藏《周易注疏》,汲古書院,1973年;後改題《足利學校遺蹟圖書館藏南宋刊本周易注疏考》,收入《長澤規矩也著作集》第 10 輯，汲古書院，1987 年，第 8—9 頁。
41. 阿部隆一《"故宫博物院"藏宋金元版解題：中國訪書志二》，《斯道文庫論集》第 11 輯，1974 年。
42. 《"國立"故宫博物院宋本圖錄》，臺北"故宫博物院"，1977 年。
43. 昌彼得《跋宋浙東茶鹽司本〈周禮注疏〉》，《故宫季刊》第 12 卷第 1 期，1977 年；《增訂蟫菴群書題識》，臺灣商務印書館，1997 年，第 4—17 頁；《蟫菴論著全集》，臺北"故宫博物院"，2009 年，第 571—580 頁。
44. 長澤規矩也編著《圖書學辭典》，長澤規矩也喜壽記念會·三省堂，1979 年。
45. 阿部隆一《日本國見在宋元版本志經部》，《斯道文庫論集》第 18 輯，1982 年。
46. 《張元濟傅增湘論書尺牘》，商務印書館，1983 年。
47. 《靜嘉堂文庫宋元版圖錄·解題篇》，汲古書院，1994 年。
48. 王鍔《八行本〈禮記正義〉傳本考》，《古籍整理研究學刊》2001 年第 6 期，第 57—62 頁。
49. 野間文史《〈十三經注疏〉の研究——その語法と傳承の形》，研文出版，2005 年。
50. 王鍔《字大如錢、墨光似漆——八行本〈禮記正義〉的刊刻、流傳和價值》，《圖書與情報》2006 年第 5 期，第 106—111 頁。
51. 喬秀岩《〈禮記〉版本雜識》，《北京大學學報（哲學社會科學版）》2006 年第 5 期，第 103—109 頁。
52. 野間文史《尚書正義版本小考：八行本『尚書正義』と九行本『尚書注疏』》，《東洋古典學研究》第 23 輯，2007 年 5 月，第 109—130 頁；後譯作《〈尚書正義〉版本小考——八行本〈尚書正義〉與九行本〈尚書注疏〉》，發表於《第五屆中國經學國際學術研討會論文集》，臺北政治大學中國文學系，2009 年，第 41—61 頁。
53. 趙琮誠《張鈞衡〈適園藏書志〉研究》，臺北大學碩士學位論文，2008 年。
54. 昌彼得《跋南宋浙刻八行殘本〈論語注疏解經〉》，《蟫菴論著全集》，臺北"故宫博物院"，2009 年，第 581—586 頁。
55. 周越《越州本〈禮記正義〉版本述略》，《圖書館學刊》2009 年第 4 期，第 91—92 頁。
56. 李霖《南宋越刊〈易〉〈書〉〈周禮〉八行本小考》，《中國典籍與文化》2012 年第 1 期，第 154—158 頁。
57. 杜澤遜《明永樂本〈尚書注疏〉跋》，《中華文史論叢》2013 年第 4 期，第 371—374 頁。
58. 喬秀岩《古籍整理中的存真標準問題》，《北京讀經說記》，萬卷樓圖書股份有限公司，2013 年，第 1—32 頁；又收入《文獻學讀書記》，生活·讀書·新知三聯書店，2018 年，第 49—82 頁。

59. 張麗娟、喬紅霞《八行本〈周易注疏〉的原版與修補版》，《新世紀圖書館》2013 年第 8 期，第 62—72 頁。

60. 張麗娟《越刻八行本的注疏合刻體例》，《邯鄲學院學報》第 23 卷第 2 期，2013 年 6 月。

61. 張麗娟《宋代經書注疏刊刻研究》，北京大學出版社，2013 年。

62. 《"中央"研究院歷史語言研究所傅斯年圖書館善本書志·經部》，傅斯年圖書館善本書志編纂小組，2013 年。

63. 關西大學圖書館編《長澤文庫リスト》，2013 年。

64. 喬秀岩、葉純芳《影印南宋越刊八行本〈禮記正義〉編後記》，《影印南宋越刊八行本禮記正義》卷末，北京大學出版社，2014 年；後刊於《版本目錄學研究》第 6 輯，北京大學出版社，2015 年，第 227—244 頁。

65. 侯印國《清怡親王府藏書考論——以新發現的〈影堂陳設書目錄〉爲中心》，《臺大文史哲學報》第 80 期，臺灣大學文學院，2014 年 5 月，第 109—143 頁。

66. 李佩《潘宗周〈禮記正義校勘記〉整理與研究》，南京師範大學碩士學位論文，2015 年。

67. 李紅英《寒雲藏書題跋輯釋》，中華書局，2016 年。

68. 李霖《南宋浙刻義疏官版的貯存與遞修》，《經學文獻研究集刊》第 15 輯，上海書店出版社，2016 年，第 115—136 頁。

69. 李霖《越刊八行本〈尚書正義〉的宋、元補版文本》，《南京師範大學文學院學報》，2016 年第 1 期，第 173—179 頁。

70. 柳向春《董康刊行〈周禮疏〉之相關書函解讀》，《版本目錄學研究》第 8 輯，國家圖書館出版社，2017 年，第 393—408 頁。

71. 張麗娟《八行本〈周禮疏〉不同印本的文字差異》，《圖書館雜誌》2017 年第 8 期，第 100—106 頁。

72. 喬秀岩《影印南宋官版周易正義編後記》，《影印南宋官版周易正義》卷末，北京大學出版社，2017 年。

73. 杜澤遜主編《尚書注疏彙校》，中華書局，2018 年。

74. 顧永新《錢求赤鈔本〈周易注疏〉考實》，《文獻》2018 年第 1 期，第 52—65 頁。

75. 張麗娟《八行本〈春秋左傳正義〉版刻辨析》，《清華大學學報（哲學社會科學版）》2018 年第 3 期，第 115—122 頁。

76. 張麗娟《阮元〈春秋左傳注疏校勘記〉與八行本〈春秋左傳正義〉》，《經學文獻研究集刊》第 19 輯，上海書店出版社，2018 年，第 199—214 頁。
77. 尾崎康《正史宋元版之研究》，喬秀岩、王鏗譯，中華書局，2018 年。
78. 林振岳《倉石武四郎〈舊京書影提要〉稿本述要》，《中國古籍文化研究論集：稻畑耕一郎教授退休記念論集》，東方書店，2018 年，第 291—298 頁；主要內容均收入《内閣大庫藏書研究》，中國社會科學出版社，2022 年。
79. 楊新勛《宋八行本〈論語注疏解經〉析論》，《中國典籍與文化》2018 年第 4 期，第 61—67 頁。
80. 沈芳《〈尚書正義定本〉研究》，山東大學碩士學位論文，2018 年。
81. 李霖《宋本群經義疏的編校與刊印》，中華書局，2019 年。
82. 張麗娟《宋兩浙東路茶鹽司刻八行本〈周禮疏〉傳本考——兼論董康影印、影刻〈周禮疏〉卷四十八"虛構宋本"問題》，《文史》2020 年第 1 期，第 69—86 頁。
83. 張麗娟《董康影印八行本〈周禮疏〉及其利用》，《中國四庫學》第 5 輯，中華書局，2020 年，第 79—89 頁。
84. 張麗娟《景宋八行本周禮疏後記》，《景宋八行本周禮疏》書末，貴州教育出版社，2020 年。
85. 顧永新《正經注疏合刻早期進程蠡測——以題名更易和内容構成爲中心》，《文史》2020 年第 2 期，第 59—104 頁。
86. 黃燕生、李靜《"國立"歷史博物館舊藏八種宋元版書敘錄》，《中國國家博物館館刊》2021 年第 3 期，第 21—42 頁。
87. 陳兵兵《臺北"故宮博物院"藏日抄八行本〈毛詩注疏〉殘本考略》，《中國典籍與文化》2021 年第 2 期，第 4—11 頁。
88. 張麗娟《傅增湘先生與經籍版本研究》，《文津學志》第 19 輯，國家圖書館出版社，2022 年，第 128—138 頁。
89. 樊長遠《國家圖書館藏"星吾海外訪得祕笈"述要（普通經籍部分）》，未刊稿。

（譯者單位：王瑞，中國中醫科學院中國醫史文獻研究所；董岑仕，人民文學出版社；張良，復旦大學歷史學系）

儒家典籍與思想研究（第十六輯）
北京大學出版社，2024年4月

·《儒藏》編纂與研究·

# 略談古籍整理的底本選擇
## ——以《儒藏》"精華編"宋人文集爲例

### 李峻岫

【内容提要】底本選擇是古籍整理的基礎性工作，關係到古籍整理的成敗。就宋人文集而言，大多在宋代當朝結集付梓，以宋本爲底本，無疑最接近文集原貌，是最爲理想的選擇。但以往整理本由於種種局限，採用四庫本及其他明清諸本者居多。《儒藏》"精華編"在整理校點宋人文集時，慎重選定底本，大量利用了前人未能採用過的宋元舊本及明清精善版本。傳世有完整宋本者儘可能以宋本爲底本；没有宋本的則大都選用最早的足本或精校之本；已有代表性整理本者，收入"精華編"的同時，又對底本校本重作核校，糾謬補缺，力争爲學界提供一批接近文集原貌、文字可靠、校勘精善的古籍整理成果。

【關鍵詞】古籍整理　底本　《儒藏》　宋人文集　宋本

古籍整理的目的是存真復原，即整理出一個最接近原著原貌，内容完足和方便閲讀利用的版本。而整理的第一步首先就是選定底本、校本。《儒藏》"精華編"編纂條例規定，"儘可能選定内容最完整、錯誤最少、校刻最精的版本作爲底本"，"選擇在版本系統中具有代表性和校勘價值的兩三種版本作爲校本"。是否選定合適的底本、校本，尤其是底本，關係到古籍整理的成敗，可以說是整理過程中最具有決定意義的關鍵步驟和基礎性工作。通過廣泛查考歷代書志目録及各大圖書館、博物館館藏等，弄清某部書的歷代流傳情况，以及目前的傳本狀况，收集所能見到的各個版本進行比勘、研究，考訂版本源流，歸納版本系統，由此才能做出合理的判斷，選定合適的底本、校本。可見，選定底本、校本牽扯到版本、目録、校勘等一系列文獻學相關的學問，絶非易事。人民文學出版社編審、《儒藏》"精華編"審稿專家陳新先生曾撰文，論及古籍整理選擇版本的重要性："使整理的對象成爲讀者可信賴的'善本'，無疑是今天古籍整理工作者追求的標的。然而回觀近些年來出版的古籍，真正稱得上善本的實在鳳毛麟角。其原因自是多方面的，不講求版本該是主要原因之一。由於不講求版本，以致誤會成整理古籍版本羅列愈多，校記條目愈多，就愈有價值，而且有發展爲動輒會校之勢。……因此筆者曾提出：'選擇好底本和校本，摒棄全無校勘價值的雜本，是古籍整理的基本學術質量。……'"① 所言可謂一語中的，實爲老先生多年從事古籍整理的經驗之談。

就宋人文集而言，大多在宋代當朝就曾結集付梓，如果能搜集利用宋代刊行的善本作爲宋集的底本，無疑是最爲理想的選擇。宋本產生時代早，最接近作者文集原貌，很多往往是版本源流中的祖本，以之爲底本，不僅能避免出現後世多次傳刻過程中產生的脱衍錯漏，而且亦可減少整理中的出校改字等工作，可謂事半功倍。雖然宋本並非儘是校刻精善之本，其粗劣者有麻沙本等坊刻諸本，但與後世諸刻相比，總體上校刻精審者多。其之所以被後世雅重，譽爲善本，一方面自然是因其古舊稀見，具備歷史文物性；另一方面，版本本身的校刻精善也是一重要原因。而在國内外圖書館數字化資源大規模公開以及《中華再造善本》等大型影印叢書出現之前，宋本往往限於種種條件不易獲取。相較而言，清代《四庫全書》及其他時代較晚的明清刊本更易得見，加之有的整理者不辨版本源流，對版本優劣缺乏足夠的認知，常常不加採擇，故以往所整理宋集採用四庫本或其他明清諸本者多。但晚出的版本大都不及宋本更接近宋集原貌，並非底本的最佳選擇對象。

《儒藏》"精華編"有部分宋集在最初交稿時採用了文淵閣《四庫全書》本（下簡稱"四庫本"）爲底本。四庫本抄寫時的臆改最爲人所詬病，尤其是四庫館臣對"夷""狄""戎""虜""賊""寇"等所謂違礙字的改動。宋代，特別是南宋時人的文集，因大都牽涉宋金邊事，故而四庫本這方面的改動尤著。此外，根據學者對《四庫全書》宋代文獻的研究，文淵閣本對少數民族的人名、地名也多有改動；青詞、齋文、疏文等涉釋道之文以及序跋、附錄等亦大肆删削。② 鑒於四庫本删削改動之弊病，《儒藏》"精華編"在整理校點宋人文集時，對於校點人選擇四庫本作爲底本的初稿都做了更换底本的調整。在充分、廣泛調閱《中國古籍善本書目》、海内外古籍館藏，分析研究版本源流，以及吸收

---

① 陳新《今存魏了翁〈鶴山集〉版本源流及其他》，《文教資料》1995 年 Z1 期，第 156—157 頁。
② 李裕民《論〈四庫全書〉文淵閣本的缺陷——以宋代文獻爲中心》，《安徽師範大學學報（人文社會科學版）》2013 年第 2 期，第 156—159 頁。

前人版本研究成果的基礎上，《儒藏》中心及校點者謹慎認真地選定合適的底本，大量利用了前人未能採用過的宋元舊本及明清精善版本。宋集部分最終確定的底本，傳世有完整宋本者儘可能以宋本爲底本；没有宋本的則大都選用最早的足本或精校之本；已有代表性整理本的，收入"精華編"的同時，又對底本校本重作核校，糾謬補缺。

《儒藏》"精華編"集部所收宋人文集，包括北宋、南宋兩部分凡45種書，其中筆者擔任責任編委，負責其編纂流程、學術把關的約有13種。以下僅就筆者責編的宋人文集部分書稿爲例，對"精華編"宋人文集的底本選擇情況以及其他相關的版本、校勘等問題，分三種情況做一粗略的梳理和總結，以希對今後的古籍整理實踐及進一步整理研究宋人文集有所助益。

## 一、傳世有完整宋本者，選用宋本作底本

**《伊川擊壤集》** 邵雍生前嘗手自編訂詩集，其子伯溫又裒類成集，初刻於北宋元祐年間。但此初刻本現已亡佚。現存幾種南宋刻本多爲殘本，唯有臺北"中央圖書館"收藏的南宋末二十卷刊本（卷十係抄配）是保存相對完整的精善之本。因此校點者陳俊民先生特地委託臺灣友人複製了此南宋末年刊本作爲《儒藏》本的底本。另外，1975年江西星子縣宋墓出土了邵雍詩集的兩種宋刻殘本，分別是《邵堯夫先生詩全集》九卷殘本和宋蔡弼《重刊邵堯夫擊壤集》殘本（存內集七卷）。二本與通行的二十卷本編次、文字皆有較大差異，當屬另一版本系統，且蔡本中附有校語，因而具有較高的校勘價值。《全宋詩》整理邵雍詩時曾以此二本作爲校本，這次《儒藏》整理時，蒙《全宋詩》的校點者張躍明先生慷慨提供此二本的複製件，做爲參校。校本則採用了國家圖書館藏元刊十八卷本（《宋集珍本叢刊》影印本）及《四部叢刊》影印明成化二十卷本，同時參校了明正統《道藏》本、影印文淵閣《四庫全書》本。《儒藏》本出版之際，恰逢另一部整理本亦同時出版問世，相較此整理本以明《道藏》本爲底本，《儒藏》本採用宋本爲底本，其底本選擇無疑更爲接近文集原貌；校本充分利用了其他可貴的宋元舊本，亦使得校勘更爲精當。

**《元公周先生濂溪集》** 據《直齋書録解題》《郡齋讀書附志》等書志記載，周敦頤的詩文集南宋始有刊本，大致有營道守蕭一致、進士易統及朱子門人度正三種編刻本。現國家圖書館尚存宋刻十二卷本和不分卷本。前者屬度正

編刻本系統,是《濂溪集》現存最早的宋刻全本,文字最接近度正輯本之原貌。後者則爲殘本,後半部分《太極説》《通書》等内容缺佚。明清又屢經編次刊印,收入《周子全書》《四庫全書》《正誼堂全書》《西京清麓叢書》等叢書中。《儒藏》本出版之前,已有嶽麓書社的整理本,以國圖藏宋刻十二卷本爲底本,但未列校本,校記亦少。《儒藏》本則在以此宋刻本爲底本的基礎上,又蒐集衆多明清代表性的版本作爲校本,包括明萬曆徐必達《合刻周張兩先生全書》之《周子全書》本、清康熙張伯行編刻《周濂溪先生全集》本、清光緒賀瑞麟編刻《周子全書》本,同時參校南宋端平刻本《諸儒鳴道集》之《濂溪通書》,明嘉靖吕柟編輯、清《惜陰軒叢書》收入的《宋四子抄釋》之《周子抄釋》,明嘉靖黄敏才、王汝憲校刻的《濂溪集》,影印文淵閣《四庫全書》本《周元公集》,清道光鄧顯鶴編刻《周子全書》本等。此外,文集中所涉宋代其他諸儒文集、語録等,也查考其原始文獻做了參校。其校勘可謂齊備,能更全面地展示《濂溪集》的文字面貌。

　　**《張載全集》**　張載的著述明代之前皆單行。明嘉靖五年(1526),吕柟編著《張子抄釋》六卷,爲張載著述的選録。至明代萬曆年間,始有徐必達和沈自彰校刻的兩種《張子全書》本。關於徐本、沈本孰先孰後的問題,中華書局整理本《張載集》認爲,"明末徐必達刻《張子全書》,是在沈自彰以後"①,因此選擇沈本爲底本。《儒藏》本《張載全集》的校點人陳俊民先生在詳細調查徐本、沈本的基礎上明確指出,徐本實爲沈本及後此諸刻之祖。萬曆三十四年(1606),徐必達最先輯校張載全集,並將周敦頤和張載二子之全書合刻,此即《合刻周張兩先生全書》二十二卷。萬曆四十六年,陝西鳳翔知府沈自彰又承襲徐本,刊刻《張子全書》十五卷。因沈本刊刻於張載鳳翔故里,又是鳳翔府官刻,故其影響、流傳較徐本更廣。②　中華本以沈本爲底本,唯《張子語録》則採取南宋吴堅刻本爲底本。陳俊民先生受此啓發,在整理《儒藏》本《張載全集》時,没有直接以徐本或沈本爲全集底本,而是"按各單書的不同情況,分别查找更好的宋刻本作底本或作主要校本"③。具體説來,即分别選取《正蒙》《經學理窟》《易説》《語録》等各部分的宋刻本或較早的善本爲底本,參照徐本《全書》編次排序,同時校以版本價值較高的校本。其中《横渠正蒙

---

①　張岱年《關於張載的思想和著作》,《張載集》,北京:中華書局,1978,第17頁。
②　參看陳俊民《關於〈儒藏〉精華編〈張載全集〉編校的思考》,《儒家典籍與思想研究》第1輯,北京:北京大學出版社,2009,第488—489頁。
③　陳俊民《關於〈儒藏〉精華編〈張載全集〉編校的思考》,第492頁。

書》《横渠經學理窟》皆以南宋理宗端平二年（1235）黄壯猷刻印《諸儒鳴道》本爲底本，以徐本、沈本爲主要校本；《易説》以徐本爲底本，以沈本爲校本，參校以《通志堂經解》之《合定删補大易集義粹言》、《古逸叢書》影印覆元至正刊本《晦庵先生校正周易繫辭精義》及《諸儒鳴道》本《横渠正蒙書》等相關文字；《張子語録》以《四部叢刊續編》影宋吴堅刻《張子語録》三卷本爲底本，以《諸儒鳴道》本、徐本爲校本；《遺著輯存》（包括《論語説》《孟子説》《禮記説》和《文集佚補》四部分），主要從《論孟精義》《禮記集説》《皇朝文鑒》等宋元文獻中輯佚其遺説佚文；《徐本拾遺》以及《徐本附録》《徐本附録補》部分以徐本爲底本，參校《性理大全書》《近思録》《二程全書》《伊洛淵源録》《皇朝文鑒》等宋明儒家文獻相關文字。可見《全集》各部分都儘力搜討，採用宋本作爲底本或校本，並且精心比勘，這樣無疑能更恰切完整地還原張載著述之原貌。

　　**《鶴山先生大全文集》**　　魏了翁之文集，現存世最早的版本是南宋開慶元年（1259）刊行於成都的刻本。據其佚名跋，該本係在更早的姑蘇本、温陽本基礎上校訂刊刻而成，並增益《師友雅言》《周禮折衷》及其他制舉、策問等文，凡一百一十卷，名爲《重校鶴山先生大全文集》。書首有淳祐己酉吴淵序。今存九十二卷，藏國家圖書館。明代又有兩本，皆爲一百一十卷本。一爲嘉靖二年（1523）錫山安國銅活字印本。該本源出開慶本，雖訛誤較多，排印不精，但勝在卷帙較爲完備，可補宋本缺文。一爲嘉靖三十年，四川兵備副史高翀及邛州知州吴鳳等刊刻的邛州本。此本從安國活字本出。四庫館臣即以該本爲底本，抄録、校訂後收入《四庫全書》。

　　《儒藏》校點稿件最初是以四庫本作爲底本，但四庫本與宋本相校，除了有大量對違礙字的改動外，錯訛亦多。以前三卷爲例，卷一《安大使丙生日》"梟狐陸梁士扼腕"，"梟"四庫本誤作"烏"；"公以空弮嬰乳虎"，"弮"誤作"拳"；《送宇文侍郎紹節知廬州》"再拜亟祗命"，"亟"誤作"函"；卷二《次韻黄侍郎海棠花下怯黄昏七絶》"老紅面百摺"，"百"誤作"白"；《浣花即席》"榜人以戒余"，"榜"誤作"傍"；卷三《和宇文漢州□乞房樓記詩》"江山好處餘戀嫪"，"嫪"誤作"繆"等等，不一而足。可見四庫本絶不宜用作底本。民國時上海涵芬樓借劉氏嘉業堂藏宋開慶本，影印收入《四部叢刊初編》。原開慶本缺卷及缺頁以安國活字本補入（惟卷一〇八各本皆缺，此本亦無），彌補了宋本殘缺之憾。書末還從安國活字本補入淳祐辛亥吴潛後序。考慮到《四部叢刊》本在現存各本中既基本保留了宋本原貌，又較爲完整，故《儒藏》中心和校點者協商，改換《叢刊》本作爲底本，以明安國活字本和四庫本作爲校本。但是在校樣排出之後，藉助國圖網站公佈的宋開慶本原本圖像，我們發現《叢刊》本有多處誤改字、描字。以卷九八爲例，《梓潼廟祝文》"厥惟忝冒"，"忝"《叢刊》本誤作"泰"；《祭靈應神文》"惟王其歆之"，"王"《叢刊》本誤作"正"；《東嶽生辰祝文》"民用妥安"，"妥"《叢刊》本誤作"委"。如果不對照真正的宋本，讀者會誤以爲這些都是宋本本身的訛字，從而對版本優劣產生誤判。如卷三《董侍郎生日》"將軍羽扇白綸巾"，宋本"巾"字《叢刊》本誤作"中"，陳新先生卻以爲"宋本誤作'白綸中'"①，從而判定安國活字本改了宋本誤字，這應該就是被《叢刊》本所誤導。民國時趙萬里先生曾指出，《叢刊》"印刷時多描改，致失原本面目也"②。此次對照《鶴山集》，筆者方深切認識到《叢刊》本確有此弊，其影印本未可盡信，使用時須小心爲是。爲了儘量恢復宋本的原貌，針對《叢刊》本的誤改誤描字，我們校核國圖藏宋本對校樣的文字儘可能地做了回改，同時原來一些因《叢刊》本之誤而導致誤判誤改的校記也得到了糾正。

## 二、没有宋本傳世的，選用現存較早的或精校精刻的版本

**《文山先生文集》** 文天祥生前"觸物感懷，隨寓述事，發爲詩文"③，著述盈篋，但遭兵燹後所存不多。曾手自彙編部分詩文，如《文山隨筆》等，惜遭難後散失。現存宋刊元印本《新刊指南録》，推測即據其手編本刊印。元代天祥孫文富曾搜輯遺稿，類編文集，但該本早已亡佚。元貞、大德間，其鄉人搜輯編刻《文山先生文集》前後二集凡三十九卷，世稱道體堂刻本。該本至清代即失傳，但明清諸多刻本皆源於此本。《儒藏》校點稿件最初採用了四庫本作底本，但四庫本對"虜""北""虜營""虜酋""北軍""胡兒"等字眼均做了大量改動，且有不少缺文，與《文山集》原貌差別較大。現存《文山集》版本有數個明本，其中明景泰六年（1455）刊本是目前存世《文山先生文集》中

---

① 陳新《今存〈鶴山集〉版本源流及其他》，第158頁。
② 趙萬里《論商務印書館出版之〈四部叢刊〉》，《趙萬里文存》，南京：江蘇人民出版社，2016，第292頁。
③ （明）李奎《文山先生文集序》，《文山先生文集》，《儒藏》"精華編"第239册（下），北京：北京大學出版社，2020，第1298頁。

最早的版本，內容完整。因此在中心的建議下，校點者改換景泰本爲底本，以明嘉靖鄢懋卿刻本、嘉靖張元諭刻本、影印文淵閣《四庫全書》本等爲校本。景泰本一開始中心複製了北大圖書館藏本，後來在初審過程中發現該本實際是一個遞修本，而非景泰本的初印本。其中有不少補版和版片漫漶處，存在較多誤改、誤描字，另外還有一些缺頁。因此又改換《宋集珍本叢刊》影印國圖藏景泰本作爲底本。但仍有不少漫漶不清的地方，如果按照常規的先審後排的流程，頗不便於操作。中心最終採取了先排後審的特殊處理方式，即先交排版公司錄入，由中心專職人員校對並描補其漫漶處，然後再經初審、通審，最後發出版社編校出版。

《浪語集》 薛季宣的文集由其姪孫薛旦編次，於寶慶二年（1226）刊行，凡三十五卷。宋本惜已不存，明代以來，刻本絕少，常見者爲幾種抄本。明祁承㸁《澹生堂藏書目》卷一三《續收》著錄《艮齋浪語集》十册，爲現存最早的抄本，藏南京圖書館。清代又有康熙貢生朱霞抄本（鐵琴銅劍樓舊藏）及《四庫全書》本。同治十年（1871），金陵書局據丁丙藏明抄殘本及朱學勤藏舊抄本，校刻梓行。光緒八年（1882），瑞安孫氏詒善祠塾彙刻《永嘉叢書》時，孫詒讓又對金陵書局本做了校核，爲現存校核較爲精審的刻本。《儒藏》校點稿最初以四庫本爲底本，以《宋集珍本叢刊》影印清朱霞抄本、清光緒孫氏詒善祠塾彙刻孫詒讓校核《永嘉叢書》本爲校本。中心初審後根據出校情況，認爲孫詒讓校本更適合作底本。其一，四庫本和清抄本在內容上有刪改、漏抄，而孫校本皆不缺，比較完整。其二，四庫本對違礙字均有所改動，而孫校本基本保持原貌。其三，孫校本對抄寫錯誤多有訂正。因此，最終改換孫校本爲底本，以臺灣影印文淵閣《四庫全書》本及《宋集珍本叢刊》影印清朱霞抄本爲校本。

《絜齋集》 袁燮之文集原由其二子袁甫兄弟編訂，最初刊刻於宋紹定元年（1228），其卷數不詳。《直齋書錄解題》著錄《潔齋集》二十六卷，後集十三卷；《文獻通考》載後集作十二卷。又，宋明書目皆著錄爲"潔齋集"，《永樂大典》所載亦作"潔"，四庫館臣的輯錄本始作"絜"。明初此書尚存，後漸佚失。現通常所見之《絜齋集》，係四庫館臣從《永樂大典》中輯錄而成，因無法區分前後集，故混爲一集，分爲二十四卷。先以活字排印，收入《武英殿聚珍版叢書》，後又收入《四庫全書》。《儒藏》校點稿原亦採用文淵閣《四庫全書》本，但《四庫全書》本對"戎""金""女真"等所謂違礙字在抄錄時做了不少改動，相較之下，武英殿聚珍本則基本保存了原貌，故最終改換武英殿聚珍本爲底本，以臺灣影印文淵閣《四庫全書》本作校本。

## 三、有經典整理本者，採用已有整理本，並重作校核

　　前人已有的優秀整理成果，《儒藏》中心在全面考察其底本、校本及校點質量的前提下，將其收入"精華編"，同時按照《儒藏》體例統改全書，將整理本與底本、校本重作核校，糾謬補缺，以使整理質量進一步完善。集部宋代收錄的《陳亮集》就是這方面的代表性一例。

　　著名宋史學家鄧廣銘先生整理校點的《陳亮集》是當今學界最通行、最爲公認的整理本。鄧先生對於陳亮文集的具體編刻、版本流傳情況做了詳細考察，撰有《陳龍川文集版本考》。根據鄧先生的研究，陳亮的文集最早由其子陳沆編成《龍川文集》四十卷並《外集》詞作四卷，葉適作序，於南宋嘉定七年（1214）前後刊刻。此本至明代流傳稀少，且多殘缺不全，今已不存。明成化年間，永康朱潤、朱海將其搜集的《龍川文集》及《外集》殘本重編拼合，形成三十卷本的《龍川文集》。該本成爲此後明清諸刻本的祖本。但此本不但錯漏甚多，而且對陳亮原文做過篡改，可謂謬種流傳。[①] 明清又相繼有數種刻本問世，其中校刻質量較好的是清同治八年（1869）宗廷輔校、應寶時刻三十卷本。在宋本陳亮集無存，明本又不理想的狀況下，鄧先生利用了流傳海外的珍本——南宋刊《圈點龍川水心二先生文粹》。該本分前後二集，凡四十一卷，交錯收錄陳亮與葉適文，現藏臺北"國家圖書館"。其刊刻於陳亮、葉適文集之後，當爲南宋末年書坊刻本。鄧先生將其中所收陳亮文與明成化本加以比勘，發現此本能糾正成化本及明清諸本沿襲的訛誤脫漏甚至肆意篡改之處。因此鄧先生的整理本，凡收於《文粹》當中的陳亮文，一律以《文粹》爲底本，這樣成化本中的錯誤"就不必特意加以糾正而都得以恢復原面貌"；凡《文粹》未收之文，則儘量依從成化本，這是因爲"後來諸刻本雖有對成化本遞加改正之處，然大都無稽無據，肆意而爲。對此等改易文字自須慎重將事，故凡非理

---

[①] 參見鄧廣銘《陳龍川文集版本考》，《陳亮集》，《儒藏》"精華編"第238冊，北京：北京大學出版社，2012，第29—38頁。

據確鑿者，均一仍成化刻本之舊"①。該整理本同時還參校了清同治應寶時刻本、胡鳳丹刻本及明嘉靖史朝富刻本等。對於《文粹》中所收陳亮文不見於《龍川文集》明清諸本者，鄧先生又據《文粹》及《永樂大典》等做了增補。可見在扎實充足的版本調查和校勘工作基礎之上，鄧先生對於陳亮集的底本校本選擇及校勘原則的考慮都極爲周洽妥當。有鑒於此，《儒藏》"精華編"《陳亮集》的整理没有另起爐竈，而是決定採納鄧先生的整理本，在其基礎上進一步修訂。

鄧先生校點的《陳亮集》（增訂本）曾先後由中華書局（1987年）和河北教育出版社（2005年）出版。2012年收入《儒藏》"精華編"時，中心在後出的河北教育出版社《鄧廣銘全集》本基礎上，依照"精華編"編纂體例對校點做了修訂和補正。其中最主要的工作即是將全書文字與其所對應的底本（包括《文粹》本和成化本）一一核對，並勘驗校本，在此基礎上增補修訂了原整理本的數十條校記。謹舉幾例如下：

《全集》本卷一《上孝宗皇帝第一書》（底本係文粹本）"四方次第平定"，核文粹本並無"定"字，成化本亦無，按宋人文集中"次第平"之語常見，故《儒藏》本删去"定"字。卷七《酌古論》（底本係文粹本），"此謀夫策士所以爲可貴也"，"爲"字文粹本及成化本皆作"服"，胡刻本、應刻本作"爲"，故此處原整理本實改字而未出校，《儒藏》本補校記。卷二九《與范東叔龍圖》（底本係成化本），"亮竊惟提刑右司"句，《全集》本有校記曰："成化本以此句始，爲'又書'，應刻本所附宗廷輔札記以爲此與上文'似止一篇，係誤分'。其説甚是，然應刻本仍未加併合。今從其説，合爲一書。"核成化本實際並無"又書"二字，原本即爲一書；有"又書"二字，分爲二書的是胡刻本，而非成化本，因此該校記按《儒藏》體例删去。

此外，《儒藏》本通過重新校對底本，還糾正了原整理本的一些文字訛脱問題。如卷一四《策問》"問古今財用出入之變"條，"以其明古今之變而已"句下漏掉底本《文粹》的半頁文字，因而脱去本條最末四字及下一條"問常平義倉之法"的前半部分，從而將本屬兩條的文字錯拼於一條之内。這是由於鄧先生當年拿到的底本複製膠片有缺頁所致。該問題曾由美國學者田浩教授指出，②但整理本一直未得訂正。此次出版，蒙田浩教授提供脱文部分的《文粹》

---

① 鄧廣銘《陳亮集增訂本出版説明》（該標題收入《儒藏》時按體例改爲《校點説明》），《陳亮集》，《儒藏》"精華編"第238册，第21頁。

② 〔美〕田浩《宋代思想史論》，北京：社會科學文獻出版社，2003，第572頁。

影印件，使該處訛脱得以補正。① 又如卷三九詞，據《全集》本鄧先生《出版説明》，是在成化本、清代諸刻本及中華書局 1974 年標點本衆本基礎上輯録而成。其中《醉花陰》一首據卷中括注，係録自清王鵬運輯《宋元三十一家詞》本《龍川詞補》。《全集》本"醉花陰"題下注有"折壓書之壁間"一語，甚爲不辭。核光緒四印齋刻本《宋元三十一家詞》，"壓"作"聖"。按《禮記·檀弓上》"夏后氏壓周"，鄭注引《管子·弟子職》"右手折聖"；《釋文》出文作"即周"，云："本又作聖。《管子》云'左手執燭，右手折即'，即，燭頭燼也。"可見"壓"義爲燭芯之灰燼，此處當從《宋元三十一家詞》作"聖"。"壓"疑爲排版致誤，1974 年中華書局本即已如是，延誤至今，《儒藏》本終得以糾正。

以上所談，是筆者責編的幾部宋人文集在底本選擇方面一些值得總結經驗的例子，今不揣簡陋，略陳如上，以就正於方家。其中採用宋本作底本的大多是該文集的首個校點整理本，或者是以宋本爲底本的首個校點整理本。沒有宋本可資利用的，則在分析調查的基礎上採納了現存最早的版本或明清精校精刻本，其中大都也是前人未作整理者。對於已有的代表性整理本，《儒藏》"精華編"一方面做了充分的吸納，一方面又對底本校本重作核校，糾謬補缺，在原有基礎上使其質量得以進一步提升。正是建立在講求版本，慎選底本校本的基礎上，《儒藏》"精華編"力争爲學界提供一批接近文本原貌、文字可靠、校勘精善的古籍整理成果。

（作者單位：北京大學《儒藏》編纂與研究中心）

---

① 同卷"問武舉"條也存在類似的脱文問題。筆者當年查閲鄧先生所藏膠片時，曾懷疑該條"往往更浮於進士是徒"與"有可參用者乎"中間有漏拍頁，但苦於無法找到底本原件核實（當時臺灣藏本原件影像尚未公開），致函田浩先生亦未果，只好無奈作罷。2016 年，李裕民先生發表的《〈圈點龍川水心二先生文粹〉研究》一文，依據完整的底本照片對此做了補録（《歷史文獻研究》總第 37 輯，第 301—302 頁）。2022 年《永康文獻叢書》收録、出版鄧先生校點之《陳亮集》，採用《儒藏》本作底本，並參考已有研究成果對此做了補遺。但令人稍感遺憾的是，二者的録文中都有一些誤字和衍文。此種缺憾，希望今後能藉《儒藏》"精華編"《陳亮集》單行本發行之機加以修訂、彌補。

# 徵稿啓事

一、本集刊由北京大學《儒藏》編纂與研究中心主辦，北京大學出版社出版。暫擬每年出版一輯，每輯 30 萬字～40 萬字，當年 8 月 30 日截稿。

二、本集刊爲學術刊物，旨在貫徹百家争鳴原則，提供學術園地，面向海内外學界徵稿。

三、本集刊徵稿範圍主要爲儒家典籍與儒家思想研究方面的成果，包括專人、專書、專題和文獻整理研究以及有關的學術動態。

四、本集刊來稿均由《儒家典籍與思想研究》集刊編輯部進行初審；初審通過的稿件，再請相關領域的兩位專家匿名評審；編委會根據評審意見，討論決定是否採用。結果於收稿後三個月内回復稿件作者。未經採用的稿件除手稿外，一般恕不退還。

五、本集刊已加入《中國學術期刊網絡出版總庫》及 CNKI 系列數據庫。本刊錄用的稿件，將一律由編輯部統一納入上述數據庫，進入光盤和因特網提供信息服務。凡投寄本刊的稿件不作特别説明者，均視爲作者已經同意將本刊刊發後的論文編入該數據庫，本刊不再尋求作者授權。作者著作權使用費與本刊稿酬一次性給付。

六、來稿字數在兩萬字以内爲宜。本集刊編輯部對已採用的稿件，作必要的編輯加工，一般不逕作内容修改，如需修改，提出意見，與作者溝通。

七、來稿如涉及版權問題，由作者負責。

八、來稿請遵守本集刊所登《撰稿體例》的要求。

九、本集刊歡迎電子稿，來稿請同時詳細提供作者的通信地址、郵編、電話，以便聯繫。電子稿郵件主題或打印稿信封正面請寫明"集刊投稿"字樣。

十、本集刊出版後 30 日内，編輯部將向作者支付稿酬並寄贈樣書 2 册、抽印本 5 份。

十一、《儒家典籍與思想研究》集刊編輯部通信信息如下：

郵寄地址:北京市海淀區北京大學《儒藏》編纂與研究中心曹建收(郵編 100871)

電話：86-10-62767810　傳真：86-10-62767811

E-mail：ruzang@pku.edu.cn

《儒家典籍與思想研究》編委會

## 撰稿體例

1. 手寫稿件需字體規範，工整清晰，繁體橫排；打印稿使用 A4 紙打印，繁體橫排，同時提供電子版；直接電郵投稿者，用 word 文件，繁體橫排。兩萬字以內爲宜。稿件應提供三至五個關鍵詞及三百字以內的中文提要。
2. 作者姓名置於論文題目下，居中書寫。作者單位寫在文章末頁下端。
3. 使用新式標點符號。
4. 正文每段首行起首空二格；文中獨立段落的引文，首行另起空四格，回行空二格排齊。獨立段落的引文其首尾不必加引號。
5. 凡帝王年號或干支紀年，須附圓括號注明公元紀年，其首不必出"公元"二字，其末不必出"年"，例如：漢武帝元狩二年（前 121）。
6. 所有圖表必須清晰，並標明編號，例如：圖一、圖二或表一、表二；同時須在正文第一次提及時隨即列出，或注明圖表編號，如：（見圖一）、（見圖二）或（見表一）、（見表二）。圖内（表内）文字也用繁體。
7. 注釋採用當頁腳注的形式，注釋號碼用阿拉伯數字加圈表示，如①、②……正文中的注釋號碼，凡注各句者，置於各句標點符號之後；凡注引文者，如引文爲完整段落則置於引文的句號、下引號之後，如引文爲節引則置於下引號之後，句號或逗號之前。
8. 文中數字原則上使用漢字數字表示，阿拉伯數字僅限於公元年代和現代形式出版物的頁碼。
9. 各章節或内容層次的序號，一般依一、（一）、1、（1）……順序表示。
10. 著作引文出處除常見古籍可以在引文後用圓括號括注書名篇名以外，一律用腳註注明。行文格式如下：
    (1) 引用古籍，應標明著者朝代、著者姓名、書名、卷次、卷内頁碼、版本。例：
    （漢）毛亨、鄭玄注，（唐）孔穎達疏《毛詩注疏》卷三之二，第二頁，清嘉慶二十年南昌府學刻道光六年修補重印本。
    （清）王夫之《唐詩評選》卷二，第二十三頁，民國間《船山遺書》本。
    (2) 引用專著及新版古籍，應標明著者（清代及以前者加注朝代，朝代名用圓括號括注；國外者加注國別，國別用六角括號括注）、書名（屬於叢書者再標明叢書書名，西文書名用斜體）、章節或卷次、出版地、出版者及版次年代、頁碼。例：

朱自清《詩言志辨・賦詩言志》,《朱自清全集》第六册，南京：江蘇教育出版社，1990，第144頁。

任繼愈主編《中國佛教史》第三卷第一章第二節，北京：中國社會科學出版社，1988，第22—25頁。

王叔岷《古籍虛字廣義》，北京：中華書局，2007，第430頁。

（明）胡震亨《唐音癸籤》卷四，上海：上海古籍出版社，1981，第29頁。

〔德〕加達默爾《真理與方法》，洪漢鼎譯，上海：上海譯文出版社，1999，第231頁。

Joseph Needham, *Science and Civilization in China*, Volume II, Cambridge: Cambridge University Press, 1956, pp.10-13.

11. 引用專業期刊論文，除著者、論文名（西文論文名加雙引號）外，還應標明期刊名、年代卷次（輯刊或集刊一類出版物標出版地、出版者及版次年代）、頁碼。引用專著篇名仿此。例：

聞一多《東皇太一考》,《文學遺產》1980年第1期，第3頁。

張岱年《中國古代哲學中關於德力、剛柔的論爭》,《國學研究》第一卷，北京：北京大學出版社，1993，第3頁。

12. 引用報章論文，除著者、論文名外，還應標明報章名、發行日期和版面。例：

錢仲聯《清詩簡論》,《光明日報》1983年12月27日，第3版。

13. 爲避免繁複，再次徵引同一文獻時可略去出版者和年代，只注出作者、書名篇名、頁碼。